Ralph Rühlig

Dienstleistungsmarketing in der Büromöbelindustrie

WIRTSCHAFTSWISSENSCHAFT

Ralph Rühlig

Dienstleistungsmarketing in der Büromöbelindustrie

Mit einem Geleitwort von Prof. Dr. Christian Belz

Deutscher Universitäts-Verlag

Bibliografische Information Der Deutschen Bibliothek
Die Deutsche Bibliothek verzeichnet diese Publikation in der Deutschen Nationalbibliografie; detaillierte bibliografische Daten sind im Internet über <http://dnb.ddb.de> abrufbar.

Dissertation Universität St. Gallen, 2004

1. Auflage April 2005

Lektorat: Ute Wrasmann / Britta Göhrisch-Radmacher

Der Deutsche Universitäts-Verlag ist ein Unternehmen von Springer Science+Business Media.
www.duv.de

Umschlaggestaltung: Regine Zimmer, Dipl.-Designerin, Frankfurt/Main
Druck und Buchbinder: Rosch-Buch, Scheßlitz
Gedruckt auf säurefreiem und chlorfrei gebleichtem Papier
Printed in Germany

ISBN 3-8244-0850-3

Meiner lieben Mutter †

Geleitwort

In der Praxis der Büromöbelindustrie und des -handels sind Dienstleistungen und Leistungssysteme ausgesprochen wichtig. Einerseits erlauben sie den Anbietern, ihre Angebote zu profilieren. Andererseits öffnet das Dienstleistungsgeschäft neue Möglichkeiten der Wertschöpfung. Mindestens teilweise gelingt es damit, die sinkenden Margen für Büromöbel und schrumpfende Absatzmengen der letzten Jahre aufzufangen.

Unternehmen verfolgen eine Dienstleistungsstrategie, allerdings gilt es, sich differenziert mit Erfolgen und Misserfolgen auseinander zu setzen. Verschiedene Lösungen der Industrie und des Handels für Büromöbel haben sich nicht wie angekündigt durchgesetzt. Das Geschäft für Dienstleistungen hat andere Spielregeln als für Produkte und ist anspruchsvoll.

Der Verfasser analysiert die Situation von Büromöbel-Herstellern und -händlern im Business-to-Business-Marketing. Er entwickelt und bewertet verschiedene Formen des Engagements von Herstellern und Händlern im Dienstleistungsmarketing. Typische Ansätze sind Innenarchitektur und büronahe und umfassende Beratung, Planungsdienstleistungen, Facility Management und nutzungsbegleitende Dienste. Wertvoll sind auch die Hinweise zur Integration der Dienstleistungen im Vertrieb.

Gekonnt bringt der Autor seine persönliche Kompetenz im Bereich der Büromöbelindustrie ein. Die Veröffentlichung hat einen hohen Reifegrad und ist auf die Realität bezogen. Der Verfasser leistet zum Transfer der Erkenntnisse zum Leistungsmanagement einen wesentlichen Beitrag. Er geht über eine Anwendung in der Industrie für Büromöbel weit hinaus. Erst durch diesen Transfer deckt er verschiedene Innovationsfelder auf und versteht es, die bestehende Diskussion gezielt weiter zu führen. Besonders beeindruckend ist in der Arbeit, dass der Verfasser eigene Akzente setzt und sich nicht einfach in der bestehenden Argumentation bewegt.

Ich empfehle das Buch für Praktiker und Forscher.

Prof. Dr. Christian Belz,
Professor für Marketing an der
Universität St. Gallen und
Geschäftsführender Direktor des
Instituts für Marketing und Handel

Vorwort

Das Erkenntnisinteresse des Verfassers ist darin zu sehen, dass zwar einerseits Dienstleistungen in gesättigten Märkten als zukunftsträchtig gelten. Andererseits aber die Verrechnung vieler produktbegleitender Dienstleistungen in Kundenorganisationen auf Unverständnis stösst.

Im Büromöbelmarkt ergibt sich durch Dienstleistungen die Option zu kundenindividuellen Problemlösungen und damit ein Profilierungsinstrument für regional orientierte Handelsunternehmen.

Darüber hinaus engagieren sich im Dienstleistungsbereich auch Hersteller, um ihre Marktposition zu erhalten und auszubauen. Auf Angebotsseite entstehen, je nach Entwicklungsstufe der Dienstleistungen, zunächst ‚vertikale, mehrstufige Leistungssysteme' zwischen Hersteller- und Handelsunternehmen. Es bilden sich neue ‚Wertschöpfungsgeflechte' und Kooperationsmöglichkeiten. Die Dienstleistung ‚emanzipiert' sich zunehmend in diesem Prozess und kann dadurch zu einer ‚horizontalen' Konkurrenzsituation führen. Unser Ziel ist die Analyse dieser langsam, aber deutlich, sich abzeichnenden Umstrukturierung im Leistungsmanagement der Anbieter.

Im Kern des Projektes stehen insgesamt *drei Dienstleistungsscenarien* zum erfolgreichen Umgang mit Planungs- und Beratungsdienstleistungen, die im Business–to–Business–Markt erbracht werden.

In der Arbeit werden die Dienstleistungen nach ihrem Gestaltungsschwerpunkt in solche der ‚Systemgestaltung' und der ‚Systemnutzung' differenziert.

Zur Bearbeitung des Projektes führten wir zahlreiche Gespräche mit Dienstleistern, Innenarchitekten, Unternehmensberatern, Herstellern und dem Handel von Büromöbeln (direkte und indirekte Distribution). Interessante Praxisbeispiele des Wirtschaftsalltags sind in das Projekt eingegangen und diskutieren jeweils einen erwähnenswerten unternehmerischen Ansatz.

An dieser Stelle möchte ich meinen Referenten Herrn Prof. Dr. Christian Belz und Herrn Prof. Dr. Axel Lehmann besonderen Dank aussprechen für ihre problemlose und schnelle Unterstützung - immer dann, wenn sie mir nötig schien. Dank gilt insbesondere auch meiner lieben Ehefrau Antje Peters, die mir immer in schwierigen Situationen zur Seite stand.

Ralph Rühlig

Inhaltsverzeichnis

Verzeichnis der Darstellungen

Textbegleitende Darstellungen innovativer Unternehmen in Teil A.:

Verzeichnis der Praxisbeispiele

Abkürzungsverzeichnis und besondere Schreibweise

Ein Teil der verwandten Abkürzungen ist möglicherweise nicht gesondert aufgeführt. Sie ergeben sich bei Bedarf aus gängigen Abkürzungsverzeichnissen.

a.	auch
Abk.	Abkürzung (-en), abkürzen, abgekürzt als
abschl.	abschliessend (-e, -em, -en, -er, -es)
AG	Aktiengesellschaft
AIT	Fachzeitschrift für Architektur, Innenarchitektur, Technischer Ausbau
AKH	Architektenkammer Hessen
akt.	aktualisierte
allg.	allgemein (-e, -em, -en, -er, -es)
and.	andere (-m, -n, -r, -s)
Anf.controlling	Anforderungscontrolling
Anforderg.	Anforderung (-s)
ArbSchG	Arbeitsschutzgesetz
ASW	Absatzwirtschaft
Aufl.	Auflage
Ausschreib.	Ausschreibung
B	Bene oder bene
Bankeinr.	Bankeinrichtungen
baul.	bauliche (-n, -m, -r, -s)
Bauausführ.	Bauausführung
BBE	Betriebswirtschaftliche Beratungsstelle für den Einzelhandel
BBW	Bundesverband Bürowirtschaft
BDIA	Bund Deutscher Innenarchitekten
Bedeut.	Bedeutung
Beleucht.	Beleuchtung (-s) ... technik
bes.	besonder (-e, -er, -es)
best.	bestimmte (-n)
BfA	Bundesanstalt für Arbeit
BGI	Bundesgesetz - Information
BildscharbV	Bildschirmarbeitsverordnung
BOP	Bedarfs- und Optimierungsplanung
BSC	Balanced Scorecard
bzgl.	bezüglich
bzw.	beziehungsweise
ca.	circa
CAD	Computer Aided Design

CAIFM	Computer Aided Integrated Facility Management
CD	compactdisc
CeBIT	Centrum für Büro-, Informations- und Telekommunikationstechnik; jährliche Messe in Hannover, z.B. vom 12. bis 19. März 2003.
CEKA	Deutscher Büromöbelhersteller aus Alsfeld
CI	Corporate Identity
Co.KG	Rechtsform einer Gesellschaft/ eines Unternehmens
Consult.	Consulting
d.	der, die, das, des
d.	diese (-m, -n, -r, -s)
Dar.	Darstellung (-en)
DAB	Deutsches Architektenblatt
DDR	Deutsche Demokratische Republik
De	DeTeImmobilien
d.h.	das heisst
- dienstl.	-dienstleistung (-en)
DIFA	Deutsche Immobilien Fonds AG
DIHK	Deutsche Industrie- und Handelskammer
D - Info	Telefonnummern für Deutschland auf CD
DIN	Deutsche Industrie Norm
Diss	Dissertation
Dl.	Dienstleistung (-en)
Dlf.	Dienstleistungsfeld
DLW	Deutsche Linoleum Werke
DM	Abk. für Deutsche Mark, s.a. Euro
DMR	Deutsche Möbel Recycling GmbH
dt.	deutsch (-e, -em, -en, -er, -es)
durchges.	durchgesehene
DV	Datenverarbeitung
e.	ein (-e, -em, -en, -er, -es)
ebd.	ebenda
ECC	Electronic Customer Care
Ed.	Editor
EDS	Electronic Data Systems
EDV	Elektronische Datenverarbeitung
ehem.	ehemalig (-e, -em, -en, -er, -es)
eig.	eigene
Einrichtungspr.	Einrichtungsprojekt
Entwick.	(bei Bauprojekten) Entwicklung

erg.	ergänzte
erw.	erweiterte
etc.	et cetera
EU	Europäische Union
EU	Abkürzung für Euro, s.u.
Euro	Europäische Währung, offizielles Zahlungsmittel u.a. in Deutschland seit 1.1.2002, wobei 1 DM = 0,51129 EU, bzw. 1 EU = 1,95585 DM
e.V.	eingetragener Verein
EVG	Elektronisches - Vorschalt - Gerät
f.	folgende (Seite)
f.	für
FAZ	Frankfurter Allgemeine Zeitung
F+E	Unternehmensfunktion Forschung und Entwicklung
ff.	fort folgende (Seiten)
Ffh	Forschungsstelle für den Handel
FM	facility management, Facility Management
f.S.	auf der (den) folgenden Seite (-n)
funktions-übergr.	funktionsübergreifend
GEFMA	German Facility Management Association
gekennz.	gekennzeichnet ... als ...
geleg.	gelegentlich
Geschäftsltg.	Geschäftsleitung
Gesell.	Gesellschaft
ggf.	gegebenenfalls
ggü.	gegenüber
GL	Geschäftsleitung
GLT	Gebäudeleittechnik
GM	Gebäude - Management
GmbH	Gesellschaft mit beschränkter Haftung
gröss.	grösser (-e, -er, -es)
GU	Generalunternehm (-en, -er)
HBM	Harvard Business Manager
HBR	Harvard Business Revue
HFS	Hypo - Fondsbeteiligung für Sachanlagen
HLH	Heizung, Lüftung/ Klima, Haustechnik (Fachzeitschrift)
HOAI	Honorarordnung für Architekten und Ingenieure
HP	Firmenname eines Unternehmens der IT- und Dienstleistungsindustrie, Hewlett - Packard

Hrsg.	Herausgeber
HSG	(Philipp) Holzmann (Technischer) Service GmbH
i.A.	im Allgemeinen
IAO	Institut für Arbeitswissenschaften und Organisation
i.d.R.	in der Regel
IA	Innenarchitektur
IBM	Firmenname eines Unternehmens des IT- und Dienstleistungsindustrie, International Business Machines
IDRC	International Development Research Council
IGM	Industriegewerkschaft Metall
IIDA	International Interior Design Association
Industriell	Industriell (-e, -em, -en, -er, -es) wird prinzipiell ‚gross' geschrieben, z.B.: Industrielle Dienstleistung, Industrielle Kompetenz
I + K	Installation und Klima
Info.	Information (-en)
infra-struktur.	infrastrukturell (-e, -er, -es)
Infrastrukt.	Infrastruktur
Ingen.	Ingenieur (-büro)
inkl.	inklusiv
Innen-architekt.	Innenarchitektur
Innenarch.	Innenarchitektur
Innenausb.	Innenausbau
innovat.	innovativ (-e, -er-, -es)
insbes.	insbesonder (-e, -er, -s)
insb.	siehe unter ‚insbes.'
insg.	insgesamt
-inst.	-instrument (-e)
Institutio-nell	Institutionell (-e, -em, -en, -er, -es) wird prinzipiell ‚gross' geschrieben, z.B. Institutionelle Dienstleistungen
ISO	International Organisation of Standardization
IT	Informations (-technik, -technologie)
IuK – Tech-nologien	Informations- und Kommunikations - Technologien
IVG	Immobilienverwaltungsgesellschaft
Kap.	Kapitel
kaufm.	kaufmännisch (-e, -em, -en,-er, -es)
KKV	Komparativer Konkurrenzvorteil

Kö	Köllmann
kontin.	kontinuierlich
LA	Lenkungsausschuss
LBS	Landesbausparkasse
LEG	Landesentwicklungsgesellschaft
Lös.	Lösung (-en)
l.S.	auf der letzten Seite
m^2	Quadratmeter
MA	Mitarbeiter
M & A	Mergers and Acquisitions - Revue
- Revue	Fachzeitung für Verkäufe, Käufe, Übernahmen, Eigentümerveränderungen etc. von/ bei Unternehmen
Managem.	Management
Messesyst.	Messesysteme
MfG	Mit freundlichen Grüssen
Mikr.	Mikro
Mill.	Million
mind.	mindestens
Mio.	Million
mittl.	mittlere
MM	Management
mögl.	möglichst
Mrd.	Milliarde
NACH	Sinngemässes Zitat, Quelle bezeichnet mit Nach, bzw. nach
NDR	Norddeutscher Rundfunk
neubearb.	neubearbeitete
NL	Niederlassung
n.S.	(auf) d. nächste(-n) Seite(-n)
nutzungs-begl.	nutzungsbegleitende
od.	oder
OFF - C.	OFF - Consult (Eigenname)
OFML	Open Furniture Modelling Language (Optimiertes Graphik - Daten-format für die Büromöbelindustrie (Planung, Verkauf, Abwicklung)
operat.	operative (-n)
O.V.	Zeitungsartikel, Beitrag etc., ohne Verfasser
PBS	Sortiment Papier-, Büro- und Schreibwaren
PL	Projektleitung
Plan.	Planung (-en, -s)

Presseveröffentl.	Presseveröffentlichung
produktbez.	produktbezogene
Px.	Praxisbeispiel
qm	Quadratmeter, m^2
RB	Review Board
Realisier.	Realisierung
Registrat.	Registratur
rev.	revidiert (-e, -es)Seite
ROI	return on investment
S.	Seite
s.	siehe
s.a.	siehe auch
SBS	Siemens Business Solution
Scenario	Szenario; Entwurf einer hypothetischen Verhaltens- und Ereignissequenz
Schrick.	Schricker
schrittw.	schrittweise
Schwerp.	Schwerpunkt
SIT	SiTeco
SiTeco	für ‚Siemens Lichttechnik‘
s.n.	siehe näher, siehe nächste (-s,-r)
s.o.	siehe oben
sog.	sogenannte (-n, -r, -s)
SOHO	Small Office and Home Office
Sont.	Sonderteil
St	(Büromarkt) Streit
s.u.	siehe unten
s.v.	siehe vorn
sw.	sowie
s.wg.	siehe weitergehend
T -	Markenzeichen der Deutsche Telekom AG
Tab.	Tabelle
TAB	Technik am Bau (Fachzeitschrift)
techn.	technisch (-e, -em, -en, -er, -es)
TGA	Fachzeitschrift für technische Gebäudeausrüstung
u.	und
u.a.	und andere, unter andere (-m, -n)
überarb.	überarbeitete (-s) Werk, Buch usw.
u.E.	unseres Erachtens

-untern.	-unternehmen
USM	Herstellername eines Möbelprogrammes/ Marke
usw.	und so weiter
u.U.	unter Umständen
u.v.a.	und vieles andere
v.	vom, von
v.a.	vor allem
VBG	Verwaltungs - Berufsgenossenschaft
VDI	Verein Deutscher Ingenieure
Verkaufs-assi.	Verkaufsassistent
verm.	vermutlich
Versicher-gesell.	Versicherungsgesellschaft
vgl.	vergleiche
v.H.	von hundert
vollst.	vollständig
vs.	versus
w.a.	wie auch
wg.	weitergehend (-e, -r, -s)
wiss.	wissenschaftlich (-e, -es)
WiSt	Wirtschaftswissenschaftliches Studium
WK	Gemeinschaft für Wohnkultur (= WK)
xy	Funktion eines Platzhalters für andere Worte, Namen etc.
z.B.	zum Beispiel
ZEW	Mannheimer Zentrum für Europäische Wirtschaftsforschung
ZfB	Zeitschrift für Betriebswirtschaft
ZfbF	(Schmalenbachs) Zeitschrift für betriebswirtschaftliche Forschung
ZFP	Zeitschrift für Forschung und Praxis
zit.	zitiert
zsg.	zusammengestellt
z.T.	zum Teil
zusätzl.	zusätzlich
zw.	zwischen

A. Dienstleistungsmarketing und Büromöbelindustrie

1. Forschungsgrundlagen zum Projekt

1.1 Problemstellung und zentrale Marketingfrage

Die rezessive Wirtschaftsentwicklung der letzten Jahre hat zu einer hohen Wettbewerbsintensität in der deutschen Büromöbelindustrie geführt[1]. Fehleinschätzungen der Nachfrageentwicklung, im Zusammenhang mit der Wiedervereinigung Deutschlands, haben zusätzlich Überkapazitäten geschaffen. Ende November 2003 erscheint die wirtschaftlich verhaltene Grundtendenz noch weiter fort zu bestehen. So ist von einer Verschärfung der Wirtschaftskrise in Deutschland die Rede[2]. Büromöbelanbieter berichten von einem deutlichen Preis- und Margendruck. Bezogen auf ein konstantes Umsatzniveau, wird teilweise von einer Verdoppelung bis Verdreifachung des Produktvolumens berichtet[3]. Verantwortlich sind hierfür auch strukturelle Veränderungen im Distributionsbereich, etwa durch die Entwicklung neuer Distributionsformen (z.B. Versender), und den Markteintritt weiterer Anbieter auf Handelsstufe (z.B. Mitnahmemärkte und grossflächige Betriebsformen aus der Wohnmöbelbranche, wie IKEA)[4].

Für fachhandelsnahe Büromöbelanbieter stellt die Professionalisierung und Vermarktung produktbegleitender Dienstleistungen ein bereits vielfach und immer wieder weitgehend ergebnislos diskutiertes Marketing- und Managementproblem dar[5]. Aktueller Anlass des Projektes bestand in einer Änderung der rechtlichen Rahmenbedingungen, im Zusammenhang mit der sog. ‚EU - Richtlinie über die Gestaltung von Bildschirmarbeitsplätzen zum Gesundheitsschutz am Arbeitsplatz‘. Die in Folge erlassenen nationalen Bestimmungen regeln Mindeststan-

---

1 O.V. 1999f, S. 18

2 O.V. 2003v, S. 12

3 Einschätzung 2003 durch Frau Fischer von bene; s.a. *Anhang III, Verzeichnis II der Expertengespräche. Wiederholte schriftliche Befragung 2003. S. 427ff.*; Expertengespräch Contura; Fachhandelstagung König + Neurath 1998

4 s. *Kap. 3.2 Die Umsatzentwicklung im Markt für Büromöbel, S. 31ff.*; Meili 1997, S. 132; Kachel 1996, S. 36; Meili 1995, S. 38; O.V. 1994, S. 74ff.

5 Belz 1998, S. 540ff.; Trachsler 1997, S. 72ff.; ebd. 1996, S. 11; Belz 1991a, S. 5ff.

dards für Büroarbeitsplätze mit entsprechenden Konsequenzen für die Architektur neuer, bzw. die Nutzungsmöglichkeiten bestehender Verwaltungsgebäude.

Die gesetzlichen Bestimmungen haben zur Entwicklung einer ganzen Reihe neuer ‚Dienstleistungsprodukte‘ geführt[6]. Arbeitgeber sind verpflichtet, für alle vorhandenen Bildschirmarbeitsplätze, eine Arbeitsplatzanalyse durchzuführen, sowie die Gesetzeskonformität der einzelnen Arbeitsplätze konkret zu dokumentieren. Während Institutionelle Dienstleistungsanbieter, u.a. auf diese Dienstleistungen spezialisierte Beratungsunternehmen, entsprechende Dienstleistungen verrechnen, ist dies Büromöbelanbietern nur teilweise gelungen. In der Praxis waren zahlreiche konzeptionelle, wie operative Gestaltungsprobleme zu beobachten, die den Ausgangspunkt bildeten, sich vertieft mit Vermarktungsmöglichkeiten Industrieller Dienstleistungen im Büroeinrichtungsmarkt zu beschäftigen. Bei den von uns befragten Hersteller- und Handelsunternehmen lassen sich unterschiedliche Schwerpunkte im Dienstleistungsmarketing erkennen. Wir möchten vier Aspekte besonders hervorheben:

a) Margenerosion und Industrielle Dienstleistungen als Kostenproblem

In der Praxis haben Dienstleistungen häufig die Funktion, den Verkauf von Sachleistungen zu fördern. Für solche produktbegleitende Dienstleistungen (z.B. Planung und Montage) besteht eine grundsätzliche Verrechnungsproblematik. Bei zunehmendem Preisdruck auf die Industrielle Kernleistung, wird es den Anbietern immer weniger möglich, durch Dienstleistungen entstandene Kosten über eine Mischkalkulation wieder ‚einzuspielen‘. Steigende Kundenanforderun-gen erhöhen zusätzlich den Dienstleistungsaufwand. Bei hoher Wettbewerbsintensität verringert sich die Erfolgswahrscheinlichkeit, ein ausgearbeitetes Projekt tatsächlich auch abschliessen zu können. Es entsteht damit eine Kosten/ Ertragsschere[7]. Für Büromöbelanbieter stellt sich die Frage, ob sich grundlegende ‚Spielregeln‘ im Markt verändert haben, und die bestehende Praxis der indirekten Verrechnung durch differenzierte Dienstleistungskonzepte ersetzt werden sollte.

---

6 s. näher *Teil C.: Leistungsfelder im Dienstleistungsmarketing von Büromöbeln, S. 251ff.*, insb. zur Übersicht *Kap. 1.3.3, S. 10ff., Kap. 7.1 Innenarchitektur, S. 251ff.* und *Kap. 7.2 Büronahe Beratungsdienstleistungen, S. 270ff.*

7 Trachsler 1997, S. 73; Homburg/ Garbe 1996b, S. 68ff.; Meili 1995, S. 68

b) Differenzierung und Profilierung durch Dienstleistungen

In reifen Industriellen Märkten gleichen sich Produkte immer mehr an. Zahlreiche Büromöbelhersteller des Volumenbereichs gelten als qualitativ gleichwertig, und in wesentlichen Produktmerkmalen als austauschbar. Ein ausgefeiltes Normenwesen sorgt zusätzlich für eine weitreichende Standardisierung zentraler Funktionsmerkmale (z.B. Höhen- und Tiefenmasse bei Schreibtischen). Büromöbelanbietern gelingt es immer weniger, einzig über die Sachleistung, ein Alleinstellungsmerkmal zu erzielen. Andererseits können sich Innovationen im Büromöbelbereich nur in Detaillösungen ergeben, was wiederum eine umfassendere Beratungskompetenz erfordert. Neben den Wettbewerbsparametern ‚Design' und ‚Emotionalisierung'[8], beinhalten Dienstleistungen ein zusätzliches Potenzial zur Differenzierung[9].

c) Besetzung neuer Geschäftsfelder

Wandelnde Bedürfnisse Industrieller Kunden eröffnen neue Geschäftsfelder. Grossunternehmen fokussieren auf Kernkompetenzen und verlagern vermehrt auch gebäude-, büro- und einrichtungsbezogene Aufgaben an externe Dienstleister. Hersteller, wie Handelsunternehmen, suchen andererseits nach neuen Geschäftsmöglichkeiten, um der allgemeinen Branchensituation zu begegnen. Während im Industriellen Kerngeschäft praktisch keine grundlegenden Neuerungen erwartet werden, wird das bedeutendere Innovationspotenzial primär im Dienstleistungsbereich gesehen. Grundlegend ist hierbei die Frage nach einer Standortbestimmung der traditionellen Aussendienstorganisation, vor dem Hintergrund alternativer Distributionsformen, z.B. von Direktvertrieb, Mitnahme-, Versand- und Internethandel. Aus dieser Perspektive betrachtet, stehen fachhandelsnahe Büromöbelanbieter unter einem Qualifizierungsdruck in Richtung dienstleistungsnaher Geschäftsfelder.

---

8 Expertengespräch Leitner, Bene, Krahn; s.a. *Kap. 3.4.1 Dienstleistungen im Markt für Büroeinrichtungen, S. 41ff.*

9 Belz 1996, S. 128; Armistead 1994, S. 19; Meyer 1985, S. 99ff.

d) Strategische Positionierung im B2B - Marketing

Im Vergleich zu anderen Branchen von Industriegütern (Informationstechnologie, Maschinenbau, Medizintechnik), erscheint in der Büromöbelindustrie die Ausbildung von ‚Unternehmensmarken', im Sinne einer ‚Unique Selling Proposition', eher unterentwickelt. Aktuelle Untersuchungen belegen die Relevanz der Markenbildung bei Dienstleistungen in Bezug auf Informationseffizenz, Risikoreduktion und Ideellen Nutzen[10]. In Bereichen von etwa Telekommunikationsanlagen, Druck- oder Werkzeugmaschinen ist die Rolle von Serviceleistungen für den Produktionsprozess des Kundenunternehmens eindeutig. In der Büromöbelindustrie könnte die Unternehmensmarke, als übergeordneter Ausdruck, entsprechende Dienstleistungen im Bereich Montage, After – Sales - Services, Life – Cycle – Costs, gegenüber der Zielgruppe, wesentlich vereinfacht kommunizieren[11].

1.2 Zielsetzung des Projektes

Das Thema ‚Dienstleistungsmarketing in der Büromöbelindustrie' bietet bis heute erhebliche Reserven im Marketing. Das Erkenntnisinteresse des Verfassers ist darin zu sehen, dass zwar einerseits Dienstleistungen in westeuropäischen, reifen und gesättigten Märkten als zukunftsträchtig gelten[12]. Andererseits aber die Verrechnung vieler produktbegleitender Dienstleistungen in Kundenorganisationen auf Unverständnis stösst.

Dienstleistungen werden pauschal als selbstverständliche Zusatzleistungen betrachtet. Im Büromöbelmarkt ergibt sich durch Dienstleistungen die Option zu kundenindividuellen Problemlösungen und damit ein Profilierungsinstrument für regional orientierte Handelsunternehmen.

Darüber hinaus engagieren sich im Dienstleistungsbereich auch Hersteller, um ihre Marktposition zu erhalten und auszubauen. Auf Angebotsseite entstehen, je nach Entwicklungsstufe der Dienstleistungen, zunächst ‚vertikale, mehrstufige

---

10 Backhaus/ Schröder/ Perrey 2002, S. 48ff.; Meffert/ Schröder/ Perry 2002, S. 28ff.

11 Hauser/ Groll 2002, S. 38ff.

12 s. *Dar. 6.7 Der Dienstleistungssektor wächst, S. 227*

Leistungssysteme' zwischen Hersteller- und Handelsunternehmen. Es bilden sich neue ,Wertschöpfungsgeflechte' und Kooperationsmöglichkeiten. Die Dienstleistung ,emanzipiert' sich zunehmend in diesem Prozess und kann dadurch zu einer ,horizontalen' Konkurrenzsituation führen.

Unser Ziel ist die Analyse dieser langsam, aber deutlich, sich abzeichnenden Umstrukturierung im Leistungsmanagement der Anbieter. Aus einer Sammlung der potentiell für unsere Betrachtung interessanten Dienstleistungen[13], werden die Dienstleistungen nach ihrem Gestaltungsschwerpunkt in solche der ,Systemgestaltung' und in Dienstleistungen der ,Systemnutzung' differenziert[14]. Da wir uns subjektiv eine interessante, aktuelle und ergiebige Themenbearbeitung erhoffen, wählen wir aus dem Dienstleistungsfeld der ,Systemgestaltung', die Dienstleistungen ,*Innenarchitektur*' und ,*Büronahe Beratungsdienstleistungen*'[15].

Im Kern des Projektes stehen insgesamt *drei Dienstleistungsscenarien* zum erfolgreichen Umgang mit Planungs- und Beratungsdienstleistungen[16].

Das vorliegende Projekt fokussiert auf Dienstleistungen, die für Industrielle Kunden erbracht werden (business – to – business – Markt)[17]. Schwerpunkt der Betrachtung bilden Elemente des Leistungsmanagements fachhandelsnaher Büromöbelanbieter auf Investitionsgütermärkten. Behandelt wird u.a. die Bedeutung der Aussendienstorganisation in diesen Märkten[18]. Den Abschluss bildet eine Auswahl an Umsetzungshinweisen im Branchenkontext[19].

Zur Bearbeitung des Projektes führen wir zahlreiche Gespräche mit Dienstleistern, Innenarchitekten, Unternehmensberatern, Herstellern und dem Handel von Büromöbeln (direkte und indirekte Distribution)[20].

---

13 s. *Dar. 3.5 Dienstleistungsmarketing im Markt für Büroeinrichtungen, S. 42*

14 s. *Dar. 1.4 Leistungsfelder im Dienstleistungsmarketing von Büromöbeln, S. 11*

15 s. *Kap. 7 Dienstleistungsfelder ,Systemgestaltung', S. 251ff.*

16 s. *Kap. 5. Markteintritt ins Dienstleistungsgeschäft, S. 91ff.* mit insb. *Kap. 5.1.2 Scenario ,Profilierung', S. 93ff., Kap. 5.1.3 Scenario ,Autonomie', S. 109ff.* sowie *Kap. 5.1.4 Scenario ,Transformation', S. 125ff.*. Ein einleitender Überblick befindet sich in *Kap. 1.3.2 Teil B.: Eine Dienstleistungskonzeption für die Büromöbelindustrie, S. 8ff.*

17 Backhaus 1999, S. 7ff.; Belz/ Tomczak 1992, S. 11f.; Plinke 1991, S. 172

18 Loss 1996, S. 23ff.; Weis 1983, S. 241

19 s. *Kap. 1.3.4 Teil D.: Realisierung in Vertriebsorganisationen, S. 12*

20 s. *Anhang II Verzeichnis I der Expertengespräche und Tagungen, S. 415ff.*, sowie *Anhang III Verzeichnis II der Expertengespräche. Wiederholte schriftliche Befragung 2003, S. 427ff.*

Interessante Beispiele des Wirtschaftsalltags sind als Praxisbeispiele in das Projekt eingegangen, und diskutieren jeweils einen interessanten unternehmerischen Ansatz[21].

1.3 Aufbau der vorliegenden Arbeit

1.3.1 Gesamtübersicht zum Projekt

Das vorliegende Projekt gliedert sich in *vier Teile*: *Teil A.* behandelt problemanleitend wesentliche Grundlagen zur Bearbeitung. Die *Teile B., C. und D.* beschreiben, in akzentuierter Form, konzeptionelle und operative Gestaltungsempfehlungen für das Marketing von Dienstleistungen in der Büromöbelindustrie (s. *Darstellung 1.1, f. S.*).

Der Grundaufbau des Projektes folgt der von Belz geprägten Unterteilung in *Marketingsystematik* und *Marketingsuchfelder*. Formal systematische (*Teil B., Teil D.*) und inhaltliche Gestaltungsempfehlungen (*Teil C.*) ergänzen sich[22]:

- *Teil B.* der Arbeit bezieht sich auf konzeptionell - strategische Aspekte im Dienstleistungsmarketing.
- *Teil C.* ist primär inhaltlich ausgerichtet, indem selektiv auf einzelne Dienstleistungsfelder praxisorientiert eingegangen wird. Betrachtet werden zwei Dienstleistungsfelder der Systemgestaltung (‚Innenarchitektur' und ‚Büronahe Beratungsleistungen').

---

21 s. *Verzeichnis der Praxisbeispiele, S. XXI*

22 Belz 1998, S. 40ff.; ebd. 1992, S. 3; ebd. 1991b, S. 8; ebd. 1989, S. 223ff.

Dar. 1.1: Gesamtübersicht zum Projekt[23]

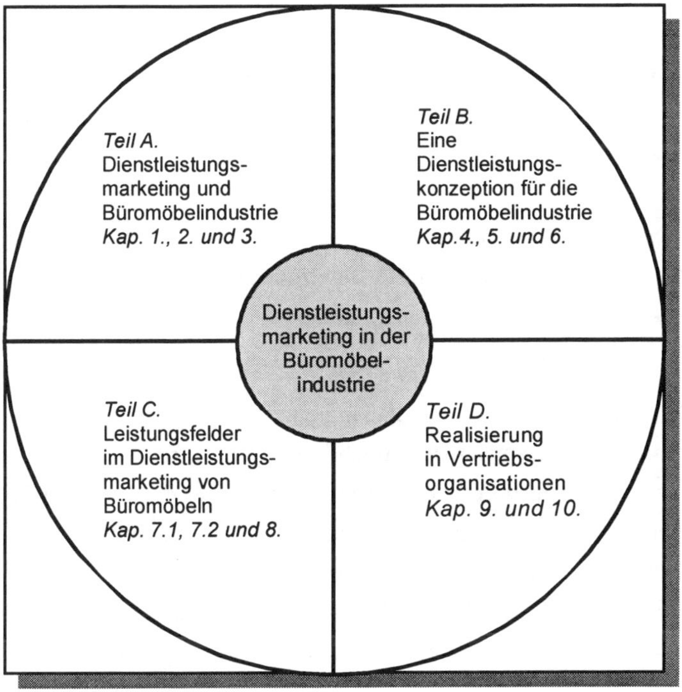

- *Teil D.* beinhaltet in *Kap. 9. Dynamische Leistungssysteme, selektive* Empfehlungen zur Umsetzung von Dienstleistungskonzepten. Das Kapitel geht auf die nähere Ausgestaltung operativer Marketing- und Vertriebsprozesse ein. Hieran schliesst sich *Kap. 10. Ausblick und weitergehende Untersuchungen* (*von Marketinglösungen für Dienstleistungen in der Büromöbelindustrie*) an. Die Idee dieses Kapitels besteht darin, ausdrücklich auf die Grenzen und Lücken einer Bearbeitung hinzuweisen, und interessante, neue Forschungsfelder aufzuzeigen.

23 Eigene Darstellung

1.3.2 Teil B.: Eine Dienstleistungskonzeption für die Büromöbelindustrie

Der Ansatz der Leistungssysteme dient im vorliegenden Projekt als Rahmenmodell, sich mit Praxisproblemen im Dienstleistungsmarketing fachhandelsnaher Büromöbelanbieter auseinanderzusetzen (s. *Kap. 2.3 Ansatz der Leistungssysteme als Basisstrategie, S. 23ff.*).

Der konzeptionell ausgerichtete *Teil B.* der vorliegenden Arbeit gliedert sich in *drei Module* (s. *Darstellung 1.2 Eine Dienstleistungskonzeption für die Büromöbelindustrie, f.S.*):

- *Kapitel 4. Dienstleistungsvision Industrieller Anbieter,* beschreibt grundlegende Eckpunkte, die der Entwicklung eines Dienstleistungskonzeptes für Industrielle Anbieter vorangehen. Wichtige Aspekte sind etwa: die Generierung von Kundennutzen durch Dienstleistungsangebote, die Unterscheidung *verschiedener Unternehmensziele* im Dienstleistungsmarketing, die Bedeutung der *Unternehmenskultur* bei der Entwicklung und Einführung von Dienstleistungskonzepten, sowie die Beachtung von *Wechselwirkungen* zwischen angestammtem Industrie- und neuem Dienstleistungsgeschäft.
- *Kapitel 5. Markteintritt ins Dienstleistungsgeschäft,* diskutiert die zentralen, wesentlichen Elemente der hier vorgestellten Dienstleistungskonzepte. Diese drei Scenarien beantworten die Frage, auf welche kundenseitigen Verhaltensmerkmale der Anbieter situativ eine Antwort finden muss. Im Kern dieses Projektes steht, fokussiert auf Planungs- und Beratungsdienstleistungen, die Darlegung von *drei alternativen Dienstleistungskonzepten* für Büromöbelanbieter. Das *Scenario ‚Profilierung‘* beabsichtigt keine Form einer direkten Verrechnung der Dienstleistungen bei Kundenunternehmen. Der Anbieter hat in Vergangenheit grundsätzlich eher gute als schlechte Erfahrungen mit einer entsprechenden Vorgehensweise bei Kundenunternehmen gesammelt. Das *Scenario ‚Autonomie‘* hingegen sieht konsequent die volle Verrechnung aller Dienstleistungen bei Kundenunternehmen vor. Das *Scenario ‚Transforma-*

tion' geht einen Mittelweg. Der Anbieter der Dienstleistungen billigt Kundenunternehmen zu, sich umfassend zu informieren. Ab einer gewissen Grenze werden jedoch auch in diesem Fall Kosten für die Leistungen in Rechnung gestellt (s. *Darstellung 1.3 Die drei zentralen Elemente des Dienstleistungsmarketing in der Büromöbelindustrie, f.S.*).

Dar. 1.2: Eine Dienstleistungskonzeption für die Büromöbelindustrie[24]

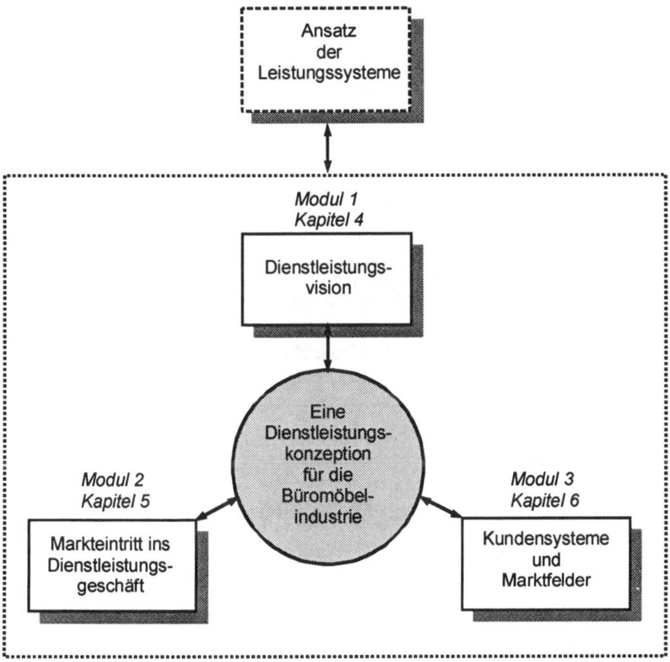

- *Kapitel 6. Kundensysteme und Marktfelder,* betrachtet *Trends* und *Märkte* für büronahe Dienstleistungen und damit zusammenhängende Merkmale, wie strukturelle Veränderungen des *Beschaffungsverhaltens*.

24 Eigene Darstellung

Dar. 1.3: Die drei zentralen Elemente des Dienstleistungsmarketing in der Büromöbelindustrie[25]

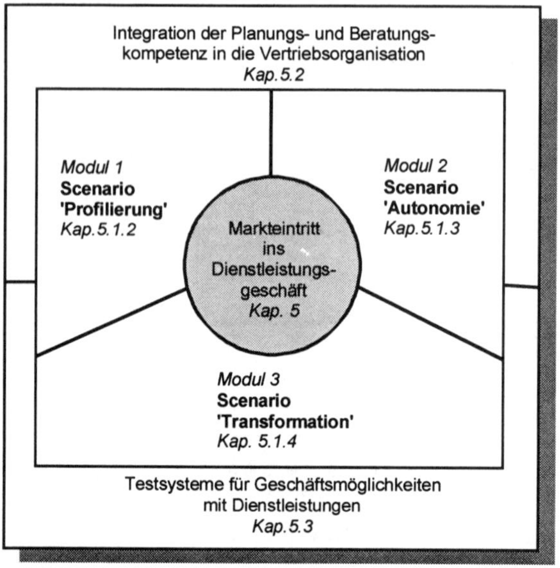

1.3.3 Teil C.: Leistungsfelder im Dienstleistungsmarketing von Büromöbeln

In *Teil C.* des Projektes werden zwei Dienstleistungsfelder näher betrachtet (s.wg. Übersicht *Kap. 3.4.1 Dienstleistungen im Markt für Büroeinrichtungen, S. 41ff.*). Wir unterscheiden zwischen (s.u. *Darstellung 1.4 Leistungsfelder im Dienstleistungsmarketing von Büromöbeln*):

- *Dienstleistungen zur ‚Systemgestaltung‘* (Innenarchitektur und Office – Consulting), sowie

25 Eigene Darstellung

- *Dienstleistungen im Zusammenhang mit der ,Systemnutzung'* (Facility Management):

Dar. 1.4: Leistungsfelder im Dienstleistungsmarketing von Büromöbeln[26]

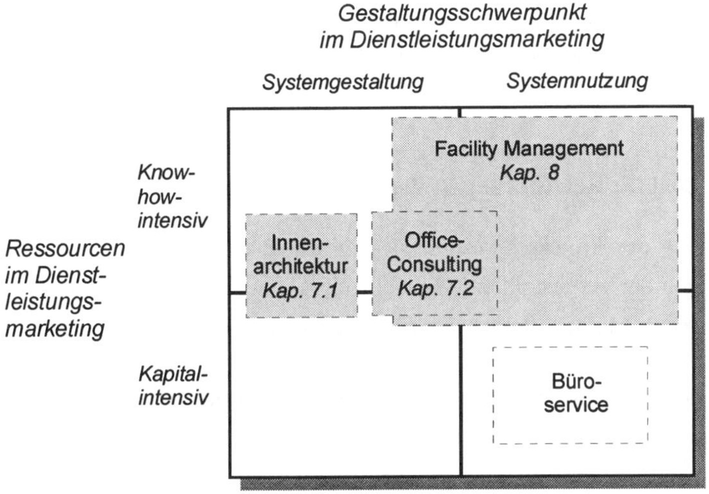

Unter ,*System*' verstehen wir in diesem Zusammenhang das Gesamtsystem ,*Lebensraum Büro*'. Dienstleistungen zielen entsprechend auf den Gesamtkomplex an Fragen und Problemen eines Kundenunternehmens, im Zusammenhang mit der *Gestaltung und Nutzung einer leistungsfähigen Büroinfrastruktur*. Dienstleistungen beschränken sich nicht auf den engen Vermarktungszusammenhang mit Industriellen Systemprodukten, sondern dienen einer umfassenden Entlastung des Kundenunternehmens. Hierzu zählen Aspekte der Arbeitsplatzgestaltung, sowie weitergehende Fragen zur Raumkonzeption, der Flächenwirtschaftlichkeit, der technischen Bewirtschaftung usw..

---

26 Eigene Darstellung

Bezogen auf den *Ressourceneinsatz* lassen sich die Dienstleistungsfelder nach *Know – how- und Kapitalintensität* unterscheiden. Das Angebot von Büro Service Dienstleistungen setzt i.d.R. den Aufbau einer Büro*infrastruktur* (Immobilie und/ oder Ausstattung, Technik), durch den externen Dienstleister, voraus. Entsprechend ergibt sich eine hohe Kapitalintensität. Die Kapitalintensität der anderen drei Dienstleistungsfelder ergibt sich im wesentlichen durch die mit der Dienstleistungserstellung verbundenen Investitionen in Informationstechnologie.

1.3.4 Teil D.: Realisierung in Vertriebsorganisationen

Der *Teil D.* des Projektes vertieft *selektiv* die Betrachtung hinsichtlich Umsetzungsfragen der vorgestellten Dienstleistungskonzepte. Wir betrachten in Teil D. insgesamt drei Module, die in *zwei Hauptkapitel* zusammengefasst sind:

Kap. 9. Dynamische Leistungssysteme, vertieft die Betrachtung mit dem Ziel, operative Dienstleistungs- und Problemlösungsprozesse ‚leistungsfähiger' zu gestalten:

- *Kap. 9.1* geht hierzu näher auf operative *Marketingprozesse für Industrielle Dienstleistungen und Leistungssysteme* ein. Vertriebsaktivitäten könnten hierbei auf der ‚*Transaktions- oder Beziehungsebene*' verstärkt ansetzen.
- *Kap. 9.2* diskutiert, in knapper Form, *Instrumente im Marketingprozess.* Diese Instrumente zielen auf eine optimierte Leistungssteuerung, und Kommunikation von Dienstleistungen gegenüber Kunden.

Das *Kap. 10. Ausblick und weiterführende Untersuchungen (von Marketinglösungen für Dienstleistungen in der Büromöbelindustrie)* hat die Funktion, in kurzer, selektiver Form, noch gezielt auf einige interessante, ergänzende Themenfelder des Projektes hinzuweisen.

Dar. 1.5: Realisierung in Vertriebsorganisationen[27]

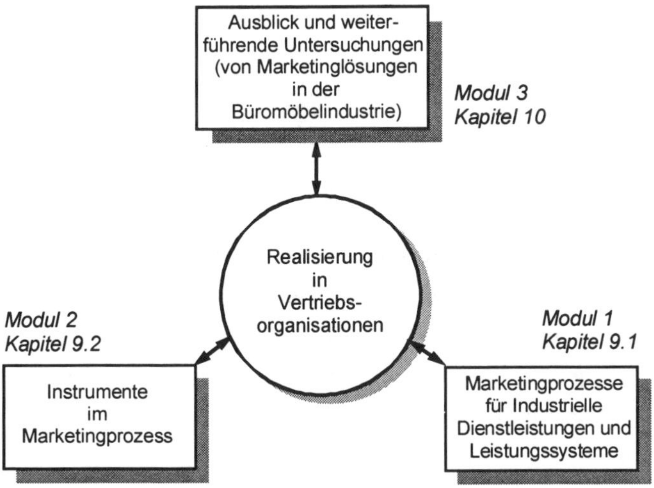

1.4 Forschungsmethodik

Der *situative Ansatz* ist eine methodische Leitidee entsprechend dem Prinzip der situativen Relativierung[28]. Im Kern des situativen Ansatzes steht die These, nach der es nicht *eine* generell gültige Handlungsalternative gibt, sondern *mehrere situationsbezogen angemessene*[29]. Zugunsten situationsadäquater Bezüge erfolgt damit eine Einschränkung des Allgemeingültigkeitspostulats. Aussagen im Rahmen des situativen Ansatzes sind zwischen generalisierenden Aussagen (Marktgesetz) und situationsspezifischen Aussagen (Einzelfall) einzuordnen (mid - range theories)[30].

27 Eigene Darstellung

28 Belz 1998, S. 55; Tomczak 1992, S. 84; Weinhold 1985, S. 1; Staehle 1976, S. 33ff.

29 Staehle 1976, S. 36

30 Belz 1989, S. 8; Zeithaml/ Varadarajan/ Zeithaml 1988, S. 37

Das Projekt baut auf einem *qualitativen Forschungsansatz* auf[31]. Nach Lamnek verfolgt qualitative Sozialforschung folgende zentrale Prinzipien: Offenheit, Forschung als Kommunikation, Prozesscharakter, Reflexivität von Gegenstand und Analyse, Explikation der Untersuchungsergebnisse und Flexibilität[32]. Charakteristisch für *Qualitative Marketingforschung* ist ein gründliches, multimethodisches Vorgehen (Fallforschung, Analogien usw.) auf vergleichsweise niedrigem Abstraktionsniveau[33].

Im Rahmen der qualitativen Forschung gibt der Ansatz des *problemzentrierten Interviews* von Witzel eine forschungspraktische Orientierungshilfe für dieses Projekt[34]. Wie Tomczak für die Marketingwissenschaft fordert, wird wissenschaftliches Vorgehen als iterativer Lernprozess verstanden, d.h. einer kombinierten Vorgehensweise aus Induktion und Deduktion[35].

Um ein möglichst umfassendes Bild des Forschungsfeldes zu gewinnen, werden verschiedene Erhebungsmethoden kombiniert. Neben der Sekundärforschung (desk research), gehen im Rahmen der Primärforschung mit besonderem Gewicht Expertengespräche und Fallstudien in die Bearbeitung ein (s. *Anhang II Verzeichnis I der Expertengespräche und Tagungen, S. 415ff.*, sowie *Verzeichnis der Praxisbeispiele, S. XXI*)[36].

Im Sinne *Ulrichs* wird die Betriebswirtschaftslehre als anwendungsorientierte Sozialwissenschaft aufgefasst. Ausgangspunkt wissenschaftlichen Arbeitens sind die Probleme des Wirtschaftsalltags[37].
Das Forschungsprojekt zielt auf die Entwicklung von praktisch anwendbaren Gestaltungsmodellen und Gestaltungsregeln[38].

---

31 Lamnek 1995a/ 1995b. Mayring 1993. Spöhring 1989.
32 ebd. 1995a, S. 21ff.
33 Tomczak 1992, S. 81f.
34 Lamnek 1995b, S. 74ff.; Spöhring 1989, S. 177ff.; Witzel 1985, S. 227ff.
35 ebd. 1995b, S. 74f.; Tomczak 1992, S. 84
36 Bonoma 1985, S. 199ff.
37 Ulrich 1981, S. 6
38 ebd. 1981, S. 11 und 17ff.

Eine zweite Befragung der Experten findet im Jahr 2003 statt. Hierzu wird aus jenen Unternehmen ausgewählt, die bereits mit einem Praxisbeispiel beschrieben sind (s. *Anhang III Verzeichnis II der Expertengespräche. Wiederholte schriftliche Befragung 2003, S. 427ff.*, sowie *Verzeichnis der Praxisbeispiele, S. XXI*). Zur schriftlichen Beantwortung der offen gestellten Fragen, hatten die Experten beliebig viel ‚Raum' (für Graphiken, Notizen, Mitteilungen etc.) zur Niederschrift. Ein Zeitraum von 1,5 Wochen stand zur Verfügung. Nach kurzer Information, konnte der Zeitraum individuell geregelt werden (s. *ebd.*). Die einzelnen Antworten sind den Texten der Praxisbeispiele hinzugefügt. Gesondert mitgegebene Graphiken, weitere Texte usw. sind nach Ermessen angefügt (s. *ebd.*, sowie *Verzeichnis der Praxisbeispiele, S. XXI*).

Ein Teil der Unternehmenssituationen, die als Praxisbeispiele integriert wurden, sind nicht direkt, persönlich erhoben, sondern stammen von anderen u.E. innovativen, aktuellen Quellen, also Zeitschriften und Tageszeitungen. Insgesamt 4 von 25 (entspricht 16%) der Beispiele stammen aus solchen Quellen.

2. Marketing für Leistungssysteme und Industrielle Dienstleistungen

2.1 Marketing für Dienstleistungen

Bisher fehlt in der wissenschaftlichen Diskussion eine *einheitliche Definition* des Dienstleistungsbegriffs[39]. Dies ist letztlich auf die *Vielschichtigkeit und Heterogenität* des ‚Dienstleistungsphänomens' zurückzuführen. Eine klare *Abgrenzung* von Sachleistungen und Dienstleistungen bereitet erhebliche Schwierigkeiten[40]. Es existieren zahlreiche Definitionen und Einordnungsversuche, die jeweils unterschiedliche Aspekte des Dienstleistungsbegriffs systematisieren[41]. Die Vielfalt realer Erscheinungsformen von Dienstleistungen und dienstleistungsbezogenen Problemstellungen führt zur Schlussfolgerung, dass eine einheitliche Definition eher unwahrscheinlich ist. Die Begriffsbestimmung ist entsprechend abhängig von der forschungsleitenden Fragestellung[42]. Die Dienstleistungsdefinition nach Meyer liefert eine Arbeitsgrundlage[43]. Eine weitergehende Orientierung für die Entwicklung von Gestaltungsempfehlungen gibt die *phasenorientierte Betrachtung* von Dienstleistungen (s. *Darstellung 2.1 Betrachtungsebenen und Dimensionen von Dienstleistungen, f.S.*) [44]. Hierdurch werden Ansatzpunkte aufgezeigt, wo Reserven im Dienstleistungsmarketing erschlossen werden könnten.

Meyer definiert *‚persönlich erbrachte Dienstleistungen'* als solche Dienste,

- die als hauptsächliche *interne Faktoren* vonseiten einer Einzelwirtschaft
- an *externen Faktoren*, also nicht zu dieser Einzelwirtschaft gehörenden Menschen oder deren Objekten,
- mit dem Ziel erbracht werden, an diesen Faktoren irgendwelche *Veränderungen* zu bewirken[45].

---

39 Meffert/ Bruhn 2000, S. 27; Meyer 1996, S. 10

40 Engelhardt/ Kleinaltenkamp/ Reckenfelderbäumer 1993, S. 395ff.

41 Meffert/ Bruhn 2000, S. 27ff.; Meyer 1996, S. 5ff.; Homburg/ Grabe 1996a, S. 255ff.

42 Trachsel 1996, S. 17

43 Meyer 1996, S. 15

44 Lehmann 1995, S. 30; Bieberstein 1995, S. 28ff.; Rück 1995, S. 6f.; Hilke 1989, S. 15

45 Meyer 1996, S. 15

Dar. 2.1: Betrachtungsebenen und Dimensionen von Dienstleistungen[46]

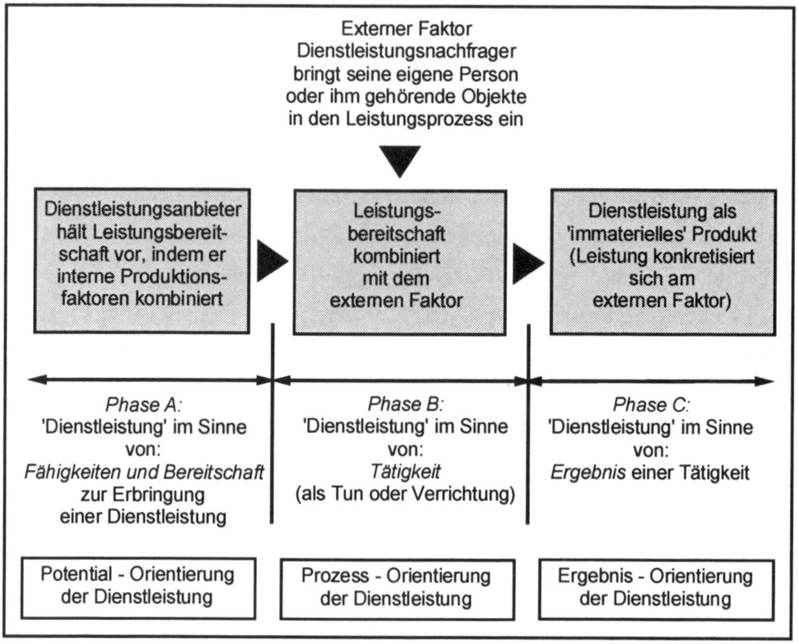

Die Unterscheidung von *funktionellen und Institutionellen Dienstleistungen*, bzw. *funktionellen und Institutionellen Dienstleistungsanbietern*, leitet über zum Begriff der Industriellen Dienstleistungen[47]. Bedeutsam ist diese Differenzierung im vorliegenden Branchenzusammenhang beispielsweise im Dienstleistungsfeld von Planungs- und Beratungsdienstleistungen. Für funktionelle Dienstleistungsanbieter können sich Zielkonflikte mit dem Industriellen Kerngeschäft ergeben (Neutralitätsproblematik).

46 Nach Rück 1995, S. 7 und Hilke 1989, S. 15

47 Meffert/ Bruhn 2000, S. 13f. und 18; Hilke 1989, S. 9; Forschner 1988, S. 10f.

- *Funktionelle Dienstleistungen* werden von einem Investitionsgüteranbieter als Zusatzdienstleistungen, bzw. produktbegleitende Dienstleistungen angeboten. Sie sind integraler Bestandteil von Leistungssystemen.
- *Institutionelle Dienstleistungen* werden von einem als Dienstleistungsproduzenten Institutionalisierten Unternehmen erbracht.

Aus volkswirtschaftlicher Sicht zeichnet sich für funktionelle, wie Institutionelle Dienstleistungen eine *steigende Bedeutung* ab (Tertiarisierung der Volkswirtschaft – s. *Kap. 6.2.3 Outsourcing büronaher Dienstleistungen, S. 226ff.*)[48]. Diese Entwicklungen haben dazu geführt, dass dem Marketing von Dienstleistungsangeboten *Industrieller Anbieter* in den letzten Jahren eine zunehmende Bedeutung beigemessen wurde[49].

2.2 Industrielle Dienstleistungen

Simon definiert Industrielle Dienstleistungen als Leistungen, die von Unternehmen erbracht werden, deren Hauptgeschäft in der Herstellung und im Vertrieb von Sachleistungen besteht[50]. Durch netzwerkartige Angebotsstrukturen und Marketingkoalitionen, sowie die Gründung von Tochtergesellschaften für spezifische Dienstleistungsfelder, zeigen sich letztlich fliessende Grenzen zwischen Institutionellen und funktionellen Dienstleistungsanbietern (s. *Kap. 5.2 Integration der Planungs- und Beratungskompetenz in die Vertriebsorganisation, S. 167ff.*).

Für Dienstleistungsangebote Industrieller Anbieter der Büromöbelindustrie bestehen in praktisch allen Dienstleistungsfeldern Wettbewerbsverhältnisse zu etablierten Institutionellen Dienstleistungsanbietern. Die direkte Verrechnung von

48 Grunenberg 1999, S. 4; Trachsel 1996, S. 46ff.; Grosse - Oetringhaus 1996, S. 196; Lehmann 1995, S. 3ff.; Stegner 1992, S. 3ff.; Albach 1989, S. 416

49 Belz 1998, S. 540ff.; ebd. 1997, S. 14; Homburg/ Garbe 1996a, S. 253ff.

50 Simon 1993, S. 5

Planungs- und Beratungsdienstleistungen durch Möbelanbieter, führt beispielsweise zu einer direkten Wettbewerbssituation mit freien Innenarchitekten oder spezialisierten Unternehmensberatern. Zwei wesentliche Probleme von Möbelanbietern möchten wir hierbei hervorheben:

- *Wechselwirkungen zwischen Industrie- und Dienstleistungsgeschäft*[51]
  Die Nähe Industrieller Dienstleistungen zum Industriellen Kerngeschäft ist einerseits Ausgangspunkt für intelligente Leistungssysteme, andererseits können sich auch negative Wechselwirkungen ergeben. Vor allem bei Planungs- und Beratungsdienstleistungen ergeben sich Zielkonflikte mit dem bestehenden Industriegeschäft, weil Ergebnisse des vorgelagerten Planungsprozesses Einflüsse auf den Umfang, die Art und Qualität der Beschaffung von Industrieprodukten haben können (Neutralitätsproblematik – s. *Kap. 4.3 Nähe Industrieller Dienstleistungen zum Industriellen Kerngeschäft, S. 86ff.*).
- *Industriell geprägte Unternehmenskultur*
  Spezifische Probleme Industrieller Anbieter im Dienstleistungsmarketing ergeben sich durch die industriell (‚sachleistungsorientiert') geprägte Unternehmenskultur (Managementprobleme u. Mitarbeiterverhalten – s. *Kap. 4.1.2 Schrittweise Entwicklung des Dienstleistungsgeschäfts, S. 63ff.*).

Industrielle Dienstleistungen werden häufig weitergehend wie folgt systematisiert (*Darstellung 2.2, f.S.*)[52]:

- *Industrielle Primärdienstleistungen*: Hierbei handelt es sich um Dienstleistungen in Form eigenständiger Dienstleistungsangebote mit nur mittelbarem Produktbezug (Branchenbeispiel: Umzugsmanagement).
- *Industrielle Sekundärdienstleistungen*: Dienstleistungen sind quasi Bestandteil des Produktes, d.h. ‚Nebenleistungen'. Solche Dienstleistungen sind aus Sicht der Nachfrager entweder Voraussetzungen für den Warenkauf (z.B. Beratung), stellen eine Erleichterung der Warenbeschaffung dar (z.B. Transport), oder sind Voraussetzung für die Warennutzung (z.B. Installation). Industrielle Sekundärdienstleistungen werden weiter unterschieden in:

---

51 Homburg/ Grabe 1996b, S. 69; Noch 1995, S. 97ff.; Graßy 1993, S. 22

52 Homburg/ Grabe 1997, 1996 a und b; Graßy 1996, S. 57; Jugel/ Zerr 1989, S. 163f.

- *obligatorische Sekundärdienstleistungen*: Sie bilden ein Minimalangebot an Dienstleistungen, ohne die ein Produkt nicht absetzbar wäre.
- *fakultative Sekundärdienstleistungen:* Diese bilden ein Zusatzangebot und dienen der Differenzierung des Angebots[53].

Dar. 2.2: Industrielle Primär- und Sekundärdienstleistungen[54]

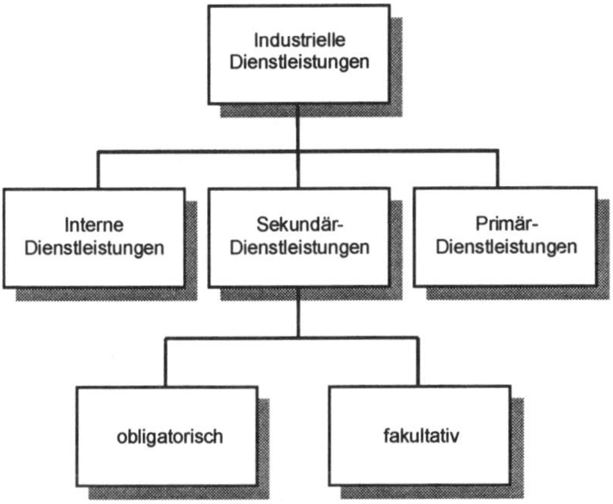

Die oben aufgezeigte Unterscheidung Industrieller Dienstleistungen bietet Möbelanbietern eine erste nützliche *Strukturierungshilfe*. Die in der Praxis vorwiegend pauschal angebotenen Leistungskonglomerate aus Sachleistungen und Dienstleistungen[55] lassen sich, auch projektbezogen, einerseits nach Leistungsumfang und Leistungsqualität, andererseits aus Kosten- und Verrechnungssicht systematisch den Kategorien zuordnen[56]. *Kritisch* sind allerdings folgende Aspekte anzumerken:

53 Tomczak/ Dittrich 1997, S. 31; Meyer 1985, S. 99ff.

54 Graßy 1996, S. 57

55 Belz 1997, S. 40; ebd. 1991a, S. 7

56 Plinke/ Söllner 1995, S. 854f.

- *Hohe Spezifität von Einrichtungsprojekten:* Projekte in der Büromöbelindustrie sind durch einen hohen Grad an Einmaligkeit geprägt. Auf operativer Ebene sind projektspezifisch und unter Wettbewerbsgesichtspunkten, vielfach Teilentscheidungen über den Dienstleistungsaufwand erforderlich[57]. Eine *einfache und generell verbindliche Systematik,* durch die Unterscheidung von obligatorischen und fakultativen Sekundärdienstleistungen, erscheint als zu inflexibel (s.a. *Kap. 3.5 Kernprobleme im Dienstleistungsmarketing von Büromöbelanbietern, S. 49ff.*)
- *Sekundärdienstleistungen*: Im Zusammenhang mit der Verwendung des Begriffs Sekundärdienstleistungen besteht die Gefahr, Dienstleistungen zu stark in Relation und Abhängigkeit vom Industrieprodukt zu sehen. Der Wert der Dienstleistung an sich, als eigenständige, transparente Unternehmensleistung, wird u.E. zu wenig beachtet.
- *Obligatorische und Fakultative Sekundärdienstleistungen*: Bedingt durch mangelnde Motivation oder schwankende Leistungsfähigkeit von Mitarbeitern, bieten aus praktischer Sicht auch obligatorische Dienstleistungen zahlreiche Profilierungsoptionen. Typische Beispiele in der Büromöbelindustrie sind hierzu Beratungs-, wie auch Montagedienstleistungen. Beide Dienstleistungen gelten allgemein als selbstverständlich, werden indirekt über die Industriellen Leistungen verrechnet, können jedoch in ihrer Qualität erheblich schwanken. Auch die fallweise kreative Variation von eigentlich selbstverständlichen Grundleistungen kann Wettbewerbsvorteile erbringen (z.B. hohe Termintreue bei der Angebotserstellung, schnelle Bemusterung von Möbelteilen, usw.). In diesem Zusammenhang kann auch die *Rationalisierung und Standardisierung* von obligatorischen Dienstleistungen problematisch sein, wenn damit eine Erosion der Profilierungswirkung verbunden ist (s. *Kap. 4.1 Ziele von Büromöbelanbietern im Dienstleistungsmarketing, S. 59ff.*).

---

57 Kleinaltenkamp 1995, S. 749; Expertengespräche De La Rue – Plan Objekt; Leitner

2.3 Ansatz der Leistungssysteme als Basisstrategie

Der von Belz entwickelte Ansatz der Leistungssysteme dient im vorliegenden Projekt als *Basisstrategie oder Rahmenmodell,* sich vertieft mit Praxisproblemen

Dar. 2.3: Ansatz der Leistungssysteme in der Büromöbelindustrie[58]

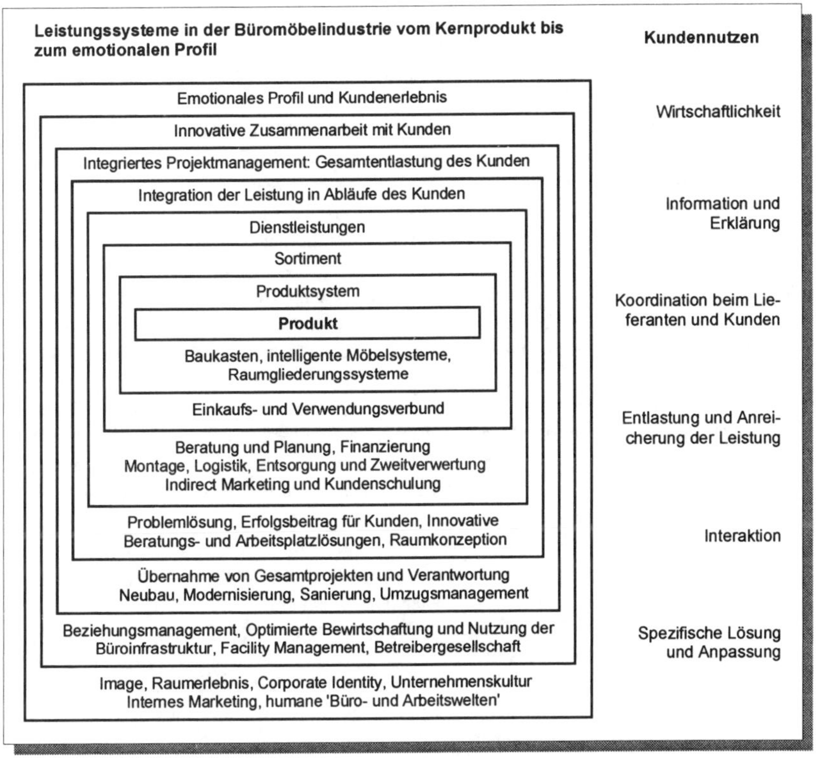

im *Dienstleistungsmarketing* der Büromöbelindustrie auseinanderzusetzen (*Darstellung 2.3,* Erläuterung der Dienstleistungen in *Kap. 3.4.1 Dienstleistungen im*

58 Nach Belz 1998, S. 178

Markt für Büroeinrichtungen, S.41ff.)[59]. Entsprechend der Kundensituation werden Dienstleistungen eher selektiv angeboten (Grundsatzstrategie ‚Selektives Dienstleistungsmanagement') oder im Rahmen komplexer Gesamtlösungen (Grundsatzstrategie ‚Integriertes Leistungsmanagement').

Dar. 2.4: Ziele für Leistungssysteme[60]

1. *Probleme des Kunden umfassend lösen*: Umfassenden Erfolgsbeitrag für Kunden leisten.
2. *Leistungen im Wettbewerb profilieren*: Differenzierung von Konkurrenten für Kundenvorteile.
3. *Bestehende Problemlösungen besser kommunizieren:* Problemlösung für Kunden strukturieren und erklären; Lernprozess des Kunden fördern.
4. *Attraktive Kunden an die Unternehmung binden, in schwierigen Phasen, ‚bei der Stange halten', und die Zusammenarbeit erweitern*: Kundenselektion, Kundenbeziehung (auch nach dem Kauf) festigen. Kundenstammpflege, Sonderleistungen, Überbrückungslösungen, Überdecken von Geschäftsnachteilen.
5. *Im Dialog mit aktuellen und potentiellen Kunden bleiben*: Neue Entwicklungen erfahren, Feedback über Probleme verantwortlicher Mitarbeiter, ‚Pass - Auf' - Hinweise des Kunden und weiterer Gruppen, neue Gesprächspartner in Technik und Führung (neben dem Einkauf) gewinnen.
6. *Dienstleistungen rationalisieren und selektiv für richtige Kunden einsetzen*: Standardisieren, Leistungen in flexible Module aufteilen, Rationalisieren.
7. *Produktvielfalt durch ergänzende Dienstleistungen reduzieren*: Ersetzen spezifischer, teurer Sonderanfertigungen durch Standardprodukte, die mit Dienstleistungen angereichert werden.
8. *Effizienz der Zusammenarbeit mit dem Partner steigern.* Offenheit, gegenseitiges Vertrauen, informale und effiziente Zusammenarbeit (statt Versteckspiel, Macht- und Positionskämpfen). Sicherheit durch Beziehungen gewinnen.
9. *Differenzierung durch Qualität:* Gesamtleistung optimieren durch Flexibilität, Individualität, Geschwindigkeit, Wirtschaftlichkeit.
10. *Auswechselbare Leistungen über attraktive Zusatzleistungen profilieren*: Verbundeffekt nutzen und Cross Selling zwischen Dienstleistungs- und Produktgeschäft fördern.
11. *Höhere Preise realisieren*: Wertschöpfung steigern.
12. *Märkte gestalten*: Angebote statt Abwehr von Kundenforderungen: Initiative zurückgewinnen.

59 Belz 1998, S. 178; 1997, S. 24ff.; 1996, S. 129; 1994b, S. 44ff.; 1991a, S. 11ff.
60 Nach Homburg/ Garbe 1996b, S. 69 zit. in Belz 1997, S. 34 und ebd. 1991a

Integriertes Leistungsmanagement erfordert eine intensive Zusammenarbeit zwischen Anbietern und Nachfragern. Die Gesamtleistung wird individuell auf die Anforderung, Bedürfnisse und Unternehmensziele des Kundenunternehmens ausgerichtet (s. *Kap. 4.2 Kundennutzen und Industrielle Dienstleistungen, S. 69ff.*)[61]. Im Zusammenhang mit unseren Erhebungen möchten wir zwei Aspekte hervorheben:

- *Problemlösungsstrategie*: Der Ansatz verdeutlicht die meist pauschal von Unternehmensvertretern geäusserte Zielsetzung, sich als Problemlöser am Markt zu positionieren. In der Büromöbelindustrie zeigt sich, wie auch in zahlreichen anderen Branchen, ein deutlicher Wandel vom Verkäufer- zum Käufermarkt[62]. Ein bedeutendes Problem besteht einerseits in wachsenden Kundenwünschen, andererseits in einem zunehmenden Preisdruck. Der Ansatz der Leistungssysteme zeigt Möglichkeiten auf, meist zufällig entstandene und ‚evolutorisch gewachsene' Dienstleistungsideen zu systematisieren. Hierdurch werden Reserven im Marketing konstruktiv mobilisiert. In mehreren Unternehmen konnten wir feststellen, dass sich innovative Dienstleistungsideen auf einzelne Verkäufer, oder sehr häufig auf den Geschäftsführer, beschränken[63]. Die Durchgängigkeit der Lösungen, damit verbunden auch Überlegungen zu Zielgruppe, Kosten, Dienstleistungsqualität und Verrechnung, ist in *den wenigsten* der von uns befragten Unternehmen *überzeugend.* Durch Mitarbeiterfluktuationen gehen den Unternehmen wichtige Profilierungsreserven und Kompetenzen verloren (s. *Kap. 3.5 Kernprobleme im Dienstleistungsmarketing von Büromöbelanbietern, S. 49ff.*).
- *Entwicklungsmodell*: Die einzelnen Module des Ansatzes zeigen unterschiedliche Qualitäten, *integrierte Problemlösungen mit Kunden situativ zu realisieren.* In der Praxis der Büromöbelindustrie zeigen sich, von der Problemlösungsqualität her betrachtet, sehr unterschiedliche Niveaus zwischen einzelnen Anbietern (s. *Kap. 3.4.2 Hersteller- und Handelssituation aus der Dienstleistungsperspektive, S. 47ff.*).

---

61 Belz 1997, S. 43ff.; Blindow/ Böhmcker/ Felix 1997, S. 115

62 Graßy 1996, S. 57

63 Expertengespräch Leitner; Keller AG, Bern; Bierbrauer + Nagel; Tagung WK - Verband

Aus dieser Sicht dient der Ansatz der Leistungssysteme als Orientierungsrahmen und Entwicklungsmodell (s. *Kap. 4.1 Ziele von Büromöbelanbietern im Dienstleistungsmarketing, S. 59ff.*). Büromöbelanbieter stehen vor der anspruchsvollen Aufgabe, einerseits die Wettbewerbsfähigkeit des Industriellen Kerngeschäftes nicht zu vernachlässigen, andererseits selektiv Dienstleistungen schrittweise zu professionalisieren. Dienstleistungskompetenzen und das Know - how über eine effiziente Zusammenarbeit mit Kunden kann bedeutsamer sein, als das Produkt selbst[64]. Wesentliche Ziele des Ansatzes sind ergänzend in *Darstellung 2.4 Ziele für Leistungssysteme, S. 24* aufgeführt.

Zwei Anzeigen des Büromöbelherstellers ‚K + N' im Handelsblatt (s. *Anhang I Verzeichnis der Internet – Adressen, S. 413f.*, sowie *Anhang V Dokumentationen von Unternehmen und Verbänden, S. 443ff.*). Links ist die anonymisierte Form der Anzeige zu sehen. Rechts sieht man die auch auf das Unternehmen hinweisende Variante. Beide Anzeigen erschienen, eine Zeit lang, in unregelmässigen Abständen, im Handelsblatt.

64 Belz 1997, S. 27f.

3. Büromöbelindustrie und Industrielle Dienstleistungen

3.1 Büromöbel als Marktleistung

Unter *Büromöbeln* verstehen wir Bürositzmöbel und weitere Einrichtungen für das Büro. Büroeinrichtungen sind laut Produktionsstatistik des ‚Verbandes der deutschen Büromöbelindustrie': Tische, Schreibtische, Bildschirmarbeitstische, Schreibmaschinentische, andere Büromöbel bis Schreibtischhöhe, Einzelschränke, Systemschrankwände, andere Büromöbel über Schreibtischhöhe.

Ergänzend kann das Mitgliederverzeichnis des Verbandes für eine bessere Einordnung herangezogen werden. Hiernach ordnet der Verband seine Mitglieder nach einer neundimensionalen *Marktleistungsstruktur*[65]:

1. *Allgemeine Büroeinrichtungen*
2. *Chefzimmer und Konferenzeinrichtungen*
3. *Schrank- und Trennwände*
4. *Bürodrehstühle und Bürodrehsessel*
5. *Besucherstühle, Konferenz- und Pausenraumbestuhlung*
6. *Spezialeinrichtungen für Registraturen und Karteien, Archiveinrichtungen*
7. *Spezial - Einrichtungen für Geldinstitute, Bankeinrichtungen*
8. *Spezialmöbel für Zeichenbüros*
9. *Sicherheitstechnische Einrichtungen*

Die *Sachleistungstypologie von Lorenz* differenziert Büromöbel nach den Kriterien der Funktionalität und Flexibilität. Bei Systemmöbeln wird zwischen verschiedenen Generationen unterschieden; bei solchen der dritten Generation hat die Grundkonzeption des Möbels bereits Einfluss auf die Raumstruktur, d.h. den raumbildenden Innenausbau (s. *Darstellung 3.1 Sachleistungstypen in der Büromöbelindustrie, f.S.*)[66].

---

65 Verband der deutschen Büromöbelindustrie (Mitglieder 1999)

66 Lorenz 1989, S. 507ff.

Dar. 3.1: Sachleistungstypen in der Büromöbelindustrie[67]

Sachleistungstyp		Erläuterung
Standardmöbel		konventionelle, alleinstehende Schreibtische mit festen Unterschränken
Spezialmöbel		Zusatzbildschirme, PC - Trägertische, CAD - Einzeltische
Systemmöbel	*1. Generation*	verkettbar, verstellbar, elektrifizierbar
	2. Generation	zusätzlich 3. Ebene
	3. Generation	Einbindung von Raumgliederungselementen (Sichtschutzwand, funktionale Trennwandsysteme, Raumwandsysteme)
Ergänzend: Sondermöbel		Empfangsbereich, Chefzimmer, Schrankwände, Bürostühle

Auf Grundlage unserer Erhebungen möchten wir für den Sachleistungsbereich insgesamt *vier Entwicklungen* besonders hervorheben[68]:

a) Zunehmende Bedeutung von Systemmöbeln

Bedingt durch die hohe Anpassungs- und Veränderungsfreundlichkeit, wird modular konzipierten Systemmöbeln in Zukunft ein wesentlicher Stellenwert eingeräumt (s.u. *Darstellung 3.2*). Durch das Angebot von Systemmöbeln wollen Hersteller den Anforderungen von Kunden nach einer möglichst flexibel nutzbaren Büroinfrastruktur nachkommen. Systemmöbel können an unterschiedliche Arbeitsinhalte und Arbeitssituationen angepasst werden (z.B. Höhenverstellung eines Tisches zum Steharbeitsplatz, Schaffung zusätzlichen Stauraums durch

67 Nach Lorenz 1989

68 Alle Expertengespräche Hersteller und Handel

Schrankmodule, Umbau und Ergänzung eines Einzelarbeitsplatzes für Teamarbeit, alternative Konfigurationen für temporäre Projektarbeit usw.). Der österreichische Hersteller Bene propagiert beispielsweise mit seinem flexiblen Trennwandsystem das ‚Konzept des reversiblen Büros'. Bei diesem Systemmöbel der dritten Generation werden traditionell bauseitig erstellte Innenwände eines Gebäudes, durch flexible und veränderbare Wandmodule ersetzt. Solche Wände lassen sich in unterschiedlicher Weise ausrüsten (mit Türen, Tischmodulen, Akustikelementen, Schränken usw.)[69]. Mit der wachsenden Bedeutung von Systemmöbeln nimmt parallel auch die Bedeutung von Dienstleistungen zu. Dies betrifft einerseits Planungs-, Projektierungs- und Beratungsdienstleistungen, wie auch Montagedienstleistungen für nachträgliche Umbauten und Ergänzungen.

Dar. 3.2: Marktanteile nach Generationen in Deutschland[70]

	1987	1992	1997	Veränderung (87/97)
1. Generation	4,4 %	1,8 %	0,8 %	- 3,6 %
2. Generation	33,3 %	22,4 %	18,2 %	- 15,1 %
3. Generation	53,4 %	69,2 %	74,5 %	+ 21,1 %
Chefzimmer	3,3 %	1,7 %	1,1 %	- 2,2 %

b) ‚Gegentrend': Konzentration auf Grundfunktionen des Möbels

Eine verstärkte Kostenorientierung auf Beschaffungsseite zeigt einen *Gegentrend zu Systemmöbeln.* Möbelprodukte sollen entsprechend diesem Trend die wesentlichen Grundfunktionen abdecken (z.B. Schreibtisch ohne dritte Ebene, ohne Höhenverstellung, Anbaumöglichkeiten und Verkettung).

69 Expertengespräch Bene Consulting

70 Weissmann, unveröffentlichter Gastvortrag; ‚vitra – Tagung' 1994; Verband der deutschen Büromöbelindustrie

Wesentlicher Nachteil von Systemmöbeln ist ihre vergleichsweise hohe Komplexität. Systemfunktionalität ist fertigungstechnisch häufig mit einem höheren Preis des Möbelproduktes verbunden. Ein veränderbares Trennwandsystem verursacht beispielsweise die doppelten Investitionskosten im Vergleich zu einer traditionellen Wandbauweise aus Gipskarton. Zusätzlich stellt sich die Frage der Nutzung höherer Flexibilität im Arbeitsalltag. Jede Veränderung verursacht zusätzliche Organisations- und Montagekosten, da Umbauten meist nicht von den Mitarbeitern selbst ausgeführt werden können.

c) Individualisierung und steigende Kundenansprüche

Trotz dieses Trends zur Vereinfachung zeigt sich gleichzeitig, insbesondere im Grosskundengeschäft, dass häufig individuelle Anpassungen vorgenommen werden (Veränderungen an Tischplatten, Gestellen, Farben, Oberflächen, Details wie Beschlägen usw.)[71]. Zunehmendes Gewicht gewinnt die Abstimmung der Einrichtung mit der Architektur des Gebäudes, sowie die Kommunikation einer bestimmten Werthaltung nach Innen und Aussen (s. *Kap. 6.2.1 Dienstleistungstrends im Markt für Büroeinrichtungen, S. 218ff.*)[72]. Insgesamt steigen durch diese Entwicklungen die Aufwendungen für Planungs- und Beratungsdienstleistungen in der Kontakt- und Evaluationsphase.

d) Austauschbarkeit industrieller Produkte und steigende Beratungsintensität

Wie bereits dargestellt, wird insbesondere auf seiten der Handelsstufe eine zunehmende Austauschbarkeit der Produkte und mangelnde Innovationsfreude der Industrie beklagt. Die steigende Bedeutung von Dienstleistungen wird aus dieser Sicht damit begründet, dass in einer nur geringfügig vom technologischen Fortschritt beeinflussten Branche, wie der Büromöbelindustrie, beim industriellen Kernprodukt keine fundamentalen technischen Neuerungen zu erwarten sind (*Kap. 1.1 Problemstellung und zentrale Marketingfrage, S. 1ff.*). Demgegenüber betont der Verband der deutschen Büromöbelindustrie, dass sich bei reifen Industrieprodukten Innovationen nur in Detaillösungen niederschlagen können. In diesem Feld lassen sich vielfältige Innovationen feststellen.

---

71 Expertengespräch König + Neurath; Hofmann 1998, S. 16 (Branchenanalyse Handelsblatt)

72 Expertengespräche Schricker, Planobjekt

Eine zentrale Schwierigkeit besteht vor allem in der Kommunikation solcher Detaillösungen (bessere Verkettbarkeit, Montagegeschwindigkeit, umweltfreundlicheres Produktionsverfahren), die von Verkaufsmitarbeitern eine umfassende Produktkenntnis erfordert. Ähnliche Probleme bereitet etwa die Kommunikation des Produktdesigns, d.h. immaterieller Produktbestandteile[73]. Es ergeben sich insgesamt steigende Anforderungen, an die Informations- und Beratungsqualität von Verkaufsgesprächen[74].

Neben ‚traditionellen' Herstellern und Handelsunternehmen der Büromöbelindustrie, wurden, im Rahmen unseres Projektes, Anbieter aus *angrenzenden Branchen* berücksichtigt (s. *Anhang II, Verzeichnis I der Expertengespräche und Tagungen, S. 415ff.*). Hierzu zählen Bankeinrichtungen, Messesysteme, Ladenbau und Innenausbau. Industrieprodukte dieser Anbieter haben System- oder Anlagencharakter. Marketingprozesse sind in diesen Leistungsfeldern mit umfassenden Planungs-, Beratungs- und Projektierungsdienstleistungen verbunden. In Teilbereichen sind umfangreiche Installations- und Montagearbeiten erforderlich (s. *Kap. 4.2.1 Marketingprozesse in der Büromöbelindustrie, S. 69ff.*).

3.2 Die Umsatzentwicklung im Markt für Büromöbel

Bezüglich des Zeitraumes der letzten 20 Jahre, kann die Branchenentwicklung grob in drei Phasen eingeteilt werden: Nach einer insgesamt *positiven* Entwicklung in den 80er Jahren, einer *euphorischen Dynamik* in den Jahren der Wiedervereinigung, hat sich in den letzten Jahren eine *zwar ansteigende*, teils aber *uneinheitliche* Nachfrage ergeben. 2002 zeigen sich deutlich rezessive Tendenzen (s. *Dar. 3.3 Absatzentwicklung für Büromöbel in Deutschland, f.S.*).

Im Zeitraum 1987 - 1990 gab es noch Umsatzsteigerungen von 30 - 40%. Ins-

---

[73] Kritzmöller 1999, S. 80ff.

[74] Expertengespräch Verband der deutschen Büromöbelindustrie

besondere die zu optimistische Einschätzung der Nachfrage, *im Zusammenhang mit der ‚Wiedervereinigung'*[75], führte zu einem Aufbau von Überkapazitäten: Die Jahre 1992 – 1996 weisen Verluste von bis zu 20%[76] auf, die erst 1997, durch eine Trendwende, ausgelöst u.a. durch die neue *‚Bildschirmarbeitsplatzverordnung'* (1996), gestoppt werden konnten[77].

Dar. 3.3: Absatzentwicklung für Büromöbel in Deutschland[78]

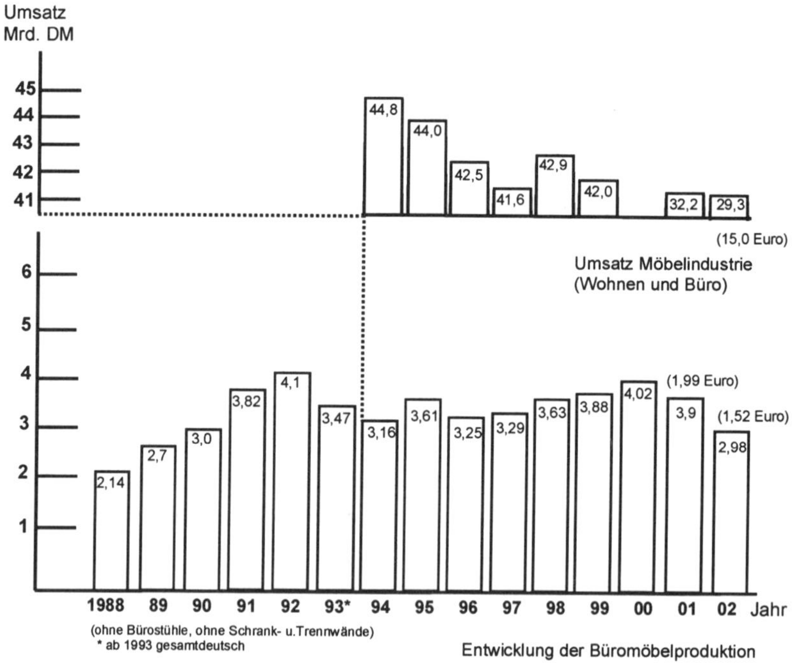

75 Untergang der DDR, Vereinigung beider deutscher Staaten (= Wiedervereinigung)

76 O.V. 1998k

77 O.V. 1998a, S. 15

78 Nach www.büro-forum.de; O.V. 2002, S. 69; Büroforum 4/ 2002; Gebauer/ Jenß 2002, S.14; O.V. 2000b, S. 14; Fröndhoff 1999, S. 15; Verband der deutschen Büromöbelindustrie 1998, Tab. 9ff.; Diese Graphiken und der Text, die Daten von *Kap. 3* beruhen u.a. auf diesen Quellen.

Die Jahre 1997 - 1999 zeichnen sich durch *kräftige Preiserhöhungen der Zuliefe-rer* aus (durchschnittlich 3 - 5%). Diese Erhöhungen wurden entsprechend von *Herstellern*, aufgrund steigender Material- und Lohnkosten, *weitergegeben. Neue strukturelle Entwicklungen, in EDV- und Kommunikationsbereichen* der Kunden-unternehmen, sorgen dennoch für stetiges Ansteigen der Umsätze.
2000 - 2001 sind als indifferent zu charakterisieren. Dieser Zeitraum weist ein, aufgrund der *Euro – Umstellung*, der allgemeinen wirtschaftlichen Entwicklung, sowie aufgrund des Strukturwandels im Bereich der ‚New Economy', teilweise gehemmtes Wachstum auf. Eine *‚Straffung'* der Märkte ist erkennbar.
In 2002 verringert sich das Volumen für Büroeinrichtungen eklatant um rund 20%. Für das Jahr 2003 wird eine weitere Reduzierung des bürowirtschaftlichen Marktpotentials um 2 - 3% prognostiziert[79].

Zur Beurteilung der Wettbewerbssituation, im Teilbereich Büromöbelindustrie, ist die Darstellung der Umsatzentwicklung der Gesamtmöbelindustrie von Inter-esse (s.o. *Darstellung 3.3, S. 32*). Insgesamt hat die schwache Inlandsnachfrage der ‚Nachwende – Phase' in Deutschland dazu geführt, dass traditionell dem *Wohnmöbelbereich* zugehörige Hersteller- und Handelsunternehmen sich ver-stärkt im Büromöbelmarkt engagieren (s.u. *Kap. 3.3 Struktur der Büromöbelin-dustrie, S. 34ff.*).
Typisch ist eine *starke Inlandsorientierung* der Unternehmen. Deutschland gilt als *grösster Büromöbelmarkt Europas*, strukturell überwiegen jedoch inländische Hersteller mit einem Anteil von über 80% (1998)[80]. Eigenständige Engagements deutscher Hersteller im Ausland sind eher begrenzt. Die *Wilkhan GmbH + Co.* (Umsatz 137 Mill. DM 1997[81]) gilt bei einem Ausfuhranteil von 43% bereits als Ausnahme[82].

---

79 Bundesverband Bürowirtschaft 2003, S. 4ff
80 ebd. 1998, S. 21
81 O.V. 1998l, S. 16
82 O.V. 1996a

Ein Unternehmen wie die *vitra AG* (Umsatz 283 Mill. Euro 2001)[83], mit Vertriebsgesellschaften in ganz Europa und den USA, ist aufgrund seiner Ausrichtung im Marktsegment ‚Design und Kultur' fast als Einzelfall zu betrachten.

Insgesamt stellen die geforderte Flexibilität in den Produktionsabläufen, und die von den Kunden eingeforderte Liefertreue, sowie deren Qualitätsansprüche Wettbewerbsfaktoren dar, mit denen sich der Produktionsstandort Deutschland gut behaupten kann[84].

3.3 Struktur der Büromöbelindustrie

3.3.1 Hersteller von Büromöbeln

3.3.1.1 Die deutsche Büromöbelindustrie

Die Herstellerstruktur der deutschen Büromöbelindustrie ist weitgehend von *mittelständischen Unternehmen* geprägt. Grössere Anbieter, wie die von uns befragten Hersteller *‚König & Neurath AG'* und die *‚Steelcase Werndl AG'* (*Übernahme durch ‚Steelcase'*; s. *Kap. 3.3.1.2 Ausländische Anbieter in Deutschland, S. 36f.*), erreichten 2000 einen Umsatz von 425 Mill. DM[85] (210 Mill. Euro 2001[86]), bzw. 400 Mill. DM[87]. Beide Anbieter gehören zur Spitzengruppe der zehn grössten Anbieter bundesweit. *‚König & Neurath'* bezeichnet sich laut Werksangabe, als ‚grösster selbstständiger deutscher Anbieter'. Kleinere von uns ebenfalls befragte Nischen- und Spezialanbieter liegen in einer Umsatzbandbreite zw. 5 bis 15 Mill. DM. Trotz der teilweise negativen Marktentwicklung Mitte der neunziger Jahre, ist es auf Herstellerstufe, anders als zu erwarten[88], während dieser Phase zu *keiner deutlichen Konzentrationsentwicklung* gekommen. Bis auf Einzelfälle, gab es

83 vitra 2002
84 Gebauer / Jenß 2002, S. 24
85 O.V. 2002a, S. 114
86 Scharbau 2002, S. 16
87 O.V. 2002b, S. 115
88 O.V. 1995b, S. 145f.

keine bedeutende Häufung von *Unternehmenszusammenbrüchen* oder *Übernahmewellen* durch global operierende Anbieter[89].
Nach den schon erwähnten Analysen des ‚Handelsblatt', konnte sich die Mehrheit der Hersteller anscheinend erfolgreich an die Krisensituation anpassen. Es wird vermutet, dass dies vor allem auf *flexible Produktionsstrukturen* und *Rationalisierungsbemühungen* (Arbeitszeitmodelle, Gruppenprämien usw.) zurückgeführt werden kann. Hinzu kommen ein *konsequentes Kostenmanagement* und ein gestrafftes Produktions-, Versorgungs- und Logistikgefüge. Chancen in der Marktprofilierung sieht man in bedarfsgesteuerten Konzepten der Fliessfertigung und in einer Optimierung der Wertschöpfungskette, durch eine einheitliche Datenbasis für Hersteller, Fachhandel und Endkunden (OFML - Standard)[90].
Dem starken *Arbeitsplatzabbau* (in den Jahren 1995 – 2001 sank die Zahl der Beschäftigten in der Möbelindustrie von 17.600 auf 14.400), steht im gleichen Zeitraum ein *Produktivitätsanstieg* von etwa 20% gegenüber[91]. Die Marktbereinigung mit weiterem Abbau der Überkapazitäten soll in den nächsten Jahren anhalten.
Das Beispiel von ‚*Werndl*' zeigt eine forcierte Programmpolitik: Lohnstückkosten konnten durch die Flexibilität neuer Plattformstrategien reduziert werden[92].
Unternehmenszusammenbrüche bleiben Ausnahmeerscheinungen. Zu erwähnen sind ‚*Voko*' (2002)[93], ‚*Waiko*' (1997)[94] und ‚*Febrü*' (1996)[95]. ‚*Mauser Waldeck*', zeitweise mit starkem Umsatzrückgang (1998 – 2001), Sanierung mit Übernahme durch ‚*Ahrend*' (2002)[96], ist trotz Restrukturierungsmassnahmen gescheitert (2003)[97]. Insgesamt lässt sich, in den letzten Jahren, zwar keine schnelle, jedoch eine *schrittweise Konzentrationsentwicklung* und *Kooperationsbemühung* feststellen. So ist etwa die Holding ‚*Dauphin Office Interieurs*' mit 34% beteiligt an

---

89 Hofmann 1998, S. 16. Expertengespräch Weimann (Büromöbelverband)
90 Gebauer/ Jenß 2002, S. 24
91 ebd., S. 15
92 O.V. 1998m, S. 15
93 O.V. 2002d, S. 24
94 O.V. 1998l, S. 16
95 O.V. 1996b
96 O.V. 1998n, S. 16; O.V. 2002c, S. 114
97 O.V. 2003d, S. 88

der ‚*Züco AG*', einer Tochter der ‚*Lista AG*'[98]. Seit 2001 kooperieren ‚*vitra*' und die ‚*Belux* AG' (Leuchten)[99]. Die ‚*König & Neurath AG*', schloss sich mit dem US - Produzenten ‚*Kimball*' (Umsatz 1,2 Mrd. DM, 2000) zusammen, um *gemeinsam Lizenzproduktionen* hochwertiger Chefbürosysteme zu vermarkten[100]. ‚*Sedus Stoll*' (Umsatz 175 Mill. Euro, 2001) sieht die Übernahme von ‚*Gesika*' (2002) als *strategische Allianz*, und hat mit dem amerikanischen Unternehmen ‚*Knoll Inc.*' weltweite *Lizenzvereinbarungen*, zum Vertrieb seiner Produkte, abgeschlossen[101].

3.3.1.2 Ausländische Anbieter in Deutschland

Markteinflüsse in Deutschland durch *ausländische Hersteller* halten sich bei *Büromöbeln*, im Gegensatz zum *Wohnmöbelmarkt*, begrenzt. Die Einfuhren steigen zwar seit Jahren permanent an, verbleiben im Verhältnis zur deutschen Gesamtproduktion aber relativ konstant bei einer Grössenordnung von etwa 10%[102]. Spürbar auf dem deutschen Markt sind verstärkte Aktivitäten aus *Skandinavien*, *Spanien* und den *Niederlanden*. Teilweise werden finanzschwache deutsche Produzenten erworben, um so ein Standbein im Markt zu erhalten. Die *ausländischen Produzenten* verfügen derzeit noch nicht über ein flächendeckendes Netz von Fachhandelsunternehmen und Servicepartnern. Damit ist der Zutritt zum deutschen Markt aktuell nur eingeschränkt möglich[103].

Übernahme des grössten deutschen Unternehmens, der *Schärf AG* (auch die Marken bzw. Unternehmen *Panbrasilia* und *Sitag*), durch die *Samas - Gruppe* (1994)[104]. Diese ist 2001 (Gesamtumsatz über eine halbe Milliarde Euro) in Deutschland *der grösste Büroeinrichtungshersteller*. *Samas* erreichte mit den

---

98 Züco (s. *Anhang V Dokumentationen von Unternehmen und Verbänden, S. 446ff.*)

99 Belux, 2002

100 O.V. 2002a, S. 114

101 O.V. 2002f, S. 90f

102 Gebauer/ Jenß 2002, S. 17

103 ebd.

104 O.V. 1995c

Möbelherstellern *Schärf, Fortschritt* und *MBT* einen Marktanteil von 7% des Büromöbelgesamtmarktes. Mit den Stuhlherstellern *Martin Stoll, Drabert, Sitag* und *Viasit* erzielte man 12% des Gesamtmarktes an Stühlen[105].
Übernahmen von *Pohlschröder, Waiko* und der *Werndl AG* (Ende 1998) durch *Steelcase - Strafor*[106]. Aufgrund der hohen Eigenständigkeit der einzelnen Unternehmen, lassen sich die Zusammenschlüsse eher als Konzerne mit mehreren Unternehmenseinheiten charakterisieren, und weniger als grosse Unternehmen mit mehreren Betriebseinheiten[107].
Zu nennen ist noch d. *schwedische Markführer Kinnarps* (Marktanteil Schweden um 50%), der sich in Deutschland mit einem Netz von *Werksvertretungen* bereits 1996 einen Umsatz von 10 Mill. DM sicherte[108]. 2002 beträgt der Gesamtjahresumsatz europaweit 232 Mill. Euro. Die Strategie wird jetzt auf Direktvertrieb umgestellt[109].
Weiterhin erwähnt werden muss der *italienische Hersteller Fantoni Spa*, in Italien einer der grössten industriellen Hersteller von Holzwerkstoffen[110]. Dieser trat, in den Jahren 1999 – 2002, mit verstärkt design – orientierter Produktpalette bis hin zu Trennwandsystemen, am deutschen Markt in Erscheinung.

3.3.2 Handel für Büromöbel

Die von uns befragten Handelsunternehmen liegen auf einer Bandbreite zwischen 30 bis 80 Mill. DM Umsatz für die beiden grössten Handelsunternehmen, rund 3 bis 5 Mill. DM Umsatz für kleinere Unternehmen. Die Anzahl der Beschäftigten Mitarbeiterinnen und Mitarbeiter reicht von 8 bis 250 Personen.
Anhaltend konjunkturelle wie strukturelle Einflüsse haben 2003 zu einer allg. Erhöhung der Wettbewerbsintensität bei fachhandelsnahen Büroanbietern ge-

105 O.V. 2002g, S.164. Möbel und Stühle werden getrennt erfasst.
106 O.V. 2002b, S. 115
107 Gebauer/ Jenß 2002, S. 12
108 Prevezanos 1998, S. 20; O.V. 1996c, S. 14
109 O.V. 2003x, S. 85
110 Fantoni 2002

führt. Grundsätzlich ist davon auszugehen, dass sich solche Einflüsse auf *Endabnehmerpreise* stärker auswirken, als auf *Werksabgabepreise*. Demnach sind Fachhandelsunternehmen tendenziell gegenüber Produktionsunternehmen deutlicher von *Margenverlusten* betroffen. Rationalisierung und Stellenabbau bei Grosskunden haben zudem die *B-deutung des Fachhandels als Absatzkanal* schrumpfen lassen. Dagegen sind der *Versand- und Mitnahmehandel* stark gewachsen.
Es besteht eine *stark divergierende Ertragssituation*. Die Rendite für den Durchschnitt der Handelsunternehmen lag 1998 bei 1 - 2%. 15% der Händler wiesen dagegen bis zu 6% auf. Grosse Mittelständler zwischen 50 - 100 Mill. DM Umsatz sind als zunehmend erfolgreicher einzustufen[111].

Im *Handel* zeigen sich die strukturellen Veränderungen stärker als bei *Herstellern*. Hervorzuheben sind hier insbesondere die Einflüsse durch Verschiebungen im Sortimentsbereich ‚*Bürobedarf*' und ‚*Büroelektronik*'. Diese Entwicklung bildet die ‚Klammer'[112] für die *strukturellen Veränderungen im Handelsbereich*. Man beobachtet die Rückbesinnung auf die *Kernkompetenzen* einer Unternehmung[113]. Früher noch integrierte Unternehmensbereiche, werden als eigenständige Abteilungen ausgegliedert. Neue Entwicklungen in den Bereichen EDV und Kommunikation, bis hin zu ‚Desk – Sharing'- oder Telearbeitskonzepten, erhöhen die Nachfrage nach *anspruchsvollen, flexiblen Büroarbeitsplätzen*. Diese bieten, als Möbel der 3. Generation (verkettbare Bürosysteme, Anteil von 75%[114]), wesentlich beratungs - intensivere Angebotsformen und Betätigungsfelder für den Handel.

Bezogen auf die im Rahmen unseres Projektes näher betrachteten fachhandelsnahen Büromöbelanbieter, möchten wir vier Entwicklungen besonders hervorheben (s. *Darstellung 3.4, f.S.*):

---

111 O.V. 1998o, S. 18

112 Expertengespräch Hofmann (= Verfasser BBE – Branchenreport)

113 Prahalad/ Hamel 1991, S. 66ff.; s. u.a. *Kap. 6.2.3 Outsourcing büronaher Dienstleistungen, S. 226ff.*

114 Verband der deutschen Büromöbelindustrie 1998, S. 6. Die Zahl zeigt den Anteil an der gesamten Büromöbelproduktion, ohne Bürositzmöbel.

Dar. 3.4: Strukturelle Einflüsse auf fachhandelsnahe Büromöbelanbieter[115]

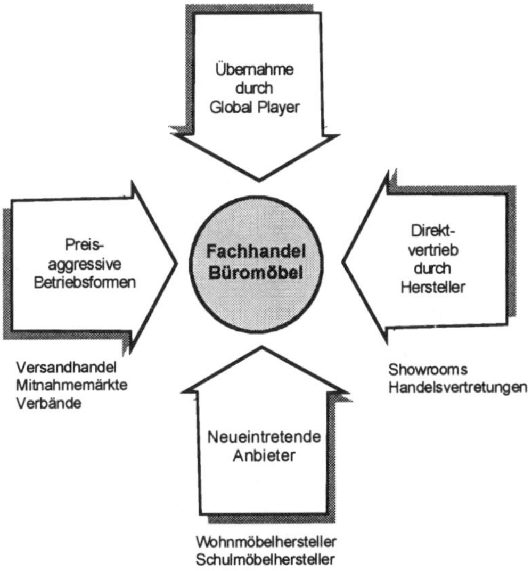

- *Übernahmen durch Global Player*: Bedingt durch *schwierige Nachfolgeregelungen*, bzw. *suboptimale Betriebsgrössen*, lassen sich während der letzten Jahre verstärkt *Übernahmen* von Fachhandelsunternehmen durch global operierende oder börsennotierte Handelsgruppen oder Hersteller feststellen.
  Der ursprüngliche Eigentümer verbleibt im Unternehmen als Geschäftsführer, mit Kontakten zur Region. Bsp.: Objektform - Gruppe/ Bene Österreich (vgl. *Px. 4.1, S. 66ff.*, *Px. 7.4, S. 279ff.* und *Px. 9.5, S. 366ff.*).

- *Direktvertrieb durch Hersteller*: Durch *vor Ort agierende Handelsvertreter oder Mitarbeiter des. Direktvertriebs*, kristallisieren sich bei grösseren Endkun-

115 Eigene Darstellung auf Grundlage der Expertengespräche

den zunehmende *Direktgeschäfte* durch Hersteller heraus. *Showrooms* in Grossstädten plaziert (*USM, vitra*), unterstützen derartige Aktivitäten. Die *schwedische Kinnarps AG* agiert in Deutschland, mit einem Netz eigener *Handelsvertreter*, mit Stärken in der Beratung vor dem Kauf[116]. *Ahrend Mauser* hat auf kompletten *Direktvertrieb umgestellt* (2002)[117].

- *Preisaggressive Betriebsformen*: *Grossflächige Niedrigpreismärkte* bietet die *Staples GmbH* mit ausschliesslich Bürobedarf inkl. Papierwaren. Das ursprünglich aus den USA kommende Unternehmen schaffte 1998, mit 50 - 60 sog. ‚*Superstores*', 250 Mill. DM Umsatz, auf dem deutschen Markt (Tendenz steigend)[118]. Die zur *Migros - Gruppe* zugehörige ‚*Office World*' wies 1997 bereits 43 Mill. DM aus[119]. Auch der *Versandhandel* befindet sich im Wachstum. Zu nennen sind z.B. *Topdeq* (1997 mit 90 Mill. DM Umsatz)[120], *Quelle* oder *Cairo*. Letzterer versteht sich als *Tele - Dependance* des Verbandes der ‚*Creativen Inneneinrichter*'. Ein weiterer starker Verband ist *Büro Actuell*, der mit 532 Mitgliedern bereits 1997 1,15 Mrd. DM Umsatz erwirtschaftete.

- *Neueintretende Anbieter*: Die *VS GmbH*, *Vereinigte Spezialmöbel* aus Tauberbischoffsheim, war mit 224 Mill. DM Umsatz (1997) bisher Marktführer im Schulmöbelbereich[121]. Seit 2000/ 2001 ist ein agressives Diffundieren in den *Büromöbelmarkt* zu erkennen. 1/3 des Umsatzes sollen in Zukunft die Büromöbel erbringen. Eine Vermarktung im Direktvertrieb ist angestrebt. Firmen wie *Welle* (Insolvenz - Antrag Welle Möbel GmbH, 03/ 2002[122]) oder *IKEA*, aus dem *Wohnmöbelmarkt*, engagieren sich bereits länger im Bereich der Mitnahmestruktur mit Versand und Selbstmontage. Sie bieten entsprechend weiterführende Dienstleistungspakete gegen Aufpreis an[123].

---

116 Prevanos 1998, S. 20; O.V. 2003x, S. 85

117 O.V. 2002c, S. 114

118 O.V. 1998p, S. 17

119 BBE - Branchenreport Bürowirtschaft, 1998, S. 225

120 ebd., S. 162

121 O.V. 1998q, S. 19

122 O.V. 2002e

123 O.V. 1995c

3.4 Strukturbetrachtung aus der Dienstleistungsperspektive

3.4.1 Dienstleistungen im Markt für Büroeinrichtungen

Das folgende Kapitel gibt eine Auswahl zu aktuell diskutierten *Dienstleistungsfeldern* im Markt für Büroeinrichtungen *(s. Darstellung 3.5, f.S.)*. Es ergibt sich ein *äusserst heterogenes Bild*, etwa bzgl. Leistungsmerkmalen, Anbieterkompetenzen und Branchen. In der unten stehenden Darstellung, ergeben sich Verbindungen zu weit mehr als hundert verschiedenen Branchen.
Grundsätzlich betrachten wir Dienstleistungen im vorliegenden Projekt als *eigenständige Marktleistungen*. Entsprechend der bereits vorgestellten Systematik, unterscheiden wir in Dienstleistungen zur *Systemgestaltung* und Dienstleistungen zur *Systemnutzung* (s. *Kap. 1.3.3 Teil C.: Leistungsfelder im Dienstleistungsmarketing von Büromöbeln, S. 10ff.;* s.a. zur Erläuterung des Begriffs *,System')*. Dienstleistungen lassen sich weitergehend nach ihrer *Nähe zum Industriellen Kerngeschäft* charakterisieren. Bei einer engen Verbindung mit dem bestehenden Industriellen Kerngeschäft, übernehmen Dienstleistungen in der Praxis wichtige Funktionen in den Marketing- und Vertriebsprozessen, etwa als Profilierungs- und Kundenbindungsinstrumente.

Branchenstandard fachhandelsnaher Büromöbelanbieter ist eine weitgehend *indirekte Verrechnung* aller produktbegleitenden Dienstleistungen. In Einzelfällen gelingt eine *direkte Verrechnung* von Dienstleistungsangeboten.
Typische Beispiele hierzu sind *Innenarchitektur*, raumbildender Innenausbau, sowie Dienstleistungen im Zusammenhang mit *Umzügen* und *Standortveränderungen* einer Organisation (s. *Px. 5.3 Umzugsmanagement als umfassende Problemlösung, S. 142ff.*).

Dar. 3.5: Dienstleistungen im Markt für Büroeinrichtungen[124]

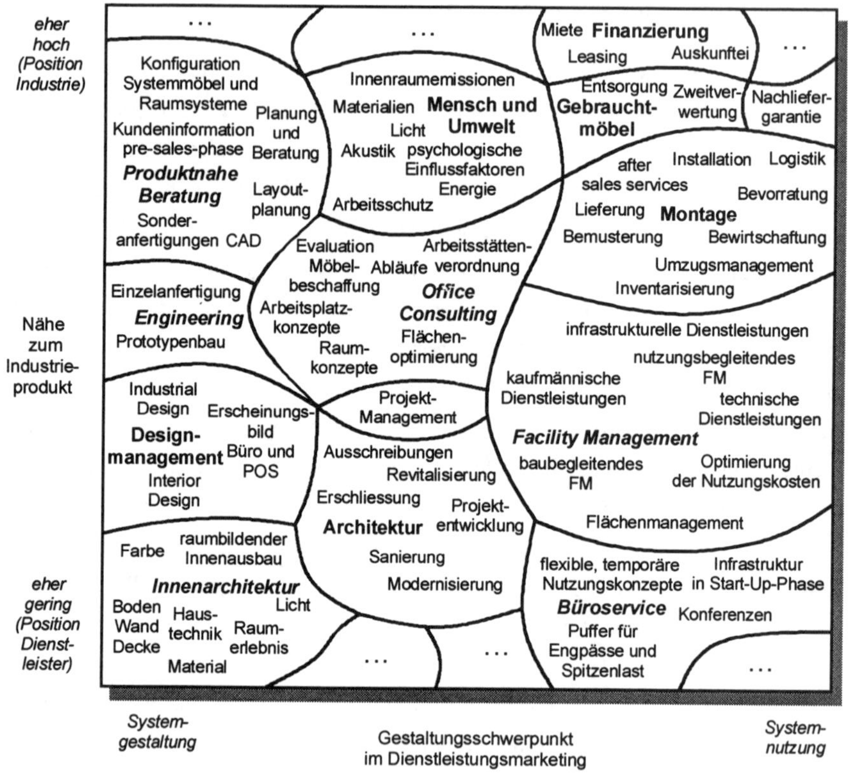

124 Eigene Darstellung

Werbeanzeige einer der grösseren, aber noch regional orientierten, schweizer Möbelkette ‚interio' aus dem Jahr 2001. Dienstleistungen eher als Accessoire.

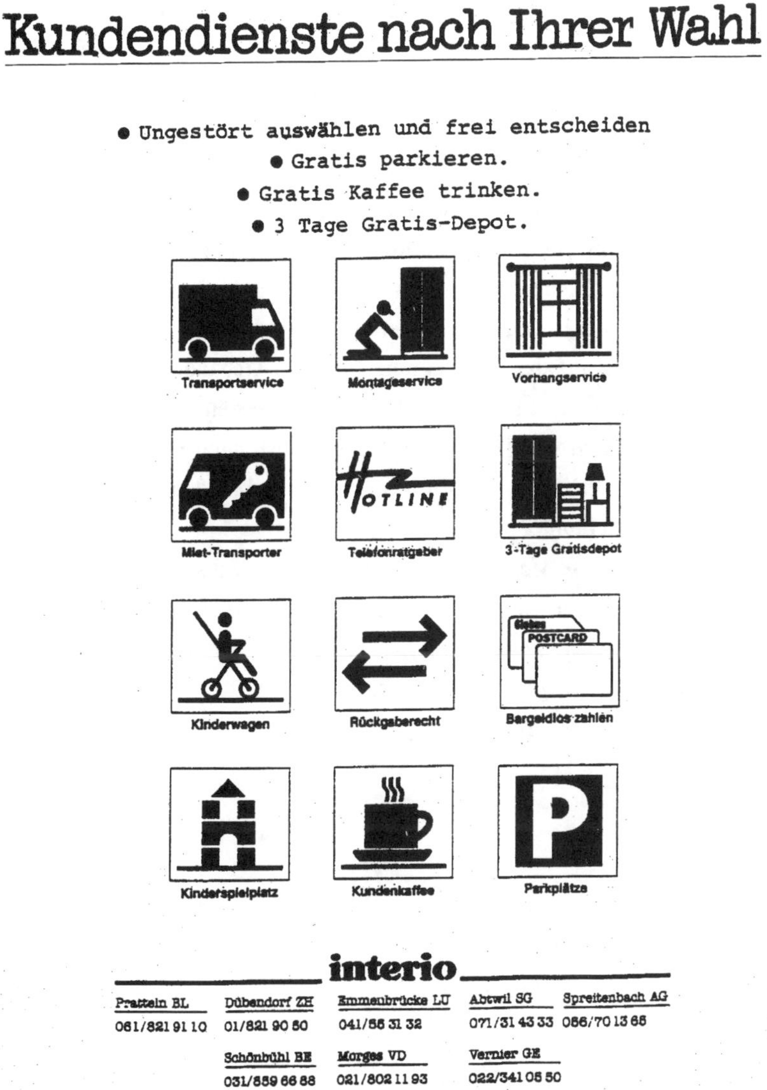

In akzentuierter Form möchten wir die dargestellten Dienstleistungsfelder wie folgt beschreiben (s.wg. *Teil C.: Leistungsfelder im Dienstleistungsmarketing von Büromöbeln, S. 251ff.*):

- *Engineering - Dienstleistungen* werden etwa von Herstellern angeboten, um Planungen in konkrete Produkte oder Werke umzusetzen. Eine wichtige Kundengruppe sind Architekten und Innenarchitekten, die kundenindividuelle Planungen technisch umsetzen müssen. Typische Marktfelder sind Innenausbau, Messebau, Hotel- und Bankeinrichtung[125].
- *Designmanagement* umfasst Dienstleistungen zur bewussten Gestaltung der räumlichen Umwelt des Unternehmens (Environmental Design)[126]. Zielsetzung ist es, eine nach ‚Innen und Aussen' gerichtete Unternehmensidentität zu definieren und umzusetzen (Corporate Identity). Massnahmen beziehen sich etwa auf das Erscheinungsbild von Gebäuden, die Gestaltungsqualität von Büroräumen, Verkaufsflächen, Messeständen, Weg – Leitsystemen an Parkplätzen usw.[127]. Design - Dienstleistungen werden vielfach von Innenarchitekten erbracht. Es ergeben sich Überschneidungen mit dem Suchfeld ‚Innenarchitektur'[128].
- *Dienstleistungen für Mensch und Umwelt* dienen vorwiegend dem Gesundheitsschutz am Arbeitsplatz[129]. Ein in der Praxis bedeutsamer Einfluss geht von den Normen des *Arbeitsschutzgesetzes* aus (s. *Kap. 7.2.3.1 Arbeitsschutzgesetzgebung, S. 272ff.*). Im Grosskundengeschäft wird insbesondere der *Entsorgung* bzw. *Zweitverwertung* von Altmobiliar ein Stellenwert beigemessen[130].

---

125 Expertengespräch Röthlisberger

126 O.V. 2003u, S. 30ff.

127 O.V. 2003s, S. 72; O.V. 2003q, S. 85; Kern 1999, S. 84f.; Belz 1998, S. 169ff.; Lenzen 1993, S. 18; Peters 1990, S. 37ff.; Kern/ Schönwandt 1990, S. 55; Lawrence 1987, S. L. 1ff.; Eich 1987, S. E. 1.

128 Expertengespräch Schricker

129 Bergius 2003, S. B1; Martin 2003, S. 66f.; O.V. 2003t, S. 68ff.; Aßmann 2003, S. B 5; Fiedler 2000, S. 46ff.

130 Expertengespräch König + Neurath

- *Facility Management* umfasst ein ganzes Bündel an Dienstleistungen zur Optimierung der Nutzung von Gebäuden[131]. Hierzu zählen technische, infrastrukturelle und kaufmännische Dienstleistungen. Managementdienstleistungen sollen eine ganzheitliche Optimierung und Entlastung von bisher intern erbrachten Einzelfunktionen erreichen[132].
- *Büro Service Dienstleistungen* zielen auf den vollständigen Fremdbezug einer kompletten Büroinfrastruktur. Denkbar sind temporäre Nutzungsformen, z.B. die dauerhafte Zusammenarbeit mit einem externen Dienstleister[133].
- *Finanzierungsdienstleistungen* wie *Miete* oder *Leasing* von Büroeinrichtungen und –technik, werden als Herstellerleasing *direkt*, oder auch *indirekt* über Leasingfirmen, vermittelt. Hierüber ist ein kurz- bis langfristiges ‚Equipment – Leasing' möglich. Der Finanzierungsbedarf zum Zeitpunkt der Investition, wird durch längerfristige Verpflichtungen zur Zahlung der Miet- oder Leasinggebühren, ersetzt[134]. Bei vielen dieser Angebote ist es allerdings unsicher, eindeutig zwischen Konsumgütermarketing und Industriegütermarketing zu trennen.

Px. 3.1: Dienstleistungen und Kundenmanagement[135]

Ein Beispiel zu einer kombinierten Form der Dienstleistungen Facility Management und Büro – Service, findet sich im Kundenmanagement der IVG Immobilien AG, Bonn.

Das Immobilienunternehmen IVG setzt auf *Integriertes Customer Relationship Management* mit *vorausschauender Kundenbetreuung.*

[131] Tzeschlok 2003, S. B 8; Jopp/ Freisberg 2003, S. 47; Arnemann 2003, S. 47; Sporer 2003, S. 47

[132] Expertengespräche Facility Management; s.a. *Kap. 8 Dienstleistungsfelder ‚Systemnutzung', S. 297ff.*

[133] Expertengespräch DeTeImmobilien, Regus Gruppe

[134] Lückmann 2003, S. 20; Leasing 2003, S. B1ff.; O.V. 2003r, S. 15; O.V. 2003l, S. 14; O.V. 2003j, S. B1ff.; Grobosch 2002, S.12ff.; O.V. 1998r, S. 26; O.V. 1998s, S. 258

[135] IVG Immobilien AG 2002, S. 28f.

Die elf Niederlassungen in verschiedenen deutschen Städten versuchten in den letzten zwei Jahren verstärkt, mit *sachkompetenter Kundenbetreuung vor Ort* die *Zufriedenheit* der Mieter zu erhöhen.
Man begreift die Immobilie als *kompliziertes, erklärungsbedürftiges Produkt.* In jährlichen Fragebögen, setzt man sich mit den Anforderungen der Mieter auseinander. Aspekte wie Mobilität und Verkehrsanbindung, flexible Flächenaufteilung, oder die Möglichkeit individueller Firmendarstellung, werden als sehr positiv beurteilt. Die Werte zur Zuverlässigkeit und Freundlichkeit der Berater wurden ebenfalls deutlich optimiert.

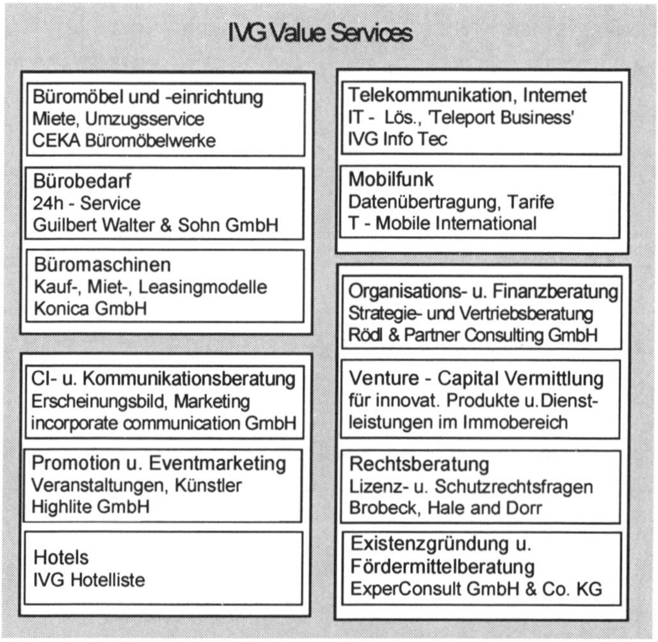

Mit dem sog. ‚IVG Value - Service' hat man zudem ein *zusätzliches Dienstleistungsinstrument* geschaffen: Durch spezielle Service - Verträge ermöglicht man den Mietern als Einzelabnehmern, z.B. Büromaterialien oder Dienstleistungen,

wie die IT- und Telekommunikationsberatung, zu preiswerten Konditionen aus vorgeschlagenen Quellen beziehen zu können.
So entstehen für die IVG - Kunden günstige Voraussetzungen, um sich auf ihr *Kerngeschäft* zu konzentrieren.

3.4.2 Hersteller- und Handelssituation aus der Dienstleistungsperspektive

In der Praxis der Büromöbelindustrie zeigen sich sehr *unterschiedliche Niveaus* in der *fachlichen Dienstleistungsqualifikation* zwischen einzelnen Anbietern. Von Herstellern wird teilweise erhebliche Kritik an der generellen Managementkompetenz von Fachhandelsunternehmen geübt. Entsprechendes gilt für die Bewertung der Qualität im Dienstleistungsmarketing. Einer der befragten Hersteller sieht etwa nur rund 20 Prozent der Fachhandelspartner als geeignet an, Dienstleistungen als eigenständige Marktleistungen professionell anzubieten. Wesentliche Einflussfaktoren der Qualität im Dienstleistungsmarketing von Fachhandelsunternehmen sind[136]:

- *Allgemeine Managementkompetenz* im Fachhandel
- *Betriebsgrösse*: kleinere Fachhandelsanbieter realisieren kein entsprechendes Umsatzvolumen, um spezialisierte Planungskräfte zu beschäftigen.
- *Spezialisierungsgrad im Sortiment*: ausschliesslich auf Möbel spezialisierte Fachhandelsunternehmen zeigen eine vergleichsweise höhere Planungskompetenz. Die Unterschiede relativieren sich, mit zunehmender Betriebsgrösse weniger spezialisierter Fachhandelsanbieter.
- *Positionierung*: Fachhandelsanbieter im ‚Premiumsegment' weisen eine relativ höhere Planungskompetenz auf.

---

136 Expertengespräche Fachhandel und Hersteller

Bei Planungs- und Beratungsdienstleistungen bestehen in der *Spitzengruppe* der Möbelanbieter heute Dienstleistungskompetenzen, die mit den von uns befragten ‚Institutionellen Dienstleistungsunternehmen' vergleichbar sind.
Weniger entwickelt ist bisher der zweite, ebenfalls als stark relevant bewertete Bereich der *Facility Management – Dienstleistungen*. Einzelne Anbieter verstärken schrittweise ihre Aktivitäten in diesem Dienstleistungsfeld[137]. Umfassende Kompetenzen im Planungs- und Beratungsbereich sind hierbei Voraussetzung.

In der Mehrzahl der befragten Hersteller- und Fachhandelsunternehmen sind heute Innenarchitekten, Architekten oder Industriedesigner beschäftigt. So werden bei den 120 dem WK - Verband angeschlossenen Handelsunternehmen (Schwerpunkt ‚Wohnen') rund 180 Innenarchitekten beschäftigt[138]. Tendenziell haben leistungsfähige Büromöbelanbieter in den letzten Jahren schrittweise die Qualität ihrer Planungsabteilungen, durch höher qualifizierte Mitarbeiter, verbessert. Typische Beispiele sind etwa die Einstellung von Architekten, um auch weiterreichende, bauliche Massnahmen anbieten zu können; sowie die Rekrutierung von Mitarbeitern mit Facility Management Kenntnissen[139] (weitere Massnahmen, s. *Kap. 4.1.1 Zielkonflikte im Dienstleistungsmarketing, S. 59ff.*).

Bei *Herstellerunternehmen* lässt sich eine verstärkte Dienstleistungsorientierung gegenüber Endkunden nur dann beobachten, wenn ein eigenes, direktes Vertriebssystem besteht. Die von uns befragten Hersteller mit indirektem Vertriebssystem, betrachten eigenständige Dienstleistungsangebote vor allem als eine Aufgabe des Fachhandels.

Seit etwa Anfang der 90er Jahre zeichnet sich die Entwicklung ab, büronahe Planungs- und Beratungsdienstleistungen, unabhängig vom Produkt, über eine *eigenständige Tochtergesellschaft* zu vermarkten. Diese Entwicklung zeigt sich bei *Herstellern, wie Fachhandelsunternehmen.* Im Rahmen unseres Projektes

137 Expertengespräch Bene Consulting; Keller AG, Bern; Bierbrauer + Nagel
138 Expertengespräch Krahn
139 Expertengespräche Bierbrauer + Nagel, Streit

wurden die Mitarbeiter der Tochtergesellschaften von je zwei Fachhandelsunternehmen[140] und Herstellerunternehmen[141] befragt. Da sich aus der Beratungstätigkeit wichtige Hinweise für die Entwicklung von Industrieprodukten ergeben können, findet sich bei Herstellern teilweise eine Kombination von Beratungstätigkeit mit Entwicklungsaufgaben im Industriellen Kerngeschäft[142].

Netzwerkmodelle oder kooperative Strukturen, wie die gemeinsame Nutzung von Dienstleistungsressourcen, sind in der Praxis nur in Ausnahmefällen zu beobachten. Vorstellbar wären etwa: Partnerschaftssysteme zwischen Herstellern und Fachhändlern, oder unter Fachhändlern - auch unter Einbezug bestehender Verbandsstrukturen (z.B. Sonnecken oder Büro Actuell). Insbesondere die aufgezeigte, relativ kleine durchschnittliche Betriebsgrösse von Fachhandelsunternehmen lässt solche Modelle als durchaus sinnvoll erscheinen (s.a. *Kap. 5.2.3 Bildung von Marketingkoalitionen, S. 190ff.*) [143].

3.5 Kernprobleme im Dienstleistungsmarketing von Büromöbelanbietern

Bei Veränderungen industriell geprägter Vertriebsorganisationen in Richtung einer *verstärkten Dienstleistungs- und Problemlösungsorientierung*, ergeben sich zahlreiche *Umsetzungsprobleme*. Die Zielsetzung, Dienstleistung als wirksames Profilierungsinstrument einzusetzen; oder weitergehend, Dienstleistungen als eigenständiges Geschäftsfeld zu entwickeln, berührt *sämtliche Aspekte* des Unternehmens. Das grundlegende Selbstverständnis, welche Leistungen überhaupt erbracht werden, die Kernkompetenz des Unternehmens, ist ebenso angesprochen, wie Aspekte des Mitarbeiterverhaltens und der Unternehmenskultur, der Organisationsstruktur oder Aussendienstvergütung. Auf der Grundlage unserer Befragung in der Büromöbelindustrie möchten wir die folgenden *Problemfelder*

---

140 Expertengespräche Hirschberg, Objektform

141 Expertengespräche Bene Consulting, Lista/ OCG

142 Expertengespräche Breidenstein und Reichenbach, Werndl AG, Bene Consulting

143 Expertengespräch BBE - Unternehmensberatung

einleitend hervorheben (s.u. *Darstellung 3.6*)[144]. Einzelne Problemkreise werden vertieft in den folgenden Kapiteln diskutiert.

Dar. 3.6: Kernprobleme im Dienstleistungsmarketing[145]

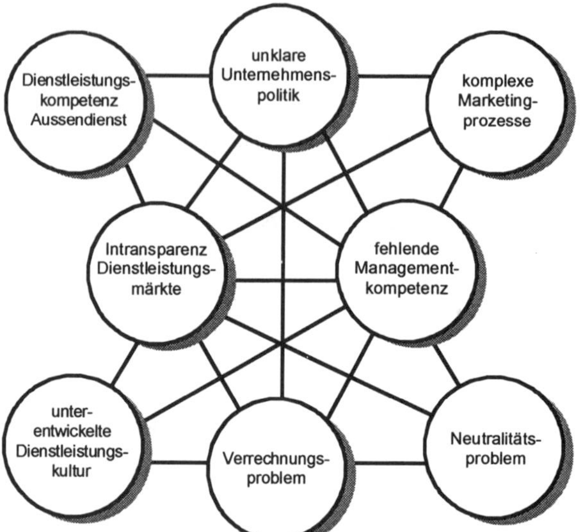

a) Orientierungslosigkeit und unklarer unternehmenspolitischer Rahmen

Nur eine Minderheit der befragten Geschäftsführer hat für die betreffende Vertriebsorganisation eine *klare Vorstellung* entwickelt, welchen Stellenwert Dienstleistungen im Leistungsmanagement des Unternehmens haben sollen. Dienstleistungen werden einerseits pauschal als ‚*wichtig*' bezeichnet, anderseits fehlen häufig konkrete Vorstellungen und entsprechende Aktivitäten.

144 Alle Expertengespräche

145 Eigene Darstellung

Typische *Konsequenzen* sind etwa: Profilierungsreserven bleiben unberücksichtigt, innovative Dienstleistungsprojekte bleiben Einzelfälle, es fehlt ein transparentes. Dienstleistungsprogramm, die unternehmensinterne Verrechnung ist unvollständig, fachliche Qualifikationen im Planungsbereich werden nicht systematisch entwickelt, Dienstleistungskompetenzen gehen dem Unternehmen durch Mitarbeiterfluktuation wieder verloren. Selektiv möchten wir folgende *unternehmenspolitische Fragen* anführen (s.u. *Darstellung 3.7*).

Dar. 3.7: Unternehmenspolitische Fragen im Dienstleistungsmarketing[146]

- Wo liegen in Zukunft die Leistungsschwerpunkte des Unternehmens. Was bedeutet *Unternehmenserfolg*. Besteht das Ziel des Unternehmens im Verkauf von Industrieprodukten oder im Verkauf von Dienstleistungen ?
- Versteht man Dienstleistungen als *echte Wertschöpfung*. Nimmt man auch schwierige Verhandlungen in Kauf, um eine Verrechnung durchzusetzen. Verzichtet man auf die Auftragserteilung, wenn dienstleistungsbezogene Ziele nicht erreicht werden können ?
- Lassen sich beide Leistungsbereiche sinnvoll kombinieren, oder ergeben sich schwerwiegende Zielkonflikte (Neutralität, Konzentration der Kräfte, Verrechnungsproblem) ?
- Besetzen *Institutionelle Dienstleistungsanbieter* aktuell wichtige Schlüsselpositionen in Dienstleistungsmärkten. Werden infolge Industrielle Anbieter auf das Angebot *austauschbarer Industrieleistungen* eingeschränkt ?
- Führt das Angebot von Dienstleistungen zu *mangelnder Konzentration auf das Industriegeschäft* und gehen gerade hierdurch Marktanteile verloren ?
- Ist die *Ausgründung innovativer Dienstleistungen* auf eine Tochtergesellschaft erforderlich, um einerseits Defizite der Vertriebsorganisation auszugleichen, andererseits die Wettbewerbsfähigkeit gegenüber etablierten Institutionellen Dienstleistungsanbietern sicherzustellen ?
- Welchen Wettbewerbsvorteil erzielt eine *traditionelle Aussendienstorganisation*, wenn innovative Dienstleistungen auf eine Tochtergesellschaft (z.B. bei Planungs- und Beratungsdienstleistungen) ausgelagert werden ?

146 Eigene Darstellung

b) Fehlende Managementkompetenz für Dienstleistungen

Die Vermarktung von Dienstleistungen erfordert von Handelsunternehmen, die nur wenig entwickelte Fähigkeit, Dienstleistungsideen in für den Kunden nachvollziehbare Leistungen umzusetzen. Wendt betont, dass Handelsunternehmen bisher vorwiegend gewohnt waren, fertig konzipierte Industrieprodukte zu vermarkten. Das Produktkonzept, das Produkt an sich, Argumentationshilfen, Abbildungen und Mittel der Verkaufsförderung werden von Herstellerunternehmen vorgegeben. Dienstleistungen sind demgegenüber immateriell, abstrakter und nur über Surrogate darstellbar[147]. Das genannte Problemfeld setzt hierbei an zwei unterschiedlichen Ebenen an: einerseits der Dienstleistungskonzeption an sich (z.B. Zielgruppen, Produkte, Managementsysteme), andererseits der operativen Problemlösungskompetenz im Aussendienst (Umsetzung neuer Ideen, Schulung, usw.). Ein wesentlicher Einflussfaktor der fehlenden Kompetenz für Dienstleistungen ist die relativ kleine Betriebsgrösse vieler Fachhandelsunternehmen.

Als Konsequenz werden Dienstleistungen zu stark ‚ad hoc' entwickelt. Angebote werden kurzfristig durch den Aussendienst zusammengestellt. Im Ansatz innovative Ideen werden nicht systematisch oder kontinuierlich weiterverfolgt. Erfolgreiche Dienstleistungsprojekte bleiben Einzelfälle. Bei solchen Erfolgsbeispielen haben sehr häufig leitende Mitarbeiter (z.B. Geschäftsführer, Verkaufsleiter) einen massgeblichen Einfluss auf den Projektabschluss. Durch die meist lange Verkaufserfahrung gelingt es dieser Personengruppe offensichtlich, Kunden, trotz konzeptioneller Schwächen, von der Leistungsfähigkeit des Anbieters zu überzeugen. Später scheitert allerdings die Multiplikation dieser Referenzprojekte im Alltagsgeschäft. Einerseits scheinen Verkäufer überfordert, die Dienstleistungskompetenz des Unternehmens darzulegen, andererseits werden an Kunden erhebliche Anforderungen gestellt, den Kundennutzen der Dienstleistung nachzuvollziehen, bzw. eine Vertrauensbasis in die Dienstleistungsangebote des Anbieters zu gewinnen.

---

147 Expertengespräch Wendt

c) Intransparenz von Dienstleistungsmärkten

Eine Schwierigkeit im Dienstleistungsmarketing besteht in der Intransparenz der Dienstleistungsnachfrage. Im Dienstleistungsfeld *Facility Management* beispielsweise, zeigen sich auch bei im Rahmen unseres Projektes befragten Institutionellen Dienstleistungsanbietern Schwierigkeiten, die konkrete Nachfrage eines Industrieunternehmens zu beurteilen. Hierbei zeigen sich etwa folgende Probleme:

- Dienstleistungsangebote externer Dienstleister provozieren *Widerstände* durch die Gefahr von Arbeitsplatzverlusten.
- Komplexe integrierte Dienstleistungspakete erfordern die Mitwirkung des *Top - Managements*, da *grundsätzliche* organisatorische Entscheidungen getroffen werden müssen[148].
- Ergiebige Kooperationsfelder müssen erst über intensive Gespräche und Arbeitsgruppen ermittelt werden[149].
- Innovative Dienstleistungen, wie etwa Büroservice - Dienstleistungen, erfordern nachhaltige *Lernprozesse* im Kundenunternehmen (Diffusionsrisiken)[150].

d) Komplexität der Marketing- und Vertriebsprozesse

Projekte in der Büromöbelindustrie sind durch einen *hohen Grad an Einmaligkeit* geprägt. Kundenprobleme ergeben sich in immer neuen Facetten. Bedingt durch Eigenschaften des Industrieproduktes (Produkt oder Anlage), durch das Beschaffungsvolumen oder Einflüsse des Beschaffungsverhaltens, kann der Anteil vor allem an Planungs- und Beratungsdienstleistungen, aber auch Montage- und Servicedienstleistungen *erheblich schwanken.* Auf *operativer Ebene* sind projektspezifisch vielfach Teilentscheidungen über den Dienstleistungsaufwand erforderlich (Wettbewerbsdynamik). Die befragten Unternehmensvertreter berichten, dass

148 Expertengespräche Quickborner Team (Beratungsdienstleistungen); Köllmann, DeTeImmobilien (Facility Management); Regus (Büro Service Dienstleistungen).

149 Expertengespräche DeTeImmobilien, Köllmann

150 Expertengespräch Regus

auch nach langjähriger Vertriebserfahrung, immer wieder Fehleinschätzungen über denkbare Verläufe und Ergebnisse des Vertriebsprozesses entstehen[151].

Generell verbindliche Handlungsanweisungen für eine Vielzahl von Fällen erscheinen als wenig praktikabel. Wesentlich erscheint eine hohe Eigenverantwortung des einzelnen Mitarbeiters, um eine flexible Reaktion in der Verkaufssituation zu ermöglichen. Dies erfordert von Mitarbeitern im Verkauf eine hohe Dienstleistungs- und Problemlösungskompetenz, um Spielräume sinnvoll auszufüllen. Im Ergebnis ergibt sich eine *deutliche Umsetzungs- und Steuerungsproblematik* für Dienstleistungskonzepte in Vertriebsorganisationen. Grundlegende Gestaltungsempfehlungen, die innerhalb der Organisation für eine klare Verhaltensanweisung sorgen, erscheinen als zu inflexibel. Projektspezifische Verhandlungslösungen über die Verrechnung von Dienstleistungen werden vermutlich bei jedem Lösungsansatz eine gewichtige Rolle spielen. Durch die Notwendigkeit flexibler Lösungen besteht die Gefahr, dass etablierte Verhaltensweisen nicht grundlegend geändert werden (s. z.B. *Kap. 5.1.4.5 Die interne Verrechung von Dienstleistungen, S. 153ff.*).

e) Dienstleistungskompetenz im Aussendienst

Von Aussendienstmitarbeitern wird gefordert, sich *zusätzliches Fachwissen* im Dienstleistungsbereich anzueignen. Sollen etwa Planungs- und Beratungsdienstleistungen erfolgreich vermarktet werden, treten neben das traditionelle Produktwissen zusätzliche Wissensbereiche. Im Gegensatz zu Dienstleistungen sind die bisher verkauften Industrieprodukte konkreter darstellbar, beispielhaft als Photo oder im Showroom zu demonstrieren.

Bei Aussendienstmitarbeitern wird häufig die mangelnde Fähigkeit kritisiert, Kundensituationen intelligent zu *analysieren* (Bedarfsanalyse), und die beim Anbieter vorhandenen abstrakten Dienstleistungskompetenzen (z.B. Lichtplanung), kreativ auf eine *konkrete Kundensituation umzusetzen*[152]. Dies betrifft auch die Umsetzung einer grundsätzlich vom Kunden positiv aufgenommenen Dienstleistungsidee in ein *konkretes Angebot.*

---

151 Expertengespräch Designfunktion; Keller AG, Bern; De la Rue - Plan Objekt

152 Expertengespräch Keller AG, Bern; Leitner

Schwierigkeiten bereitet auch die mangelnde *Teamfähigkeit* von Aussendienstmitarbeitern. Das Angebot etwa zusätzlicher Planungsdienstleistungen erfordert die enge Zusammenarbeit zwischen Planungsabteilung und Verkauf. Hierbei ergeben sich Widerstände; u.a. wird der Einfluss des Verkäufers auf den Verkaufsprozess verringert, seine Position als kompetenter Berater wird durch Einbindung eines Planungsspezialisten relativiert.

f) Neutralitätsproblematik Industrieller Anbieter

Ein immer wieder in der Praxis diskutiertes Problem besteht in der fehlenden Neutralität von Planungs- und Beratungsdienstleistungen Industrieller Anbieter. Gerade im Beratungsbereich sind Architekten, Designer, Innenarchitekten und spezialisierte Beratungsunternehmen tätig. Industrielle Anbieter müssen sich in dieser Wettbewerbssituation am Markt durchsetzen. Büromöbelanbietern wird in diesem Zusammenhang von seiten *Institutioneller Dienstleister* vorgeworfen, primär Industrielle Interessen zu vertreten. Durch die unterstellte Abhängigkeit von Industrieprodukten, würde beispielsweise eine gegenüber freien Innenarchitekten geringere Dienstleistungsqualität erreicht[153].

g) Verrechnungsproblematik

In nur *wenigen Fällen* gelingt es Büromöbelanbietern, Planungs- und Beratungsdienstleistungen *direkt zu verrechnen*. Insbesondere Anbieter, die stark individualisierte Einrichtungslösungen anbieten (z.B. im Innenausbau, Ladenbau, Messebau, Hoteleinrichtung, Leuchten), sind gezwungen, Beratungsdienstleistungen zu erbringen, weil anders eine Angebotserstellung gar nicht möglich ist. Teilweise werden von Kunden aufwendige Musterstellungen und Einbauten verlangt. Problemlösungsprozesse mit Kunden laufen häufig ineffizient ab (unklare Anforderungen, Neuplanungen, zusätzliche Anfahrten), weil der Anbieter alle Leistungen ‚kostenlos' erbringt, und so ein natürlicher Steuerungsmechanismus über Marktpreise fehlt. Einerseits werden individuelle Produktlösungen als Ausweg aus dem allgemeinen Preiswettbewerb gesehen, andererseits entstehen im Rahmen solcher Transaktionen die höchsten Projektierungskosten[154]. Anbieter etwa aus dem

153 Expertengespräch Schricker; Bund Deutscher Innenarchitekten

154 Expertengespräche Leitner; Röthlisberger; Keller AG, Sulgen; Plan Objekt; Alex Linder

Bankeinrichtungsbereich berichten, dass steigende Kundenanforderungen, sowie die hohe Wettbewerbsdynamik, dazu führen, dass Vorleistungen immer aufwendiger werden (z.B. Multimediapräsentationen, mehrere Musterstellungen usw.)[155]. Gleichzeitig hat die hohe Wettbewerbsdynamik bei allen Anbietern zu einer Reduktion der Realisierungschancen pro Projekt, damit zu einer problematischen Kostensituation, geführt.

Die Verrechnungsproblematik ist jedoch auch darauf zurückzuführen, dass unternehmensseitig Dienstleistungen vorwiegend als *Akquisitions- und Kundenbindungsinstrument* betrachtet werden, nicht jedoch als echte Wertschöpfung. Entsprechend besteht überhaupt kein Interesse der Aussendienstmitarbeiter daran, Dienstleistungen kundenseitig zu verrechnen. Dies betrifft auch die Transparenz interner Leistungsströme zwischen Planungs- und Verkaufsabteilung, bzw. die Berücksichtigung des Werteverzehrs an Dienstleistungen in einem variablen Vergütungssystem.

Veränderungen am Verrechnungssystem gegenüber Kunden sind vielfach von der Angst begleitet, durch die Änderung ‚etablierter Spielregeln' an *Wettbewerbsfähigkeit zu verlieren.* Die meisten Unternehmensvertreter zeigen eine ambivalente Haltung zwischen Profilierungszwang und Kostenproblematik. Zur innerbetrieblichen Kostenerfassung vgl. *Kap. 5.1.4.5 Die interne Verrechnung von Dienstleistungen, S. 153ff.*.

h) Unterentwickelte Dienstleistungskultur und fachliche Qualifikation

Aus *unternehmenskultureller Sicht,* führt die herrschende Praxis der indirekten Verrechnung zu einer generell mangelnden Wertschätzung von Dienstleistungen bei Büromöbelanbietern. Zentrales Kriterium für den Unternehmenserfolg ist der Umsatz mit Industrieprodukten. Entsprechend geniessen Mitarbeiterinnen und Mitarbeiter der Aussendienstorganisation ein höheres Ansehen, als etwa Planungsspezialisten. Dieser Personengruppe wird vorwiegend eine (zweitrangige) Unterstützungsfunktion zugestanden. In einer primär ‚industriell' geprägten Un-

---

155 Expertengespräche Linder; Plan Objekt

ternehmenskultur werden Dienstleistungen tendenziell als Kostentreiber gesehen. Ihre potentielle Funktion als Wertgenerator wird hingegen weniger beachtet[156].

Bei *internen Dienstleistern* (z.B. Mitarbeiterinnen und Mitarbeiter der Planungsabteilung) führt dies zu einer mangelnden Leistungsmotivation. Für professionell arbeitende Planungsspezialisten bereitet auch die indirekte Verrechnung ihrer Leistungen im Kundenverhältnis einige Schwierigkeiten. Gute Dienstleister sind demotiviert, weil aus ihrem Selbstverständnis, Dienstleistungen keinen angemessenen Beitrag zum Unternehmenserfolg darstellen. Die mangelnde Trennung zwischen Dienstleistungstätigkeit und Industriegeschäft wird kritisiert[157].

Im Ergebnis sind Dienstleistungen gegenüber Sachleistungen zweitrangig, werden weniger professionell gestaltet, und mit mangelndem Engagement erbracht. Hierdurch bleiben einerseits wichtige Profilierungsreserven ungenutzt, andererseits ergeben sich bei dem Ziel, Dienstleistungen als eigenständige Marktleistungen anzubieten, zahlreiche Umsetzungsprobleme. *Nachteile* von Büromöbelanbietern bestehen beispielhaft in folgenden Bereichen:

- Bei Planungs- und Beratungsdienstleistungen ist die *fachliche Qualifikation* eng auf den Absatz von *Industrieprodukten* fokussiert. Freie Innenarchitekten oder Beratungsspezialisten besitzen eine wesentlich umfassendere Dienstleistungskompetenz.
- Die *direkte Verrechnung* von Dienstleistungen führt zu einer unmittelbaren *Wettbewerbssituation* mit etablierten Anbietern. Bisher lediglich für ‚interne Kunden' erbrachte Leistungen müssen nun wettbewerbsfähig sein. Neben der fachlichen Qualifikation, ergeben sich auch veränderte Managementanforderungen an die beispielsweise im Planungsbereich tätigen Spezialisten (z.B. Optimierung bestehender Dienstleistungsprozesse, aktive Vermarktung, Gestaltung des Gründungsprozesses einer Tochtergesellschaft usw.).

156 Expertengespräch K + N

157 Expertengespräch Krahn; Planquadrat

B. Eine Dienstleistungskonzeption für die Büromöbelindustrie

4. Dienstleistungsvision Industrieller Anbieter

4.1 Ziele von Büromöbelanbietern im Dienstleistungsmarketing

4.1.1 Zielkonflikte im Dienstleistungsmarketing

Zielkonflikte: In Anlehnung an den von Trachsler entwickelten Ansatz zur Verrechnung Industrieller Dienstleistungen, lassen sich *zwei grundsätzliche Möglichkeiten* unterscheiden, einen *finanziellen Ausgleich* für die, im Rahmen von Marketing- und Vertriebsprozessen, erbrachten *Dienstleistungen* zu erhalten[158]:

- *Direkte Verrechnung*: Bei der direkten Verrechnung werden Dienstleistungen getrennt vom Produktpreis verrechnet[159].
- *Indirekte Verrechnung*: Weitgehend branchenüblich ist eine indirekte Verrechnung Industrieller Dienstleistungen, über den Produktpreis. Der finanzielle Ausgleich des Anbieters ist hierbei entweder in der Realisierung eines höheren Produktpreises (Preispremium) oder eines ‚Goodwills' zu sehen. Dieser Goodwill besteht u.a. in der Profilierungs- und Kundenbindungswirkung der angebotenen Dienstleistungen (s. *Kap. 4.2.1 Marketingprozesse in der Büromöbelindustrie, S. 69ff.*; sowie *Kap. 5.1.2.2 Interessentenbindung durch Planungs- und Beratungsdienstleistungen, S. 100ff.*).

Die *Festlegung* der aufgezeigten *Verrechnungsformen,* und die Bewertung der damit verbundenen *Effekte auf das Kundenverhalten,* gehört zu den grundlegenden Fragen im Dienstleistungsmarketing Industrieller Anbieter. Ziele von Büromöbelanbietern, wie eine Verbesserung der Profilierungswirkung und Wettbewerbsposition, Ziele der Kostensenkung, sowie Bestrebungen der Diversifikation in bestimmte Dienstleistungsfelder[160], bilden ein komplexes Entscheidungsproblem (s. *Kap. 1.1 Problemstellung und zentrale Marketingfrage, S. 1ff.*).

---

158 Trachsler 1997, S. 73; ebd. 1996, S. 24ff.

159 s.a. *Kap. 5.1.3. Scenario ‚Autonomie', S. 109ff.*

160 s.wg. in *Teil C., Leistungsfelder im Dienstleistungsmarketing von Büromöbeln, S. 251ff.*

Zielhierarchie: Belz entwickelt in diesem Zusammenhang ein *dreistufiges Modell für das Marketing Industrieller Dienstleistungen*. Die von einem Unternehmen angebotenen Dienstleistungen werden hierzu in klar abgrenzbare, transparente Module strukturiert (s. *Kap. 2.3 Ansatz der Leistungssysteme als Basisstrategie, S. 23ff.*). Grundlegend ist hierbei eine, je nach Dienstleistungsart (Dienstleistungsmodul), differenzierte Vorgehensweise, bei der Kosten, Erträge und Wirkungen im Kundenprozess erfasst werden (s.u. *Darstellung 4.1*)[161].

Dar. 4.1: Zielhierarchie im Dienstleistungsmarketing[162]

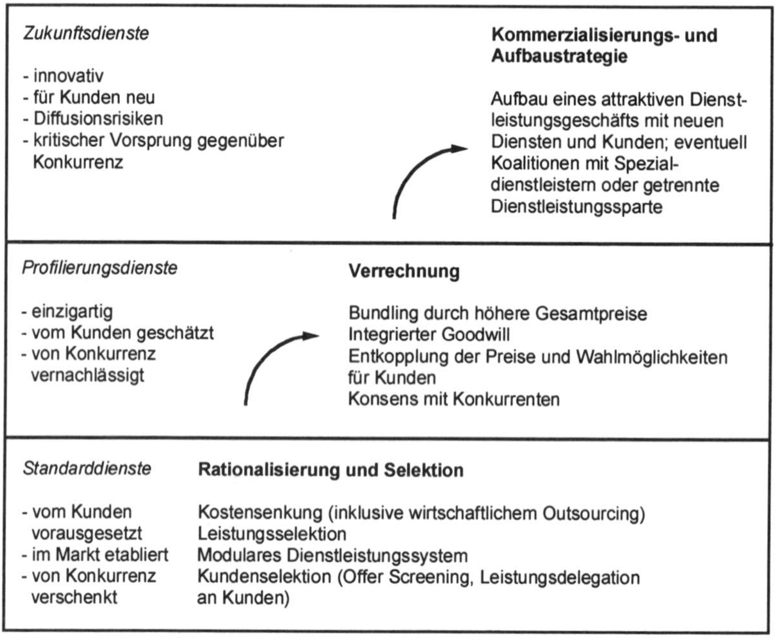

161 Belz 1998, S. 543ff.; ebd. 1997, S. 95ff.

162 ebd. 1997, S. 96

Dar. 4.2: Zielsetzungen von Büromöbelanbietern im Dienstleistungsmarketing[163]

Ziele im Dienstleistungs-marketing	Typische Aktivitäten von Büromöbelanbietern
Verbesserung der Kosten-struktur	• Rationalisierung des Bestellwesens durch Datenintegration zwischen Planungsabteilung und Auftragsbearbeitung auf CAD – Basis. • Interne Verrechnung von Dienstleistungen im Zusammenhang mit der Einführung neuer Informationssysteme. • Entbündelung der Gesamtleistungen durch separate Ausweisung der Preise produktbegleitender Dienstleistungen. • Profit Center - Organisation im Verkauf. • Dienstleistungsbereich als Cost Center/ Revenue Center. • ‚Intelligente' Standardisierung von Planungsdienstleistungen für Kunden in der Evaluationsphase. • Operative Aspekte im Verkauf: Prüfung der Nachhaltigkeit des Kundeninteresses vor umfassenden Planungsdienstleistungen, Verhandlung um Teilverrechnung, z.B. für Bemusterungen.
Verbesserung der Profilierungs-wirkung	• Verbesserte Darstellung und Transparenz von Dienstleistungen (z.B. Entwicklung von Imagebroschüren, interne Checklisten für den Verkauf, Ausarbeitung von vordefinierten Angebotstexten). • Investition in multimediale Darstellungsmöglichkeiten. • Personalentwicklung der gesamten Verkaufsorganisation. • Qualifizierungsoffensive in der Planungsabteilung, z.B. durch Architekten, um zusätzlich bauliche Leistungen abzudecken.
Aktive Markt-Erschliessung	• Einführung einer Dienstleistungsprovision im Verkauf für Planungs- und Beratungsaufträge. • Einführung von Dienstleistungsprovisionen im Kundendienstbereich für Montageaufträge. • Angebot neuer Dienstleistungspakete, z.B. Umzugsmanagement, Vermietung von Büromöbeln, Arbeitsplatzanalysen etc.. • Gründung einer Tochtergesellschaft für Planungs- und Beratungsdienstleistungen. • Ausbau des Planungsbereichs in den Bereich Infrastrukturnutzung (Facility Management), Einstellung entsprechenden Personals.

163 Eigene Darstellung, nach Expertengesprächen Keller; Streit; Contura Concept; Fachhandelsseminar K+N; Planquadrat; OCG; De la Rue – Plan Objekt; Bierbrauer + Nagel

Bei Dienstleistungen, die vom Kunden weitgehend als *selbstverständlich* betrachtet werden, kann die *Standardisierung* und *Selektion*, eine Verbesserung der Kostensituation erbringen. Eine selektive Vorgehensweise, einen finanziellen Ausgleich zu erhalten (z.B. Goodwill oder direkte Verrechnung), muss der Anbieter hingegen, in Fällen von *profilierenden Dienstleistungen*, finden. *Innovative Dienstleistungen* mit Entwicklungspotential sollten vom Produkt getrennt werden. Solche Dienstleistungen, könnten Grundlage einer Diversifikationsstrategie sein (s. *Kap. 5.1.3 Scenario ‚Autonomie', S. 109ff.*). Dieser Typologie folgend, zeigt *Darstellung 4.2, l.S.* typische Aktivitäten von Büromöbelanbietern.

Entscheidungsprobleme: Die Verfolgung dieser unterschiedlichen Ziele führt bei Industriellen Dienstleistungsanbietern zu zahlreichen *Entscheidungsproblemen* und *Zielkonflikten.*
Durch die Veränderung etablierter Verfahrensweisen, bei gleichzeitig schwierigeren Marktverhältnissen, befürchten Anbieter eine Erosion ihrer Wettbewerbsposition. Beispielhaft werden in der Praxis die folgenden Aspekte häufig als kritisch beurteilt[164]:

- Anbieter sehen die Gefahr, durch die *direkte Verrechnung* produktbegleitender Dienstleistungen, an *Profilierungswirkung einzubüssen, bzw. Aufträge zu verlieren.*
- Eine Möglichkeit, das Angebot an Dienstleistungen zu professionalisieren, besteht in der *Gründung einer Tochtergesellschaft,* etwa für Planungs- und Beratungsdienstleistungen (s. *Kap. 5.2.2 Gründung einer Tochtergesellschaft für Planungs- und Beratungsdienstleistungen, S. 171ff.*). Wird dieser Ansatz konsequent umgesetzt, sinkt gleichzeitig der Anteil an indirekt verrechneten, qualifizierten Dienstleistungen. Diese werden üblicherweise von der Aussendienstorganisation angeboten. Hierdurch stellt sich parallel die schwierige Frage nach einer grundsätzlichen Positionsbestimmung der Aussendienstorganisation (s. *Kap. 10. Ausblick und weiterführende Untersuchungen, S. 369ff.*).

164 Expertengespräche Hersteller und Fachhandel

- Die *Standardisierung* bestehender Dienstleistungen wird einerseits als sinnvoll betrachtet, um Kostenziele zu erreichen. Andererseits werden *negative Effekte auf Kundenseite* erwartet. Im Rahmen eines Angebotsprozesses sind vielfach schwierige taktische Teilentscheidungen erforderlich. Zusätzliche Planungsdienstleistungen könnten nötig sein, um die Position des Anbieters nochmals zu verbessern. Andererseits können Kostenüberlegungen gerade dazu zwingen, den Angebotsprozess vollständig abzubrechen (s. *Kap. 5.1.2.3 Abnutzungseffekte der Profilierungswirkung, S. 102ff.*).

4.1.2 Schrittweise Entwicklung des Dienstleistungsgeschäfts

Beschaffungsprozesse in Investitionsgütermärkten sind von einer hohen Komplexität gekennzeichnet[165]. Zahlreiche Faktoren beeinflussen den Verlauf. Diese Einflüsse determinieren so den erforderlichen Anteil an etwa Beratungs-, Projektierungs- und Planungsdienstleistungen. Der Dienstleistungsaufwand unterliegt somit *projektspezifischen Schwankungen.*
Dafür sind einerseits *Merkmale des Industrieproduktes*, wie auch Aspekte des *Beschaffungsverhaltens,* verantwortlich. Eine dritte Einflussgrösse besteht in der fachlichen und sozialen Kompetenz der *Mitarbeiter der Verkaufsorganisation* (s. u.a. *Kap. 10. Ausblick und weiterführende Untersuchungen, S. 369ff.*).

Durch zahlreiche situative Einflüsse, wie auch notwendige taktische Entscheidungen im Angebotsprozess, bereitet es *erhebliche Schwierigkeiten,* ein einfaches, klares, wie gleichermassen *‚praxisnahes' Dienstleistungskonzept zu entwickeln.*

Je grösser die Anzahl der Optionen an taktischen Gestaltungsparametern ist, um so unklarer wird das Profil des Konzeptes. Es besteht die Gefahr, dass etablierte Branchenspielregeln unverändert beibehalten werden. Die Umsetzung innovativer Dienstleistungslösungen scheitert.

165 Backhaus 1999, S. 55ff.; Bänsch 1995, S. 181ff.; Kuß 1991, S. 160ff.

Veränderungen in Unternehmen zur Entwicklung des Dienstleistungsgeschäftes, können sich entsprechend nicht auf einzelne konzeptionelle Elemente beschränken. Solche Innovationen müssen als *Prozess des ‚Organisatorischen Wandels‘* verstanden werden[166].

Im Kern steht hierbei die Veränderung des Mitarbeiterverhaltens, d.h. der bisher vorwiegend einseitig ‚Industriell‘ geprägten *Unternehmenskultur* (s.u. *Darstellung 4.3*)[167]. Dies beinhaltet mindestens die Veränderung der allgemeinen Wertschätzung, der Einstellungen gegenüber Dienstleistungen, sowie des operativen Verhaltens im Umgang mit Dienstleistungen.

Dar. 4.3: Schrittweise Entwicklung des Dienstleistungsgeschäfts[168]

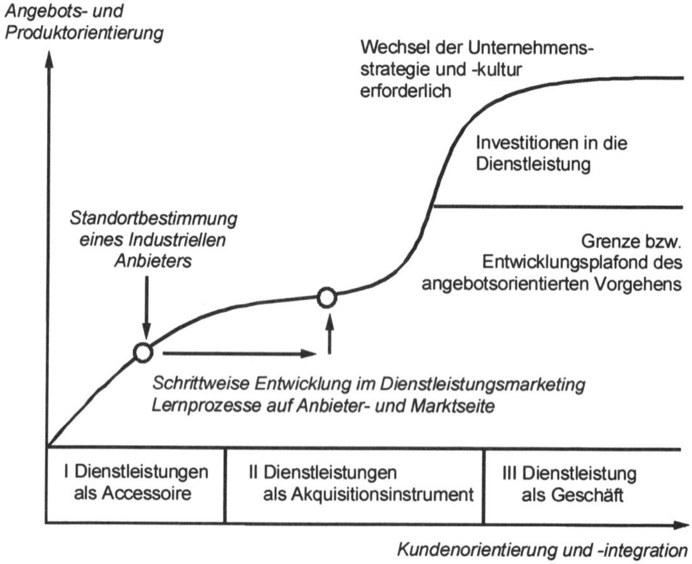

166 Meffert/ Bruhn 2000, 501ff.; Staehle 1999, S. 898ff.; Backhaus 1999, S. 755ff.

167 Belz 1997, S. 42; Grosse - Oetringhaus 1996, S. 17ff.; Gouillart/ Kelly 1995, S. 20ff.

168 nach Belz 1997, S. 42

Aus der Perspektive des *Leistungsmanagements,* verändert sich mit dieser Entwicklung der Charakter von Dienstleistungen. Eine ‚kostenlose' Nebenleistung wird zu einer *echten, direkt verrechneten,* Marktleistung des Unternehmens[169]. Dieser Veränderungsprozess erfordert jedoch nicht nur interne Lernprozesse *im Unternehmen,* sondern auch *Lernprozesse auf Kundenseite und im Wettbewerbsprozess.*

Es ist realistisch davon auszugehen, dass die vorherrschende *Praxis* der indirekten Verrechnung in der Büromöbelindustrie nicht ohne weiteres verändert werden kann. Für einzelne Anbieter bestehen jedoch zahlreiche Möglichkeiten, einen schrittweisen, unternehmens*internen* Wandel einzuleiten[170]. Dies beinhaltet selektiv, einzelne Dienstleistungen erfolgreich im Markt zu kommerzialisieren (s.a. *Kap. 10. Ausblick und weiterführende Untersuchungen, S. 369ff.*).

Nach unserer Auffassung, wird dies mittelfristig branchenweit zu einer schrittweisen Veränderung der Vertriebspraxis führen. Eng verbunden mit dieser Entwicklung sind strukturelle Veränderungen des Beschaffungsverhaltens bei büronahen Dienstleistungen (s. u.a. *Kap. 6.2.1 Dienstleistungstrends im Markt für Büroeinrichtungen, S. 218ff.*).

Das *folgende Praxisbeispiel* gibt einen *knappen Einblick* in die Situation eines Herstellers für Büromöbel. Die Gründung einer *Tochtergesellschaft für Planungs- und Beratungsdienstleistungen* ist ein interessantes Beispiel zur Entwicklung eines eigenständigen Geschäftsfeldes.

---

169 Töpfer 1996, S. 33; Graßy 1996, S. 59

170 Staehle 1999, S. 898ff.

Px. 4.1: Entwicklung der ‚Bene – Holding'[171]

Zwei weitere *Praxisbeispiele* über ‚*Bene*' finden sich in *Px. 7.4 Anforderungscontrolling für eine Versicherungsgesellschaft, S. 279ff.*, weiterhin in *Px. 9.5 ‚Die Bene Consulting', S. 366ff.*.

Der Hersteller ‚*Bene*', mit einem Marktanteil von 25% (2003) ist einer der führenden ‚Produzenten' für Büromöbel in Österreich. Die ‚*Bene – Gruppe*' erzielte 1999, in Österreich, einen Umsatz von 197 Mio. Euro (2001: 216 Mio.; 2003: 174 Mio. Euro)[172].

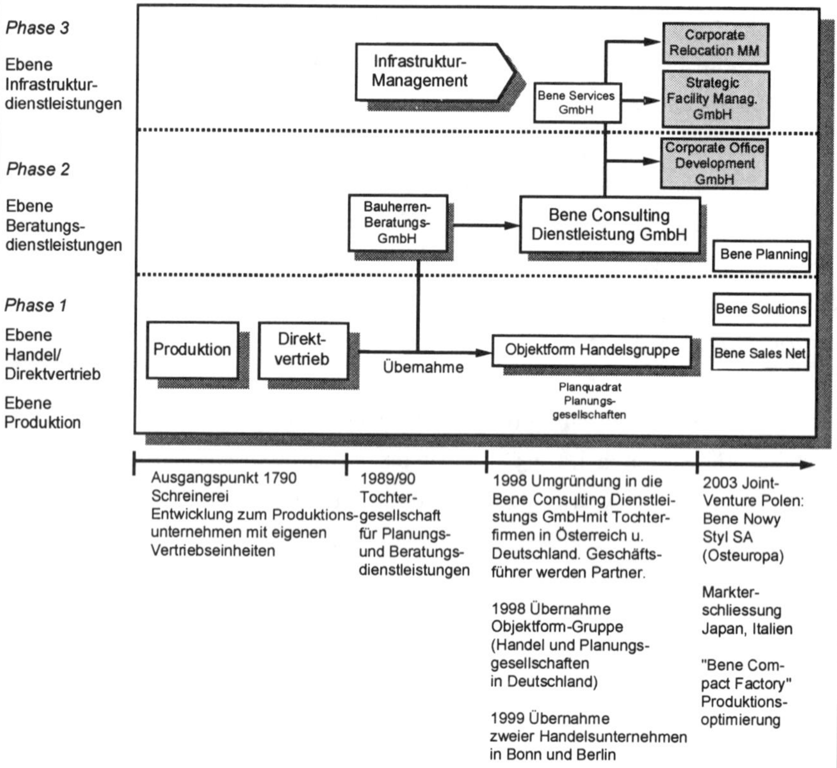

---

171 s. *Anhang III Verzeichnis II der Expertengespräche. Wiederholte schriftliche Befragung 2003, S. 427ff.*; *Anhang I Verzeichnis der Internet – Adressen, S. 413f.*; www.beneconsulting.com; Expertengespräche ‚Bene Consulting'; O.V. 1999e, S. 14

172 Bene 2003, Presseinformation

Durch die Übernahme der deutschen ‚*Objektform – Handelsgruppe*', zweier angegliederter *Planungsgesellschaften*, sowie zweier weiterer *Handelsunternehmen* in Bonn und Berlin[173], wurde 1999 der Gruppenumsatz, nach Angaben des Unternehmens, annähernd verdoppelt.
Ziel der Übernahmen, war die *schnelle Markterschliessung* von Deutschland.

Die ‚*Bene – Holding*' kann in *drei Geschäftsbereiche* (1 bis 3) gegliedert werden: Neben traditionellen Produkten und dem Direktvertrieb (1), werden Logistikdienstleistungen (Bene Services) (2) sowie Planungs- und Beratungsdienstleistungen (Bene Consulting) (3) erbracht. Wie die Gesamtentwicklung von ‚*Bene*' zeigt, hat die Bedeutung der Dienstleistungen, an der gesamten Wertschöpfung der letzten Jahre, zugenommen.

Die *Logistikdienste* werden nun schon seit einigen Jahren, in *Kooperation* mit einem *externen Dienstleistungsanbieter*, bereitgestellt.
‚*Bene*' hat jedoch frühzeitig der Professionalisierung von Beratungsdiensten, als eigenständiges Geschäftsfeld, eine hohe Priorität beigemessen. In diesem Zusammenhang wurde eine *selbständige Tochtergesellschaft* gegründet. Ziel dieser Organisationseinheit ist das Angebot *neutraler Planungs- und Beratungsdienstleistungen* (s.u.) für grössere, mittelständische und grosse Industrie- und Dienstleistungsunternehmen.

Die Gründung der ‚*Bene Consulting*' geht bereits auf das Ende der 80er Jahre zurück. Vision des damaligen Geschäftsführers der ‚*Bene Gruppe*' war die Entwicklung, einer an der ‚Idee der Systemtheorie' orientierten ganzheitlichen Sichtweise auf das ‚*Gesamtsystem Büro*'. Ende der 90er Jahre entstand dann die *Bene Consulting Dienstleistungs GmbH*. Die Bene Consulting kann heute einen seit 1999 kontinuierlich gestiegenen Umsatz von 2,6 Mio. Euro (2002) präsentieren.

---

173 O.V. 1999k, S. 7

174 Bene 2003, Presseinformation

Dienstleistungen Bene Consulting

Corporate Office Development	
Um-, Aus- u. Neubau von Büroimmobilien	Ermittlung von Gestaltungsstandards ,Objektivieren von Entscheidungen, Verantwortlichkeiten
	Konzeption und Planung, Bedarfsplanung, Nutzungskonzept,
	Ausbaukonzept, Ausstattung, Ausschreibungen
	Mitarbeiterinformation, Zukunftsorientierung, Effizienzanalyse, Wirtschaftlichkeit
Strategic Facility Management	
Entwicklung von Organisations-strukturen für einen effizienten Gebäudebetrieb	Strategieerarbeitung, Anforderungscontrolling
	Prozess-Systematisierung, Strukturdefinition
	Gebäudeverwaltung, Kostenmanagement, CAIFM-System
Corporate Relocation Management	
professionelle Umsetzung des Standortwechsels	Standortauswahl, Konzeption der Büroräume Umzugsplanung, Prozessoptimierung
	Klärung v. Mietverträgen, Terminplanung, Kosten und Organisation, Informations-management

In den vergangenen Jahren wurden die Beratungsleistungen für Bauherren sukzessive ausgebaut. Kompetenzen der Mitarbeiter liegen im Bereich *Betriebswirtschaft* und *Architektur*. Eine wesentliche Erweiterung der Leistungen erfolgt im Geschäftsfeld ‚*Strategic Facility Management Consulting*'.

Die Bene - Gruppe startet 2003 ein Joint Venture mit Europas grösstem Bürostuhlhersteller, und zielt mit der *Bene Nowy Styl SA* auf eine Ausweitung in den osteuropäischen Markt[174].

Weitergehende Bemerkungen finden sich in *Kap. 5.1.3 Scenario ‚Autonomie', S. 109ff.*, sowie in *Kap. 5.2.2 Gründung einer Tochtergesellschaft für Planungs- und Beratungsdienstleistungen, S. 171ff.*.

4.2 Kundennutzen und Industrielle Dienstleistungen

4.2.1 Marketingprozesse in der Büromöbelindustrie

Für den Bereich des Investitionsgütermarketings typisch sind *interaktive Marktbeziehungen* von organisationalen Nachfragern und Anbietern[175]. Investitionsgüter bestehen nicht nur aus reinen Produkten oder Dienstleistungen. Sie sind vielmehr Problemlösungen für den Kunden, die aus einer intelligenten Kombination von Produkten und Dienstleistungen entstehen (s. *Darstellung 4.4, f.S.*)[176].

Betrachtet man typische Vermarktungssituationen in der Büromöbelindustrie, lassen sich, in Anlehnung an die u.a. insb. von *Backhaus* geprägte *Typologie, Möbelprodukte, Möbelsysteme und Anlagen* unterscheiden[177].

Diese Transaktionstypen bilden wesentliche Rahmenbedingungen für den *erforderlichen Dienstleistungsanteil,* den Möbelanbieter im Marketingprozess erbringen müssen[178]. Dies betrifft einerseits Planungs- und Beratungsdienstleistungen, wie auch Montage- und Installationsdienstleistungen (s. u.a. *Kap. 3.1 Büromöbel als Marktleistung, S. 27ff.*). *Drei weitere Einflussfaktoren* haben eine bedeutende Wirkung auf die Höhe der zu erbringenden Dienstleistungen:

- *Standardisierungsgrad*: Speziell für einen Kunden entwickelte Möbelprodukte oder Anlagen erfordern einen wesentlich höheren Aufwand an Beratungs-, Engineering- und Planungsdienstleistungen. Individuelle Anfertigungen müssen teilweise beim Kunden bemustert werden.
- *Preis/ Design/ Qualität*: Vereinfacht lassen sich drei Marktsegmente unterscheiden: Premium-, Mid Range- und Mitnahmesegment (s.a. *Kap. 5.1.4.2 Leistungssegmentierung nach direkter und indirekter Verrechnung, S. 129ff.*). Im Premium - Segment wird von Kunden eine umfassende Beratungsdienstleistung erwartet (gesamte Raumsituation wird einbezogen).

---

175 Tomczak 1992a, S. 1

176 Kotler/ Bliemel 2001, S. 771ff.; Belz 1997, S. 26; Engelhardt/ Kleinaltenkamp/ Reckenfelderbäumer 1993, S. 397; Corsten 1990, S. 184; Hilke 1989, S. 8

177 Belz/ Reinhold 1999, S. 67ff.; Backhaus 1999, S. 305f., Backhaus 1993, S. 100ff.; Plinke 1991, S. 172

178 Zusammengestellt aus Expertengesprächen Fachhandel und Hersteller

- *Beschaffungsvolumen*: Ein hoher Beratungs- und Planungsaufwand entsteht insbesondere bei Beschaffungen durch Grossunternehmen (hohe Volumen im Mid Range Segment – s.a. *Kap. 6.2.2 Marktfelder für büronahe Dienstleistungen, S. 220ff.*).

Dar. 4.4: Marketingprozesse und Dienstleistungsaufwand[179]

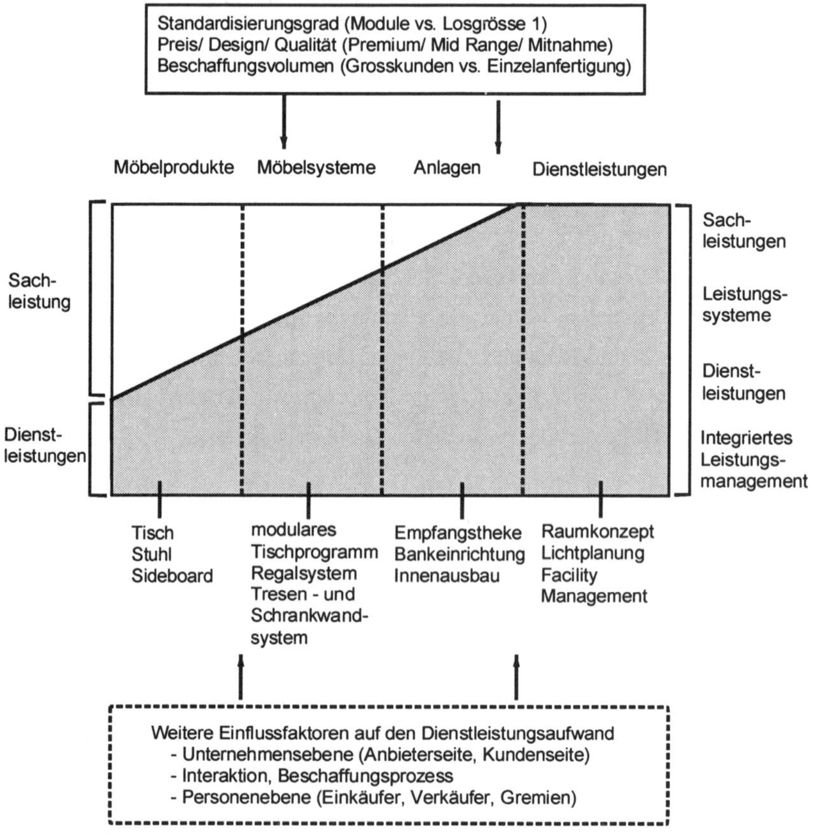

179 nach Hilke 1989, S. 8 (Marketing - Verbundkasten) – stark vereinfachte Betrachtung/ Modell

In der *Vertriebspraxis* der Büromöbelindustrie lassen sich, im Zusammenhang mit den kurz skizzierten Transaktionstypen, die folgenden *Problemfelder* hervorheben[180]. Sie beschreiben wesentliche Eckpunkte für die weitere Entwicklung eines Dienstleistungskonzeptes:

- Branchenstandard ist eine weitgehend *indirekte Verrechnung* aller produktbegleitenden Dienstleistungen. Durch eine hohe Wettbewerbsdynamik und sinkende Produktmargen ergibt sich eine problematische Kostenentwicklung.
- Eine *direkte Verrechnung* kann in der Praxis in Situationen erreicht werden, bei denen dem Anbieter ein überdurchschnittlicher Aufwand entsteht, der deutlich über das ‚übliche Mass' hinausgeht, und solide begründet werden kann. Dies ist etwa bei Grossprojekten der Fall. Hier besteht allerdings oftmals ein erheblicher *Wettbewerbsdruck*, so dass auf eine *direkte Verrechnung* gerade gegenüber potentiell ergiebigen Kunden verzichtet wird. Einer der befragten unabhängigen Dienstleister berichtet etwa über die Praxis, dass Hersteller bei externen Anbietern Planungs- und Beratungsdienstleistungen einkaufen. Diese Leistungen werden dann ohne gesonderte Verrechnung kostenlos als Profilierungsinstrument an Grosskunden weitergegeben.
- Bei *komplexeren Leistungen* (z.B. Bankeinrichtungen, Innenausbau, Trennwandsysteme, individuellen Anfertigungen) kann durch den Anbieter keine Angebotsabgabe erfolgen, wenn nicht in der *Evaluationsphase umfassende Planungs- und Beratungsdienstleistungen* erbracht werden. Erfolgt keine *solide* Kalkulation des Angebots, kann das Verhältnis zum Kunden erheblich beeinträchtigt werden (Vertrauensaspekt, fühlt sich übervorteilt usw.)[181]. Können bei Fehlkalkulationen durch vereinfachte Schätzungen, erhöhte Erstellungskosten nicht auf den Kunden überwälzt werden, *drohen* dem Anbieter in solchen Fällen *Verluste*. Teilweise sind bei individuellen Anfertigungen auch Musterstellungen erforderlich. Nicht in jedem Fall gelingt eine vollständige, oder zumindest teilweise, Verrechnung.

---

180 alle Expertengespräche, insb. Fachhandels- und Beratungsunternehmen

181 Expertengespräch Röthlisberger; Keller AG, Sulgen

- Neben individuellen Industrieleistungen gibt es eine Reihe von *Standardprodukten*, bei denen durch eine Erhöhung der *Dienstleistungskompetenz* des *Aussendienstes*, und weiterer Rationalisierungsmassnahmen, der Dienstleistungsaufwand reduziert, bzw. Planungs- und Beratungsdienstleistungen stärker *standardisiert* werden könnten.

- Bei *Premiumprodukten* erwarten Kunden eine überdurchschnittliche Beratungsdienstleistung. Durch hohe Preise der Industrieprodukte in diesem Segment erscheint hier die *indirekte Verrechnung* von Dienstleistungen *noch am tragfähigsten.*

- Der *Dienstleistungsaufwand* unterliegt *projektspezifischen Schwankungen.* Eine *standardisierte* konzeptionelle Regelung erscheint *schwierig.* Vielfach sind *taktische Entscheidungen* im Angebotsprozess erforderlich (s. *Kap. 2.2 Industrielle Dienstleistungen, S. 19ff.*; sowie *Kap. 4.1.2 Schrittweise Entwicklung des Dienstleistungsgeschäfts, S. 63ff.*).

4.2.2 Integriertes Leistungsmanagement

Das Ziel von Büromöbelanbietern kann weitergehend auch darin bestehen, *Kundenunternehmen,* durch *selektive* oder *integrierte* Dienstleistungsangebote, bei der *Gestaltung* und *Nutzung* der *Büroinfrastruktur*, zu *entlasten* (s. *Kap. 6.2.3 Outsourcing büronaher Dienstleistungen, S. 226ff.*)[182]. Im Vergleich zu den bisherigen Überlegungen, wird der Problemlösungsbeitrag von Dienstleistungsangeboten damit wesentlich erweitert. Dienstleistungen sind nicht mehr *Zusatz*, sondern werden als *'originäre Leistungen'* betrachtet. Je nach inhaltlichem Leistungsumfang, tritt die Bedeutung der Industriellen Sachleistungen schrittweise gegenüber Dienstleistungsangeboten in den Hintergrund[183].

---

182 Belz/ Reinhold 1999, S. 67ff.; Belz 1997, S. 50ff.

183 Lehmann 1995, S. 13

Dar. 4.5: Ideen zum Gesamtsystem ‚Büro'[184]

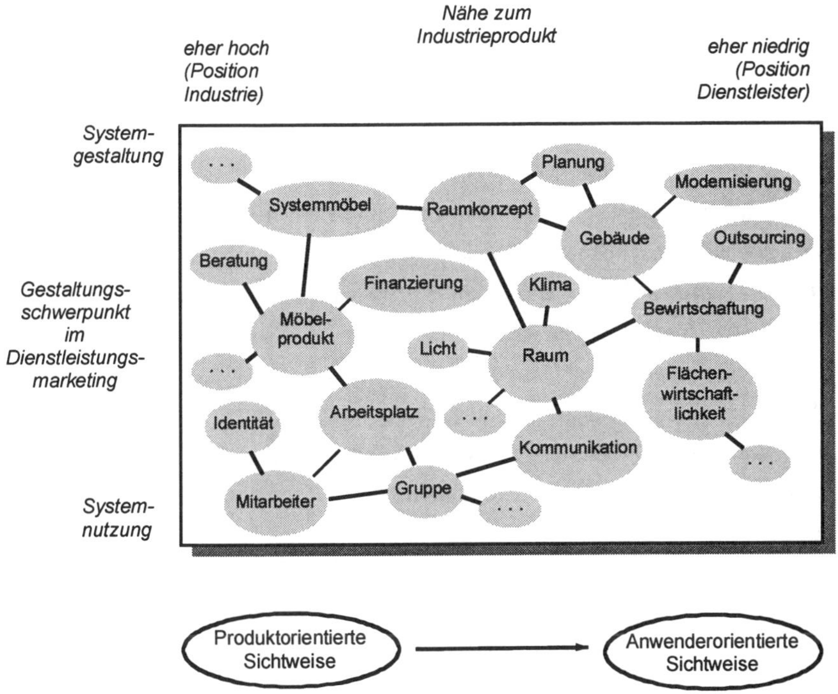

Integriertes Leistungsmanagement soll das *‚Funktionieren'* des vielschichtigen *‚Gesamtsystems Büro'* (‚Lebensraum Büro') optimieren. Durch verbesserte Finanzierungsmodalitäten, Planungskonzepte und nutzungsbegleitende Dienstleistungen, soll ein ‚Mehrwert' für das Kundenunternehmen realisiert werden.

In Anlehnung an das eben vorgestellte Portfoliomodell unterscheiden wir hierbei zwischen Dienstleistungen zur *‚Systemgestaltung'* und solchen zur *‚Systemnutzung'* (s. *Darstellung 4.5*; *Kap. 1.3.3 Teil C.*: *Leistungsfelder im Dienstleistungs-*

184 Eigene Darstellung

marketing von Büromöbeln, S. 10ff., Kap. 3.4.1 Dienstleistungen im Markt für Büroeinrichtungen, S. 41ff.).

Ohne die Betrachtung weitergehend zu vertiefen, finden sich in der Literatur verschiedene *branchenbezogene* Modellvorstellungen, die diesen Ansatz weiterentwickeln. Im Vordergrund stehen hierbei *inhaltliche Vorschläge für eine ‚ganzheitliche Arbeitsplatzgestaltung‘*. Hieraus lassen sich verschiedene Dienstleistungsprodukte ableiten. In Zusammenarbeit mit dem österreichischen Hersteller Bene entwickeln Eschenbach/ Horak/ Plasonig auf Grundlage der *‚Methode des vernetzten Denkens‘*[185], ein umfassendes ‚Netzwerk‘ an Einflussfaktoren zur Gestaltung von Büroarbeitsplätzen[186]. Eine methodisch vergleichbare Vorgehensweise, hier primär aus der Perspektive des *Gesundheitschutzes am Arbeitsplatz*, ist die systemische Arbeitsplatzanalyse der deutschen ‚Bundesanstalt für Arbeitsschutz und Arbeitsmedizin‘[187]. Weitere Gestaltungshinweise finden sich bei Brandes[188], sowie in Dokumentationen der Büromöbelhersteller König + Neurath[189] und Werndl[190].

Angebote von Dienstleistungen, oder Kombinationen aus Dienstleistungen und Industrieprodukten, sollen im Markt einen *hohen Nutzeffekt* erzielen[191]. In Abhängigkeit vom Umfang der nachgefragten Dienstleistungen, bzw. der Problemlösung, werden im Kundenunternehmen stufenweise unterschiedliche *Nutzenkategorien* erschlossen (s.u. *Darstellung 4.6, f.S.*).

---

185 Probst/ Gomez 1989, S. 7ff.

186 Eschenbach/ Horak/ Plasonig 1989, S. 30ff.

187 Bundesanstalt für Arbeitsschutz und Arbeitsmedizin 1995

188 Brandes 1994, S. 76ff.

189 K+N - Informationsbroschüre ‚Wir planen und gestalten Ihren Lebensraum‘, ‚Das Büro – Rundum - Paket‘, ‚Handbuch Lebensraum Büro‘, Pressemitteilung zum Dienstleistungskonzept

190 Unternehmensdokumentation Werndl ‚Gesund und motiviert am Bildschirm arbeiten‘

191 Belz 1998, S. 178; Wagner 1998, S. 82f.; Waltert 1997, S. 112; Reinecke 1996, S. 38; Belz 1991a, S. 28; Lovelock 1991, S. 229

Dar. 4.6: Kundennutzen von Industriellen Dienstleistungen[192]

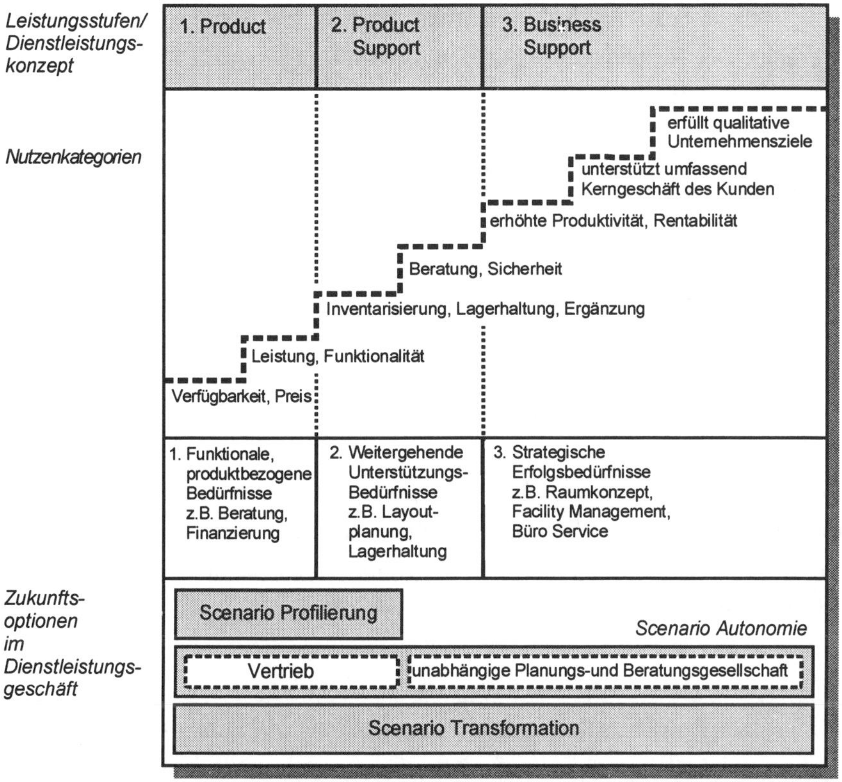

Die im Rahmen des Projektes weitergehend betrachteten Dienstleistungskonzepte für Büromöbelanbieter, decken hierbei in unterschiedlicher Weise *drei grundsätzliche Leistungsstufen* ab (s. *Kap. 5.1 Zukunftsoptionen im Dienstleistungsmarketing, S. 91ff.*)[193]:

192 nach Belz 1996, S. 130; ebd. 1991a, S. 28

193 nach ebd. 1997, S. 51; Oetzel 1997, S. B7; Corcoran u.a. 1997, S. 33

- *Leistungsstufe 1 (Product)* bezieht sich auf grundlegende funktionelle und produktbezogene Bedürfnisse. In diesem Zusammenhang erbrachte Dienstleistungen beziehen sich eng auf das Produkt (z.B. Beratung und Finanzierung). Der Hauptnutzen ergibt sich durch die Eigenschaften, bzw. die Funktionen, des Industrieproduktes.

- *Leistungsstufe 2 (Product Support).* Dienstleistungen erfüllen weitergehende Bedürfnisse, um die Produktverwendung für den Anwender zu vereinfachen (z.B. Lagerhaltung für Kunden, Planungsdienstleistungen).

- *Leistungsstufe 3 (Business Support).* Dienstleistungsangebote bilden eigenständige Marktleistungen. Das Kundenunternehmen soll umfassend bei der Realisierung seiner Unternehmensziele und -strategien unterstützt werden (z.B. Raumkonzept, Facility Management, Büro Service).

Um einen Katalog möglicher *Nutzenkategorien* zu erarbeiten, sind verschiedene Ansätze und Methoden hilfreich. Anzuführen sind etwa Verfahren der Marktsegmentierung, eine Analyse der Verwendungssituationen, der Wertschöpfungskette, des Gestaltungsobjektes und des Beschaffungsprozesses[194].

Das folgende Praxisbeispiel verdeutlicht, anhand eines ‚*Leistungssystems für Beleuchtungstechnik*', wie durch *modular* konzipierte *Leistungsbausteine* unterschiedliche *Nutzenkategorien* für das Kundenunternehmen erschlossen werden. Insgesamt *sechs* Dienstleistungsmodule decken hierbei die Unterstützungsbedürfnisse ab (s.o. Leistungsstufe 2 in *Darstellung 4.6, S. 75*). Das Modell beinhaltet zusätzlich eine nutzenorientierte Verrechnungsoption.

194 Belz 1998, S. 178f.; ebd. 1997, S. 72ff.; ebd. 1991a, S. 28

Px. 4.2: SiTeco – (Siemens) Lichttechnik:
Leistungssysteme für Beleuchtungstechnik[195]

‚SiTeco', vormals ‚Siemens Lichttechnik', ist eine Tochtergesellschaft der amerikanischen ‚LCA – Gruppe'. ‚LCA' gehört zu den weltweit führenden Anbietern für Beleuchtungstechnik. Produktgruppen von ‚LCA/ SiTeco' sind Aussen- und Innenleuchten, sowie Tageslichtsysteme. ‚SiTeco' erwirtschaftete in Deutschland 1999 einen Umsatz von rund DM 300 Mio. (weltweit etwa DM 400 Mio.). Insgesamt werden in Deutschland 1000 Mitarbeiter beschäftigt, davon 100 Mitarbeiter im Vertrieb, in bundesweit 31 Niederlassungen.
Die *Produktgruppe Innenleuchten*, die wir weitergehend betrachten, besteht aus zwei Geschäftsbereichen:
a) Sonderleuchten: Dieser Geschäftsbereich umfasst Sonderanfertigungen für internationale Grossprojekte. Die Vermarktung erfolgt über den direkten Kontakt mit Architekten, über die eigene Vertriebsorganisation. Bei diesen kundenspezifischen Entwicklungsprojekten, wird nach Möglichkeit auf technische Module der Serienfertigung zurückgegriffen. Die Aufgabe von ‚SiTeco' besteht in der Umsetzung der Entwurfsvorgaben des Architekten, in eine produktionstechnisch realisierbare Lösung. Weitergehend ist i.d.R. die anschliessende Fertigung der Leuchten im Auftrag enthalten.

Entwicklungsdienstleistungen (Engineering - Dienstleistungen) werden im Rahmen solcher Projekte *nicht gesondert (direkt) verrechnet*. Zentrale Argumente, die gegen eine Verrechnung angeführt werden, sind einerseits der hohe Wettbewerbsdruck bei Grossprojekten; andererseits der Imagegewinn, der sich aus einer erfolgreichen Projektrealisierung ergibt. Durch entsprechende Projekte entstehen Verbindungen zu wichtigen Architekten, wodurch unter Umständen eine längerfristige Kundenbeziehung angebahnt werden kann.

Kostensenkende Massnahmen bestehen in diesem Geschäftsbereich im wesentlichen in der Möglichkeit, Sonderleuchten in die spätere Serienfertigung einfliessen zu lassen.

195 Expertengespräch SiTeco; Eckhardt 1998, S. 64ff.; Unternehmensdokumentationen

b) Standardleuchten: Die Vermarktung von Standardleuchten erfolgt über ein zweistufiges Vertriebssystem, bestehend aus Elektrogrosshandel und Elektrohandwerk. Selektiv erfolgt die Zusammenarbeit mit Büromöbelanbietern.

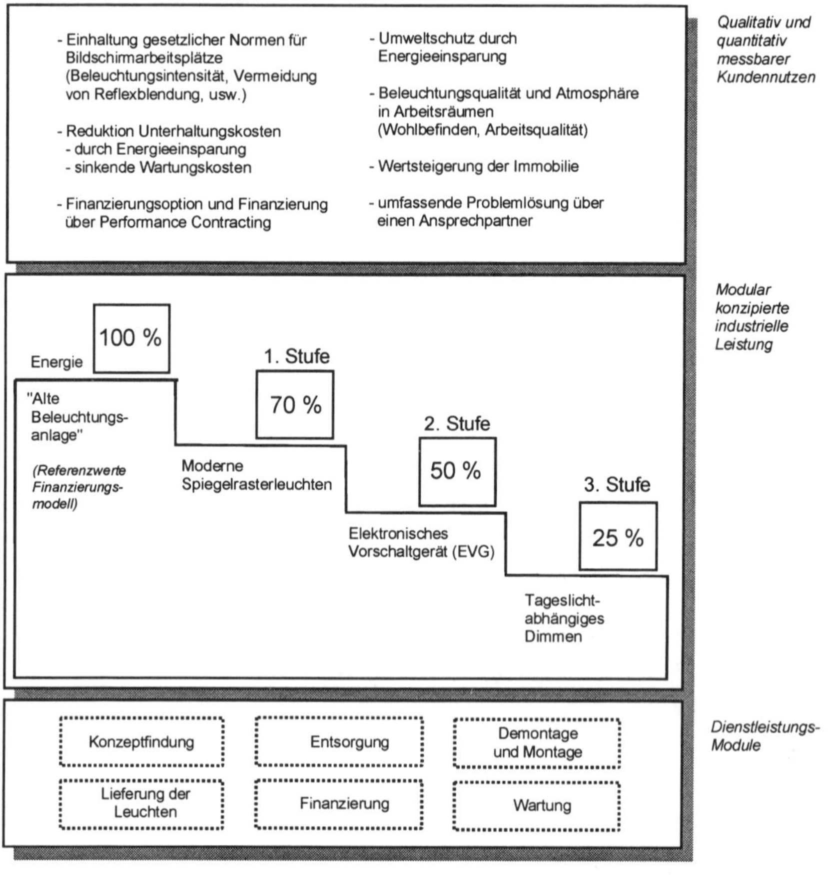

Wichtige Kundensituationen im Marketing der ‚Standardleuchten' sind Neubauten (ca. 40%), Erweiterungen und Umbauten (ca. 10%), sowie Sanierungen (ca. 50%). Als Reaktion auf den wachsenden Anteil an Sanierungsprojekten, wurde für den Geschäftsbereich ‚Standardleuchten', ein modular konzipiertes

Produktkonzept entwickelt. Ziel ist die Sanierung von Beleuchtungsanlagen im Sinne einer ganzheitlichen Problemlösung.
Das Leistungssystem wird in enger Zusammenarbeit mit den Vertriebspartnern realisiert, deren Aufgabe in den dezentral am Kundenprojekt zu erbringenden Dienstleistungsmodulen besteht (Beratung, Lieferung, Montage, Demontage, Entsorgung).
Je nach technischer Konfiguration (Spiegelrasterleuchte bis Tageslichtabhängiges Dimmen, s.o. Graphik), werden bei steigenden Investitionskosten, durch Energieeinsparungen, sowie geringere Wartungskosten, insgesamt sinkende Betriebskosten realisiert. Unter Einhaltung der gesetzlichen Beleuchtungsvorschriften für Bürogebäude, kann das Kundenunternehmen entsprechend zwischen verschiedenen Beleuchtungsalternativen wählen, und unterschiedliche Nutzenniveaus realisieren.

Integrierter Bestandteil des Leistungssystems ist ein *nutzenorientiertes Finanzierungsmodell* (sog. ‚light – contracting'). Referenzbeispiele belegen, das je nach Gebäudesituation, ein erheblicher Teil der Investitionskosten durch die Reduktion der Betriebskosten gedeckt wird. Bei der Projektfinanzierung gehen vorab klar definierte Einsparungen der Betriebskosten in die Investitionsrechnung mit ein.

Wesentliche *Erfolgsfaktoren* des Modells lassen sich wie folgt beschreiben:

- Durch die *modulare Struktur* des Leistungssystems, kann ein Investor sein Anforderungsprofil an Beleuchtungssysteme stufenweise mit dem Finanzierungsbedarf abgleichen. Die erzielbaren Optimierungsmöglichkeiten können quantifiziert werden.
- Im öffentlichen Bereich wird ein erheblicher Sanierungsbedarf für Beleuchtungsanlagen gesehen. Durch die schwierige finanzielle Situation vieler öffentlicher Einrichtungen, kann durch das *nutzenorientierte Finanzierungsmodell* ein Teil des potentiell vorhandenen Sanierungsmarktes in effektive Nachfrage umgewandelt werden.

Dem insgesamt sehr überzeugenden Ansatz auf konzeptioneller Ebene, stehen im *Vertriebsbereich* allerdings zahlreiche *Umsetzungsprobleme* gegenüber. Der erfolgreiche Vertrieb modularer Systeme bedingt entwickelte Beratungskompetenzen. Zentrale Schwachstelle ist hierbei vor allem die *mangelnde Dienstleistungskompetenz* der Partner des zweistufigen Vertriebssystems. Der ursprünglich ausschliesslich für die *Betreuung* des Vertriebssystems eingesetzte Aussendienst von ‚SiTeco' muss zusätzlich unterstützend für Vertriebspartner mit projektbezogenen Beratungsdienstleistungen im Endkundengeschäft aktiv werden (s. *Px. 9.4 Leistungsprozesse bei SiTeco - Lichttechnik, S. 359ff.*).

4.2.3 Wettbewerbssituation zu Institutionellen Dienstleistungsanbietern

Die in der Praxis diskutierten Möglichkeiten, zur Gestaltung und Nutzung der Büroinfrastruktur[196], sind im Ansatz vergleichbar mit der zunehmenden Bedeutung der Kompetenz zur Systemintegration im Markt für Informationstechnologie[197]. Es entsteht eine äusserst heterogene Struktur an Dienstleistungsanbietern. Hieraus ergeben sich teilweise neue, überraschende Wettbewerbskonstellationen[198]. Für Industrielle Anbieter besteht eine Herausforderung darin, sich mit Dienstleistungsangeboten gegenüber teilweise bereits *etablierten* Institutionellen Dienstleistern durchzusetzen. Dienstleistungen können Systemgeschäfte begründen, wenn sie die Integrationsleistung bewirken. Die Wertschöpfung kann so bedeutend sein, dass sie ein *eigenständiges* Geschäft begründet.

Grosse – Oetringhaus verweist hierbei auf die Gefährdung *etablierter* Geschäftssysteme durch Dienstleistungsangebote neu eintretender Anbieter (s.u. *Darstellung 4.7 Bedrohung traditioneller Geschäfte, f.S.*).

196 Expertengespräch DeTeImmobilien; Bene Consulting; Keller

197 Reinecke 1996, S. 38f.; Grosse - Oetringhaus 1996, S. 24; Sülzer 1993, S. 442ff.; Baaken 1991, S. 207f.;

198 Scholz 1999, S. K 2; Belz 1997, S. 50; Slywotzky 1997, S. 192ff.; Reinecke 1996, S. 47; Lehmann 1995, S. 15 und S. 53; Wermann 1995, S. 291; Meffert/ Bruhn 1995, S. 488

Dar. 4.7: Bedrohung traditioneller Geschäfte[199]

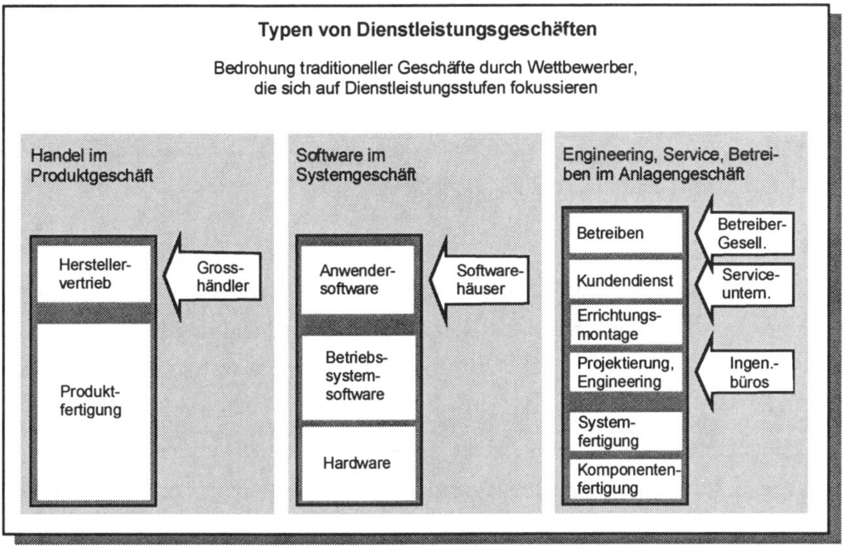

Konkretisiert auf die Büromöbelindustrie sind folgende Aspekte hervorzuheben:

- *Neue Dienstleistungsfelder bei der Gestaltung und Nutzung der Büroinfrastruktur:* In der Praxis wird eine *zunehmende Fremdvergabe* büronaher, infrastrukturbezogener Dienstleistungen erwartet (s. *Kap. 6.2.3 Outsourcing büronaher Dienstleistungen, S. 226ff.*). Wie bereits dargelegt, kann sich die Fremdvergabe auf *einzelne* Dienstleistungen (z.B. Planungsdienstleistungen) oder *integrierte* Leistungssysteme beziehen (z.B. Projekt-, Umzugs- oder Facility Management).

  Vernachlässigen Büromöbelanbieter entsprechende Entwicklungen, werden Dienstleistungsfelder von anderen Marktteilnehmern besetzt[200]. Solche Marktteilnehmer sind etwa Architekten, Innenarchitekten, Beratungsunter-

[199] Grosse - Oetringhaus 1996, S. 197

[200] Kachel 1996, S. 36

nehmen, Speditionsunternehmen und Anbieter von Facility Management – Dienstleistungen (s.u. *Darstellung 4.8*)[201].

- *Bedrohung traditioneller Kundenkontakte:* Neu eintretende Dienstleistungsanbieter können eine *Störung* etablierter Geschäftsbeziehungen im Industriegeschäft bewirken. Ein Teil der bisher vom Kunden erbrachten Integrationsleistung kann an den *externen* Dienstleister *übergehen*. Dieser unterhält u.U. völlig andere Lieferantenbeziehungen.

Die *strategische Ausgangsposition* eines Büromöbelanbieters, für das Angebot integrierter Leistungskonzepte, lässt sich beispielhaft anhand des *Lebenszyklus eines Einrichtungsprojektes* (z.B. Neubauprojekt einer Verwaltung) verdeutlichen (s. *Darstellung 4.8, f.S.*). Der Ablauf ist mit einem logischen Problemlösungsprozess oder einem komplexeren Produktentwicklungsprozess vergleichbar[202]. Ausgehend von den Managementanforderungen an das Gebäude, findet der Entwurf und die bauliche Realisierung statt. Die Beteiligung von Büromöbelanbietern erfolgt nach Abschluss der Rohbauphase, im Rahmen des weiteren Innenausbaus. Der Kontakt zum Bauherren erfolgt i.d.R. relativ spät im Projektlebenszyklus, d.h. zeitlich nah am Fertigstellungstermin.

Beabsichtigten Büromöbelanbieter das Angebot *systemgestaltender Dienstleistungen* (s.n. *Kap. 7 Dienstleistungsfelder ‚Systemgestaltung', S. 251ff.*), ergibt sich die Wettbewerbssituation zu Institutionellen Dienstleistungsanbietern (z.B. Architekten) im Projektlebenszyklus.

201 Expertengespräch Bene Consulting, H - Quadrat

202 Wheelwright/ Clark 1992, S. 178; Heyde u.a. 1991, S. 161ff.

Dar. 4.8: Dienstleistungsanbieter im Lebenszyklus eines Einrichtungsprojektes[203]

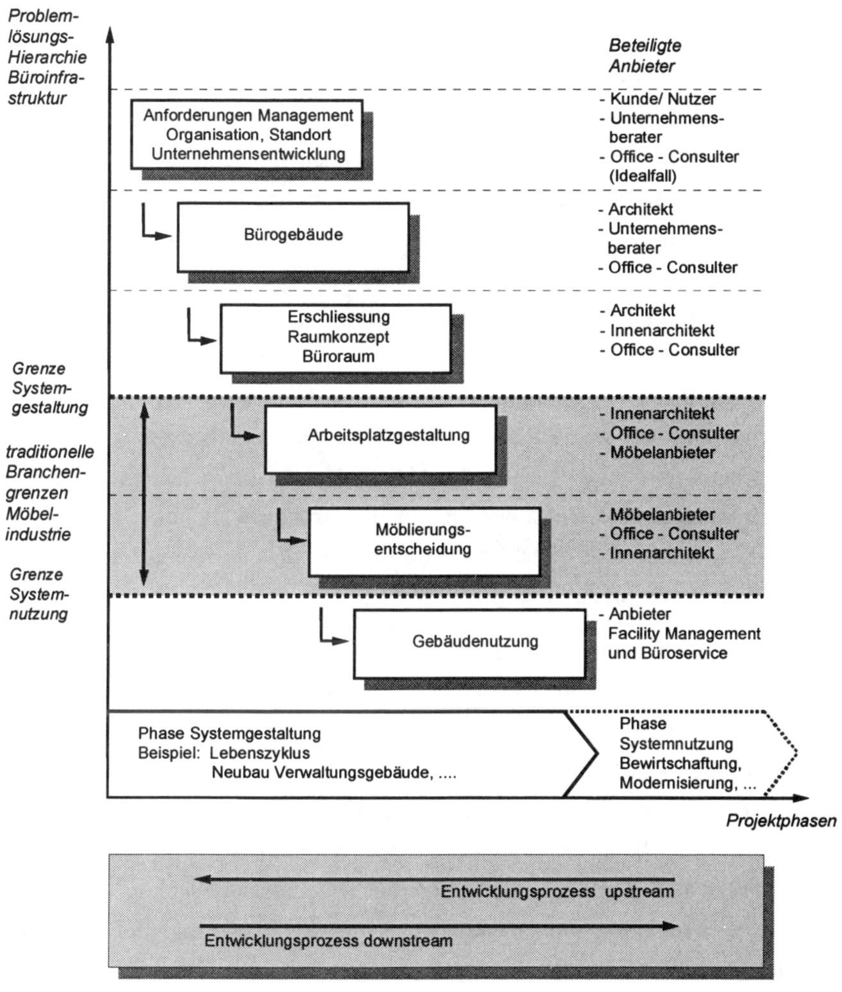

203 eigene Darstellung

Auf Grundlage unserer Erhebung ergeben sich zusammenfassend die folgenden *Implikationen für Büromöbelanbieter* (s. wg. *Kap. 5.1.3.2 Synergien zwischen Unternehmenseinheiten, S. 113ff.*)[204]:

- Der *Architekt* besitzt im Gebäudeplanungsprozess eine ‚*herausragende*' Anbieterposition. Durch den frühen Kontakt mit dem Bauherrn, und die Entwurfsleistung an sich, nimmt er massgeblichen Einfluss auf die Gestaltung der Innenräume. Eine deutliche Wettbewerbskonfrontation besteht entsprechend zwischen Architekten und Innenarchitekten, bzw. spezialisierten Beratungsgesellschaften. Durch die bestehende *Honorarordnung* (Berechnung des Honorars nach Bausumme), besteht zudem ein ökonomischer Anreiz für Architekten, auch Planungsleistungen im Möbelbereich zu übernehmen. Ziel von Architekten ist es häufig, *möglichst umfassend sämtliche* gebäudebezogenen Beratungs- und Planungsdienstleistungen zu erbringen. Durch diese Vorgehensweise wird u.a. auch das *Möbelbudget* in die Bausumme *integriert.* Somit entsteht eine *Hebelwirkung* auf das Architektenhonorar. Ein *Gegentrend* zu dieser Praxis besteht in einem *zunehmenden Kompetenz- und Spezialisierungsdruck* auf Architekten.

- *Spezialisten für büronahe Beratungsdienstleistungen* sind i.d.R. nicht Partner des Architekten (z.B. im Rahmen einer Anbieterkoalition), sondern verstehen sich vor allem als ‚Treuhänder des Bauherrn'. Teilweise gelingt es solchen Beratungsgesellschaften bereits vor Auswahl des Architekten am Anforderungsprofil des Gebäudes mitzuwirken (Planungsprozess von ‚Innen nach Aussen' – s.n. *Kap. 7.2.3.3 Anforderungscontrolling, S. 279ff.*). Aufgrund der beschriebenen Wettbewerbssituation suchen Innenarchitekten, wie Beratungsgesellschaften vorwiegend den *unmittelbaren* Kontakt auf Bauherrnseite (s.a. *Px. 7.4 Anforderungscontrolling für eine Versicherungsgesellschaft, S. 279ff.).*

- Im Projektlebenszyklus hat der *Büromöbelanbieter* einen relativ *späten Eintrittszeitpunkt.* Mit dem Angebot von Beratungsdienstleistungen muss sich der Industrielle Anbieter ‚upstream vorarbeiten'. Hierdurch können *Konflikte*

204 Expertengespräche Beratungsunternehmen, Innenarchitektur

mit Dienstleistern vorgelagerter Stufen entstehen (z.B. Architekten, Beratungsgesellschaften), die auch eine wichtige Funktion als *Absatzhelfer* übernehmen können. Dem Nachteil des *späten Eintrittszeitpunktes* steht andererseits der Vorteil *hoher Anwendungsnähe* des Büromöbelanbieters entgegen.

- Für den Industriellen Anbieter besteht das Problem, dass *Beratungsdienstleistungen* auf Qualität, Art und Umfang seiner Industrieprodukte Einfluss nehmen können. Je enger sich Beratungs- und Planungsdienstleistungen an der Stufe ‚Möblierungsentscheidung' befinden, um so deutlicher wird diese Problematik. Der Büromöbelanbieter kann bei Dienstleistungen der Systemgestaltung, im Vergleich zu Institutionellen Dienstleistern, keine gleichwertige Neutralität bieten (s. *Ausführungen in Kapitel 5 Markteintritt ins Dienstleistungsgeschäft, S. 91ff.*). Eine Lösungsmöglichkeit besteht u.a. in der Gründung einer unabhängigen Planungs- und Beratungsgesellschaft durch den Büromöbelanbieter (s. *Kap. 5.1.3 Scenario ‚Autonomie', S. 109ff.* und *Kap. 5.2.2 Gründung einer Tochtergesellschaft für Planungs- und Beratungsdienstleistungen, S. 171ff.*).

- Die *Neutralitätsproblematik* relativiert sich bei Dienstleistungen im Zusammenhang mit der *‚Systemnutzung'*. Solche Dienstleistungsangebote erfordern allerdings teilweise erhebliche architektonische, ingenieurwissenschaftliche und betriebswirtschaftliche Kompetenzen (s. *Kap. 1.3.3 Teil C.: Leistungsfelder im Dienstleistungsmarketing von Büromöbeln, S. 10ff.*, sowie *Kap. 8. Dienstleistungfelder ‚Systemnutzung', S. 297ff.*).

4.3 Nähe Industrieller Dienstleistungen zum Industriellen Kerngeschäft

Dienstleistungsangebote Industrieller Anbieter zeichnen sich durch eine *spezifische Nähe* zum Industriellen ‚Kerngeschäft' aus. Diese enge Verbindung ist einerseits Voraussetzung, um *integrierte Leistungssysteme* überhaupt anbieten zu können. Andererseits ergeben sich *Hindernisse* für eine schrittweise Professionalisierung und Kommerzialisierung von Dienstleistungen (s. *Kap. 2.2 Industrielle Dienstleistungen, S. 19ff.*). Für die *Vertriebspraxis* in der Büromöbelindustrie ergibt sich in diesem Zusammenhang das grundlegende Problem, dass mit zunehmender Nähe zum Industriellen Kerngeschäft, zwar eine steigende *Dienstleistungskompetenz* der Mitarbeiterinnen und Mitarbeiter besteht, gleichzeitig jedoch parallel die *Umsetzungsprobleme* zunehmen, Dienstleistungen als *eigenständige Leistungen* getrennt zu vermarkten.

Dar. 4.9: Verrechnungsproblematik Industrieller Dienstleistungen nach Verkaufsphasen[205]

Verkaufsphase	Verrechnungsproblem
Kontakt- und Evaluations-phase	Im Allgemeinen ist es schwierig, Dienstleistungen vor der Kaufentscheidungsphase zu berechnen (z.B. Beratung, Studien).
Kauf-phase	In der Kaufphase steigen Koordinations- und Projektierungskosten. Interessen und fachliche Beiträge Projektbeteiligter müssen integriert werden. Eine Ver-rechnung ist schwierig.
Nutzungs-phase	In der Nutzungsphase ist die Verrechnung von Dienstleistungen weniger problematisch. Kritisch sind hierbei etwa Zusatzleistungen, die sich im Laufe von Installa-tionen ergeben (Bsp. Informationstechnologie).

205 nach Trachsler 1996, S. 29ff.

Die *Verrechnungsproblematik* Industrieller Dienstleistungen kann nach den typischen Phasen eines Verkaufsprozesses differenziert werden. Kritisch ist in diesem Zusammenhang insbesondere die Kontakt- und Evaluationsphase. Trachsler stellt in seiner Untersuchung, in den Branchen für Gebäudetechnik und Informationstechnologie, hierbei obige Problemsituationen fest (*Darstellung 4.9, l.S.*)[206].

Auf Grundlage unserer Erhebungen und den eben genannten Ergebnissen, lassen sich *drei Typen Industrieller Dienstleistungen* unterscheiden (*Darstellung 4.10, f.S.*). Hierbei soll weitergehend die Beziehung der Dienstleistungen zum Industriellen Kerngeschäft stärker berücksichtigt werden. Die Grundidee dieser Differenzierung besteht darin, Dienstleistungen in *direkt und indirekt zu verrechnende Module* zu segmentieren. Die indirekte Verrechnung sollte sich auf ‚kritische Dienstleistungen' beschränken, die zum Absatz eines Industrieproduktes *unbedingt* erforderlich sind (s. *Kap. 5.1.4.2 Leistungssegmentierung nach direkter und indirekter Verrechnung, S. 129ff.*).

Wir unterscheiden folgende Typen:

- *Kernleistungsgerichtete Dienstleistungen*: Unter Kernleistung verstehen wir die *Industrielle Sachleistung eines Büromöbelanbieters*. Kernleistungsgerichtete Dienstleistungen, hier vor allem Planungs- und Beratungsdienstleistungen, nehmen Einfluss auf die Art, den Umfang und die Qualität der zu beschaffenden Industrieprodukte. Die *Verrechnungsproblematik* ist bei diesem Dienstleistungstyp ausgeprägt. Bei einem der befragten Anbieter für Messesysteme (analog Systemmöbeln), verbessert sich die Verrechnungsmöglichkeit solcher Dienstleistungen (Planung bzw. Umplanung des bestehenden Messestands) erst ab dem zweiten Ergänzungskauf. Bei ansonsten identischer Vorgehensweise, findet eine Veränderung der Transaktionsqualität statt. Die Zahlungsbereitschaft des Kunden für Planungsdienstleistungen ist erhöht[207].

---

206 nach Trachsler 1996, S. 29ff.

207 Expertengespräch Leitner

Dar. 4.10: Nähe Industrieller Dienstleistungen zum Industriellen Kerngeschäft[208]

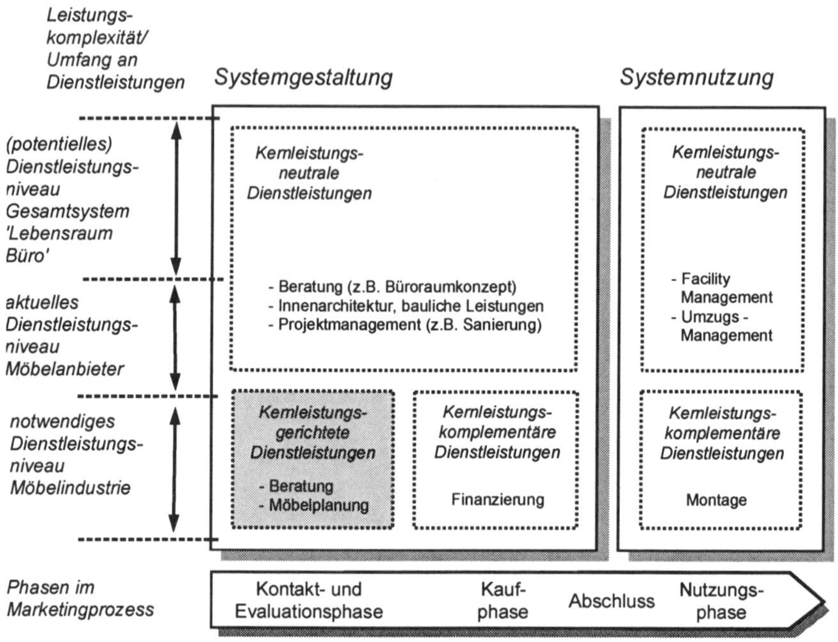

- *Kernleistungsneutrale Dienstleistungen*: Diese Art Dienstleistung *ist vollkommen unabhängig vom im Industriegeschäft eingesetzten Produkten.* Dienstleistungen dieses Typs finden sich in der Phase der *Systemgestaltung und Systemnutzung.* Kernleistungsneutrale Planungs- und Beratungsdienstleistungen sind beispielsweise solche Dienstleistungen, die sich *nicht exklusiv* auf eine spezifische Herstellermarke beziehen, wie etwa ein innovatives Arbeitsplatzkonzept oder Projektmanagementdienstleistungen. Anbieter im individuellen Innenausbau erbringen vielfach kernleistungsneutrale Beratungsdienstleistungen, da die entwickelten Arbeitsergebnisse praktisch von

208 Eigene Darstellung

jedem der beteiligten Wettbewerber realisiert werden könnten. Obwohl bei kernleistungsneutralen Dienstleistungen *Wechselwirkungen* zum Industrieprodukt bestehen, ist die Verrechnungsproblematik am wenigsten kritisch.

- *Kernleistungskomplementäre Dienstleistungen*: Dienstleistungen dieses Dienstleistungstyps nehmen eine Mittelstellung ein. Beispiele sind hierbei Finanzdienstleistungen oder Montage- und Installationsdienstleistungen. Kernleistungskomplementäre Dienstleistungen erleichtern und fördern den Beschaffungsprozess. Sie haben zwar keinen direkten Einfluss auf die Qualität und den Umfang der Beschaffung, stehen aber in einem engeren Zusammenhang zur Kernleistung. So kann ein Anbieter etwa über Montagedienstleistungen leichter verhandeln, als über Planungsdienstleistungen, die zwingend zur Erstellung eines Angebotes erforderlich sind. *Das Verrechnungsproblem hat eine Schwierigkeit mittleren Grades.*

Ein in der Praxis immer wieder kontrovers diskutiertes Thema, bei der Bewertung von Verrechnungsmöglichkeiten für Dienstleistungen der *Systemgestaltung*, ist die *fehlende Neutralität Industrieller Anbieter*. Wesentlich für eine Beurteilung sind in diesem Zusammenhang *Qualitätserwartungen* von Kundenunternehmen, hinsichtlich der Eigenschaften von Planungs- und Beratungsdienstleistungen[209].

Nach Walger sind *Dienstleistungseigenschaften* wie die *Objektivität und Neutralität* eines Anbieters klassische Qualitätskriterien einer gutachterlichen Beratungstätigkeit[210]. Wesentliche Anforderungen an den Dienstleistungsanbieter ergeben sich zusätzlich aus einer Analyse der notwendigen *Vertrauensqualität* im Beratungsprozess. Als Qualitätsmerkmale von Beratungsdienstleistungen lassen sich in diesem Zusammenhang Eigenschaften anführen, wie etwa Glaubwürdigkeit, Verlässlichkeit und Fairness[211].

---

209 Haller 1995, S. 21ff.; Zeithaml/ Berry/ Parasuraman 1995, S. 133ff.

210 Walger 1995, S. 2ff.

211 Belz 1998a, S. 71ff.

Im Vergleich zu neutralen Beratungsgesellschaften und Innenarchitekten wird Büromöbelanbietern ein vergleichsweise *inferiores Problemlösungsniveau* unterstellt[212]. Zentrale Kritikpunkte an der Dienstleistungsqualität von Büromöbelanbietern sind etwa:

- Einflussnahme von *Industriellen Interessen* auf die Qualität der Problemlösung: Der Anbieter ist primär an seinen Umsatz- oder Produktionszielen (Auslastungsgrad) interessiert. Das Niveau der Problemlösungsqualität wird diesen Interessen untergeordnet.

- Einseitige *Ausrichtung auf Produkte*: der Problemlösungsansatz geht vom Absatz neuer Produkte aus. Probleme sollen vorrangig durch den Einsatz neuer Produkte gelöst werden. Alternative Sichtweisen, die stärker auf innovative Arbeitsplatzkonzepte, bzw. die Raumqualität abstellen, sind unterentwickelt. Die Weiterverwendung oder Modifikation vorhandener Einrichtungen wird ausgeklammert, da kein zusätzlicher Umsatz generiert wird.

- *Beschränkte Auswahl an Produkten*: Der Kunde erhält nicht die Produkte, die einer Problemlösung am besten entsprechen, sondern es werden zuerst solche Produkte angeboten, die der Hersteller produziert, bzw. die mit dem Sortiment des Handelsunternehmens übereinstimmen.

- Zusammenfassend ergibt sich der Vorwurf einer starken Einflussnahme Industrieller Interessen. Das damit verbundene Lösungspotential ist *eingeschränkt*. Es wird auch eine *beschränkte technische Gestaltungsqualität* (Anwendung vorhandener Lösungen) unterstellt.

Eine für Industrielle Anbieter wesentliche Frage hierbei ist, ob sich *qualitativ hochwertige*, aber *‚parteiliche‘* Planungs- und Beratungsdienstleistungen, gegenüber einerseits neutralen Dienstleistungsangeboten unabhängiger Institutioneller Dienstleister, andererseits *indirekt verrechneter* Dienstleistungen Industrieller Wettbewerber am Markt etablieren könnten. In den folgenden Kapiteln werden hierzu *drei* verschiedene *Lösungsansätze* für Büromöbelanbieter vorgestellt.

---

212 Insb. Expertengespräch Schricker, Lista; s.a. *Kap. 7 Dienstleistungsfelder ‚Systemgestaltung‘, S. 251ff.*

5. Markteintritt ins Dienstleistungsgeschäft

5.1 Zukunftsoptionen im Dienstleistungsmarketing

5.1.1 Dienstleistungsscenarien für Anbieter von Büromöbeln

Die folgenden Kapitel beschreiben insgesamt *drei* denkbare *Zukunftsoptionen* für Büromöbelanbieter, Industrielle Dienstleistungen erfolgreich zu vermarkten. Bisher weitgehend *indirekt* verrechnete, *wenig systematisch* gestaltete Dienstleistungen, sollen professioneller mit dem bestehenden ‚*Industriellen Kerngeschäft*' kombiniert werden.

Slywotzky verwendet, im Zusammenhang mit der Entwicklung von Strategien, den Begriff des ‚*Business Design*'[213]. Am Beispiel des Computerherstellers ‚Dell' wird verdeutlicht, wie durch *Veränderungen* des *vorherrschenden* Geschäftssystems (Business Design) der Branche, neue Märkte durch einen Anbieter erfolgreich erschlossen werden können[214].
Mitte der 80er Jahre ersetzt ‚Dell' den traditionellen Aussendienst, durch eine kostengünstigere, neue Distributionsform. Die gegenüber Wettbewerbern *frühzeitige Wahrnehmung veränderter Kundenbedürfnisse* und die darauf aufbauende *Neugestaltung des Geschäftssystems*, sind die Erfolgsfaktoren für den Aufstieg von ‚Dell' als Anbieter von Informationstechnologie[215].

Die grundlegende Fragestellung des ‚*Strategischen Business Design*' leitet sich aus der Logik des Marketingdenkens ab[216]. Die Vorgehensweise besteht in einer systematischen Analyse von *Veränderungen der Kundenbedürfnisse* und den *Kundenprioritäten*. Weiterhin in einer Ermittlung der *Bereitschaft* von Kunden, für neue Leistungen zu bezahlen.
Auf dieser Grundlage entwickeln Unternehmen ein ‚Business Design', das im Vergleich zu alternativen Konzepten, veränderte Kundenprioritäten am wirkungs-

213 Slywotzky 1997, S. 7

214 ebd., S. 198ff.

215 Schmitz - Normann 2003, S. 111

vollsten unterstützt[217]. Dieses *grundlegende Verständnis* übertragen wir auf das Feld des Marketing Industrieller Dienstleistungen, in der Büromöbelindustrie. Eine erfolgreiche Vorgehensweise muss aus der konkreten Unternehmenssituation heraus abgeleitet werden (s. *Kap. 5.3 Testsysteme für Geschäftsmöglichkeiten mit Dienstleistungen, S. 196ff.*).

Dar. 5.1: Dienstleistungsscenarien für die Büromöbelindustrie[218]

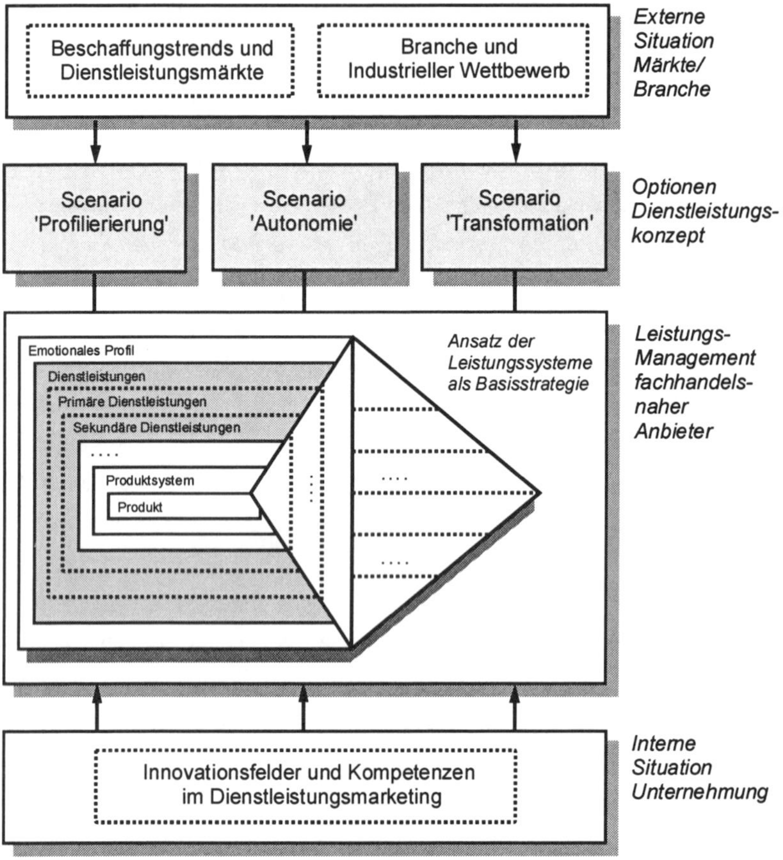

216 Belz 1998, S. 40ff.; Bergheimer 1996, S. 73ff.

217 Slywotzky 1997, S. 21ff.

218 Eigene Darstellung

Unsere Erhebungen in der Büromöbelindustrie haben gezeigt, dass in der Praxis unterschiedliche Standpunkte darüber bestehen, wie Industrielle Dienstleistungen in das bestehende Industrielle Kerngeschäft integriert werden sollten. Entsprechend diskutieren wir in den folgenden Kapiteln insgesamt *drei Gestaltungsalternativen.*

Gemeinsam ist diesen unterschiedlichen Vorstellungen das Ziel, Problemlösungen für Kunden zu realisieren. Wesentliche Unterscheidungsmerkmale sind etwa die Unternehmenspolitik, die angestrebte Problemlösungsqualität, Annahmen hinsichtlich der Neutralität von Beratungsdienstleistungen, und Anforderungen an die Kompetenzen des traditionellen Aussendienstes.

Die in den folgenden Kapiteln diskutierten *drei ‚Business Design‘* bilden mögliche Zukunftsentwürfe (*Scenarien*), wie der Ansatz der Leistungssysteme im Branchenzusammenhang strategisch, weitergehend ausgestaltet werden könnte. (s.a. *Kap. 1.2 Zielsetzung des Projektes, S. 4ff.*). Die gewählte Beschreibung ist möglichst einfach und polarisierend. Überschneidungen oder Mischformen der Konzepte sind denkbar. Durch die *‚Scenariotechnik‘* können verschiedene *Veränderungsmöglichkeiten* im Unternehmen *verdeutlicht* werden. Unterschiedliche *Lern- und Veränderungsprozesse* sind damit denkbar.

5.1.2 Scenario ‚Profilierung‘

5.1.2.1 Positionierung als ‚intelligenter Hardwareanbieter‘

Das *Scenario ‚Profilierung‘* knüpft am engsten an die *bestehende Vertriebspraxis der Büromöbelindustrie* an. Im Rahmen dieses Dienstleistungskonzeptes werden Planungs- und Beratungsdienstleistungen im Schwerpunkt *produktbegleitend* angeboten. Üblicherweise werden solche Dienstleistungen indirekt verrechnet (s. *Kap. 4.1.1 Zielkonflikte im Dienstleistungsmarketing, S. 59ff.*).

Unter Berücksichtigung unserer Befragungen in der Büromöbelindustrie, bestehen tragende Elemente des vorliegenden Dienstleistungskonzeptes selektiv aus den folgenden Aspekten[219]:

- Das Leistungsmanagement des Anbieters ist klar auf den *Absatz Industrieller Produkte* ausgerichtet. Zentraler *Erfolgsfaktor* des Unternehmens ist der Marktanteil und Umsatz im Industriegeschäft, unter Berücksichtigung der Umsatzrendite.

- Dienstleistungen kommt, im Rahmen der Industriellen Marketing- und Vertriebsprozesse, eine wichtige Funktion als *Kundenbindungs- und Profilierungsinstrument* zu. In der Vorverkaufsphase wird die Kundenseite intensiv in den Planungsprozess eingebunden. Hierin sehen viele Verkäufer eine Möglichkeit der Kundenbindung[220].

- Dienstleistungen werden grundsätzlich *indirekt verrechnet*, um den Vertriebsprozess durch entsprechende Verhandlungen ‚nicht zu stören' (s. *Kap. 9.1.2 Dienstleistungsmarketing und Verkaufsphasenmodelle, S. 337ff.*).

- Reine Dienstleistungsaufträge (s. etwa *Px. 5.3 Umzugsmanagement als umfassende Problemlösung, S. 142ff.*) werden selektiv dort erbracht, wo dies aus der *Logik des Industriegeschäfts* heraus, als sinnvoll erscheint (Gefälligkeit gegenüber Kunden, Beziehungspflege, Kundenbindung).

- Die Entwicklung von Dienstleistungen als eigenständiges Geschäftsfeld wird nicht aktiv verfolgt. Eine Geschäftstätigkeit im Dienstleistungsbereich, d.h. das aktive Angebot direkt verrechneter Dienstleistungen, liegt *ausserhalb der Kernaktivitäten* des Anbieters. Anbieter befürchten eine zu starke Streuung ihrer beschränkten Kapazitäten auf zu viele Leistungsbereiche.

Bei der indirekten Verrechnung von Planungs- und Beratungsdienstleistungen werden in der Vertriebspraxis vor allem *zwei Problemkreise* diskutiert: einerseits die Optimierung der Profilierungswirkung und andererseits, teilweise damit zusammenhängend, die Verbesserung der Kostensituation (s. *Kap. 1.1 Problemstel-*

---

219 Expertengespräche Hersteller, Fachhandel, Dienstleistungsunternehmen

lung und zentrale Marketingfrage, S. 1ff., sowie *Kap. 4.1.1 Zielkonflikte im Dienstleistungsmarketing, S. 59ff.*). Gegenüber der bestehenden Vertriebspraxis kann ein systematisch gestaltetes Dienstleistungskonzept hierbei wichtige Reserven erschliessen. Es lassen sich konzeptionelle, wie operative, Verbesserungsmöglichkeiten aufzeigen, die in verschiedenen Kapiteln des vorliegenden Projektes noch näher beschrieben werden. Selektiv möchten wir folgende *Optimierungsmöglichkeiten* hervorheben[221]:

a) *Konzeptionelle Aspekte:*

- Einführung von *Dienstleistungsmodulen* und Verbesserung der *Transparenz*, auch wenn eine ‚nur' indirekte Verrechnung erfolgt (s. *Kap. 5.1.4.2 Leistungssegmentierung nach direkter und indirekter Verrechnung, S. 129ff.*).
- Systematische Gestaltung der *Dienstleistungsqualität* entsprechend der Positionierung des Anbieters, bzw. abgestuft nach Sortiments- und Preisgruppen (Standardisierungsgrad, Mitarbeiterqualifikation, Technologie).
- Einführung eines *internen Verrechnungssystems* und einer *Deckungsbeitragsrechnung* unter Berücksichtigung des Wertverzehrs von Dienstleistungen (s. *Kap. 5.1.4.5 Die interne Verrechnung von Dienstleistungen, S. 153ff., Kap. 7.1.5 Verrechnung von Planungsdienstleistungen, S. 262ff., sowie Kap. 9.1.3 Direkte Verrechnung in bestehenden Geschäftsbeziehungen, S. 343ff.*).

b) *Operative Aspekte:*

- Verbesserung der *Dienstleistungskompetenzen* im Aussendienst (s. *Kap. 9. Dynamische Leistungssysteme, S. 333ff.* und *Kap. 10. Ausblick und weiterführende Untersuchungen, S. 369ff.*).
- Optimierung der operativen *Marketing- und Vertriebsprozesse,* und entsprechender *Instrumente* (s. *Kap. 9.* ebd.).

Der folgende Fall eines Münchner Handelsunternehmens vermittelt einen kurzen Einblick in die Praxis (s.a. *Px. 5.7 Konzentration auf das Handelsgeschäft, und Steuerung der Problemlösungsqualität, S. 207ff.*)

---

220 Belz 1996, S. 140; Töpfer 1996, S. 37

221 Trachsler 1996, S. 269ff.; Loss 1996, S. 141ff.; Belz/ Reinecke 1995, S. 21; Belz 1991a, S. 95

Px. 5.1: Indirekte Verrechnung von Planungs- und Beratungsdienstleistungen[222]

Moduldesign gehört zu den kleineren der von uns befragten Handelsunternehmen. Insgesamt werden fünf Mitarbeiter beschäftigt. Die Münchner Handelsgesellschaft positioniert sich im preislich gehobenen und ‚designorientierten' Marktsegment der Büromöbelindustrie. Der ansprechenden Gestaltung von Büro- und Geschäftsräumen wird in diesem Marktsegment eine besonders hohe Wertschätzung beigemessen. Kern der Leistungsstrategie des Unternehmens ist das Angebot ‚umfassender Problemlösungen'. Industrielle Möbelprodukte, kundenindividuelle Entwürfe (z.B. Tresen, Innenausbau), Planungs- und Beratungsdienstleistungen, wie Montage und Installation werden ‚im Paket' zu einem Komplettpreis angeboten.

Zielgruppe von Moduldesign sind Industrieunternehmen, gewerbliche Kunden und Freiberufler. Hinsichtlich der Projektgrösse werden kleinere und mittelgrosse Projekte, bis üblicherweise etwa 100 Arbeitsplätze, betreut. Zu der Ausstattung mit Büromöbeln können auch umfassendere bauliche Massnahmen hinzukommen, die eine positive Hebelwirkung auf das Auftragsvolumen haben.

Auch Projekte mit einer geringeren Anzahl an Arbeitsplätzen können ein hohes Auftragsvolumen nach sich ziehen (z.B. durch Innenausbau, Deckenbau, Trennwandsysteme, Beleuchtungssysteme). Bei sehr grossen Projekten beschränkt man sich i.d.R. aus preislichen Gründen auf repräsentative Räume des Gebäudes, wie etwa Eingangs-, Konferenz- und Chefbereich. Zu den bekanntesten Referenzprojekten gehört die Einrichtung der Vorstandsetage von Audi in Ingolstadt.

Entsprechend der Ausbildung des Firmengründers und Inhabers als Industriedesigner, werden Planungs- und Beratungsdienstleistungen auf einem qualitativ sehr hohem Niveau angeboten. Hierzu zählen Gestaltungsaufgaben der Innen-

---

222 Expertengespräch Moduldesign; s.a. *Anhang III Verzeichnis II der Expertengespräche. Wiederholte schriftliche Befragung 2003, S. 427ff., insb. unter B. Übersicht der Expertengespräche 2003 und D. Anmerkungen zu den Verweisen*

architektur (Raumbildender Innenausbau), Möbeldesign, Beratungsdienstleistungen (Büroraumkonzepte, Studien), Messedesign, Graphikdesign, CI – Konzepte und Aufgaben der Projektsteuerung (z.B. Bauleitung, Messebau, Demontagen, Installation). Die Realisierung findet je nach Projektumfang und Aufgabenstellung mit einem Netzwerk an kleineren Firmen, Handwerkern und externen Dienstleistern statt. Eine Problemlösung kann auch für den Kunden individuell konzipierte Möbelprodukte und Einrichtungslösungen beinhalten. Die umfassende Planungs- und Designkompetenz ist zentraler Wettbewerbsvorteil gegenüber klassischen Fachhändlern. Diese Kompetenz geht weit über das branchenübliche Mass hinaus.

Der Verkauf hochwertiger Möbelprodukte erfordert, nach Aussagen des Inhabers von Moduldesign, den umfassenden Einbezug der gesamten Raumsituation. Kunden betrachten Einrichtungsgegenstände nicht isoliert vom Umfeld, sondern berücksichtigen vielmehr die Wirkung der gesamten Raumsituation.

Entsprechend stehen Beratungs- und Planungsdienstleistungen und der Verkauf von hochwertigen Produkten in einem engen, untrennbaren Verhältnis.
Die umfassende Beratung des Kunden ist kaufentscheidend, und damit erfolgskritisch. Solche Beratungsdienstleistungen werden bis auf wenige Ausnahmen, *indirekt* über den Produktpreis verrechnet.

Für Moduldesign bilden umfassende, qualitativ hochwertige Beratungsdienstleistungen, in Kombination mit exklusiven, hochpreisigen Möbelprodukten, ein ‚schlüssiges Gesamtkonzept'.

Die *indirekte Verrechnung* der Planungsdienstleistungen wird auch in Zukunft als wirtschaftlich erfolg versprechend bezeichnet.
Aus *unternehmenspolitischer Sicht* betrachtet, sieht man sich – trotz des umfassenden Problemlösungsansatzes – im Schwerpunkt als Handelsunternehmen mit Umsatzziel. Eher fallweise werden einzelne reine (direkte verrechnete) Dienstleistungsaufträge (z.B. ein CI - Konzept) bearbeitet.

Bei Projekten in Verbindung mit dem Verkauf von Industrieprodukten werden Dienstleistungen grundsätzlich indirekt über den Produktpreis verrechnet. Eine direkte Verrechnung einzelner Dienstleistungen war bisher nur in wenigen Ausnahmen der Fall, etwa bei einer aufwendigen Sonderanfertigung für eine Musterstellung. In lediglich einem Fall wurde bei der Nichterteilung des Auftrages, im Nachhinein, eine Berechnung der Planungsdienstleistungen vorgenommen. Wie bei anderen Unternehmen zu beobachten, werden Dienstleistungen nur dann *direkt* verrechnet, wenn ein ‚ungewöhnlich' hoher Dienstleistungsaufwand vorliegt, der deutlich über das branchenübliche Niveau hinausgeht.

Zentrale *Erfolgsfaktoren* des Unternehmens sind neben der Planungs- und Beratungsqualität vor allem operative Aspekte *im Verkaufs- und Problemlösungsprozess.*

Hierbei kommt dem Verhalten und der Qualifikation der Mitarbeiter ein zentraler Stellenwert zu. Die Entwicklung entsprechender Fähigkeiten bei neuen Mitarbeitern ist ein Prozess, der mehrere Jahre in Anspruch nehmen kann.

Nach Aussagen des Inhabers von Moduldesign, müssen sich Mitarbeiter bereits mit Eintritt in das Unternehmen in Grundzügen mit der jeweiligen ‚Leistungsphilosophie' identifizieren können. Für den *Verkauf von Problemlösungen* erscheinen zwei Faktoren als besonders bedeutsam:

a) Die *Kompetenz des Unternehmens* und dessen Problemlösungspotential müssen in der konkreten Kundensituation erfolgreich dargestellt werden. Wesentliche Instrumente von Moduldesign sind im Schwerpunkt Zeichnungen von Referenzprojekten, sowie eine umfangreiche Imagebroschüre mit Photos (s.a. *Kap. 10. Ausblick und weiterführende Untersuchungen, S. 369ff.*).

b) Die Vorleistungen an Beratungs- und Planungsdienstleistungen müssen in einem für den Anbieter *wirtschaftlich vertretbaren Rahmen* liegen. Hierzu muss die Ernsthaftigkeit der Kaufabsicht des Interessenten oder Kunden sorgfältig geprüft werden. Wie auch andere im Rahmen des Projektes befragte Unternehmen bestätigen, ist die Einschätzung von Interessenten ein nicht abgeschlossener Prozess aus Erfahrungswissen. Jedes Kundenprojekt zeigt neue sachliche, wie personenbezogene Probleme (s. *Kap. 9. Dynamische Leistungssysteme, S. 333ff.*).

Wesentliche Massnahmen zur *Steuerung des Einsatzes von Vorleistungen* bei Moduldesign sind:

- *Zeitliche Verschiebung in Richtung Auftragsvergabe*
  Ein wichtiges Instrument zur Begrenzung des Planungsaufwands besteht in der zeitlichen Verschiebung der Leistungserstellung bis hin zur effektiven Auftragsvergabe. In einem frühen Auftragsstadium wird nur ein begrenzter Umfang an Beratungsdienstleistungen erbracht. Wichtig sind hierbei weniger Detaillierungen, als die Vermittlung eines kompetenten Gesamteindrucks.

- *Unterscheidung zwischen Neukunden und Stammkunden*
  Die Bedürfnisse und das Verhalten von Stammkunden können besser eingeschätzt werden. Da bereits eine etablierte Kundenbeziehung besteht, werden bei Anfragen in frühen Projektphasen vergleichsweise hohe Planungsdienstleistungen erbracht, da regelmässig aus solchen Anfragen auch konkrete Aufträge folgen.

- *Prüfung der Nachhaltigkeit des Kundeninteresses im Erstgespräch*
  Im Rahmen des Erstgespräches wird versucht, die Ernsthaftigkeit des Kundeninteresses auszuloten. Typische Fragen sind hierbei:

  - Besteht ein *echtes Kaufinteresse*: wird über konkrete Details, Termine, Kosten gesprochen, oder will der Kunde sich ausschliesslich umfassend kostenlos beraten und informieren.

  - *Kundensegment*: Gehört der Kunde zur Zielgruppe des Unternehmens. Besteht ein Interesse für anspruchsvolle Produkte und umfassende Problemlösungen, an Detaillösungen und designbezogenen Argumenten, oder handelt es sich eher um einen preisorientierten Käufer.

  - *Allgemeines Entgegenkommen*: Entsteht im Kundengespräch eine Vertrauensgrundlage. Geht der Kunde auf terminliche und sachliche Vorschläge des Anbieters ein, oder ist er beispielsweise nur an einem kurzfristigen Vergleichsangebot interessiert, um eine bereits gefällte Beschaffungsentscheidung zu untermauern (kognitive Dissonanz) oder um ein ‚Alibi - Angebot' einzuholen.

Weitere Bemerkungen zur zweiten Befragung von ‚Moduldesign' s. *Anhang III Verzeichnis II der Expertengespräche. Wiederholte schriftliche Befragung 2003, S. 427ff.*, insb. unter *C. Übersicht der befragten Experten. Wiederholte schriftliche Befragung 2003* und *I. Erinnerung (Fax an Unternehmen).*

5.1.2.2 Interessentenbindung durch Planungs- und Beratungsdienstleistungen

Im Rahmen des *Scenarios ‚Profilierung'* werden mit dem Angebot von Dienstleistungen vor allem drei wesentliche Ziele verfolgt:

- *Informationsziel*: Der Kunde soll beraten und informiert werden. Planungs- und Beratungsdienstleistungen haben, aus Kundensicht betrachtet, eine bedeutsame Funktion zur Reduktion des allg. Beschaffungsrisikos[223]. Zusätzlich bedingt durch Qualitätsunsicherheiten, d.h. einer geringen Prüfqualität von Leistungssystemen und Dienstleistungen, hat entsprechend die Nachfrage nach Informationen einen zentralen Stellenwert in der Kontakt- und Evaluationsphase[224].

- *Vertrauensziel*: Durch die Qualität der Dienstleistungen (Ergebnis- und Prozessqualität), soll der Kunde von der Qualität des Unternehmens und seiner Produkte überzeugt werden (Form von Imagetransfer, Generierung von Goodwill, s. *Kap. 4.1.1 Zielkonflikte im Dienstleistungsmarketing, S. 59ff.*)[225].

---

223 Weiber 1997, S. 313; Weiss 1992, S. 52

224 Meffert/ Bruhn 2000, S. 88f.; Jacob 1998, S. 199; Belz 1997, S. 21; Jenner/ Erichsson 1997, S. 319; Kleinaltenkamp 1994, S. 152f.; Weiss 1992, S. 101

225 Belz 1998a, S. 23 und S. 71ff.; Tomczak/ Dittrich 1997, S. 22

- *Bindungsziel*: Zu Beginn des Lebenszyklus einer Geschäftsbeziehung, bilden Dienstleistungen in der Kontakt- und Evaluationsphase eine spezifische Form der Kunden- und Interessentenbindung[226]. Der Kunde soll sich, durch bewusste Erbringung von Vorleistungen, gegenüber dem Anbieter persönlich verpflichtet fühlen. Dieses Ziel wird bei langwierigen Beschaffungsprozessen besonders bedeutsam. Bei komplexen Einrichtungslösungen können Beschaffungsprozesse von bis zu einem Jahr entstehen[227]. Das Bindungsziel erklärt auch teilweise die Widerstände der Verkaufsorganisation gegen eine direkte Verrechnung von Dienstleistungen. Durch die direkte Verrechnung wird nicht nur die Gefahr des Auftragsverlustes und der Beeinträchtigung der Geschäftsbeziehung gesehen[228], sondern damit verbunden auch eine psychologische Entlastung des Kunden gegenüber dem Anbieter[229].

Dar. 5.2: Planungsdienstleistungen in der Kontakt- und Evaluationsphase[230]

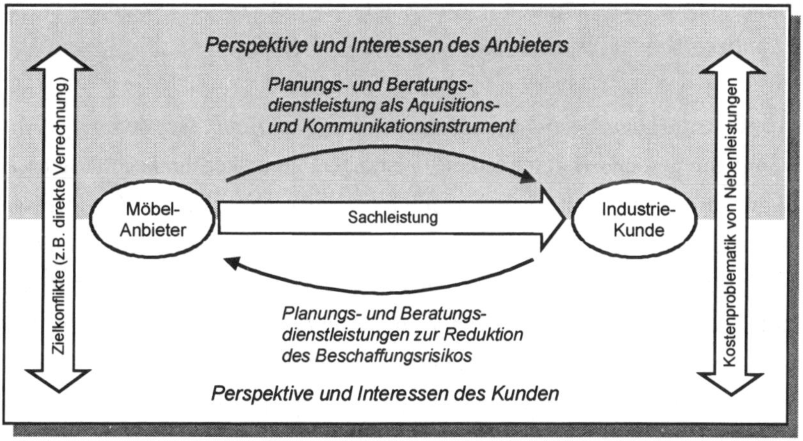

226 Belz 1998a, S. 37; Tomczak/ Dittrich 1997, S. 22; Schütze 1992, S. 47ff.; s. u.a. *Kap. 9.1.4 Beziehungsmarketing und Industrielle Dienstleistungen, S. 348ff.*

227 Expertengespräch Keller AG, Sulgen

228 Belz 1997, S. 92; Simon 1997, S. 287

229 Expertengespräche Koerber und Krahn

230 Eigene Darstellung

Die durch Qualitätsunsicherheiten bedingte Informationsnachfrage des Kundenunternehmens, wie das Profilierungs- und Interessentenbindungsziel des Anbieters, können sich gegenseitig verstärken, und zu einer überproportionalen Kostenbelastung bei Vorleistungen führen (s.o. *Darstellung 5.2*).
Die weitergehend noch vorgestellten operativen Instrumente für Marketing- und Vertriebsprozesse sollen hierzu Möglichkeiten aufzeigen, Dienstleistungsaufwendungen zu begrenzen (s. *Kap. 9.2 Instrumente im Marketingprozess, S. 353ff.*).

5.1.2.3 Abnutzungseffekte der Profilierungswirkung

Der Industrielle Anbieter muss einen finanziellen Ausgleich für die erbrachten produktbegleitenden Dienstleistungen erhalten. Dieser finanzielle Ausgleich kann durch die direkte oder indirekte Verrechnung (Goodwill oder Preispremium) erfolgen. Durch das *Profilierungsziel* des Anbieters in der Kontakt- und Evaluationsphase ergibt sich hierbei ein grundsätzlicher Entscheidungskonflikt (s. *Kap. 4.1.1 Zielkonflikte im Dienstleistungsmarketing, S. 59ff.*).

Das vorliegende Dienstleistungskonzept ist dort *erfolgreich*, wo, durch das Angebot von Planungs- und Beratungsdienstleistungen, eine überdurchschnittliche Anzahl von Aufträgen erzielt wird. *Kritisch* ist die hier beschriebene Vorgehensweise, wenn durch eine hohe Wettbewerbsdynamik, die Erfolgswahrscheinlichkeit der Auftragsvergabe sinkt. Die Gesamtkosten aller Projektierungen einer Rechnungsperiode werden dann nicht mehr durch die tatsächlich realisierten Aufträge gedeckt. Analog gilt diese Betrachtung für ein Einzelprojekt, wenn die Kostenbelastung in der Kontakt- und Evaluationsphase so gross wird, dass keine Kostendeckung mehr realisiert werden kann (s. *Kap. 5.1.4.5 Die interne Verrechnung von Dienstleistungen, S. 153ff.*).

In der Praxis werden beispielhaft die folgenden *kritischen Situationen, bei der Interaktion mit Kunden,* beschrieben[231]:

---

231 Expertengespräche Hersteller und Handel

- Die *Bindungswirkung gelingt* nicht, weil nicht alle Mitglieder des Buying Centers durch den Anbieter erreicht werden können, bzw. der Entscheidungsprozess stark intransparent verläuft (z.B. Grossunternehmen).
- Der Kunde fühlt sich dem Anbieter *nicht verpflichtet*, wenn auch von diesem überproportional viele Vorleistungen erbracht wurden. Er betrachtet Vorleistungen als selbstverständlich.
- Der Einkäufer ist, aufgrund der Beschaffungspolitik des Unternehmens, gezwungen, *primär* den *Einkaufspreis des Industrieproduktes* zu berücksichtigen. Er nutzt die Wettbewerbsdynamik, um sich umfassend kostenlos zu informieren. Er versucht sein Entscheidungsrisiko zu minimieren.
- Die Kundenbeziehung ist stark von *Nachfragemacht* beeinflusst. Ein *Preispremium* gegenüber alternativen Angeboten wird auch bei hohen Vorleistungen *nicht akzeptiert*. Ein Praxisbeispiel hierzu ist etwa die Ausschreibung von Planungswettbewerben im Bankeneinrichtungsbereich. Eine entsprechende Entschädigung für Anbieter, die nicht vom Auftrag profitieren, ist nicht üblich.

Bei Marketing- und Vertriebsprozessen für Büroeinrichtungen, kommt es, vom Erstkontakt mit dem Kunden bis zur Auftragsvergabe, zu zahlreichen *Auswahlentscheidungen*. Man kann sich ‚Wettbewerbsrunden' vorstellen, in denen schrittweise die Anzahl der beteiligten Anbieter reduziert wird (s. *Darstellung 5.3, f.S.*).

Dieser Vorstellung folgend, steigen entsprechend die Vorlaufkosten der noch verbleibenden Anbieter. Aus dem Bankeneinrichtungsbereich wird berichtet, dass mit jeder *Wettbewerbsrunde* sorgfältig abgewogen werden muss, ob durch eine Erhöhung von Vorleistungen, z.B. nochmaliger Planung, Bemusterung usw., die Profilierung verbessert, oder lediglich die Kostenbelastung erhöht wird. Die Standardisierung von Vorleistungen, aus Kostensicht grundsätzlich sinnvoll, kann sich hierbei als kontraproduktiv erweisen (Praxisbeispiel: Musterstellung aus Lagerbestand, statt Sonderanfertigung in Wunschausführung des Kunden[232]).

---

232 Expertengespräche De La Rue, Alex Linder

Dar. 5.3: Abnutzungseffekte der Profilierungswirkung[233]

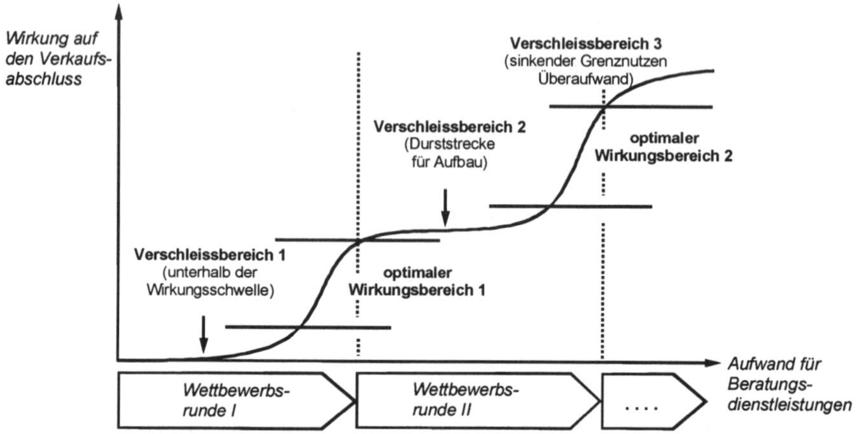

Im Rahmen solcher Angebotsprozesse kann es auch zu *Abnutzungseffekten* der üblichen Profilierungswirkung kommen[234]. Bei hoher Wettbewerbsintensität werden von allen beteiligten Anbietern umfassende Planungs- und Beratungsdienstleistungen erbracht. Hierbei können sich der Aufwand und die Dienstleistungsqualität der einzelnen Anbieter angleichen (Pattsituation). Am Ende des Auswahlprozesses, bildet wiederum der *Preis der Industrieprodukte das zentrale Entscheidungskriterium* des Kunden.

Bei der in der Praxis üblichen Vorgehensweise des Einsatzes produktbegleitender Dienstleistungen, zeigt sich ein grundsätzlicher Entscheidungskonflikt zwischen einerseits dem Ziel einer maximalen Profilierungswirkung, und andererseits den sich hieraus ergebenden Kosteneffekten für Anbieter (s. *Darstellung 5.4, f.S.*)[235].

233 nach Belz 1998, S. 26
234 Belz 1998, S. 25ff.
235 Töpfer 1996, S. 32

Dar. 5.4: Profilierungswirkung kontra Kostenfalle[236]

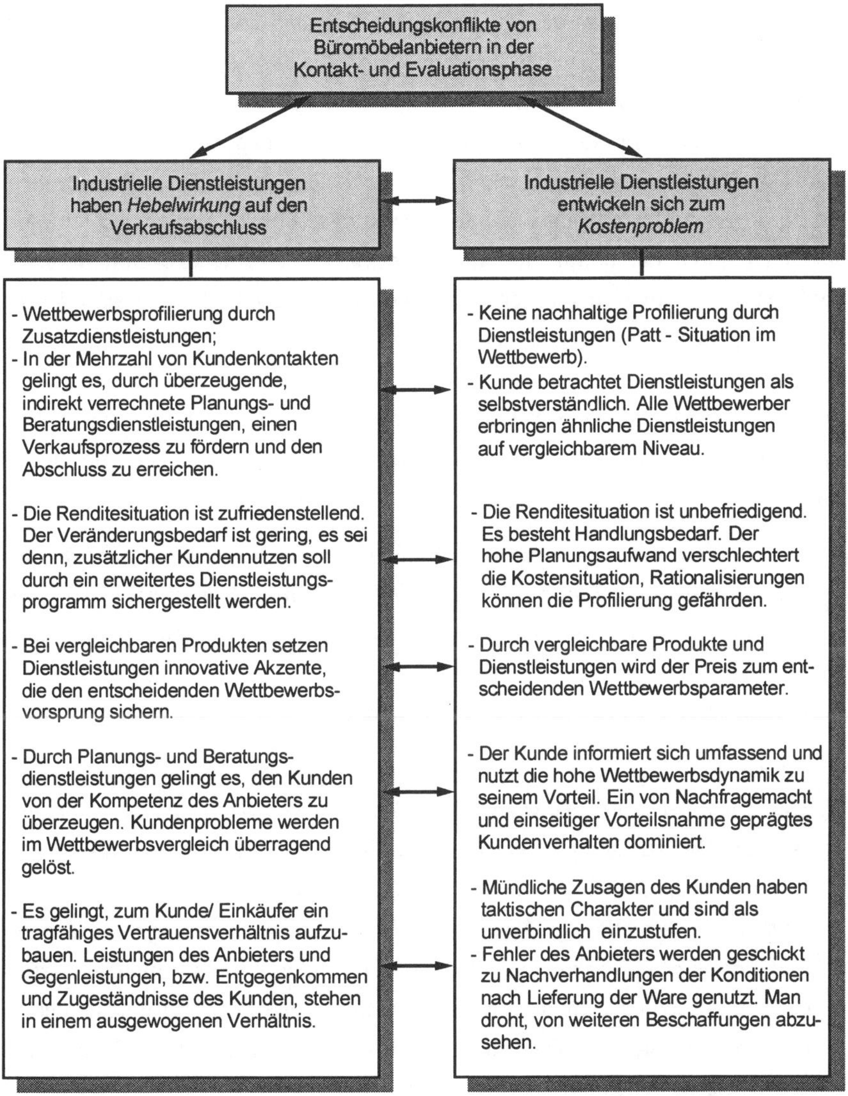

236 Eigene Darstellung auf Grundlage Expertengespräche Krahn; Keller AG, Sulgen; Fachhandel

Die Beurteilung dieses Entscheidungsproblems fällt bei den von uns befragten Unternehmen unterschiedlich aus. Zentrales Entscheidungskriterium ist hierbei die erzielte *Umsatzrendite* des Unternehmens. So kann etwa die regionale Wettbewerbsposition eines einzelnen Anbieters durchaus die Bewertung beeinflussen. Konjunkturelle Einflüsse der Industriellen Nachfrage sind genauso bedeutsam, wie etwa Aspekte der Kapazitätsauslastung oder Überkapazitäten eines Herstellers. Segmentspezifisch betrachtet, werden vor allem im mittleren Preissegment und bei grossen Beschaffungsvolumen, Deckungsprobleme der erbrachten Vorleistungen durch die befragten Experten beklagt. Verschiedene Optimierungsmöglichkeiten wurden hierzu von uns aufgezeigt (s. *Kap. 5.1.2.1 Positionierung als ‚intelligenter Hardwareanbieter', S. 93ff.*).

Im *Kern der Beurteilung* stehen hierbei zwei grundsätzliche Fragenkomplexe zum Design des Geschäftssystems, d.h. der Ausgestaltung des Dienstleistungskonzeptes:

- *Kommt dem heute vorwiegend üblichen Einsatz von produktbegleitenden Dienstleistungen bei indirekter Verrechnung auch in Zukunft noch eine hohe Bedeutung zu ?* Lassen sich in diesem Zusammenhang durch Optimierungsmöglichkeiten Reserven in der Verkaufsorganisation erschliessen und die Renditesituation ausreichend verbessern, oder

- *Führen Veränderungen des Marktgeschehens und der Industriellen Beschaffung von büronahen Dienstleistungen dazu, Leistungssysteme zu entbündeln?* Werden Dienstleistungen entsprechend in Zukunft teilweise indirekt (bestimmte Grundleistungen) und direkt (innovative Dienstleistungen mit Zusatznutzen) verrechnet (s. *Kap. 5.1.4.2 Leistungssegmentierung nach direkter und indirekter Verrechnung, S. 129ff.*). Ist es in diesem Zusammenhang erforderlich, zusätzlich zum Industriellen Geschäft neue Dienstleistungsfelder zu erschliessen und die Qualifikationsstruktur der Aussendienstorganisation nachhaltig zu verändern ?

Zusammenfassend lässt sich feststellen, dass im *Scenario ‚Profilierung'* Dienstleistungen in hervorragender Weise dazu dienen, Interessenten in der Kontakt- und Evaluationsphase an einen Anbieter zu binden. Der Absatz von Industrieprodukten wird damit unterstützt und wirksam gefördert. Eine systematische *Strukturierung und Gestaltung* der produktbegleitenden Dienstleistungen, deren *interne Verrechnung*, sowie eine *gezielte Entwicklung der Aussendienstmitarbeiter* im Umgang mit den immateriellen Dienstleistungen, können bestehende Reserven in Verkaufsorganisationen erschliessen. Die Tragfähigkeit des Modells kann nur aus der konkreten Unternehmenssituation heraus beurteilt werden.

Grenzen dieses Dienstleistungsmodells liegen in *der engen Ausrichtung der Dienstleistungen auf den Absatz neuer Industrieprodukte*. Es ist nicht beabsichtigt, durch weitere Dienstleistungsangebote, unabhängig vom Industriegeschäft, zusätzlichen Kundennutzen zu schaffen (s. *Kap. 4.2.2 Integriertes Leistungsmanagement, S. 72ff.*). Diese Grenzen haben bei einigen Büromöbelanbietern dazu geführt, für die Vermarktung von Planungs- und Beratungsdienstleistungen unabhängige Tochtergesellschaften zu gründen (s.a. *Kap. 5.1.3 Scenario ‚Autonomie', S. 109ff.* sowie *Kap. 5.2.2 Gründung einer Tochtergesellschaft für Planungs- und Beratungsdienstleistungen, S. 171ff.*).

Mit dem *Scenario ‚Profilierung'* lassen sich die folgenden Vor- und Nachteile verbinden (s.a *Kap. 5.3 Testsysteme für Geschäftsmöglichkeiten mit Industriellen Dienstleistungen, S. 196ff.*, abschliessend *Kap. 5.4 Vergleich der drei Dienstleistungsscenarien, S. 209ff.*):

Dar. 5.5: Vor- und Nachteile Scenario ‚Profilierung'[237]

Scenario ‚Profilierung'	
Vorteile und Chancen	**Nachteile und Gefahren**
• Industrieprodukt und Beratungsdienstleistungen stehen in einem engen Verhältnis zueinander. Sie bilden eine ‚intelligente Problemlösung' für Kunden. • Der Anbieter nutzt die Profilierungswirkung der Dienstleistung. Die Dienstleistung unterstützt den Verkaufsprozess auf optimale Weise. Eine optimale Kundenbindung ergibt sich. • Man signalisiert eine klare Unternehmenspolitk. • Es ergeben sich eindeutige und einfache Ziele im Aussendienst (Umsatzziele). • Konzentration der Kräfte auf Industrielle Leistungen.	• Kostenproblematik durch indirekte Verrechnung. • Steigende Kundenanforderungen führen zu einer zunehmenden Kostenbelastung. Es wird nicht proaktiv auf neue oder veränderte Kundenanforderung reagiert. Es ergibt sich daher eine mangelnde Zukunftsorientierung. • Ein vergleichsweise inferiores Problemlösungsniveau, rund um das Industrieprodukt. • Der Kundenkontakt ist eng auf den Verkauf neuer Produkte ausgerichtet. Dienstleistungen werden immer im Zusammenhang mit der Neubeschaffung von Büromöbeln erbracht; andere Kundensituationen bleiben unberücksichtigt. • ‚Pattsituationen' zwischen Wettbewerbern auf hohem Kostenniveau. • Zwang zur Standardisierung mit der Gefahr von Profillosigkeit. • Position zwischen den ‚Stühlen': weder kostengünstigste Vertriebsform, noch beste Problemlösung. • Der Wettbewerb durch unabhängige Dienstleister, die sich zwischen Kunde und Hersteller schieben.

237 Eigene Darstellung

5.1.3 Scenario ‚Autonomie'

5.1.3.1 Trennung innovativer Dienstleistungen vom Industriellen Kerngeschäft

Im Rahmen des Scenario ‚Autonomie' werden Planungs- und Beratungsdienstleistungen auf eine *unabhängig vom Industriegeschäft* operierende Organisationseinheit übertragen. In der Praxis üblich ist hierbei die Gründung einer Tochtergesellschaft. Denkbar sind jedoch auch alternative Markteintrittsformen, wie Netzwerkmodelle oder Beteiligungen an bereits bestehenden (Institutionellen) Dienstleistungsunternehmen (s. *Kap. 5.2.2 Gründung einer Tochtergesellschaft für Planungs- und Beratungsdienstleistungen, S. 171ff.* und *Kap. 5.2.3 Bildung von Marketingkoalitionen, S. 190ff.*). Die von uns befragten Tochtergesellschaften treten nach eigenen Bekunden am Markt als unabhängige Planungs- und Beratungsunternehmen auf[238]. Ziel ist die Erbringung neutraler Beratungsdienstleistungen, unabhängig von Industriellen Interessen. Gegenüber Kundenorganisationen besteht ein personell weitestgehend vom Industriegeschäft unabhängiger Marktauftritt der Dienstleistungseinheit. Die Aktivitäten der Tochtergesellschaft verlaufen analog zu unabhängig bestehenden Institutionellen Dienstleistern, wie etwa von auf büronahe Beratungsdienstleistungen spezialisierten Planungs- oder Beratungsgesellschaften und Innenarchitekturbüros (s. *Kap. 7 Dienstleistungsfelder ‚Systemgestaltung', S. 251ff.*).
Im *Innenverhältnis* beliefert die Dienstleistungseinheit gleichzeitig die Vertriebsorganisation mit Planungsdienstleistungen. Teilweise findet eine Mitwirkung an Entwicklungsprojekten statt[239].

Wesentliches *Abgrenzungskriterium* gegenüber dem vorab diskutierten *Scenario ‚Profilierung'* ist das Angebot zusätzlicher Planungs- und Beratungsdienstleistungen, die weit über den branchenüblichen Standard hinausgehen. Diese Leistungen werden gesondert berechnet. Die Gründung einer Tochtergesellschaft im Dienstleistungsgeschäft ist ein Diversifikationsprojekt. Zukunftsträchtige Marktsegmen-

---

238 Expertengespräche bene consulting, Office Consulting Group, Contura, Planquadrat, DeTeImmobilien

239 etwa bei bene consulting, bzw. bene

te im Dienstleistungsbereich sollen proaktiv erschlossen werden (s. *Kap. 6 Kundensysteme und Marktfelder, S. 215ff.*).
Da die Dienstleistungseinheit als selbständiges Unternehmen am Markt agiert, besteht der Zwang, Dienstleistungen direkt gegenüber Kunden zu verrechnen. Der Druck zur Kosten- und Leistungstransparenz betrifft auch die interne Verrechnung zwischen Vertriebsorganisation und Dienstleistungseinheit.

Das eigentliche *Industriegeschäft* wird in seiner bestehenden Form *nicht verändert*. Entsprechend wird die bestehende Praxis der indirekten Verrechnung wieter geführt. Optimierungsmöglichkeiten für die Vertriebspraxis sind identisch zu den im Rahmen des Scenarios ‚Profilierung' kurz dargestellten Lösungsansätzen. Zusätzlich ist es jedoch erforderlich, durch geeignete Personalentwicklungsmassnahmen, die *Dienstleistungskompetenz des Aussendienstes* zu erhöhen, um möglichst umfassende Synergien zwischen beiden Geschäftssystemen zu realisieren (s. *Kap. 10. Ausblick und weiterführende Untersuchungen, S. 369ff.*). Der Aussendienst hat in der Praxis hierbei u.a. die Aufgabe, das Potential eines Kunden zu beurteilen, und Kundenorganisationen für die neuen Dienstleistungsinhalte zu sensibilisieren.

Die folgenden unternehmenspolitischen Aspekte werden in der Praxis als Hauptgründe für eine *Trennung der Dienstleistungseinheit* vom bestehenden Industriegeschäft angeführt. Grundsätzlich wäre auch eine Integration direkt und indirekt verrechneter Dienstleistungsbestandteile in einem Geschäftssystem, bzw. ‚Vertriebskanal' denkbar (s. Diskussion *Kap. 5.1.4 Scenario ‚Transformation', S. 125ff.*):

a) Raumorientierter versus produktorientierter Problemlösungsansatz
Wie bereits erläutert, betrachten einerseits Planungsspezialisten (raumorientiertes Geschäftsmodell), andererseits Industrielle Anbieter (produktorientiertes Geschäftsmodell), Einrichtungsprobleme aus unterschiedlichen Blickrichtungen (s. *Kap. 4.2.3 Wettbewerbssituation zu Institutionellen Dienstleistungsanbietern, S. 80ff.* und *Darstellung 4.8 Dienstleistungsanbieter im Lebenszyklus eines Einrichtungsprojektes, S. 83*).

Im Rahmen des Lebenszyklus eines Einrichtungsprojektes besitzen Büromöbelanbieter einen relativ *späten Kundenkontakt*. Aus der Perspektive des logischen Problemlösungsprozesses müssen sich Büromöbelanbieter im Planungsprozess ‚upstream', d.h. auf logisch der Möblierungsentscheidung *vorgelagerte Entscheidungsstufen*, ‚hocharbeiten'. Diese ungünstige Ausgangssituation wird in der Praxis als wesentliche Eintrittsbarriere ins Dienstleistungsgeschäft betrachtet (s.u. *Darstellung 5.6*). Eine mögliche Problemlösung zur Umgehung dieser Barriere besteht in der Gründung einer Tochtergesellschaft.

Dar. 5.6: Raumorientierter versus produktorientierter Problemlösungsansatz[240]

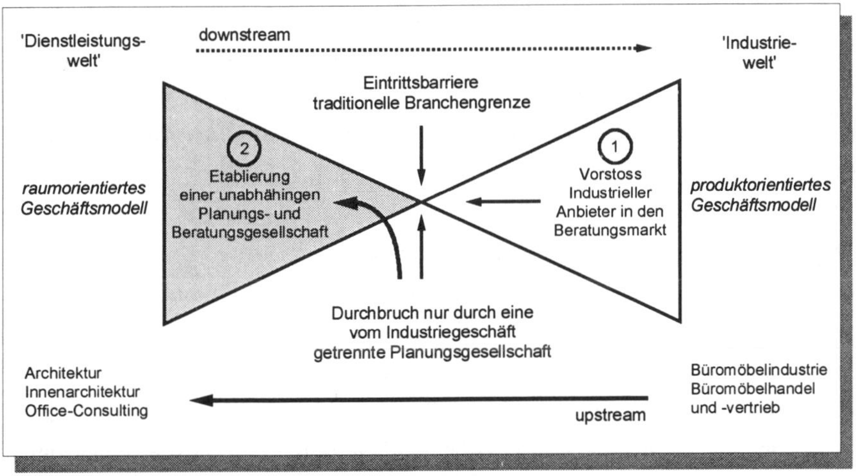

b) Selektive Wirkung der Dienstleistungsprovision

In der Praxis lässt sich das Problem beobachten, dass es trotz einer teilweise überproportionalen Provisionierung von Dienstleistungen, in variablen Vergütungssystemen (z.B. Wertung des Umsatzes als Deckungsbeitrag[241]), zu *keiner konti-*

240 Nach Expertengespräch Lista AG

241 Spilker 1999, S. 114ff.; Köhler 1993, S. 189ff. und S. 214ff.

nuierlichen Förderung des Dienstleistungsgeschäftes kommt[242]. Eine wesentliche Ursache hierzu liegt darin, dass Verkäufer negative Konsequenzen im Industriegeschäft befürchten, wenn man eine direkte Verrechnung von Dienstleistungen gegenüber Kunden anspricht. Verkäufer treffen situativ, fallweise Verrechnungsentscheidungen (s.wg. *Kap. 5.1.3.2 Synergien zwischen Unternehmenseinheiten, S. 113ff.*, *Kap. 5.1.4.5 Die interne Verrechnung von Dienstleistungen, S. 153ff.*, sowie *Kap. 7.1.5.2 Interne Verrechnung in Organisationen, S. 266ff.*).

c) Neutralitätsproblematik

Eine konsequente Trennung des Dienstleistungsgeschäfts soll sicherstellen, dass die durch die Tochtergesellschaft angebotenen Dienstleistungen, strengen Massstäben an *Neutralität und Unabhängigkeit* gerecht werden. Damit wird die Wettbewerbsfähigkeit der Tochtergesellschaft zu etablierten Institutionellen Dienstleistungsanbietern mit vergleichbaren Dienstleistungsangeboten gewährleistet (s. *Kap. 4.3 Nähe Industrieller Dienstleistungen zum Industriellen Kerngeschäft ,S. 86ff.*).

d) Klare unternehmenspolitische Ausrichtung

Die konsequente Trennung beider Geschäftssysteme sorgt für eine klare und eindeutige unternehmenspolitische Ausrichtung. Variable Vergütungssysteme können entsprechend einfacher ausgestaltet werden. Die Breite der angebotenen Marktleistungen bleibt überschaubarer. Zielkonflikte zwischen beiden Leistungsbereichen verringern sich. Die Zusammenarbeit zwischen Dienstleistungseinheit und Aussendienstorganisation des Sachleistungsgeschäfts findet dort statt, wo dies den beteiligten Mitarbeitern als sinnvoll erscheint.

---

242 Expertengespräch Keller AG, Bern; Lista AG

5.1.3.2 Synergien zwischen Unternehmenseinheiten

Die Trennung innovativer Dienstleistungen vom Industriellen Kerngeschäft bewirkt zwar einerseits eine Reduktion der Komplexität, indem denkbare Zielkonflikte umgangen werden (s. *Kap. 4.3 Nähe Industrieller Dienstleistungen zum Industriellen Kerngeschäft, S. 86ff.*). Andererseits beinhaltet das Modell erhebliche Zentrifugalkräfte, da sich das operative Tagesgeschäft des Industrie- und Dienstleistungsbereichs weitgehend eigenständig und unabhängig entwickelt.
Die Kooperation zwischen neuer Dienstleistungseinheit und etabliertem Industriegeschäft wird zusätzlich dadurch gehemmt, dass die Dienstleistungseinheit weitgehend neutral und unabhängig erscheinen will. In der Vertriebsorganisation besteht jedoch eine nur unterentwickelte Dienstleistungskultur, so dass Konflikte zu erwarten sind (s. *Kap. 4.1.2 Schrittweise Entwicklung des Dienstleistungsgeschäfts, S. 63ff.*).

Als Konsequenz dieser Problemkreise, wird vonseiten der Gruppenleitungen der von uns befragten Unternehmen, der *Realisierung von Synergien* zwischen den Unternehmenseinheiten eine erhöhte Aufmerksamkeit beigemessen. Ziel von Synergien ist die Schaffung eines unternehmensweiten *Mehrwerts auf Gruppenebene*[243]. Drei Aspekte erscheinen in diesem Zusammenhang als bedeutsam:

- Der gruppenweit realisierte Mehrwert *rechtfertigt* das Engagement in neuen Dienstleistungsbereichen, d.h. die gewählte Unternehmensstrategie, Organisationsstruktur usw.. Entsprechend der auf Rappaport[244] zurückgehenden Konzeption, besteht das oberste Ziel der Gruppenleitung in der Steigerung des Unternehmenswertes[245].
- Durch die Aufspaltung in einzelne Unternehmensbereiche werden *umfassende Leistungssysteme* erst durch die konstruktive Kooperation der Unternehmenseinheiten realisiert (s.a. *Kap. 4.2 Kundennutzen und Industrielle Dienstleistungen, S. 69ff.*).

---

243 Expertengespräch bene consulting

244 Rappaport 1995, S. 79

245 Slywotzky 1997, S. 218ff.; Unzeitig/ Köthner 1995, S. 25; Gomez/ Zimmermann 1993, S. 214f.; Pümpin/ Prange 1991, S. 45ff.

- *Lernprozesse im Vertrieb:* Wahrnehmbare Erfolge im Dienstleistungsgeschäft beeinflussen die Einstellungen von Aussendienstmitarbeitern und verändern die Dienstleistungskultur in der etablierten Vertriebsorganisation. Es werden Lernprozesse ausgelöst, die sich positiv auf die Profilierung des Unternehmens und die Vermarktung von Dienstleistungen auswirken[246].

Zusammenfassend lassen sich *folgende Vorteile und Synergieeffekte* des Dienstleistungsmodells hervorheben:

a) Wirkungen für das Gesamtunternehmen

- Realisierung von *Cross – Selling - Effekten*: jeder Kundenkontakt kann dazu genutzt werden, das Gesamtpaket an Unternehmensleistungen anzubieten.
- Verbesserungen lassen sich auch im Bereich der *Unternehmenskommunikation* erreichen, indem der Vertrieb von Industrieprodukten, wie der Planungsbereich, den Bekanntheitsgrad der Unternehmensgruppe erhöhen.

b) Wirkungen für die Vertriebsorganisation

- Der Aussendienst kann auf die *Kompetenzen der Dienstleistungseinheit* zurückgreifen, wenn dies zur Realisierung einer umfassenden Problemlösung erforderlich ist. Das Niveau der Problemlösungsqualität wird konstruktiv verbessert (s. *Kap. 10. Ausblick und weiterführende Untersuchungen, S. 369ff.*).
- Der Aussendienst erhält durch Dienstleistungsangebote *interessante Inhalte und Themen* zur Beziehungs- und Kontaktpflege mit bestehenden Kunden (s. *Kap. 9.1.4 Beziehungsmarketing und Industrielle Dienstleistungen, S. 348ff.*).
- Kompetente Dienstleistungen wirken sich insgesamt positiv auf das *Image* des Industriellen Anbieters aus.

c) Synergiewirkung der Planungseinheit auf den Industriellen Bereich

- Die Dienstleistungseinheit sorgt im Projektzyklus für einen *frühen Projekteinstieg.* Zu diesem Zeitpunkt bestehen die Voraussetzungen, auch auf grundlegende Aspekte der Raumkonzeption Einfluss nehmen zu können. Der

---

246 Expertengespräch Contura

Kontakt zu Büromöbelanbietern erfolgt traditionellerweise wesentlich später (s.u. *Darstellung 5.7 Synergiewirkung der Planungseinheit auf den Industriellen Bereich*):

Dar. 5.7: Synergiewirkung der Planungseinheit auf den Industriellen Bereich[247]

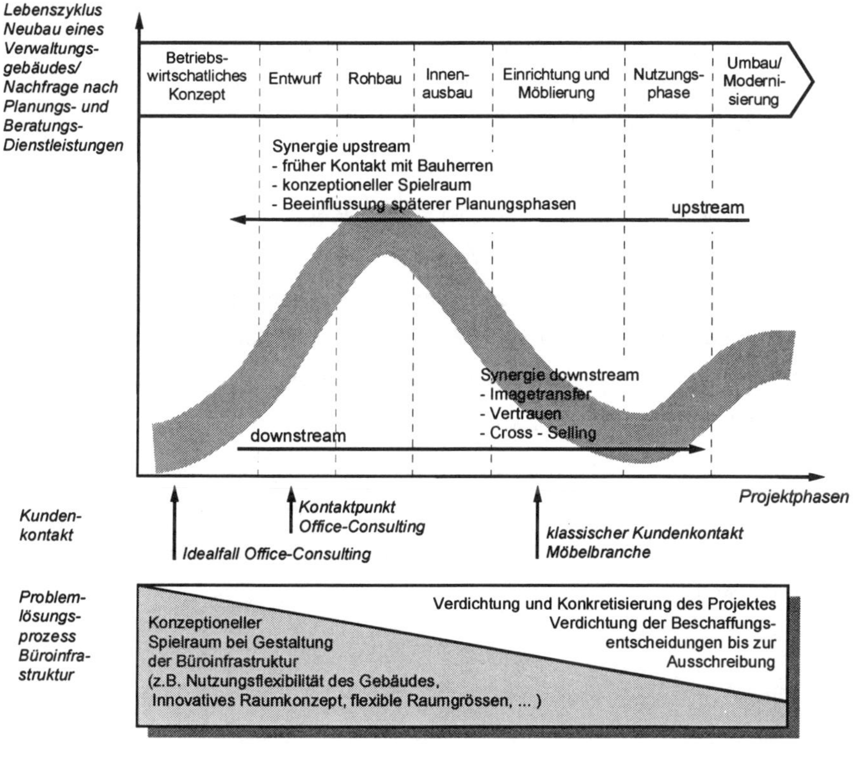

247 eigene Darstellung

- Eine hohe Beratungsqualität sorgt für einen positiven Eindruck der gesamten Unternehmensgruppe bei Kunden[248]. Hierdurch entsteht ein *Imagetransfer* vom Dienstleistungsgeschäft auf den Industriellen Bereich. Im Idealfall werden Cross - Selling - Effekte realisiert.

Nach Aussagen des Hamburger Planungsbüros ‚Planquadrat', findet die *Zusammenarbeit* zwischen Aussendienst und Dienstleistungseinheit nicht durchgängig, sondern *projektspezifisch* statt[249]. Aus der Perspektive der Vertriebsorganisation betrachtet, ergibt sich eine *fallweise Bewertung* der Ergiebigkeit von Kooperation mit Planungsspezialisten. Es lassen sich entsprechend *Erfolgs- und Misserfolgssituationen* der Zusammenarbeit unterscheiden:

a) Erfolgssituationen der Kooperation

- Der Kundenkontakt erfolgt in einer *frühen Bauphase* (der Kunde würde den Büromöbelanbieter vorerst abweisen).
- Das *Projekt ist gross*; es bestehen umfangreiche konzeptionelle Arbeiten oder es sind bauliche Veränderungen zu erwarten (z.B. Sanierung), die auf einen *grösseren Dienstleistungsauftrag* schliessen lassen.

b) Misserfolgssituation der Kooperation

- Kundenkontakt und Kaufentscheidungen liegen *dicht zusammen* (die Mitwirkung der Planungseinheit wird als Störung empfunden).
- Das Projekt ist klein; Konzeption und Möblierungsentscheidungen liegen *eng beisammen.*

---

248 Expertengespräche bene consulting

249 Expertengespräch Planquadrat

5.1.3.3 Rollenkonflikte neutraler Dienstleister im Unternehmensnetzwerk

Aus den unterschiedlichen Geschäftsinteressen der im Unternehmensnetzwerk verbundenen Organisationseinheiten, der einzelnen Mitarbeiterinnen und Mitarbeiter, können sich verschiedene Kooperationsprobleme ergeben. Ein wesentliches Praxisproblem der Zusammenarbeit, zwischen Tochtergesellschaft und Vertriebsorganisation, ergibt sich aus *Rollenkonflikten des neutralen Dienstleisters* im Unternehmensnetzwerk. Ursache dieses Rollenkonfliktes sind sich widersprechende Verhaltenserwartungen an die Mitarbeiter der Tochtergesellschaft[250]:

- *Externe Ansprüche*: Gegenüber der *Kundenseite* besteht die Verpflichtung, neutrale und unabhängige Planungs- und Beratungsdienstleistungen zu erbringen.
- *Interne Ansprüche:* Nehmen die Dienstleister, die eben kurz skizzierte externe Sicht von Kunden an eine professionelle Aufgabenerfüllung ernst, besteht für sie die Verpflichtung, zu uneingeschränkter Neutralität. Dieser Anspruch kann jedoch mit Zielen aus dem Sachleistungsgeschäft in Widerspruch treten. Zu denken ist an die Verpflichtung eines Händlers zu bestimmen Absatzzahlen pro Jahr (gestaffelter Herstellerrabatt), oder die Weitergabe von an sich vertraulichen Kundeninformationen an Kollegen des Möbelvertriebs (z.B. Namen wichtiger Ansprechpartner, von Entscheidern, beabsichtigte künftige Beschaffungen, interne Entscheidungsstrukturen des Kunden usw.).

Im Ergebnis führen diese Rollenkonflikte dazu, dass sich die *Tochtergesellschaft* weitgehend auf den *eigenen Aufgabenbereich fokussiert.* Es wird nach Möglichkeit auf eine Zusammenarbeit mit dem Industriebereich verzichtet. Diese Entwicklung wird zusätzlich durch eine unterentwickelte Dienstleistungskompetenz der Vertriebsorganisation begünstigt. Hierdurch ergibt sich eine destruktive Atmosphäre der Zusammenarbeit, die der Realisierung umfassender Leistungssysteme nur widersprechen kann (s.u. *Darstellung 5.8*).

---

250 Meffert/ Bruhn 2000, S. 505ff.; ebd. 1995, S. 352ff.; Bänsch 1998, S. 35.; Zeithaml/ Berry/ Parasuraman 1995, S. 149ff.; Hill/ Fehlbaum/ Ulrich 1994, S. 89

Dar. 5.8: Rollenkonflikte neutraler Dienstleister im Unternehmensnetzwerk[251]

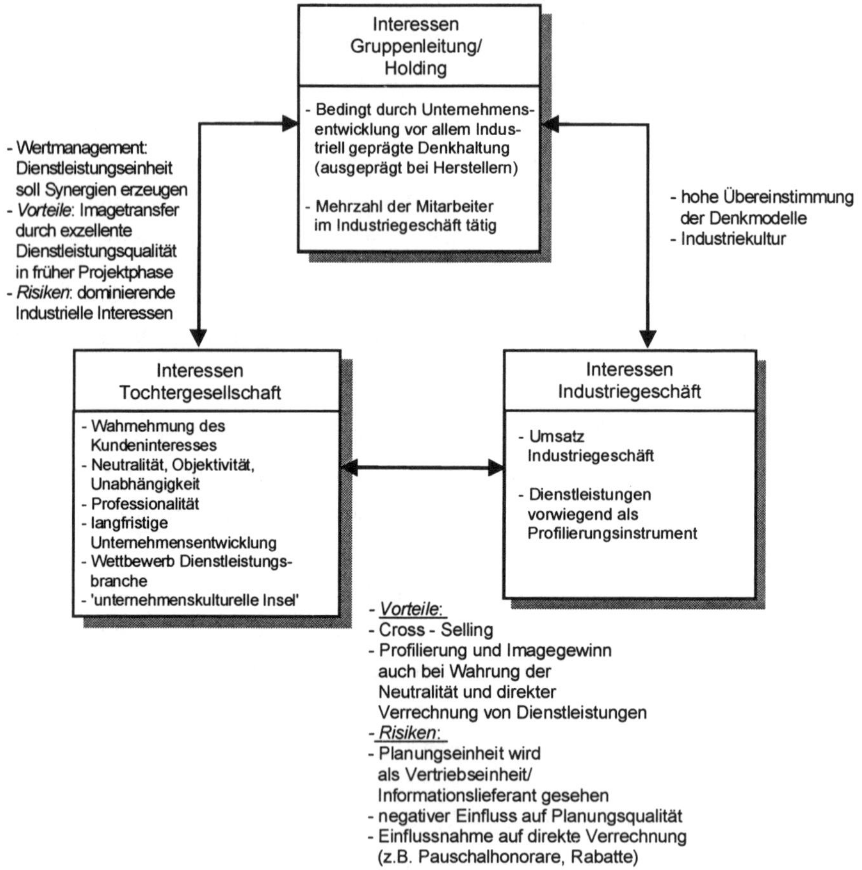

251 eigene Darstellung

Grundsätzlich besteht die Lösung dieses Problems darin, *Synergien nur dann zu realisieren, wenn gleichzeitig die Interessen der Tochtergesellschaft gewahrt* bleiben. Durch die Überbewertung Industrieller Interessen besteht langfristig die Gefahr, dass ein erfolgreicher Aufbau der Tochtergesellschaft verhindert wird (Imageschaden, mangelnde Glaubwürdigkeit der Beratungsleistungen, keine Wettbewerbsfähigkeit zu anderen Institutionellen Dienstleistern).

Goold/ Campbell setzen sich in ihrem pragmatischen Ansatz dafür ein, *Synergieeffekte* einer sorgfältigen, differenzierten Beurteilung zu unterziehen. Durch Fehleinschätzung und infolge darauf aufbauende Massnahmen, wird vielfach *Unternehmenswert* vernichtet. Stattdessen könnte dort der Unternehmenswert gezielt vermehrt werden, wo dies als sinnvoll erscheint. Sie sehen hierbei *vier* Vorurteile von Managern, die häufig dazu führen, Synergien falsch einzusetzen[252]:

- *Synergie - Vorurteil*: Der Nutzen von Synergien wird gegenüber den damit verbundenen Koordinationskosten überschätzt. Die Realisierung von Synergien ist Teil des Selbstverständnisses vieler Manager, um die Existenz des Unternehmens zu rechtfertigen.
- *Bevormundungs - Vorurteil*: Man geht davon aus, dass einzelne Geschäftseinheiten grundsätzlich nur an Partialinteressen interessiert sind. Sie suchen nicht aktiv die Zusammenarbeit, wenn dies für eine Geschäftseinheit wirtschaftlich vorteilhaft ist. Die Hintergründe einer mangelnden Zusammenarbeit werden von der Geschäftsleitung vernachlässigt. Entsprechend herrscht die Ansicht vor, Unternehmensteile zur Kooperation drängen oder zwingen zu müssen.
- *Fähigkeiten - Vorurteil*: Man glaubt, von zentraler Stelle aus, wesentliche Synergieeffekte identifizieren und richtig beurteilen zu können.
- *Zuversichts - Vorurteil*: Das Management sieht einseitig den Nutzen von Synergien. Risiken und unvorhergesehene Konsequenzen werden vernachlässigt.

252 Goold/ Campbell 1999, S. 66ff.

Aus primär *mitarbeiterbezogener Sicht* lassen sich, ergänzend zu den bereits oben angeführten Erfolgssituationen, folgende *Erfolgsfaktoren* einer sinnvollen *Zusammenarbeit* im Unternehmensnetzwerk nennen. Diese Faktoren sind wesentliche Grundlage für die Erzielung von Synergien[253]. Das sich anschliessende Fallbeispiel (s. *Px. 5.2, f.S.*) gibt hierzu einen kurzen Einblick in die Vertriebspraxis:

- Mitarbeiter der Verkaufsorganisation besitzen eine entwickelte *Dienstleistungskompetenz*. Sie dient dazu den Kundenbedarf abzuschätzen, Kunden für Dienstleistungsangebote des Unternehmens zu sensibilisieren, fallweise Planungsspezialisten in den Marketingprozess einzubeziehen, sowie eine Dienstleistungsidee für Kunden in ein konkretes, nachvollziehbares Angebot umzusetzen.

- Verkäufer sind nicht einseitig auf den Verkauf von Industrieprodukten fixiert, sondern besitzen eine *erweiterte Perspektive*. Entsprechend der oben vorgestellten Unterscheidung in ‚raumorientierte und produktorientierte Sichtweise', können sie flexibel zwischen beiden Lösungsansätzen differenzieren (s. *Darstellung 5.6 Raumorientierter versus produktorientierter Problemlösungsansatz, S. 111*). Zielkonflikte, etwa durch die fehlende Neutralität von Planungsdienstleistungen, können von den Verkäufern argumentativ entkräftet werden, bzw. durch Zugeständnisse im Rahmen von Verhandlungen gelöst werden.

- Verkäufer sind *teamfähig*. Die Einbindung eines Planungsspezialisten wird nicht als Relativierung der eigenen Fähigkeiten betrachtet. Die traditionelle ‚Alleinstellung beim Kunden' wird nicht verteidigt. Planungsspezialisten werden dort eingebunden, wo dies für die Förderung des Dienstleistungsgeschäftes als sinnvoll erscheint.

- Entsprechend dem theoretischen Gesamtkonzept ‚neutrale Tochtergesellschaft für Planungs- und Beratungsdienstleistungen', wird die Rolle des Dienstleisters als *neutraler Planungsspezialist* respektiert. Die langfristige Entwicklung einer neutralen Einheit im Dienstleistungsmarkt soll sicher-

253 Expertengespräch Keller AG, Bern; Contura; Tochtergesellschaften

gestellt werden. Einflüsse des Industriegeschäfts auf die Planungsprojekte sollen unterbleiben. Die Tochtergesellschaft wird nicht als intelligente Form des ‚Vorfeldmarketings' oder ‚Vertriebsforschungseinheit' missverstanden.

Px. 5.2: Gründung einer Tochtergesellschaft für Planungs- und Beratungsdienstleistungen[254]

Die Handelsgruppe ‚Hirschberg' ist ein in Dortmund und Dresden tätiger Büroeinrichter. Schwerpunkt des Handelssortiments sind Produkte des mittleren Preisbereichs. Bereits 1991/ 92 wurde die ‚*Contura Concept – Gestaltung und Management GmbH*' gegründet. Diese Tochtergesellschaft ist ein vom Industriegeschäft unabhängiges Unternehmen für *Planungs- und Beratungsdienstleistungen.*

Zum damaligen Zeitpunkt bestanden bereits, im Vergleich zum Branchendurchschnitt, erhebliche *Planungskompetenzen.* Diese bildeten die Basis zur Gründung einer Tochtergesellschaft, für den Dienstleistungsbereich. Der Gründungsprozess war ein fliessender Übergang, von der damals bestehenden *Planungsabteilung*, zur *eigenständigen Planungsgesellschaft.*
Mit der Gründung waren bereits erste Projekte vorhanden. Den ersten Schwerpunkt bildete die Ausstattung von Seniorenheimen, die man vorher über das Handelsgeschäft ‚abwickelte'.

Die ‚*Contura GmbH*' hat sich heute eine erfolgreiche Arbeitsgrundlage geschaffen. Überlegungen für den weiteren Ausbau gehen in Richtung *Architektur/ Generalunternehmerkonzeptionen* für Verwaltungsgebäude.

Die untenstehende Liste, zeigt eine Auswahl an Projekten, die von der Contura GmbH im Kundenauftrag bereits übernommen wurden:

---

[254] Expertengespräch Contura Concept GmbH, s.a. *Anhang III, Verzeichnis II der Expertengespräche. Wiederholte schriftliche Befragung 2003, S. 427ff.*, insb. *D. Anmerkungen zu den Verweisen.*

Parallel zur eigenständigen Vermarktung von Planungs- und Beratungsleistungen, ist die Contura GmbH der Planungspool für das Handelsgeschäft (rund 25% des Leistungspotentials).
Im Handelsgeschäft sind Planungsdienstleistungen eng auf das Produkt bezogen. Solche Leistungen werden ausschliesslich indirekt, über den Produktpreis, verrechnet.

Beispiele verschiedener Projekte der Contura GmbH

- Standortanalysen für Projekte, Eignungsprüfung von Gebäuden
- Workshops für Bedarfsanalysen, Entwicklung Grobkonzeption
- Büroraumkonzepte, Studien (z.B. Kombi - Büro)
- Flächenoptimierung
- Gestaltung Eingangs- und Empfangsbereich
- Medien- und Konferenzbereich (Zusammenarbeit mit Medienspezialist)
- Kantineneinrichtung (Zusammenarbeit mit Grossküchenausrüster)
- Komplettausstattung Seniorenheime
- Innenarchitektur (Innenausbau, Bauleitung, Projektsteuerung)
- Anforderungskatalog als Grundlage für Architekturwettbewerb
- Ausschreibungen, Evaluation von Büromöbeln, Prüfung Einsparpotential

Das Industriegeschäft ist in den letzten Jahren von einer deutlichen Margenerosion geprägt. Bei konstantem Umsatz, rechnet man mit einer ‚Verdreifachung' des Volumens. Umfangreiche Planungsdienstleistungen sind allenfalls im Premium - Segment noch wirtschaftlich tragfähig. Im eigentlichen *Kerngeschäft* von Hirschberg, dem *mittleren* Preissegment, sind umfassende Planungsleistungen keinesfalls mehr kostendeckend.

Die Gründung der Tochtergesellschaft ermöglicht in diesem Zusammenhang eine Segmentierung der Planungsdienstleistungen. Im Handelsgeschäft beschränkt sich der Umfang der Planungen, auf ‚CAD' – gestützte zweidimensionale Zeichnungen. Weitergehende Beratungs- und Planungsdienstleistungen

(s. *Box, l.S.*) werden über die Tochtergesellschaft, ausschliesslich gegen Verrechnung, angeboten.

Die *Erfolgsfaktoren* der ‚Contura GmbH' lassen sich wie folgt beschreiben:

- Zum Aufbau des Geschäfts konnten *bestehende Kundenkontakte,* aus dem Industriegeschäft, genutzt werden.
- Die *vorhandenen Planungskompetenzen* bildeten eine wirtschaftliche Grundlage für den weiteren Ausbau des Dienstleistungsgeschäfts.
- Für das *Leistungsspektrum* der Planungsgruppe ‚erfolgskritisch' war die *Kombination* von betriebswirtschaftlichen Kompetenzen und Innenarchitektur.
- Im Marketingprozess werden *betriebswirtschaftliche Argumente* gegenüber Industriekunden in den Vordergrund gestellt (im Vergleich zur Innenarchitektur).
- Die Geschäftsleitung der Contura GmbH hat es im Laufe der Unternehmensentwicklung verstanden, die Interessen der Planungsabteilung (z.B. Neutralitätsfrage, Wahrung des vereinbarten Kundeninteresses), nach innen gegenüber den ‚Industriellen Forderungen' des Handelsgeschäfts, wirksam zu vertreten.
- Erfolge im Dienstleistungsgeschäft haben *‚Fakten geschaffen'* und eine zunehmende Sensibilisierung für Dienstleistungsinhalte im Aussendienst erreicht. Erste *Referenzprojekte*, etwa durch einen Imagetransfer der Beratungsdienstleistungen auf die Industrieprodukte, wirken als *‚Selbstverstärker'* der Zusammenarbeit.

Zusammenfassend lassen sich mit dem *Scenario ‚Autonomie'*, die folgenden Vor- und Nachteile verbinden (s.a. *Kap. 5.3 Testsysteme für Geschäftsmöglichkeiten mit Dienstleistungen, S. 196ff.*, abschliessend *Kap. 5.4 Vergleich der drei Dienstleistungsscenarien, S. 209ff.*):

Dar. 5.9: Vor- und Nachteile Scenario ‚Autonomie'[255]

Scenario ‚Autonomie'	
Vorteile und Chancen	**Nachteile und Gefahren**
• Durch Ausgründung einer Dienstleistungsgesellschaft wird auf veränderte Anforderungen der Industriekunden reagiert. Die Qualität der Problemlösung steigt. • Neutralität als Element der Dienstleistungsqualität ist gewahrt. • Das Modell weist eine hohe Flexibilität auf. Die Zusammenarbeit zwischen Dienstleistungseinheit und Industriegeschäft findet dort statt, wo dies den Beteiligten als sinnvoll erscheint (Synergieoption). • Hoher Druck, direkte Verrechnung am Markt durchzusetzen, da die Tochtergesellschaft sonst nicht überlebensfähig ist. • Cross – Selling - Effekte, Nachfragekontinuität • Imagegewinn	• Keine nachhaltige Veränderung der Vertriebspraxis, da innovative Dienstleistungen in die Tochtergesellschaft ausgelagert werden. • Hohe Anforderung an das Management der Tochtergesellschaft im Gründungsprozess. • Kein Wandel im ‚Industriellen Selbstverständnis' des Vertriebs, ohne weitere Massnahmen. • Zentrifugalkräfte und mangelnde Synergien durch Bewahrung des Status quo im Industriegeschäft. • Mangelhafte Realisierung von Problemlösungen, wenn Kooperation misslingt, Einzelfall bleibt. • Vernachlässigung und Verwässerung der Industriellen Wettbewerbsfähigkeit durch zusätzliches Engagement mit Dienstleistungen, statt Konzentration auf leistungsfähige Industrieprodukte.

255 eigene Darstellung

5.1.4 Scenario ‚Transformation'

5.1.4.1 Grundlegender Wandel im Selbstverständnis Industrieller Anbieter

Im *Scenario ‚Transformation'* werden zentrale Elemente der vorangehend beschriebenen Dienstleistungskonzepte in einem *einheitlichen Geschäftsmodell* integriert. Unternehmensnahe Dienstleistungen zählten schon 1999 zu den dynamischsten Wirtschaftszweigen in Deutschland. Allerdings wird auch ein zunehmender Konkurrenzdruck bemerkt[256]. Bestehendes Industriegeschäft und innovative Dienstleistungen werden in einem einheitlichen Rahmen zusammengefasst. Grenzen zwischen Industriegeschäft, d.h. Büromöbelindustrie, und Märkten für Planungs- und Beratungsdienstleistungen lösen sich auf.

Je nach Kundensituation bilden eher traditionelle Industrielle Sachleistungen, umfassende Planungs- und Beratungsdienstleistungen oder Leistungssysteme den Kern der Marketing- und Vertriebsprozesse:

- In *Abgrenzung* zum *Scenario ‚Profilierung'* werden im folgenden Dienstleistungskonzept, ähnlich wie im Scenario ‚Autonomie', *umfassende* Planungs- und Beratungsdienstleistungen erbracht. Die Bedeutung von Dienstleistungen als *simples, einfaches Kundenbindungs- und Profilierungsinstrument* wird *relativiert.* Echte Dienstleistungen sind grundsätzlich auch zu *bezahlen.*
- Im *Scenario ‚Autonomie'* bestand der *Kern* des Lösungsansatzes darin, Planungs- und Beratungsdienstleistungen vom bestehenden Industriellen Geschäftssystem zu *trennen.* Diese Leistungen werden, im *Scenario ‚Autonomie',* in eine *neutrale Beratungsgesellschaft* eingegliedert.
- *Demgegenüber* werden im *folgenden Dienstleistungskonzept* beide Geschäftsfelder *umfassend integriert.* Damit ergibt sich die *grundlegende ‚Transformation'* des *Industriellen Geschäftssystems.*

256 Voss 1999, S. 18

- Im direkten Vergleich zum Scenario ‚Autonomie' ist die *Neutralität* der hier angebotenen Beratungsdienstleistungen nur von sekundärer Bedeutung. Planungs- und Beratungsdienstleistungen sind vielmehr *möglicher Bestandteil* einer *umfassenden Problemlösung.*

- Der Kunde bewertet das *gesamte Problemlösungspotential* des Anbieters. Er entscheidet sich auf Grundlage dieser Bewertung für eine weitere Zusammenarbeit. In diesem Zusammenhang erbrachte Beratungsdienstleistungen sind entsprechend *‚bedingt neutral',* bezogen auf die grundsätzlichen Lösungsmöglichkeiten eines bestimmten Anbieters. Ist vom Kunden eine *vollkommene Neutralität* erwünscht, besteht die Möglichkeit, durch eine *‚Opting – Out - Option'*, auf das parallele Angebot Industrieller Sachleistungen ausdrücklich zu verzichten.

- Die im Rahmen des Scenarios *‚Transformation'* erbrachten Planungs- und Beratungsdienstleistungen sind nicht neutral, sondern zwangsläufig, bewusst parteiisch. Unternehmensinterne Zielkonflikte beim Kundenunternehmen, durch die Neutralitätsfrage, werden so vermieden. Gegenüber dem einzelnen Kundenunternehmen entsteht jedoch ein erhöhter Erklärungsbedarf.

- Die Wettbewerbsfähigkeit zu etablierten, unabhängigen, Institutionellen Dienstleistungsanbietern wird eingeschränkt.

- Die Umsetzung des Scenarios *‚Transformation'* wird durch ein möglichst hohes Lösungspotential des Anbieters im Industriegeschäft wesentlich erleichtert. Wie bereits erläutert, wird bei Handelsunternehmen hierdurch die Umsetzung grundsätzlich vereinfacht.

Dieser strukturelle Veränderungsprozess in der Wertschöpfung, zugunsten der ‚Dienstleistungen', wandelt die *Identität des Unternehmens*, das sich bisher als Industrieller Anbieter verstand[257]. Bezüglich der grundlegenden Funktionen eines Handelsunternehmens, tritt die ‚Informations- und Beratungsfunktion', ge-

257 Grosse - Oetringhaus 1994, S. 197

genüber der ,Verteilungsfunktion' von Waren, in das Zentrum der Unternehmensaktivität[258]. Industrielle Anbieter entwickeln projektspezifisch netzwerkartige Strukturen (s. *Kap. 5.2.3 Bildung von Marketingkoalitionen, S. 190ff.*). Industrieprodukte, wie Dienstleistungen, bilden gleichberechtigte Geschäftsfelder. Kern der Positionierung eines Anbieters, die ,Identität der Marke', bildet seine Kompetenz zur umfassenden Problemlösung (s. *Kap. 10. Ausblick und weiterführende Untersuchungen, S. 369ff.*)[259].

Der *,traditionelle Aussendienst'* definiert sich neu, als ,Partner des Kunden'. Seine *Kompetenz* besteht u.a. darin, branchenübergreifend komplexe Leistungssysteme zu kundenindividuellen Gesamtkonzepten zu integrieren. Verkäufer verstehen sich als Berater, ,Knowledge - Broker', Makler und Moderatoren kundenspezifisch entwickelter Leistungssysteme (s.u. *Darstellung 5.10, f.S.*)[260].

Das *Denken in Umsätzen,* als wirtschaftliche Zielgrösse, wird durch ein *ergebnisorientiertes Denken* ersetzt, bei dem die enge Zusammenarbeit mit Kundenunternehmen im Zentrum steht. Den Anbieter interessieren jetzt die strategischen Erfolgsbedürfnisse seines Kunden, die Kundenzufriedenheit, im Rahmen langfristiger Marktpartnerschaften. Mit der Umsetzung des Scenarios ,Transformation' wird die traditionelle Aussendienstorganisation auf *neue Leistungsinhalte* vorbereitet. Sie grenzt sich dadurch konsequent gegenüber kostengünstigeren Distributionsformen ab[261].

---

258 Kotler/ Bliemel 2001, S. 1155; Müller - Hagedorn 1993, S. 17

259 O.V. 1999c, S. 20

260 O.V. 1999d, S. K3

261 Belz 1997, S. 19

Dar. 5.10: Sachleistungs- und Systemkunden[262]

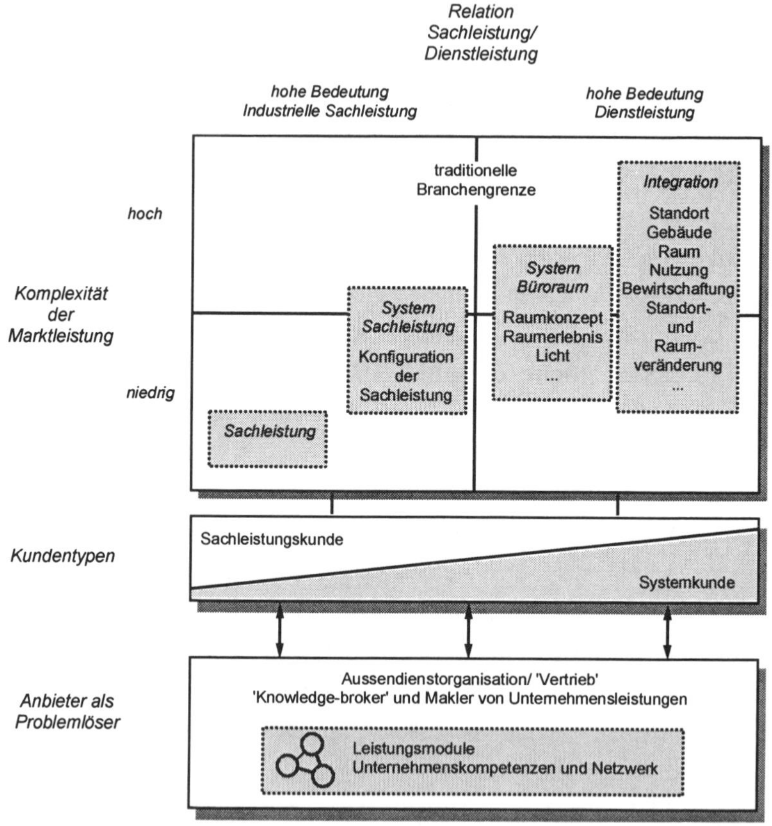

262 Eigene Darstellung

5.1.4.2 Leistungssegmentierung nach direkter und indirekter Verrechnung

Grundlegendes Element des Konzeptes ist eine transparente Darstellung der Dienstleistungsmodule, wie es bereits mit dem Ansatz der Leistungssysteme vorgeschlagen wird[263]. Weitergehend erfolgt eine Segmentierung der Dienstleistungen nach *direkter und indirekter Verrechnung.*
Beide Dienstleistungssegmente dienen auf unterschiedliche Weise als Profilierungs- und Kundenbindungsinstrument[264]. Indirekt verrechnete Dienstleistungen bilden ein *Leistungsminimum.*

Demgegenüber ergibt sich die Profilierungswirkung direkt verrechneter Dienstleistungen, vor allem durch die gegenüber dem Kunden kommunizierte *Problemlösungskompetenz* (s.u. *Darstellung 5.11*):

Dar. 5.11: Integration von indirekt und direkt verrechneten Dienstleistungen[265]

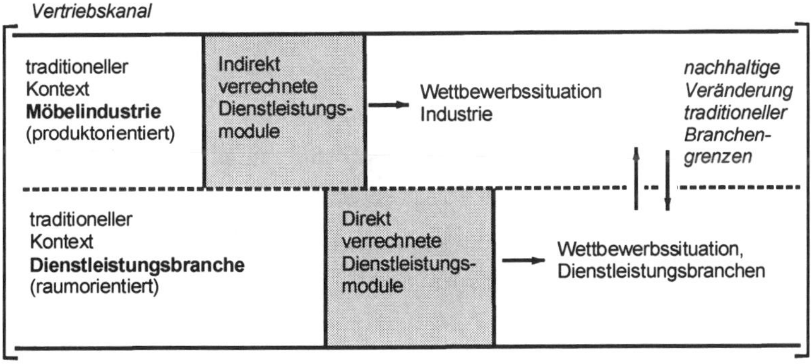

- *Indirekt verrechnete Beratungsdienstleistungen* sind eng auf das Angebot der traditionellen Industrieleistung, und des damit verbundenen Wettbewerbsfel-

263 Schicht 1993, S. 106ff.; Belz 1991a, S. 95ff.

264 Tomczak/ Dittrich 1997, S. 30f.

265 eigene Darstellung

des, ausgerichtet. Die Beratungsdienstleistungen sollen dem Anbieter ermöglichen, seine grundsätzliche Leistungsfähigkeit gegenüber dem Kunden darzustellen. Es entsteht damit kein überproportionaler *Kostenaufwand* in der *Akquisitionsphase* der einzelnen Projekte.

- *Direkt verrechnete Leistungsbestandteile* gehen über das bisher branchenübliche Mass hinaus. Hier sollen die Kunden gezielt, bei der Gestaltung oder Nutzung der Büroinfrastruktur, unterstützt werden. Das Wettbewerbsumfeld bilden Institutionelle Dienstleistungsanbieter.

Eine gemeinsame Erklärung des Fachhandelsverbandes ‚Bundesverband Bürowirtschaft‘ (BBW) mit dem ‚Verband der Deutschen Büromöbelindustrie‘ verfolgte bereits 1995 das Ziel, generell das Angebot von Planungs- und Beratungsdienstleistungen durch Büromöbelanbieter zu fördern[266]. Die Erklärung unterscheidet zwischen *kostenfreien* und *kostenpflichtigen* Beratungs- und Planungsdienstleistungen (s.u. *Darstellung 5.12, f.S.*). Als *Umsetzungsinstrument* zur Verrechnung wurde ein *Mustervertrag* für Beratungsdienstleistungen entwickelt.

Die Erklärung enthält Dienstleistungen, die weit über das branchenübliche Niveau hinausgehen (etwa die Beratungsleistungen unter 3.). Andererseits werden weitgehend alle Dienstleistungen als kostenpflichtig aufgeführt, die in der Praxis kostenfrei angeboten, d.h. indirekt verrechnet, werden. Wie bei anderen Verbandsübereinkünften zu beobachten[267], hat sich die Erklärung in praxi als wenig durchsetzungsfähig erwiesen (s. etwa *Kap. 7.1.5 Verrechnung von Planungsdienstleistungen, S. 262ff., Kap. 7.2.4 Verrechnung von Beratungsdienstleistungen, S. 284f.*).

Ein bedeutsames Umsetzungsproblem des eben gezeigten Ansatzes besteht in der Festlegung der Höhe der indirekt zu verrechnenden Minimumleistungen. Damit einhergehend ergibt sich die Schwierigkeit einer deutlichen Abgrenzung indirekt und direkt verrechneter Leistungsbestandteile.

---

266 Expertengespräch Bundesverband Bürowirtschaft; Dokumentation zur 17. Arbeitstagung des Forum Bürowirtschaft 1995

267 Expertengespräche

Dar. 5.12: Leistungssegmentierung nach Verrechnung[268]

Typen Beratungsdienstleistungen für die Büroraum- und Arbeitsplatzgestaltung		
1. Kostenfreie produktbezogene Leistungen des Anbieters	2. Kostenfreie Beratungsleistungen	3. Grundsätzlich kostenpflichtige Beratungsleistungen

• eine Produktinformation, die das Produkt und seine Möglichkeiten beschreibt
• die Ausarbeitung von qualifizierten Angeboten
• die Vorstellung des Produktes und eine Einweisung in die Produktbedienung
	2.1 Produktbezogene Beratungsleistungen
	• die Vorbereitung eines Angebotes
	• auf der Grundlage anwenderspezifischer Raum- und Einrichtungsvorgaben
	• unter Berücksichtigung von Anwendervorgaben und -wünschen
	• Farb- und Materialvorschläge
	2.2 Nicht produktbezogene Beratungsleistungen
	• Hilfe bei der Festlegung interner Ziele des Anwenders bei der Bürogestaltung
	• Unterrichtung des Anwenders über Möglichkeiten zur Beauftragung von Fachberatern
	• Definition einer Planungsaufgabe im Gespräch mit dem Kunden als Vorberatung für später zu erbringende kostenpflichtige Leistungen
		• eine Zielbeschreibung mit Projektorganisation
		• die Erfassung der persönlichen, materiellen und funktionellen Ist – Situation
		• die Erstellung eines Soll - Konzeptes mit Festlegung der Raumtypen und eventueller Zonenplanung
		• eine Arbeitsplatz – Typisierung
		• eine Büroplanung mit Möblierungslayout, sowie
		• zusätzliche Beratungsleistungen, wie generelle
		  • Raumgestaltung
		  • Organisation des Büroablaufs
		  • Umgestaltung
		  • Innenausbau
		  • Haustechnik (Beleuchtung, Klima, Schallschutz)

268 Gemeinsame Erklärung ‚Bundesverband Bürowirtschaft' und ‚Verband der Deutschen Büromöbelindustrie', abgedruckt in der Dokumentation zur 17. Arbeitstagung des Forum Bürowirtschaft 1995

Es besteht die Gefahr, dass direkt zu verrechnende Dienstleistungsbestandteile in die ‚Sogwirkung der indirekten Verrechnung' gelangen. Die Konsequenz bestünde in einer deutlich verschlechterten Kostenposition des Anbieters.

Entsprechend der vorherrschenden Praxis der indirekten Verrechnung wird, wie bereits ausgeführt, die notwendige Höhe an Beratungsdienstleistungen projektspezifisch, kundenindividuell gehandhabt. Hierbei spielen einerseits die Wettbewerbsintensität unter den Anbietern, wie die Risikoneigung und Informationsnachfrage des Kunden eine entscheidende Rolle.
Der hohe operative Anteil an der Steuerung des Dienstleistungsanteils macht eine einfache allgemeinverbindliche, konzeptionelle Lösung schwierig. Hierin ist einer der Gründe zu sehen, warum Anbieter aus ‚Gründen der Praktikabilität' dazu neigen, weiterentwickelte Dienstleistungskompetenzen auf eine unabhängige Planungs- und Beratungsgesellschaft auszugliedern (s. *Kap. 5.1.3 Scenario ‚Autonomie', S. 109ff.*).

In der Praxis wird mit der Option ‚Ausgründung' allerdings eine erhebliche Gefahr verbunden. Die traditionelle Aussendienstorganisation bleibt eng auf mit dem Industrieprodukt zusammenhängende Aufgaben konzentriert. Sie besetzt eine ungünstige Position im Mittelfeld (‚Zwischen den Stühlen')[269], bei der weder eindeutige Kosten-, noch klare Leistungsvorteile erzielt werden.
Man erwartet eine weitere Zunahme des Margendrucks, da eine unmittelbare Wettbewerbssituation zu kostengünstigeren Distributionsformen besteht (Internet, Versand, Direktvertrieb, Mitnahmemärkte etc.)[270].

Ein denkbarer Lösungsansatz für das mit dem Scenario ‚Transformation' vorgestellte Dienstleistungskonzept, besteht in der Identifikation typischer Marketing- und Vertriebsprozesse. Hierdurch lässt sich grundsätzlich eine verbesserte Leistungsselektion erreichen[271].

269 Porter 1997, S. 71
270 Expertengespräch Bierbrauer + Nagel; Slywotzky 1997, S. 198
271 Belz 1996, S. 128

Die Erfolgsaussichten des Ansatzes werden massgeblich durch die vorhandenen Dienstleistungskompetenzen eines anbietenden Unternehmens beeinflusst (s. *Kap. 10. Ausblick und weiterführende Untersuchungen, S. 369ff.*). Zu erwartende Umsetzungsprobleme lassen sich durch eine schrittweise Qualifizierung der Aussendienstorganisation vermindern.

Aufgrund der Komplexität der Prozesse im Investitionsgütermarketing, wird bei diesem Lösungsversuch das Endergebnis der Leistungsverrechnung deutlich von projektspezifischen Verhandlungen abhängig sein (s. u.a. *Kap. 4.1.2 Schrittweise Entwicklung des Dienstleistungsgeschäfts, S. 63ff., sowie Teil D. Realisierung in Vertriebsorganisationen, S. 333ff.*).
Als Ansatzpunkt dient beispielhaft, sehr stark vereinfacht, eine grobe Unterteilung dreier Produktgruppen (s.u. *Darstellung 5.13 Leistungssegmentierung nach Produktgruppen, f.S.*). Im mittleren Preisbereich scheint zusätzlich die Unterscheidung des Beschaffungsvolumens (typisches Grosskundengeschäft) bedeutsam (s.a. *Kap. 6.2.2 Marktfelder für büronahe Dienstleistungen, S. 220ff.*).

Ziele der Leistungssegmentierung bestehen in folgenden Aspekten:

- Stärker preisbetonte Segmente (etwa u.a. SOHO) sollen von Kosten, bedingt durch indirekt verrechnete Dienstleistungen, entlastet werden. Der Kunde soll systematisch, weitreichend in die Dienstleistungserstellung integriert werden. Dienstleistungen werden vergleichsweise vereinfacht und stärker standardisiert.
- Bestehende Marktsegmente mit faktisch hohem Dienstleistungsanteil sollten einerseits verbessert, zielgruppengerichtet (z.B. Designkunden, Grosskunden) mit Minimumleistungen versorgt werden. Andererseits sollte ein Teil bisher indirekt verrechneter Dienstleistungen, mit dem Entschluss zur Wahl dieses Grundkonzeptes, nunmehr direkt verrechnet werden können.
  Wesentliches Element ist hierbei eine Verbesserung der kommunikativen Fähigkeiten im Marketingprozess (Darstellung über Surrogate, Referenzen, typische Beispiele usw.), anstatt, wie bisher, den Prozess der Dienstleistungserstellung sofort einzuleiten (s.u. *Kap. 9.2 Instrumente im Marketingprozess, S. 353ff.*).

Dar. 5.13: Leistungssegmentierung nach Produktgruppen[272]

Strategische Produktgruppe	Indirekte Verrechnung	Direkte Verrechnung
Premium Segment (Designorientierte Produkte, individuelle Anfertigungen)	• Verbesserte Darstellung von Referenzprojekten und typischen Gestaltungslösungen • kostenloser, individualisierter Vorentwurf • Einbindung des Innenarchitekten in den Beratungsprozess (Beratungsziel eher ästhetische Gesamtwirkung)	• zweiter Vorentwurf und Entwurfsalternativen • Detailplanungen • Entwicklung individueller Lösungen • Material- und Farbkonzeptionen • Innenausbau • ...
Mid Range Volumen hoch (Grosskundengeschäft)	• Verbesserte Darstellung von Referenzprojekten und typischen Gestaltungslösungen • kostenloser, individualisierter Vorentwurf • Einbindung des Innenarchitekten in Beratungsprozess (Beratungsziel verstärkt Wirtschaftlichkeit. Sekundärziel: Ästhetischer Gesamteindruck) • kostenlose Musterstellung	• Detailplanungen • Büroraumkonzept • Beratung Facility Management • kostenpflichtige Musterstellung bei individueller Anfertigung • ...
Volumen niedrig	• Verbesserte Präsentation in Ausstellung und Darstellung typischer Beispiele • kostenloser Vorentwurf mittels CAD (Teil der Angebotserstellung) • Beratung nur durch Verkauf, Planungshilfe nur durch Verkaufsassistent	• Musterstellung gegen direkte Verrechnung • ...
Small and Home Office (SOHO) Mitnahmesegment	• umfassende Integration des Kunden • Vermessung durch Kunden • Kunde beteiligt sich an Planungen. Planungshilfsmittel und Planungs – Software für Kunden gegen ein Pfand bzw. Gebühr zum Selbstbedienen. • Beratung nur durch Verkauf, ohne Planungsspezialisten	• Angebot sämtlicher Dienstleistungen nur gegen direkte Verrechnung bei hohem Standardisierungsgrad

272 eigene Darstellung

5.1.4.3 Strategische Freiheit bei der direkten Verrechnung

Jede Form der eben dargelegten Leistungssegmentierung und Standardisierung von Dienstleistungen, ermöglicht es Wettbewerbern, durch Überschreiten des von einem Anbieter einseitig erklärten Standards, Wettbewerbsvorteile durch Überbieten zu erzielen. Hierin liegt vermutlich eine der Ursachen, dass Branchenübereinkünfte über Verrechnungsstandards immer wieder gescheitert sind.

Dar. 5.14: Strategische Freiheitsgrade und direkte Verrechnung[273]

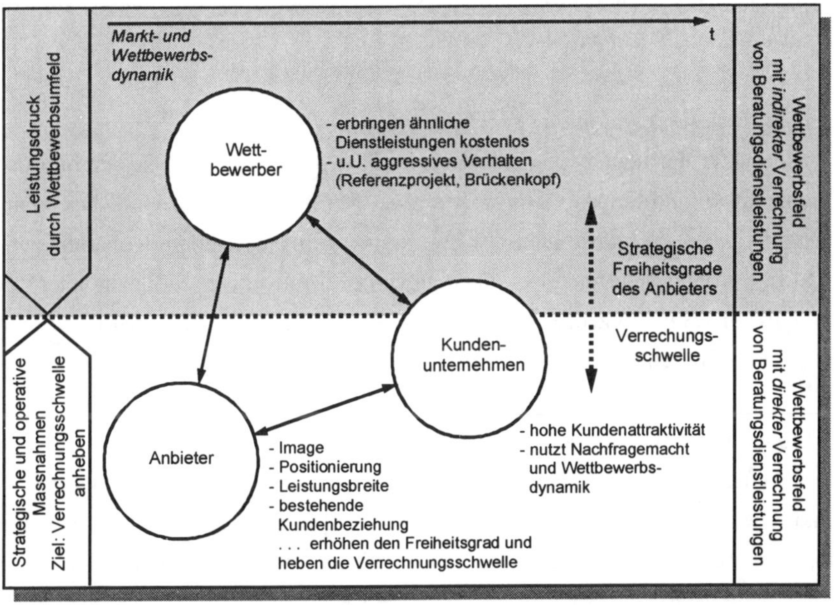

Wesentlich für die Tragfähigkeit des gezeigten Segmentierungsansatzes ist auch hier die *Durchsetzungsfähigkeit* der *direkt* verrechneten Leistungsbestandteile. Die direkte Verrechnung wird nachhaltig durch die Wettbewerbsposition (Alleinstellungsmerkmale) eines Anbieters gefördert (s. *Darstellung 5.14*).

273 eigene Darstellung

Hierdurch erlangt der Anbieter strategische Freiheitsgrade[274], und kann die Verrechnungsschwelle für Dienstleistungen anheben. Die Wettbewerbsposition des Anbieters muss allerdings projektspezifisch beurteilt werden. Zahlreiche konzeptionelle, wie operative, Einflussfaktoren auf Kunden- und Anbieterseite sind zu berücksichtigen (s.wg. *Kap. 6.3 Zahlungsbereitschaft für Planungs- und Beratungsdienstleistungen, S. 246ff.*).

Auf Grundlage unserer Erhebung lassen sich die folgenden *Kriterien* nennen, die für eine *Erhöhung des strategischen Freiheitsgrades* verantwortlich gemacht werden können. Wir gehen davon aus, dass damit gleichzeitig eine *Steigerung* der *Verrechnungswahrscheinlichkeit* verbunden ist[275]:

- *Positionierung und Image des Anbieters*

Der Charakter der neuen Geschäfte entspricht dem bestehenden Gesamtbild des Unternehmens und dessen Positionierung am Markt[276]. Ähnlich einer Dachmarkenstrategie besteht im Rahmen des Leistungssystems eine innere Kohärenz zwischen Industrieprodukt und Dienstleistungen (z.B. innovativer Möbelanbieter mit innovativem Raumkonzept)[277]. Die innere Kohärenz wirkt sich positiv auf die Verrechnungsmöglichkeiten aus.

- *Reputation des Anbieters*

Hier ist eine ähnliche Beobachtung zu machen, wie schon beim vorher genannten Punkt. Die Reputation des Anbieters und dessen Bekanntheitsgrad schaffen einen wichtigen Vertrauensvorschuss, der sich *positiv auf die Verrechnungsmöglichkeit* von Dienstleistungen auswirkt (ähnlich einem Markentransfers[278]). Ebenso wirken im Rahmen einer bereits bestehenden Geschäftsbeziehung gewonnene positive Erfahrungswerte mit Lieferanten (In - Supplier). *Reputation*, wie *Bekannt-*

---

274 Dörnberg, v. 1993, S. 347; Oetinger, v. 1983, S. 43

275 Expertengesrpäch De La Rue – Plan Objekt, Leitner, Contura, Koerber

276 Stegener 1992, S. 121

277 Meffert/ Bruhn 2000, S. 320; Becker 1993, S. 501ff.; Graßy 1993, S. 154; Haedrich/ Tomczak 1990, S. 28f.

278 ebd. 2000, S. 323

heitsgrad, können die *Qualitätsunsicherheit*, bezogen auf einen neutralen, aber unbekannten Institutionellen Dienstleister, ausgleichen[279].

- *Innovationsgehalt und Wettbewerbsfähigkeit im Industriegeschäft*

Eine leistungsfähige Wettbewerbsposition im Industriegeschäft sichert *Alleinstellungsmerkmale*. Sie erleichtert ebenso die direkte Verrechnung von Beratungsdienstleistungen. Führende Industrieanbieter, auch Handelsunternehmen, bezogen auf einen regionalen Einzugsbereich, haben im Dienstleistungsmarketing eine verbesserte Verrechnungsmöglichkeit, sofern man dies als Gelegenheit für ein Geschäft wahrnimmt. Stehen grundsätzliche Beschaffungsentscheidungen des Kunden an, gehören führende Industrieprodukte eines best. Herstellers automatisch mit zur engeren Auswahl des Kunden. Das Erfordernis der neutralen Produktbeurteilung wird relativiert, die Verrechnungsmöglichkeit erleichtert, sofern der Kunde bereits Vorkenntnisse über den Industriellen Anbieter besitzt.

- *Merkmale des Beschaffungsprozesses*

Die Verrechnung wird in folgenden Situationen erleichtert:

(a) *Wiederholungskauf*: Der Kunde beabsichtigt weder einen Lieferantenwechsel, noch steht eine Grundsatzentscheidung an. Entsprechend ist eine neutrale, umfassende Bewertung aller denkbaren Alternativen nicht erforderlich.

(b) Der Kunde hat bereits eine *Vorentscheidung* für einen bestimmten Lieferanten getroffen. Die Wettbewerbsintensität ist gering. Es besteht eine gewisse Sicherheit des Anbieters, den Auftrag zu erhalten.

(c) *Ersatzbeschaffung, Ergänzungslieferungen*: Der Charakter der Transaktion wird vorwiegend von Planungs- und Beratungsdienstleistungen bestimmt. Die Beschaffung von Industrieprodukten steht nicht im Vordergrund (Praxisbeispiel: Umzugsmanagement; *s. Px. 5.3 Umzugsmanagement als umfassende Problemlösung, S. 142ff.*).

---

279 Expertengespräch Senn AG

- *Breite des Leistungspotentials*

Die theoretische Breite des Leistungspotentials im Industriegeschäft gewährleistet dem Kunden im Vorfeld die Sicherheit, dass sich direkt verrechnete Beratungsdienstleistungen nicht auf solche Produkte beziehen, die u.U. den Kundeninteressen zuwiderlaufen, oder Kundenbedürfnisse nur suboptimal erfüllen. Je *breiter das Lösungspotential* des Anbieters, um so *höher* wird die Wahrscheinlichkeit von Experten gesehen, dass eine direkte Verrechnung gegenüber der Kundenseite durchsetzbar ist. Das theoretisch mögliche Lösungspotential des Industriellen Anbieters nähert sich dem des Institutionellen Dienstleistungsanbieters.

Bezüglich der Breite des Leistungspotentials wird in der Praxis *deutlich* zwischen den *Möglichkeiten* von *Hersteller- und Handelsunternehmen differenziert.* Handelsunternehmen werden durchschnittlich bessere Voraussetzungen eingeräumt, Dienstleistungen direkt zu verrechnen. Gegenüber Herstellern, die im Grundsatz an die ‚beschränkten' Lösungsmöglichkeiten ihrer Produktionseinrichtungen gebunden sind, verfügen Handelsunternehmen über vergleichbar bessere Voraussetzungen, sämtliche am Markt verfügbaren Industriellen Produkte zu vertreiben.
In diesem Zusammenhang wird in Zukunft mit einer Erosion bisher verbreiteter selektiver Vertriebsstrukturen (Exklusivität eines Händlers in einem best. Vertriebsgebiet) gerechnet[280]. Das Handelsunternehmen offeriert primär jene Industrieprodukte, die für den Kunden als besonders geeignet erscheinen. Vertriebsbindungen mit bestimmten Herstellern werden relativiert. Bei vergleichbaren Industrieprodukten ist eine Beschränkung auf wenige Lieferanten aufgrund verbesserter Beschaffungskonditionen gegenüber Kunden solide begründbar[281].

---

280 Eine anderes ‚offenes Geheimnis' ist der Druck einiger Hersteller, aufgrund einzelner Kennzahlen oder unrealistischer Absatzziele, eine besonders hohe Stückzahl im Markt absetzen zu wollen. Ein uns bekannter Büromöbelhersteller des Hochpreissegments lieferte praktisch schon 1989 direkt an entsprechende Grosskunden. Der Händler am Sitz des Kundenunternehmens erhielt eventuell noch eine ‚Tipp – Provision'. Der entsprechende Montage – Service wurde ebenfalls vom Werk direkt organisiert.

281 Expertengespräch Contura; König + Neurath; Keller AG, Bern; Senn AG

Neben dem Wettbewerbsvergleich zwischen Hersteller- und Handelsunternehmen, muss man weitergehend den Wettbewerb zwischen *Industriellen Anbietern* (Hersteller und Handel) und *neutralen* (Institutionellen) *Dienstleistungsanbietern* in die Überlegungen einbeziehen. Wie bereits ausgeführt, besteht auch bei Handelsunternehmen im unmittelbaren Wettbewerbsvergleich der Nachteil, gegebenenfalls nicht frei von der Einflussnahme Industrieller Interessen zu beraten und zu planen.

Dar. 5.15: Hersteller- und Handelssituation bei Planungs- und Beratungsdienstleistungen[282]

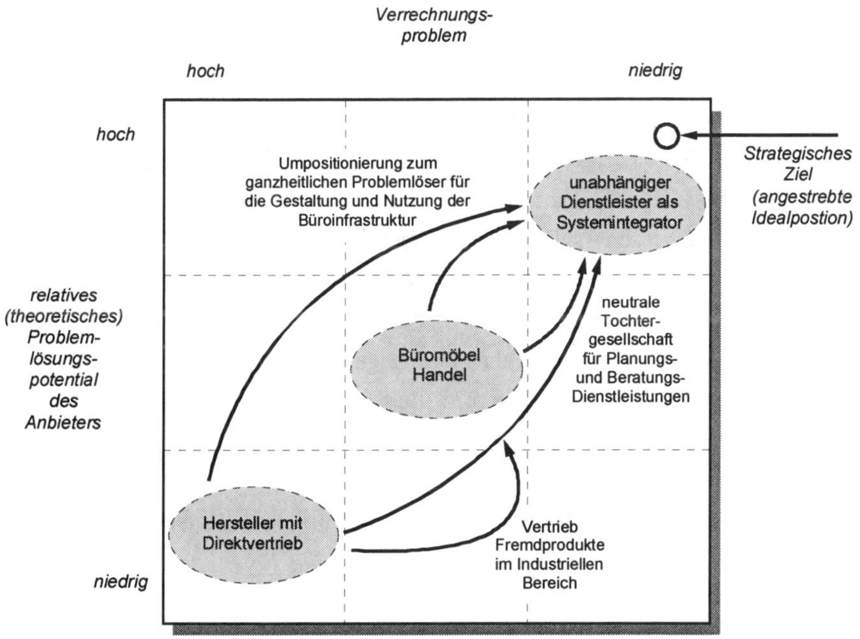

282 Eigene Darstellung

Bei der *Entwicklung einer Positionierung* im Markt für Beratungsdienstleistungen haben Industrielle Anbieter *zwei grundsätzliche Möglichkeiten.*
Die Zielsetzung beider Vorgehensweisen besteht in einer *Verringerung* des vom Kunden *wahrgenommenen Abstands* zwischen Ideal- und Realmarken. In der Praxis werden häufig beide Ansätze kombiniert (s.o. *Darstellung 5.15, l.S.*)[283]:

- *Anpassung der angebotenen Leistungen an die Nutzenerwartung (Bedürfnisse, Wünsche) der Kunden.* Bei dieser Vorgehensweise werden die Nutzenerwartungen der Kunden an die sogenannte Idealmarke als gegeben angenommen. Es wird als Ziel verfolgt, ein Dienstleistungsangebot auf den Markt zu bringen, welches der Idealmarke möglichst gut entspricht. Massnahmen von Büromöbelanbietern, die dieser Vorgehensweise entsprechen, werden in *Darstellung 5.15, l.S.* rechts abgebildet. Herstellerunternehmen verbessern ihr Problemlösungspotential durch den Vertrieb von Fremdprodukten, und nähern sich dadurch den Verrechnungsmöglichkeiten von Handelsunternehmen an. Beide Gruppen Industrieller Anbieter haben die Möglichkeit, durch Ausgründung einer Tochtergesellschaft für Planungs- und Beratungsdienstleistungen, die Wettbewerbsposition gegenüber bestehenden Institutionellen Anbietern zu verbessern (s.a. *Kap. 5.1.3 Scenario ‚Autonomie', S. 109ff.*).
- *Anpassung der Nutzenerwartungen der Kunden an die angebotenen Leistungen.* Hier wird versucht, die Nutzenerwartungen der Kunden an die Idealmarke so zu verändern, dass ihnen die angebotenen Dienstleistungen (‚Realmarken') zusagen (*Darstellung 5.15*, linker Pfad). Diese Strategie ist eng mit den Überlegungen zum Scenario ‚Transformation' verbunden. Verstärkte Kommunikationsmassnahmen müssen *Lerneffekte im Markt* bewirken. Vorbehalte etwa über die mangelnde Dienstleistungsqualität Industrieller Anbieter müssen so relativiert werden.

Zusammenfassend lassen sich mit dem *Scenario ‚Transformation'* die folgenden *Vor- und Nachteile* verbinden (s.a *Kap. 5.3 Testsysteme für Geschäftsmöglichkeiten mit Dienstleistungen, S. 196ff.*, abschliessend *Kap. 5.4 Vergleich der drei Dienstleistungsscenarien, S. 209ff.*):

---

283 Belz 1998, S. 58ff.; Haedrich/ Tomczak 1996, S. 140f.

Dar. 5.16: Vor- und Nachteile Scenario ‚Transformation'[284]

Scenario ‚Transformation'	
Vorteile und Chancen	**Nachteile und Gefahren**
• Konstruktiver Lösungsversuch zur Veränderung der bestehenden Vertriebspraxis (indirekte Verrechnung). • Höhere Problemlösungsqualität durch direkt verrechnete Leistungen. • Umfassende Lösung von Kundenproblemen durch einen Ansprechpartner (Integrierte Kundenbetreuung). • Flexible Variation des Kundennutzens durch indirekt und direkt verrechnete Dienstleistungsmodule. • ‚Bedingte Neutralität': Beratungsdienstleistungen sind bewusst nicht neutral - Vermeiden interner Zielkonflikte. • Kostensenkung durch Teilnutzung des bestehenden Geschäftssystems.	• Dienstleistungskompetenz: umfassendes Know - kow in verschiedenen Branchen erforderlich – auch wenn ausschliesslich die Koordination- und Integrationsfunktion im Vordergrund steht. • Wettbewerb mit etablierten Dienstleistern. • Hohe Anforderungen an den Aussendienst. • Modell erfordert Lerneffekte im Markt. Probleme der Glaubwürdigkeit (z.B. Neutralitätsfrage) und Widerstände zu erwarten. • Abgrenzungsprobleme im Industriegeschäft gegenüber Wettbewerbern, die vergleichbare Dienstleistungen u.U. kostenlos erbringen. • Leistungssegmentierung zwischen direkter und indirekter Verrechnung misslingt durch hohe Wettbewerbsdynamik. • Vernachlässigung und Verwässerung der Industriellen Wettbewerbsfähigkeit, durch Engagement im Dienstleistungsbereich. • Überlastung des Geschäftssystems durch Komplexität der Gesamtleistung.

284 Eigene Darstellung

Das Scenario ‚*Transformation*' beschreibt eine anspruchsvolle Leistungsstrategie, die in dieser Form nur in Ansätzen in der Praxis zu beobachten ist. Ein interessantes *Leistungskonzept für Umzugsdienstleistungen* wurde von der Senn AG in Zürich und der Büro Sona AG in Winterthur entwickelt[285]. Die Senn AG zählt zu den kleinsten von uns befragten Handelsunternehmen für Büromöbel. Das Praxisbeispiel zeigt, dass auch bei kleineren Unternehmen, durch Ausbildung einer netzwerkartigen Struktur (s. *Kap. 5.2.3 Bildung von Marketingkoalitionen, S. 190ff.*), umfassendere Problemlösungen realisiert werden können. Das Handelsunternehmen übernimmt hierbei die Integrationsfunktion, bzw. Systemführerschaft, im Netzwerk.

Px. 5.3: Umzugsmanagement als umfassende Problemlösung[286]

Die ‚Senn AG' in Zürich bietet seit rund 20 Jahren Umzugsmanagement – Dienstleistungen an. Die ‚Büro Sona AG' in Winterthur hat vor rund zwei Jahren begonnen, entsprechende Dienstleistungen anzubieten.
Umzugsmanagement umfasst ein Bündel an planerisch - konzeptionellen, wie operativen Dienstleistungen, im Zusammenhang mit räumlichen Veränderungen in Unternehmen (s.u. Graphik).

Während bei der Senn AG einmalige Umzugsprojekte, mit Standortwechsel des Kundenunternehmens, im Vordergrund stehen, ist es bei der Sona AG vorwiegend permanente Kundenbetreuung, bei innerbetrieblichen Umzügen (s.a. *Kap. 7.2.3.6 Umzugsmanagement, S. 283*).

Bei den befragten Unternehmen werden, je nach Kundenprojekt, Problemlösungen mit unterschiedlichem Umfang erbracht. Grundidee des Dienstleistungsangebots ist eine weitreichende Entlastung des Kunden. Dies kann Dienstleistungen beinhalten, wie etwa die Standortsuche nach neuen Räumlichkeiten, die

[285] Die Unternehmen haben nur zufällig ähnliche Lösungen. Sie sind in keinster Weise wirtschaftlich verbunden.
[286] Expertengespräche Senn AG und Sona AG

Bewertung eines bereits ausgewählten Objektes, kleinere Umbauarbeiten, die Verpackung und den Transport des gesamten Inventars, sowie die Renovation und Endreinigung der ehemaligen Liegenschaft.

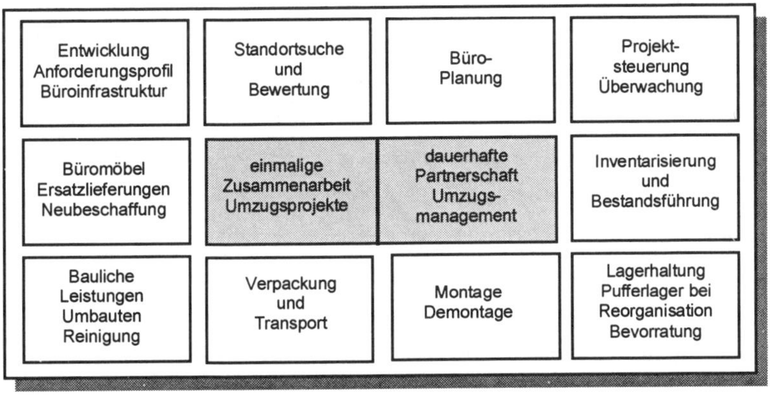

Bei beiden Unternehmen werden Umzugsdienstleistungen im Rahmen des *bestehenden Geschäftssystems* vermarktet. Verkäufer bieten parallel mit ihrer Akquisitionstätigkeit von Industrieprodukten, vor allem bestehenden Kunden Umzugsdienstleistungen an.

Da Umzugsdienstleistungen nur bedingt in unmittelbarem Zusammenhang mit der Neubeschaffung von Büromöbeln stehen, bereitet auch die direkte Verrechnung von Planungs- und Beratungsdienstleistungen keine grösseren Schwierigkeiten. In beiden Unternehmen haben jeweils die Inhaber, mit einer langjährigen Verkaufserfahrung, hohen Anteil am Erfolg des Modells.

Die *Senn Büroplanung AG* in Zürich ist ein auf Büroeinrichtungen spezialisiertes Fachhandelsunternehmen kleinerer Betriebsgrösse. Insgesamt werden sechs Mitarbeiter, darunter zwei Monteure, beschäftigt. Die Planungs- und Beratungskompetenzen im Unternehmen sind weitestgehend durch langjährige Berufserfahrung entstanden. Spezialisierte Planungskräfte werden nicht beschäftigt. Planungen werden von der Verkaufsmannschaft selbst, oder bei

Grossprojekten in enger Zusammenarbeit mit Herstellern, realisiert. Das Aktionsgebiet ist der Grossraum Zürich. Für filialisierte Grosskunden ist man auch überregional tätig. Pro Jahr werden rund sechs bis acht Umzugsprojekte durchgeführt.

Die Kundenstruktur besteht aus rund 60 namhaften Industrieunternehmen im Grossraum Zürich. Empfehlungen und persönliche Beziehungen aus dem Handelsgeschäft haben zu einem schrittweisen, weitgehend passiven Aufbau des Dienstleistungsgeschäfts geführt. Kunden der Senn AG sind vorwiegend mittelgrosse Unternehmen. Diese verfügen bei Umzugsprojekten meist über keine ausreichenden internen Kapazitäten, um das Projekt eigenständig zu steuern. Im Vergleich zu Grossunternehmen bestehen keine auf Umzugsprojekte oder bauliche Massnahmen spezialisierte interne Abteilungen. Wichtige Kundensituationen sind Standortwechsel, der Aufbau neuer Filialen, Mietoptimierungen, Neubauten und Sanierungen.

Der Marketingprozess für Umzugsdienstleistungen beginnt mit einem Vorgespräch, das der Abklärung dient. Auf Basis dieses Gespräches, wird ein verbindliches Angebot erarbeitet, das alle erforderlichen Dienstleistungsbestandteile enthält (z.B. Innenausbau, Elektriker, Maler, Reinigungsarbeiten, Verpackung, Transport, Projektsteuerung). Teilweise werden die Realisierungszeiten (wegen Betriebsausfällen) und der Kostenrahmen verbindlich garantiert (Konventionalstrafe im Verzugsfall).

Bereits die Ausarbeitung des Angebots, teilweise die damit verbundene Besichtigung des Objektes mit Handwerksunternehmen, wird nur gegen Verrechnung erbracht. Aufgaben der Projektsteuerung, und Überwachung anderer operativer Aufgaben, werden ebenfalls gesondert verrechnet. Zusätzlich angebotene handwerkliche Leistungen externer Partner (Transport, Reinigung usw.) werden lediglich vermittelt.

Wesentliche Hilfsmittel im Vertriebsprozess sind eine einfache Dokumentation der Grundleistungen, sowie eine Referenzliste. Grundsätzlich haben Referenzen einen herausragenden Stellenwert. Im Laufe der Jahre hat sich hierdurch

auch die Verhandlungsposition des Dienstleistungsanbieters deutlich verbessert. Zu Beginn der Tätigkeit waren wesentlich höhere Zugeständnisse an Kundenunternehmen erforderlich, um das Geschäft zu entwickeln.
Zentrale *Erfolgsfaktoren* dieses Modells lassen sich wie folgt beschreiben:

- Durch den *Einbezug externer Partner* gelingt es dem Unternehmen trotz geringer Betriebsgrösse, umfassende Problemlösungen zu realisieren. Das Unternehmen konzentriert sich auf die mit dem Handelsgeschäft entwickelten Kompetenzen, und die ‚Systemführerschaft'. Andere Leistungen werden durch ein Netzwerk an kleineren Partnerfirmen realisiert.

- Wesentliche Bedeutung kommt dem *operativen Problemlösungsverhalten* zu. Als erfolgskritisch werden von den Unternehmensvertretern zwei Aspekte genannt: Die *Sensitivität für Kundenprobleme*, sowie der *Mut zur klaren Verrechnung* aller Dienstleistungen. Hierzu zählt auch, gegebenenfalls auf einen Auftrag zu verzichten, wenn der Kunde unrealistische preisliche Zugeständnisse erwartet.

- Durch Umzugsaufträge gelingt es dem Unternehmen auch, zusätzliche *Handelsgeschäfte* zu realisieren. Im Vergleich zum ‚gewöhnlichen Handelsgeschäft' lässt sich i.d.R. ein Preispremium erzielen. Grundsätzlich erfordert der parallele Verkauf von Produkten, im Rahmen des Problemlösungsgeschäftes, ein ‚*gewisses Einfühlungsvermögen*', um das Vertrauensverhältnis zum Kundenunternehmen nicht zu stören. Im Kundenunternehmen darf nicht der Eindruck entstehen, das Dienstleistungsgeschäft würde vor allem dazu missbraucht, etwa neue Möbel, zu für den Kunden ungünstigen Konditionen, abzusetzen.

Die *Büro Sona AG in Winterthur* ist, wie die Senn AG in Zürich, ein Fachhandelsunternehmen kleinerer Betriebsgröße, mit sieben Mitarbeitern, darunter zwei Monteuren. Das Qualifikationsprofil der Mitarbeiter beider Unternehmen ist vergleichbar. Mit zwei weiteren Händlern werden selektiv Synergiepotentiale realisiert, so etwa im Einkauf, aber auch bei Montage und Lagerführung.

Für die Büro Sona AG waren zurückgehende Umsätze im Sachleistungsgeschäft die Veranlassung, sich stärker mit Dienstleistungsmarketing auseinanderzusetzen. Das Problem lag in einer zu geringen Auslastung des Montageteams, und auch des vorhandenen Lagers. Das Ziel neuer Dienstleistungsangebote bestand primär darin, Deckungsbeiträge für einen vorhandenen Fixkostenblock zu erwirtschaften.

Der Schwerpunkt des Unternehmens wird nach wie vor im Handelsgeschäft gesehen. Im Umzugsmanagement beschränkt man sich ebenfalls auf solche Dienstleistungen, die ohne grossen Zusatzaufwand mit dem bestehenden Potential bewältigt werden können. Umfangreiche bauliche Massnahmen, die zusätzlich etwa einen Architekten erforderten, oder die Koordination von Handwerksleistungen, werden bewusst nicht angeboten. Grundsätzlich aber, werden hier Reserven und Ausbaumöglichkeiten gesehen.

Im Vordergrund der Vermarktung steht die Nutzung des bestehenden Kundenpotentials (Cross - Selling). Kunden werden im Tagesgeschäft auf die Option ‚Umzugsmanagement' angesprochen. Dem Briefverkehr und Angeboten der Firma wird ein Werbeblatt beigelegt. Kunden sind vor allem grössere Unternehmen mit grossen Verwaltungen. Nach gesammelten Erfahrungswerten sind Unternehmen etwa bis zu einer Grösse von rund 20 Mitarbeitern als ergiebige Kundengruppe zu qualifizieren. Die Vermarktung der Dienstleistungen wird insb. durch bestehende persönliche Kontakte und Beziehungen gefördert. Zusätzliche Werbeaktivitäten, oder eine aktive Akquisition, werden nicht betrieben.

Diese eher passive Vermarktung hat dennoch die unternehmerischen Ziele erfüllt. Der Umsatzrückgang konnte voll ausgeglichen werden. Der Anteil an Umzugsleistungen liegt zwar bei einem nur einstelligen Prozentbetrag, jedoch ist die Hebelwirkung auf die Umsatzrendite erheblich, da keine zusätzlichen Aufwände entstanden. Der Ergebnisbeitrag ist mit dem eines zusätzlichen Aussendienstmitarbeiters vergleichbar.

Im Bereich Umzugsmanagement werden alle Dienstleistungen konsequent *nach Stundenaufwand* verrechnet. Auch Planungsleistungen, die man im Zusammenhang mit der Neubeschaffung von Büromöbeln nur indirekt verrechnet, können hier separat direkt verrechnet werden. Wesentliche *Problemfelder* im Umzugsmanagement ergaben sich in zwei Bereichen:

- *Akzeptanz von Umzugsleistungen bei Monteuren*: Widerstände der Monteure zusätzliche Dienstleistungen zu erbringen, konnten durch eine Provisionierung der Dienstleistungen beseitigt werden. Die erfolgsorientierte Entlöhnung der Monteure hat in Folge auch dazu geführt, dass den Kunden nunmehr aktiv die neuen Dienstleistungen angeboten wurden.
- *Vergleichsrechnungen zwischen Umzugsdienstleistungen und Neubeschaffungen:* Gegenüber Kunden gehört eine Vergleichsrechnung zwischen einerseits der Inanspruchnahme von Umzugsdienstleistungen, mit Weiternutzung des bestehenden Mobiliars, und andererseits der Neubeschaffung, zu den kritischen Bereichen des Angebots von Umzugsdienstleistungen. Im Gegensatz zu unabhängigen Dienstleistern, können Fachhandelsunternehmen, in diesem Fall, keine neutrale Bewertung vornehmen. Nicht in jedem Kundenprojekt ist jedoch eine entsprechende Bewertung von Bedeutung.

Zusammenfassend lassen sich bei der Sona AG die folgenden Erfolgsfaktoren identifizieren:

- *Konzentration der Kräfte und Nutzung vorhandener Ressourcen:* Für die Grösse des Unternehmens wurde ein realistischer Leistungsumfang gewählt, der die vorhandenen Kompetenzen sinnvoll ausnutzt.
- *Firmenimage:* Bei der Vermarktung wurden die Bekanntheit des Unternehmens und die langjährigen Kontakte genutzt. Ein wesentlicher Umsatzanteil entfällt auf zwei bestehende Grosskunden, mit denen eine regelmässige Zusammenarbeit vereinbart wurde (Planungen und Lagerhaltung).
- Der Wettbewerbsvorteil gegenüber Spediteuren wird in der Produktkenntnis, und Servicequalität bei Transport und Montage, und in der Planungskompetenz gesehen. Büromöbelanbieter verfügen über eine vergleichsweise *höhere Problemkenntnis und Anwendungsnähe.*

5.1.4.4 Neue Aufgaben in der Verkaufsorganisation

Mit dem Ziel, Dienstleistungen stärker in das Geschäft ‚Industrieller Anbieter' zu integrieren, steigen die Anforderungen an die Dienstleistungskompetenzen der Mitarbeiterinnen und Mitarbeiter im Verkauf[287].

Slywotzky verweist in diesem Zusammenhang auf eine Veränderung der Distribution, bzw. der Warenverteilung[288]. Er geht davon aus, dass es zu einer Polarisierung der Vertriebskanäle kommt. Dabei wird für die heutige Zeit ein Wandel vom ‚Zeitalter der Produktion' hin zum ‚Zeitalter der Distribution' unterstellt. Seinen theoretischen Ansichten zufolge, kommt es im Rahmen dieser Entwicklung zu einer Polarisierung der traditionellen Vertriebsstrukturen für Büromöbel.

Angewandt auf die Büromöbelindustrie wird damit ein Qualifizierungsdruck für den traditionellen Fachhandel unterstellt (Bewegung nach rechts in der gezeigten Graphik, *Darstellung 5.17 Position des traditionellen Aussendienstes, f.S.*). Dies gilt insbesondere für solche Unternehmen, die sich weiterhin als ‚echter Problemlöser' am Markt behaupten und auch profilieren wollen.
Parallel dazu wird es zu ‚günstigeren Büromöbelabholmärkten' kommen, die vereinfachte Möbelprodukte in grösseren Mengen absetzen wollen (s. *Kap. 3.3 Struktur der Büromöbelindustrie, S. 34ff.*, insbesondere *Kap. 3.3.2 Handel für Büromöbel, S. 37ff.*).

Im Fall einer engen organisatorischen Integration neuer Dienstleistungsgeschäfte in das angestammte Industrielle Möbelgeschäft, wie hier beim Scenario ‚Transformation', ergeben sich hohe Anforderungen an die Aussendienstorganisation.

Grundsätzlich ergibt sich bereits aus diesen kurzen theoretischen Überlegungen ein erheblicher Ausbildungs- bzw. Qualifizierungsdruck für den Aussendienst.

---

287 Gronwald/ Rust/ Schmalholz 1999, S. 150; O.V. 1999d, S. K3; Corcoran u.a. 1997, S. 147; Belz 1996, S. 236ff.; Loss 1995, S. 87ff.; s.a. *Kap. 10. Ausblick und weiterführende Untersuchungen, S. 369ff.*.

288 Slywotzky 1997, S. 199ff.

Dar. 5.17: Position des traditionellen Aussendienstes[289]

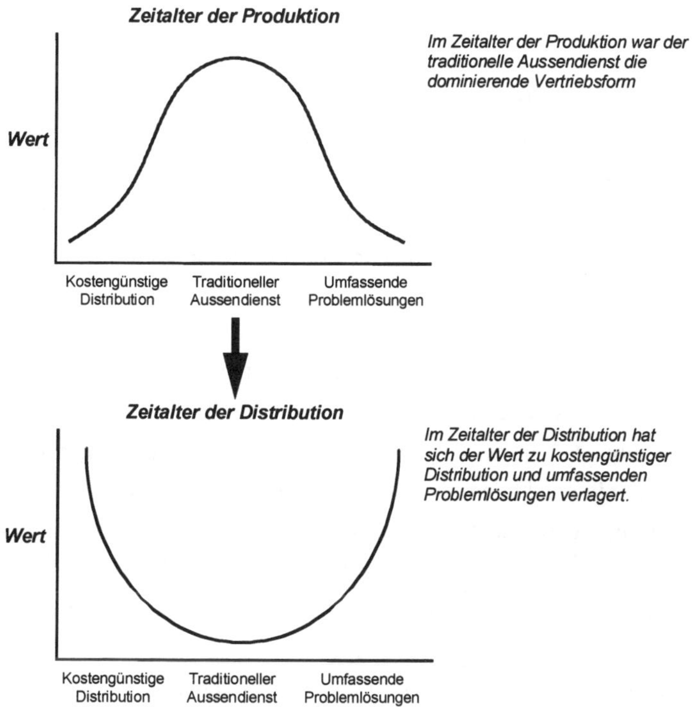

Neben der bereits diskutierten schwierigen Wechselwirkung aus Industrie- und Dienstleistungsgeschäft, etwa dem Neutralitätsproblem bei Planungsdienstleistungen, oder fehlender Kundenakzeptanz bei innovativen, komplexen Dienstleistungen, ist u.E. vor allem die fehlende ‚Dienstleistungskompetenz' der Aussendienstmitarbeiterinnen und -mitarbeiter, als grundlegende Ursache für die mangelnde direkte Verrechnung von Dienstleistungen zu nennen.

289 Slywotzky 1997, S. 199

Die häufig in der Praxis beklagte Margenerosion bei Büromöbeln lässt sich somit nicht ausschliesslich mit einem zunehmend preisbetonten Beschaffungsverhalten erklären. Ein typisches Beispiel zeigt sich etwa in der mangelnden direkten Verrechenbarkeit von Dienstleistungen. Viele der Mitarbeiterinnen und Mitarbeiter scheinen trotz sinkender Margen bei Produkten, einseitig auf Umsätze zu schauen, während andererseits Grössen wie ‚Gewinn', bzw. ‚Deckungsbeitrag', völlig ausser acht bleiben. Leistungen von Planern, Monteuren und dem Lieferservice bleiben unberücksichtigt.
Die direkte Verrechnung von Dienstleistungen gelingt nur auf der Geschäftsleitungsebene. Referenzprojekte finden in der Vertriebsorganisation häufig keine Wiederholung.

Bei allen Teilaspekten der Dienstleistungskompetenz für Aussendienstmitarbeiterinnen und -mitarbeiter in der Büromöbelindustrie, lassen sich deutliche Reserven identifizieren[290]. Die im Gegensatz zum Scenario ‚Transformation', im Scenario ‚Autonomie' diskutierte konsequente Trennung neuer Dienstleistungsgeschäfte vom angestammten Industriegeschäft, kann aus dieser Sicht als pragmatische Antwort gesehen werden. Hierdurch wird das Problem fehlender Dienstleistungskompetenz von Aussendienstmitarbeiterinnen und -mitarbeitern im Industriellen Kerngeschäft ‚elegant umgangen'[291].
Klarer Indikator für diese Defizite sind die von innovativen Unternehmen beklagten mangelnden Synergieeffekte zwischen Dienstleistungstochtergesellschaft und Möbelvertrieb[292].

Fasst man die Ergebnisse der Expertengespräche zusammen, so gelingt es heute nur in Ausnahmefällen, häufig nur auf Geschäftsleitungsebene, Dienstleistungen direkt zu verrechnen[293]. Trotz der Komplexität der Verrechnungsproblematik mangelt es im Durchschnitt im Aussendienst an der Kompetenz, Dienstleistungen in konkreten Kundensituationen bedarfsgerecht zu argumentieren.

---

290 Expertengespräch Leitner; Keller AG, Bern; Bene Consulting

291 Expertengespräch Lista, Bene Consulting, Plan Quadrat, Hirschberg

292 Expertengespräch Bene Consulting

293 Alle Expertengespräche

Man vermeidet es, zusätzliche Verhandlungen für einzelne Dienstleistungen ‚in Kauf zu nehmen'. Trotz aller bisher unternommenen Anstrengungen, werden Dienstleistungspreise im Kundenunternehmen bisher nicht selbstbewusst durchgesetzt. Selbst wenn eine nur indirekte Verrechnung von Planungs- und Beratungsdienstleistungen beabsichtigt wird (s. *Kap. 5.1.2 Scenario ‚Profilierung', S. 93ff.*), verzichtet der Möbelanbieter auf wichtige Wettbewerbsvorteile im Verkaufsprozess[294].

Vergleicht man die rein fachliche Kompetenz der Planungsexperten in Vertriebsorganisationen und Handelsunternehmen, mit jener Institutioneller Dienstleistungsspezialisten (s. *Kap. 7 Dienstleistungsfelder ‚Systemgestaltung', S. 251ff.*), so konnten wir bei unseren Erhebungen, bei aller Ungenauigkeit, eines solchen Vergleichs, bei führenden Handelsunternehmen ein durchaus sehr hohes Niveau im Planungs- und Beratungsbereich feststellen[295].

In akzentuierter, stichwortartiger Form sollen abschliessend nochmals die wesentlichen Unterschiede beider Verhaltensweisen für den Verkauf herausgearbeitet werden (s.u. *Darstellung 5.18*).

Dar. 5.18: Neue Anforderung an die Vertriebsorganisation[296]

Merkmale	Anforderungsprofile für Vertriebsorganisation	
	Traditioneller Verkauf	Beratungsorientierter Verkauf
Marktleistung des Anbieters	Industrielle Leistungen im Vordergrund, Dienstleistungen flankierend	Industrielle Leistungen, Dienstleistungen und Leistungssysteme
Rolle des Verkäufers	• Individualistisch geprägte Denkhaltung • Konzentriert auf persönliche Kenntnisse und Fähigkeiten, und die Wertbewerbsposition des eigenen Unternehmens	• Koordinator und Projektmanager • Berater, ‚Knowledge - Broker' • Partner • Schlüsselfigur für das Geschäft des Kunden

294 Backhaus 1999, S. 26ff.; Stolz 1997, S. 32; Miller/ Heiman 1992, S. 30; Grosse – Oetringhaus 1990, S. 26ff.; Schnakenburg, v. 1989, S. 109

295 Alle Expertengespäche z.B. Plan Objekt, Büromarkt Streit, Bierbrauer + Nagel, designfunktion

296 nach Corcoran u.a. 1997, S. 82ff.; Shapiro 1995, S. 165ff.; Belz 1991a, S. 10

	Traditioneller Verkauf	Beratungsorientierter Verkauf
Schwerpunkt der wechselseitigen Beziehung	• Angebots - Dominanz • Erfüllung der Funktionen	• Dominanz von Kundenproblemen • Wertschöpfungskette des Kunden • Beitrag zum Erfolg des Kunden
Beziehung zwischen Kunden und Verkäufer	• Minimale Beteiligung des Kunden • Maximales Engagement vom Verkäufer	• Starke Beteiligung von Beiden
Informationsfluss	• In eine Richtung: vom Verkäufer zum Kunden	• In beide Richtungen
Kenntnisse des Verkäufers	• Produkt- und Anwenderspezifikation • Generelle Leistung und Kosten • Produktbezug • Wettbewerbssituation des eigenen Unternehmens	• Service und Funktionen der Leistung als Ganzes (Perspektive Gesamtsystem) • Bedürfnisbezug, Branchen- und Managementtrends beim Kunden • Spezifische Leistungen und Kundennähe, Wettbewerbssituation des Kundenunternehmens; strategische Bedürfnisse
Erwünschte Fähigkeiten	• Fähigkeiten im direkten Verkauf	• Fähigkeiten im direkten Verkauf, einschliesslich intensiver Sondierung • Lösen strategischer Probleme • Demonstrieren, wie Lösungen zum Erreichen strategischer Ziele führen • Teamaufbau und -arbeit
Arbeitsteilung und Kooperation	• Verkäufer am Entscheidungsprozess nicht beteiligt und isoliert	• Neue Arbeitsteilung und Partnerschaft • Kooperative Entwicklung der Gesamtleistung im Rahmen anspruchsvoller Kundenprojekte
Einbeziehung des Verkäufers in die Nutzungsphase	• Sehr gering: ‚hit and run' • Übergehen zum nächsten Kunden	• Der Verkäufer unterhält weitere Verbindung mit der Organisation des Kunden, um eine erfolgreiche und langfristige Ausführung sicherzustellen • Der Verkäufer leitet die Aktivitäten des Prozesses der Kundenbeziehung durch alle Verkaufs- und Dienstleistungszyklen

5.1.4.5 Die interne Verrechnung von Dienstleistungen

a) Verrechnungsmodelle für Leistungssysteme

In der Büromöbelindustrie wurden in den letzten Jahren verschiedene Verrechnungsmodelle entwickelt. Auf Grundlage unserer Erhebungen gibt der folgende Teil hierzu einen Überblick.

Im Rahmen von Einrichtungsprojekten, zeigen die einzelnen Modelle grundsätzliche Möglichkeiten *zur direkten Verrechnung produktbegleitender Dienstleistungen*, d.h. vor allem von Planungsdienstleistungen und Logistikdienstleistungen. Die Verrechnungskonzepte dienen in diesem Zusammenhang als Grundlagen, Dienstleistungspreise zu ermitteln.

Wesentliche *Einflussfaktoren* der Verrechnungspraxis wurden bereits erläutert. Sie bestehen vor allem in der *Nähe der Dienstleistungen zur Industriellen Kernleistung*. Eng damit verbunden ist die *'Doppelfunktion'* von Dienstleistungen einerseits als echte Wertschöpfung, andererseits als Instrument der Kunden- und Interessentenbindung (*Kap. 4.3 Nähe Industrieller Dienstleistungen zum Industriellen Kerngeschäft, S. 86ff.*, sowie *Kap. 5.1.2 Scenario 'Profilierung', S. 93ff.*).

Eine grobe Systematisierung der in der Büromöbelindustrie zu beobachtenden Verrechnungmodelle zeigt *Darstellung 5.19 Systematische Betrachtung der Verrechnungsmodelle, f.S.*. Bezüglich ihrer *Reichweite und Flexibilität*, lassen sich bei den Verrechnungsmodellen einerseits Regelungen von Einzelfällen, andererseits solche für eine Vielzahl von Fällen unterscheiden. Im letzteren Fall wird versucht, das Verrechnungsproblem durch einheitliche branchenbezogene Verbandsübereinkünfte, oder durch leistungsbezogene, allgemeinverbindliche Regelungen (z.B. HOAI) für alle Anbieter zu begrenzen. Zugeständnisse in Einzelfällen, sollen durch eine Einschränkung des strategischen Preissetzungsverhaltens vermieden werden.
In der Praxis dominiert jedoch klar die individuelle Vereinbarung der Leistungsverrechnung. Der *Gestaltungseinfluss kann von Angebots- oder Beschaffungsseite*

dominiert sein. Wettbewerbsmodelle finden sich etwa im Bankeneinrichtungsbereich und unterbinden im Vorfeld Verhandlungen über die Verrechnung von Planungs- und Beratungsdienstleistungen[297].

Dar. 5.19: Systematische Betrachtung der Verrechnungsmodelle[298]

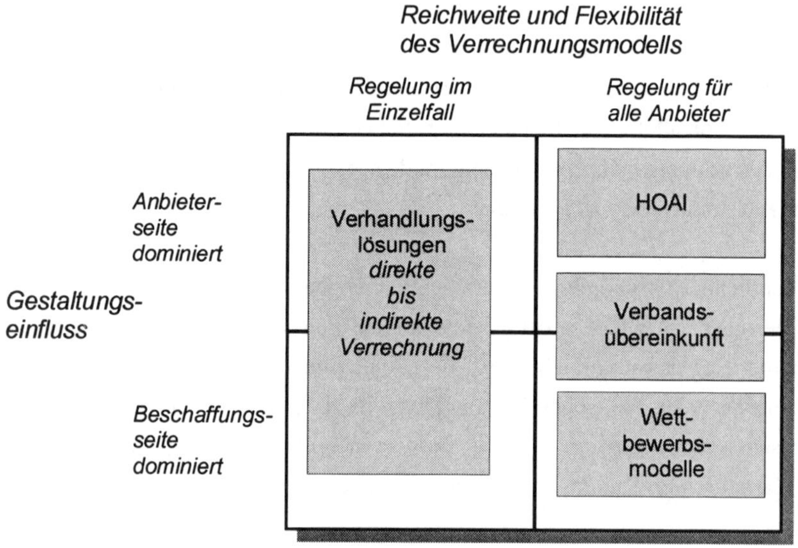

Branchenstandard ist die *indirekte* Verrechnung von Dienstleistungen. Durch innovative Ansätze einzelner Unternehmen, meist in Verbindung mit Verhandlungen, ergeben sich häufig Mischformen der Verrechnung (s. *Darstellung 5.13 Leistungssegmentierung nach Produktgruppen, S. 134*). Entsprechend liegen die folgenden Praxisbeispiele auf einem Kontinuum zwischen ‚*vollkommen direkter*' und ‚*vollkommen indirekter Verrechnung*'.

297 Expertengespräch De La Rue – Plan Objekt

298 Eigene Darstellung

- Vollkommen indirekte Verrechnung

Bei der ‚vollkommen indirekten Verrechnung' werden sämtliche zum Industriellen Kernprodukt hinzutretende Dienstleistungen (Planung, Montage usw.) über den Produktpreis verrechnet (s. systematisch *Kap. 5.1.2 Scenario ‚Profilierung', S. 93ff.*). Der Anbieter verrechnet das gesamte Leistungssystem zum Komplettpreis. Der Dienstleistungsaufwand wird situativ durch die verantwortlichen Verkaufsmitarbeiterinnen und -mitarbeiter bestimmt. Wesentliche Einflussfaktoren sind Merkmale der Sachleistung, das Verhalten des Kunden (z.B. empfundenes Beschaffungsrisiko) und Merkmale der Wettbewerbssituation (z.B. hohe Wettbewerbsintensität). Die ‚vollkommen indirekte Verrechnung' entspricht dem Branchenstandard. Typische Praxissituationen werden mit zwei Kurzbeispielen dargestellt (s. *Px. 5.1 Indirekte Verrechnung von Planungs- und Beratungsdienstleistungen, S. 96ff.*; *Px. 5.7 Konzentration auf das Handelsgeschäft, und Steuerung der Problemlösungsqualität, S. 207ff.*).

- Vollkommene ‚Entbündelung des Leistungssystems'

Bei der vollkommenen ‚Entbündelung' des Leistungssystems werden sämtliche Industriellen und dienstleistungsbezogenen Komponenten der Problemlösung getrennt ausgewiesen und direkt verrechnet (sog. ‚unbundling')[299]. In der Praxis war diese Form der Verrechnung lediglich in einem einzigen Fall, und hier auch nur testweise zu beobachten (*s. Px. 9.2 Dienstleistungsmarketing und Interne Verrechnung, S. 344ff.*).

Zusammenfassend lässt sich feststellen, dass mit der Entbündelung jede der bisher erbrachten (internen) Dienstleistungen im offenen Wettbewerbsvergleich mit für den Kunden denkbaren Alternativen steht. Der Marketingprozess des ursprünglich zum Komplettpreis angebotenen Leistungssystems spaltet sich auf. Es ergeben sich zahlreiche Verkaufsprozesse für Einzelleistungen, die separat verhandelt werden müssen.

Die Funktion von Dienstleistungen als Akquisitionsinstrument wird hierdurch relativiert, und muss vom Aussendienst durch kommunikative Fähigkeiten kompen-

---

299 Loss 1996, S. 196; Trachsler 1996, S. 27

siert werden (s. *Kap. 9.2 Instrumente im Marketingprozess, S. 353ff.*). Hierin besteht vermutlich das grösste unternehmensinterne Umsetzungshindernis.
Allerdings ergeben sich auch marktseitige Barrieren, da etablierte ‚Branchenspielregeln' durch einen einzelnen Anbieter verändert werden.

Die ‚strategischen Freiheitsgrade' des Anbieters bestimmen, inwieweit der Verrechnungsansatz am Markt durchsetzbar ist (s.a. *Kap. 5.1.4.3 Strategische Freiheit bei der direkten Verrechnung, S. 135ff.*).

- ‚Entbündelung' von Leistungssystemen, Kooperation in Netzwerken und Synergiefrage

Die ‚Entbündelung' und Verhandlungsführung um Teilleistungen ist in solchen Marketingsituationen von besonderer Relevanz, in denen Büromöbelanbieter beabsichtigen, parallel zum Industriellen Kerngeschäft, qualifizierte Beratungs- und Planungsprodukte, oder nutzungsbegleitende Dienstleistungen, anzubieten.
Ohne die Fähigkeit, qualifizierte Beratungsprodukte mit der Kundenseite verhandeln zu können, ergeben sich keine Synergien zwischen Industrie- und Dienstleistungsgeschäft (s. z.B. Tochtergesellschaften; s. *Kap. 5.1.3 Scenario ‚Autonomie', S. 109ff.*).
Darüber hinaus zeichnet sich bei Grosskunden die Anforderung ab, dass der Projektverantwortliche auf der Kundenseite, möglichst umfassend über die Dienstleistungsqualität und auch einzelne Preise der Teilleistungen informiert sein will[300].

Ergeben sich infolge eines Beratungsgeschäfts, oder sonstigen Dienstleistungsauftrags (z.B. Umzugsmanagement), Aufträge für den Industriellen Geschäftszweig, entstehen wiederum Wechselwirkungen in der Leistungsverrechnung. Es stellt sich hier nun die Frage, inwieweit auch die Mitarbeiterinnen und Mitarbeiter des Beratungsgeschäfts, an einer Provision, bzw. an einer Synergieprovision, partizipieren sollten.

---

300 Expertengespräch Contura

In der Praxis ergeben sich offenbar zahlreiche Wechselwirkungen zwischen dem Dienstleistungs- und dem Büromöbelbereich. Einige Beispiele hierzu sind[301]:

- Vorzugskonditionen für bestehende Büromöbelkunden auf Dienstleistungen.
- Teilweise offerieren Büromöbelanbieter bauliche Komplettangebote (z.B. Sanierung). Entstehen gleichzeitig, neben den Aufträgen für den Dienstleistungsbereich (z.B. komplette Planung, Ausschreibungen der baulichen Leistungen, Vergabe und Verhandlungen, Überwachung mit Abnahme), auch Aufträge für den Büromöbelanbieter, werden hierauf besondere Preise angewandt.
- Vorzugskonditionen auf Sachleistungen (Architektenrabatt).
- Auf eine gesonderte Verrechnung der Koordination und terminlichen Steuerung der Teilleistungen (z.B. von Handwerksbetrieben) wird im Auftragsfall, beim Büromöbelkauf oder weiteren Planungsleistungen, verzichtet.

b) Interne Verrechnung und Anreizsysteme

Im folgenden Teil soll auf Möglichkeiten der internen Verrechnung eingegangen werden. Es ist bewusst eine Sammlung an Ideen, ohne Anspruch auf Vollständigkeit oder Geschlossenheit, die dennoch einige Anregungen vermittelt.

Verrechnungsmodelle könnten eine wesentliche Grundlage bilden, bisher produktbegleitend angebotene Dienstleistungen schrittweise zu eigenständigen Marktleistungen zu entwickeln[302] (s. *Kap. 4.1 Ziele von Büromöbelanbietern im Dienstleistungsmarketing, S. 59ff.*).
Wir unterscheiden hierbei *interne* und *externe Verrechnungsmodelle. Externe Verrechnungsmodelle* betrachten die Verrechnung von Dienstleistungen gegenüber *Kundenunternehmen* unter Markt- und Wettbewerbsbedingungen.

---

301 alle Expertengespräche
302 Belz u.a. 1997, S. 42

Wir gehen davon aus, dass die externe Verrechnung, im Kunden - Anbieter - Verhältnis, auf den gesetzlichen Regeln der HOAI basiert. Die HOAI bildet die Untergrenze (staatlicher Mindestpreis), bzw. die Verhandlungsgrundlage für Kundenunternehmen und Architekten, auf der man einen Vertrag aufbauen kann. Darüber hinaus gilt, auch ohne gesonderte Vereinbarung, die HOAI zwingend, für in die Kammer eingetragende Innenarchitekten[303]. Alternative Formen externer, *nutzenorientierter* Verrechnungsmodelle reichen bis in das Feld des ‚Performance Contracting' (s. *Kap. 10. Ausblick und weiterführende Untersuchungen, S. 369ff.*). Damit Planungskräfte sich als Innenarchitektin oder -architekt öffentlich bezeichnen, und entsprechend werben können, müssen sie zwingend Mitglied der Architektenkammer sein.

Die *interne Verrechnung von Dienstleistungen* kann als erster Schritt gesehen werden, *Veränderungsprozesse in Vertriebsorganisationen* einzuleiten. *Interne Verrechnungssysteme* sollen den Wertverzehr von produktbegleitenden Dienstleistungen, innerbetrieblich, oder im Rahmen von Anbieterkoalitionen, sinnvoll erfassen. Durch Dienstleistungen entstandene Kosten, sollen möglichst detailliert in die Ergebnisrechnung der Vertriebsorganisation, und damit verbunden in die variable Vergütung des Aussendienstes, Eingang finden. Bedeutende Kostenarten in der Büromöbelindustrie sind hierbei vor allem Planungs- und Logistikkosten (Musterstellungen, Montage, Transport). Beabsichtigt wird somit eine möglichst umfassende Transparenz interner Kunden – Lieferanten - Beziehungen[304]. Die Einführung einer internen Verrechnung kann vorerst unabhängig von einer weitergehenden direkten Verrechnung (externe Verrechnung) von Dienstleistungen gegenüber Kundenunternehmen gesehen werden.

Verbunden mit der Einführung eines innerbetrieblichen Informations- und Verrechnungssystems wird meistens eine Grundstruktur der vom Anbieter erbrach-

---

303 Zur HOAI s. *Kap. 7 Dienstleistungsfelder ‚Systemgestaltung', S. 251ff.*, insb. *Kap. 7.1.5 Verrechnung von Planungsdienstleistungen, S. 262ff.*, bzw. *Kap. 7.2.4 Verrechnung von Beratungsdienstleistungen, S. 284f.*.

304 Weiss 1995, S. 32

ten Dienstleistungen ausgearbeitet (Dienstleistungsmodule), die wiederum extern verwendet werden kann (z.B. für Angebote)[305].

Dar. 5.20: Selektive Förderung des Dienstleistungsgeschäfts[306]

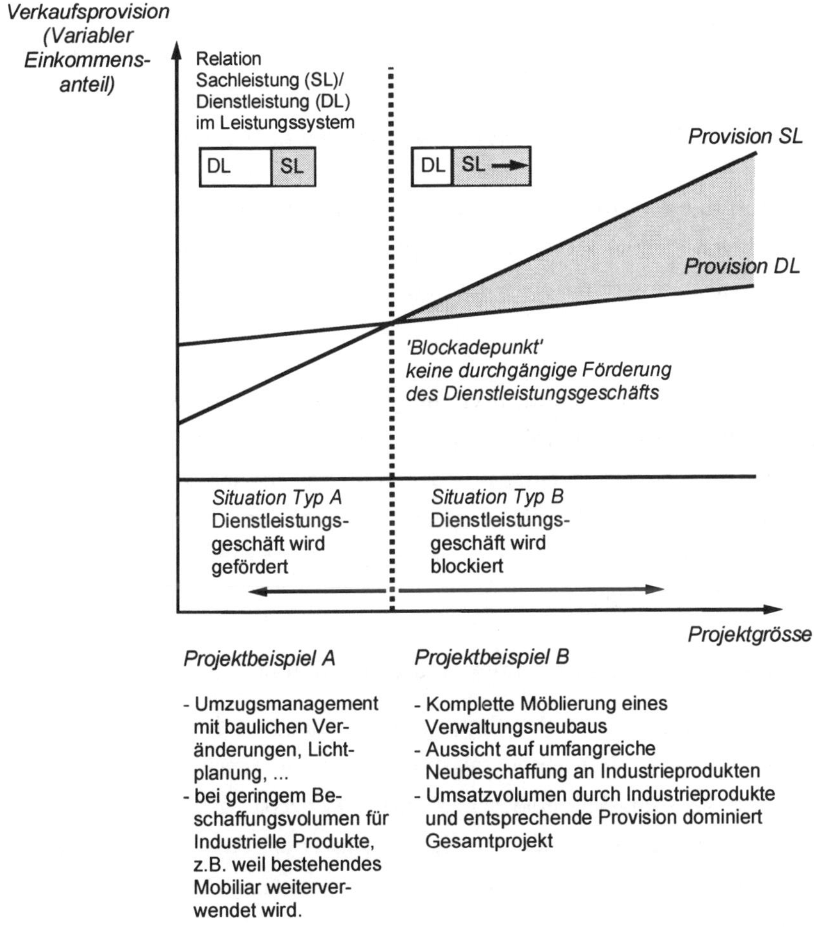

---

305 Expertengespräch Streit; König + Neurath - Fachhandelsseminar ‚Dienstleistungen'

306 Expertengespräch Streit; eigene Darstellung

Geht man von der Situation aus, dass ein Büroeinrichter an einer Methode arbeitet, seine Planungsdienstleistungen extern autonom zu verrechnen, so muss er intern zunächst für das entsprechende ‚Profit Center Aussendienst' Anreizsysteme finden, die das Dienstleistungsgeschäft, durch eine entsprechende variable Provisionsvergütung, fördern. Dabei ist die Relation der Dienstleistung zur Sachleistung von Bedeutung. Die Höhe der Provision bemisst sich nach dem zu erwartenden Dienstleistungsanteil. Dieser ist bei Geschäften mit geringem Sachleistungsanteil i.d.R. höher, als bei Projekten mit hohem Produktumsatzvolumen (s. *Darstellung 5.20 Selektive Förderung des Dienstleistungsgeschäfts, l.S.*).

Zusätzlich zu einer Provisionsregelung, kann die Entscheidungsfindung, bzgl. des Verkaufs von Planungs- und Beratungsdienstleistungen, durch das Profit Center ‚Aussendienst', als *quasi – unternehmerische Aufgabe* besondere Leistungsanreize ausüben[307].

Die objektbezogene Renditeauswertung, als messbares Erfolgsziel eines Profit Center, darf jedoch im Bereich des internen Zugriffs auf die Planungsleistung nicht nur nach Deckungsbeitrags- und ROI - Gesichtspunkten beurteilt werden. Ansonsten könnten wichtige Unternehmensinvestitionen, hier der Erhalt einer Planungsabteilung, unterlassen werden, obgleich sie für die langfristige Marktstellung bedeutsam sind[308].

c) Steuerung der internen Kosten- und Erlössituation

Zur Förderung der dezentralen Eigenverantwortung, und des unternehmerischen Denkens in diesen Vertriebsorganisationen, werden verschiedene Bereichsführungs- und Steuerungskonzepte, sog. ‚Center – Konzepte' diskutiert[309]. In Abhängigkeit vom Grad der dezentralen Eigenverantwortung lassen sich diverse Formen unterscheiden (s.u. *Darstellung 5.21 Kurzdarstellung der wesentlichen Center - Konzepte, S. 161*)[310].

---

307 Köhler 1993, S. 201ff.

308 ebd., S. 216

309 Remmel 1991, S. 59

310 Noch 1995, S. 186ff.; Weilenmann 1989, S. 936ff.

Dar. 5.21: Kurzdarstellung der wesentlichen Center - Konzepte[311]

Center - Konzept	Beschreibung	Instrumente zur Leistungsmessung
Discretionary Expense Center	• Bereich mit disponierten Kosten • i.A. lediglich die Effektivität (Output - Ziel - Beziehung), nicht aber die Effizienz (Input - Output - Beziehung) messbar • geeignet für die Organisation einer zentralen Einheit	• Budgetkontrolle • Zero Base- Budgeting
Cost - Center	• kostenorientiert • für Teilbereiche ohne direkte Schnittstelle zum Markt • erbringt interne nicht marktfähige Leistungen • messbare Input - Output - Beziehung liegt vor • geeignet für die Organisation einer zentralen Einheit	• Standardkostenrechnung • Analyse der Kostenabweichung
Revenue Center	• ertragsorientiert • erbringt interne, prinzipiell marktfähige Leistungen • wesentliche Kosten sind nicht von der Centerführung zu beeinflussen • Zielgrösse: Ergebnis ausgleichen • geeignet für die Organisation einer zentralen oder dezentralen Einheit	• Erlöse und Kosten • Markterlöse (extern) und Verrechungserlöse (intern)
Profit - Center	• ergebnisorientiert • verantwortlich für Leistungserstellung und Absatz • Zielgrösse Gewinn und weitere quantitative und qualitative Messgrössen (z.B. Marktanteil und Kundenzufriedenheit) • für Organisation dezentraler Einheiten	• Gewinn (Kosten- und Erlösabweichung)

311 nach Noch 1995, S. 188

Investment-Center	• renditeorientiert • wie Profit Center, zusätzlich mit Rendite - verantwortung • verantwortlich für das Vermögen • zwischen Profit- und Investment - Centern gibt es mehrere Zwischen-lösungen • geeignet für die Organisation einer dezentralen Einheit	• Return on Investment (ROI)

Nach Köhler verlangt das eigentliche Profit - Center - Konzept, über die abrechnungsbezogene Unterscheidung der Objektbereiche hinaus, eine Regelung der *Kompetenzen und Verantwortung* (*'Responsibility Center'*). Stellt man diese Gesichtspunkte in den Vordergrund, so gilt für das *Investment - Center*, dass die Organisationseinheiten, über ihre Investitionen in eigener Zuständigkeit beschliessen[312].

Überträgt man das Modell auf die Struktur eines Büroeinrichtungsvertriebs, der sich in die verschiedenen Profit Center der regionalen Verkaufsteams gliedert (s.a. *Px. 5.4 Organisationsstruktur eines Handelsunternehmens, S. 169ff.*), kann es jedoch zu Koordinationsproblemen und Engpässen knapper gemeinsamer Kapazitäten kommen. Hier etwa beim Zugriff auf die Planungsgruppe, als in Gemeinkosten erfasste, intern gemeinsam genutzte Dienstleistungseinheit (s.wg. unter *d) Formen der internen Verrechnung, S. 163ff.*).

Eine Ausbildung wiederum der Planungsgruppe als eigenes Profit Center, könnte, bei erfolgreicher Absatzpolitik, restriktionsverändernd auf das benachbarte Profit Center ‚Möbelvertrieb' wirken. Hierdurch würde nicht nur das eigene Umsatzpotenzial erweitert. Entsprechend ist die klassisch vertikale oder horizontale Strukturierung der Organisation gesamtunternehmerisch abzustimmen.

312 Köhler 1993, S. 190ff.

Dar. 5.22: Center - Konzepte und Unternehmensentwicklung[313]

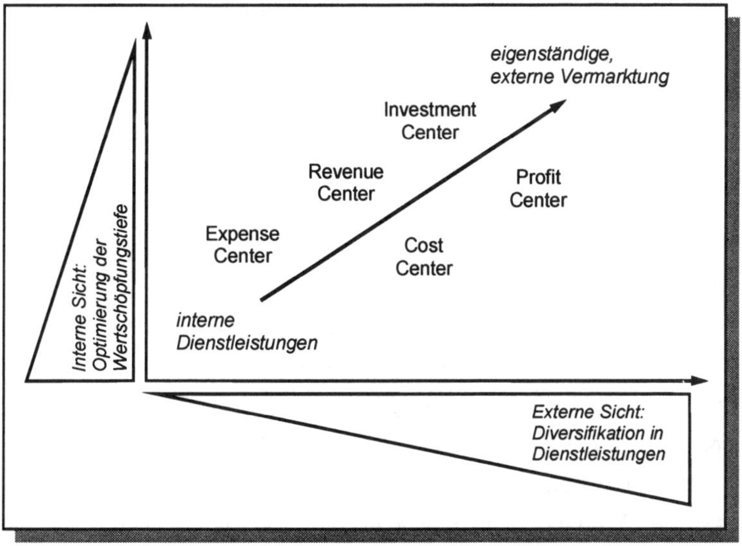

d) Formen der internen Verrechnung

In der Praxis der Büromöbelindustrie werden vor allem zwei interne Verrechnungsmodelle diskutiert:

1. Die Erfassung von Dienstleistungen als Gemeinkosten.
2. Die Prozesskostenrechnung für produktbegleitende Dienstleistungen.

Aus empirischer Sicht lässt sich die *Wahl des Verrechnungssystems* auf unternehmenskulturelle Aspekte, und Präferenzen der Geschäftsleitung, zurückführen. Zu nennen sind z.B.: das vorhandene betriebswirtschaftliche Know - how, die Unternehmensgrösse und die Überschaubarkeit der Organisation. Grössere Unternehmen mit mehreren Filialen und zentralen Dienstleistungseinheiten (z.B. ‚Büromarkt Streit') werden i.d.R. ein detailliertes Verrechnungssystem einführen[314].

313 Graßy 1996, S. 66

314 Expertengespräch Streit; Bierbrauer + Nagel; Keller AG, Bern

Die sachliche Begründung von Dienstleistungskosten gilt in der Praxis als zentrales Erfolgskriterium, um eine *direkte Verrechnung* von produktbegleitenden Dienstleistungen gegenüber Kundenunternehmen durchzusetzen[315] (s. *Kap. 9.1.2 Dienstleistungsmarketing und Verkaufsphasenmodelle, S. 337ff.*). Entsprechend erscheint bei *überschaubaren Kleinstunternehmen* mit gering ausgebildeter Arbeitsteilung, eine möglichst detaillierte Kostenerfassung von Dienstleistungen als sinnvoll, obwohl die Betriebsgrösse allein dies nicht rechtfertigt.

1. Erfassung der Planungs- und Beratungsdienstleistungen, sowie Logistikkosten als Gemeinkosten

Ein Beispiel hierzu findet sich in der Organisation des Unternehmens ‚designfunktion' (s.a. *Px. 5.4 Organisationsstruktur eines Handelsunternehmens, S. 169ff.*). Die in der Planungsabteilung entstehenden Kosten werden in Form von Gemeinkosten auf die fünf bestehenden Gebiets - Verkaufsteams umgelegt. Jede dieser Vertriebsgruppen ist damit ein Profit Center. Die Dienstleistung ‚Planung' wird als Gemeinkosten gesammelt, und umsatzabhängig auf die Profit Center verteilt. Die Vergütung des Aussendienstes wird durch die Gemeinkosten beeinflusst.Für die Anwendung dieses Verfahrens, lassen sich die folgenden Aspekte anführen[316]:

- Das Verfahren ist einfach zu handhaben. Man verzichtet auf detaillierte, zeitaufwendige Rechnungen.
- Der erforderliche Dienstleistungseinsatz (Planung und Logistik) pro Auftrag unterliegt *Schwankungen*, die sich durch das Kundenverhalten erklären. Ursachen sind etwa die Anzahl der Beteiligten in einem Projekt (Buying Center), die Risikoneigung des Kunden, das Beschaffungsvolumen, die Neuartigkeit und Wichtigkeit (z.B. Grundsatzentscheidung für bestimmte Hersteller). Man hat festgestellt, dass sich über- und unterproportionale *Dienstleistungsaufwände mittelfristig ausgleichen.* Die detaillierte projektweise Erfassung hätte keinen zusätzlichen Lerneffekt für die beteiligten Mitarbeiterinnen und Mitarbeiter zur Folge.

---

315 Expertengespräch Leitner; Keller AG, Bern

316 Expertengespräch designfunktion

- Die Höhe des Dienstleistungsaufwands in einem Projekt ist stark abhängig von der Verkaufserfahrung. Der Dienstleistungseinsatz lässt sich stärker durch mitarbeiterbezogene Qualifizierungsmassnahmen beeinflussen, als durch eine weitergehende Detaillierung des Rechnungswesens. Wichtig erscheint die Förderung der internen Zusammenarbeit (z.B. durch Teams), die Bildung überschaubarer Teileinheiten und Massnahmen wie Verkaufsschulungen[317].
- Eine stufenweise Deckungsbeitragsrechnung in Kombination mit einer Profit - Center - Rechnung für einzelne Verkaufsgebiete ist ausreichend, um in der Vertriebsorganisation eine unternehmerische Denkweise zu fördern.

Nachteile dieses Systems könnten allerdings darin bestehen, dass die Ansprüche der einzelnen Verkaufsteams auf die Dienstleistungen der Planungskräfte vorab nicht kostenstellenbezogen verrechnet werden.

2. Prozesskostenrechnung für produktbegleitende Dienstleistungen
Die zweite in der Praxis zu beobachtende Methode zur Internen Verrechnung von Dienstleistungen, ist die Anwendung der *Prozesskostenrechnung.* Die Prozesskostenrechnung hat das Ziel, den Block der als Gemeinkosten erfassten produktbegleitenden Dienstleistungen detaillierter aufzuschlüsseln. Entsprechend wird der Prozessbeitrag (Teilprozess) jedes Leistungsträgers am Gesamtprozess eines Einrichtungsprojektes exakt erfasst. *Die Prozesskostenrechnung erlaubt somit eine projektbezogene Auswertung der Kosten- und Erlössituation, d.h. Projekterfolgsrechnung.* Ein typisches branchenbezogenes Beispiel ist die exakte Erfassung der Planungsleistungen, nach Zeit und Kosten, pro Einrichtungsprojekt. Das Fachhandelsunternehmen ‚Haas' in Erlangen verwendet zur Erfassung der *Logistikkosten* ein *‚Zonenmodell'* zur Berechnung seiner Lieferungen für Büromöbel. Unter Berücksichtigung eines sog. ‚Ladefaktors' (Nutzung der Ladefläche des LKW pro Möbelstück) wird die exakte Zurechnung der Auslieferungskosten zu Einrichtungsprojekten ermöglicht. Montagekosten werden analog ebenfalls projektspezifisch erfasst[318].

---

317 Expertengespräch Keller AG, Bern

318 Fachhändler ‚Haas' in Erlangen beim König + Neurath - Fachhandelsseminar ‚Dienstleistungen'

Eine mögliche *Weiterentwicklung* der vorgestellten Verrechnungssysteme könnte darin bestehen, zusätzlich *projektbezogene* Plangrössen[319], bzw. Target Costs[320], einzuführen. Dies ist heute etwa bei der Vermarktung grosstechnischer Anlagen, bzw. im Bereich der Produktentwicklung, üblich. Auf Grundlage des geschätzten Projektvolumens (Planerlös), und eines vorab definierten Gewinnziels, werden Dienstleistungsbudgets oder Deckungsbeiträge für jedes Projekt festgelegt. Anhand bestehender Erfahrungswerte könnte beispielsweise für jedes Projekt eine Verrechnungsschwelle festgelegt werden, bei der, bedingt durch einen überproportionalen Dienstleistungsaufwand, die geplante Zielrendite nicht mehr erreicht wird. Für den Wohnmöbelhandel werden durchschnittlich rund 8 - 10 % des Endverbraucherpreises für den Verkauf und Planungsdienstleistungen veranschlagt[321]. Sind Budgets für die Planungs- und Beratungsleistungen ausgeschöpft, müssen Abweichungen begründet, bzw. zusätzliche Verhandlungen mit der Kundenseite geführt werden.

Weitergehend werden so, wie bei der Methode des Target Costing üblich, bestehende Strukturen hinterfragt. Auf diese Weise kann man Effizienzreserven und Kostensenkungsmöglichkeiten ermitteln[322]. Die von uns befragte Handelsgruppe ‚Büromarkt Streit' rechnet umsatzabhängig einen bestimmten Prozentsatz je Einrichtungsprojekt, der von Verkäufern an kostenlosen Planungsdienstleistungen an Kundenunternehmen erbracht werden kann. Hier erfolgt dann keine gesonderte interne Verrechnung[323].

Bei der näheren Ausgestaltung des Systems zur Vergütung muss berücksichtigt werden, dass damit gleichzeitig ein umfassendes System zur Leistungssteuerung zu Verfügung steht. Mit diesem Gestaltungspotenzial kann ein sehr umfangreiches Verrechnungsmodell zur variablen Aussendienstvergütung verbunden sein.

---

319 Plinke/ Söllner 1995, S.851ff.; Strube 1991, S. 146

320 Belz 1997, S. 65ff; Paul/ Reckenfelderbäumer 1994, S. 150

321 Expertengespräch Krahn

322 Seidenschwanz 1991, S. 198f.; Schäfer 1994, S. 63

323 Expertengespräch Büromarkt Streit

5.2 Integration der Planungs- und Beratungskompetenz in die Vertriebsorganisation

5.2.1 Vertriebsfunktionen in der Büromöbelindustrie

Die oben dargestellten Scenarien beschreiben grundlegende Möglichkeiten, wie Industrielle Anbieter Dienstleistungen und Leistungssysteme mit ihrem bestehenden Geschäftssystem kombinieren könnten. Jedes Scenario erfordert unterschiedliche *organisatorische Gestaltungsmassnahmen.* Da sich die Betrachtung der Scenarien auf Planungs- und Beratungsdienstleistungen beschränkt, konzentrieren sich auch die folgenden organisatorischen Überlegungen im Schwerpunkt auf dieses Dienstleistungsfeld.

Aus Sicht der *Organisationsstruktur*, sind mit den vorgestellten Dienstleistungskonzepten unterschiedliche *Integrationsgrade* der traditionellen Aussendienstorganisation mit den jeweiligen Beratungs- und Planungskompetenzen verbunden. Die organisatorischen Massnahmen lassen sich zusätzlich nach ihrer *zeitlichen Reichweite* unterscheiden (s. *Darstellung 5.23, f.S.*):

- *Die Scenarien ‚Profilierung' und ‚Transformation'* zeichnen sich durch einen hohen Integrationsgrad von Aussendienst und Planungskompetenzen aus. Die organisatorische Umsetzung kann durch ein Teamkonzept oder eine Abteilungslösung erfolgen.
- Das *Scenario ‚Autonomie'* ist eng mit der Gründung einer Tochtergesellschaft verbunden (s. *Kap. 5.2.2 Gründung einer Tochtergesellschaft für Planungs- und Beratungsdienstleistungen, S. 171ff.*).
- In den *Scenarien ‚Autonomie' und ‚Transformation'* sind durch den umfassenden Problemlösungsanspruch zusätzlich Netzwerklösungen von Bedeutung (s. *Kap. 5.2.3 Bildung von Marketingkoalitionen, S. 190ff.*).

Dar. 5.23: Integration der Planungskompetenz in die Verkaufsorganisation[324]

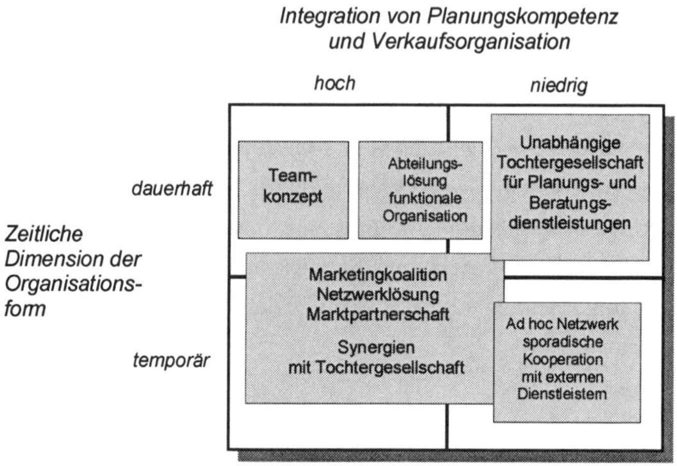

In Handelsunternehmen und Vertriebsorganisationen der Büromöbelindustrie lassen sich häufig *drei grundlegende Vertriebsfunktionen* unterscheiden[325]. Der Grad der *strukturellen* Ausdifferenzierung dieser Aufgabenbereiche ist von der jeweiligen Betriebsgrösse abhängig. Nach Kayser lassen sich, bezogen auf mittelständische Unternehmen allgemein, ‚organisatorische Elemente' erst ab einer Betriebsgrösse mit mehr als 10 oder 20 Beschäftigten feststellen[326]:

- *Aussendienst*: Zentrales Kommunikationsinstrument des Möbelanbieters ist der Aussendienst. Teilweise werden auch Aufgaben im Innendienst übernommen.
- *Auftragsbearbeitung*: Diese Funktion übernimmt Aufgaben wie das Bestellwesen, die Koordination und Terminüberwachung usw. von Aufträgen.

324 eigene Darstellung auf Grundlage der genannten Quellen

325 Belz/ Reinhold 1999, S. 115

326 Kayser 1990, S. 82

- *Planungsfunktion*: Diese Funktion übernimmt fachliche Beratungs-, Planungs-, Projektierungs- und Engineering - Aufgaben. I.d.R. werden diese Aufgaben von Architekten, Innenarchitekten, Designern und Bauzeichnern übernommen (s. u.a. *Kap. 3.4.2 Hersteller- und Handelssituation aus der Dienstleistungsperspektive, S. 47ff.*, sowie *Kap. 7 Dienstleistungsfeld ‚Systemgestaltung', S. 251ff.*).

Aus *struktureller Sicht*, werden diese Funktionen meistens entweder als Abteilungslösung implementiert[327], oder in Form dauerhafter ‚cross - funktionaler' Teams[328] organisiert. Das folgende Praxisbeispiel eines Münchner Handelsunternehmens zeigt eine Mischform beider Varianten.

Px. 5.4: Organisationsstruktur eines Handelsunternehmens[329]

Das Münchner Handelsunternehmen ‚designfunktion' positioniert sich als *Premiumanbieter* im Markt für Büroeinrichtungen. Insgesamt werden 65 Mitarbeiter beschäftigt, davon zehn Mitarbeiter im Montagebereich. Kooperationen bestehen mit zwei weiteren Handelsunternehmen in Essen und Wien.

Die Vertriebsorganisation baut auf einer *regionalen Marktsegmentierung* des Grossraums München auf. Insgesamt bestehen *fünf Verkaufsteams*, mit jeweils zwischen *vier bis sechs Mitarbeitern*. Jedes Team wird durch einen ‚*Gebietsverkaufsleiter*' geführt, der gleichzeitig eine *vollwertige Funktion im Aussendienst* wahrnimmt. Wichtige Schlüsselkunden werden durch den Geschäftsführer und zusätzlich durch den Verkaufsleiter betreut.

Im Unternehmen sind die Vertriebsfunktionen ‚*Aussendienst*' und ‚*Auftragsbearbeitung*' in einem *Team* zusammengefasst.

327 Hill/ Fehlbaum/ Ulrich 1994, S. 135

328 Futrell 1998, S. 151; Senn 1997, S. 148; Braun 1995, S. 102; Gouillart/ Kelly 1995, S. 425ff.; Bußmann 1994, S. 52f.; Lenfers 1994, S. 26f.;

329 Expertengespräche ‚designfunktion' in München

Man hat bewusst auf eine getrennte Abteilungslösung beider Funktionen verzichtet, um eine möglichst enge Integration im Vertriebsprozess herbeizuführen.

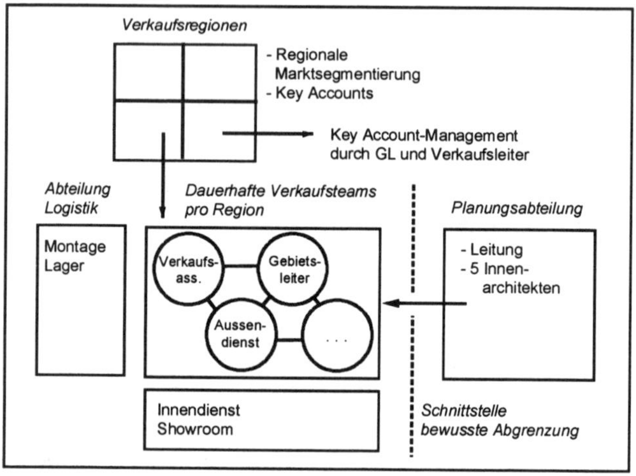

Der ‚*Verkaufsassistent*' soll stark kundenorientiert arbeiten. Ziel ist hierbei auch eine Qualifizierung ‚on the job', um den ‚Verkaufsassistent' auf eine mögliche spätere Aussendiensttätigkeit vorzubereiten.

Die ‚*Planungsabteilung*' besteht aus *fünf Innenarchitekten.* Eine Ausgründung dieser Dienstleistungseinheit ist nicht beabsichtigt. Das Unternehmensziel besteht, nach Aussagen des Geschäftsführers, klar im ‚Möbelhandel im *Hochpreissegment*'.

Planungen und *Beratungen* werden entsprechend dieser Positionierung, auf einem *qualitativ hohen Niveau* erbracht, jedoch ausschliesslich *indirekt*, über den Produktpreis, verrechnet.

Dienstleistungen werden *intern* umsatzabhängig über die Profit Center – Rechnung erfasst. Sie gehen somit in die *variable Vergütung* des Aussendienstes ein.

Die ‚*Planungseinheit*' ist *bewusst* in einer Abteilung zusammengefasst. Zusätzlich hat man *Verkaufsteams* und diese *Planungskräfte räumlich getrennt*.
Alternativ wäre eine *Integration* in die *Teamorganisation* denkbar. Man hat auf diese Lösung bewusst verzichtet, um eine klare *Arbeitsteilung*, bzw. *Aufgabentrennung* zwischen *Planungs- und Verkaufsaufgaben* herbeizuführen. Das Verkaufsteam steuert und verantwortet hierbei den Marketingprozess.
Der Verkäufer ist Hauptansprechpartner des Kunden.

Die Planungsabteilung hat primär eine interne Unterstützungsfunktion. Sie hat jedoch nicht die Aufgabe, Produkte zu *verkaufen*. Ein Einrichtungsprojekt ist i.d.R. ein *Teamprozess* aus Mitarbeitern *beider* Abteilungen. Planungskräfte haben hierbei häufig engen Kundenkontakt.

5.2.2 Gründung einer Tochtergesellschaft für Planungs- und Beratungsdienstleistungen

5.2.2.1 Die Idee zur Gründung einer Tochtergesellschaft

Die Gründung einer Tochtergesellschaft für Planungs- und Beratungsdienstleistungen, ist eine denkbare organisatorische Massnahme, um die Vermarktung von entsprechenden Dienstleistungen zu professionalisieren. Mit der Tochtergesellschaft entsteht ein rechtlich selbständiges Geschäftssystem.

Die Gründung einer Planungs- und Beratungsgesellschaft ist bei Hersteller- und Handelsunternehmen ein deutliches Signal, nach ‚Innen' und ‚Aussen', ein Geschäftsfeld, parallel zum angestammten Industriellen Kerngeschäft, besetzen zu wollen und zu entwickeln.

In der jeweiligen Unternehmensgruppe bilden die befragten Tochtergesellschaften Kompetenzzentren für Planungs- und Beratungsdienstleistungen (s.a. *Kap. 10. Ausblick und weiterführende Untersuchungen, S. 369ff.*)[330]. Durch ihre Marktnähe sind die Gesellschaften bei Herstellerunternehmen auch in die Produktentwicklung integriert[331].

Alle Tochtergesellschaften übernehmen eine Doppelfunktion. Sie beliefern einerseits, gegen Berechnung, die eigene Vertriebsorganisation mit Planungs- und Beratungsdienstleistungen. Es existieren hier interne Verrechnungsmodelle. Andererseits treten sie als unabhängige Beratungsunternehmen am externen Markt auf. Dennoch muss man kritisch die Frage stellen, inwieweit eine derartige ‚Unabhängigkeit' glaubwürdig sein kann. Als Kunde sucht man doch eher die Stellungnahme eines wirklich unabhängig fachkundigen Dritten.

Im Folgenden gehen wir auf ein Konzept vom Hersteller ‚Lista' näher ein. Hierzu umreissen wir das Konzept des ‚Lista Diamant'. Anschliessend beschreiben wir die durch Lista hervorgegangene, unabhängige Tochtergesellschaft für Planungs- und Beratungsdienstleistungen, die sog. ‚OCG Office Consulting Group AG'[332]:

Px. 5.5: Der ‚Lista Diamant' im Büromöbel - Handel [333]

Im Rahmen eines Partnerschaftsmodells mit dem Fachhandel, stehen beim Hersteller ‚Lista' grundsätzlich alle Dienstleistungen auch den belieferten Fachhandelsunternehmen offen (Expertengespräch Meili). Das Konzept stellt ein distributives Leistungssystem dar, vom Hersteller griffiger als ‚Lista Diamant' bezeichnet (s.u.).
Immer mehr Hersteller weichen dem grossen Preisdruck bei Büromöbeln aus, indem traditionelle Distributionswege am Markt verlassen werden. Grössere

330 Staehle 1999, S. 898; Prahalad/ Hamel 1991, S. 66ff.

331 Expertengespräche bene

332 Expertengespräche Herr Meili, Lista Degersheim AG; Herr Fitz, OCG Office Consulting Groupe AG; sowie Meili/ Horlacher 1998, S. 180ff.; Meili 1997, S. 132ff.

333 Expertengespräche Meili, Fitz; Meili/ Horlacher 1998, S. 180ff.; Meili 1997, S. 132ff.

Projekte wickelt man immer häufiger direkt mit dem Endkunden ab. Die Gründe für dieses Verhalten sind vielschichtig (s. Meili 1997, S. 132):

- Gesteigerte Anforderungen (kundenspezifische, individuelle Lösungen) der grossen Endkunden können durch den Händler nicht mehr abgedeckt werden.
- Mangelnde Loyalität der Fachhändler gegenüber einem Hersteller, d.h. die Projekte werden mit mehreren Anbietern bearbeitet.
- Wettbewerbsintensität und Preisdruck werden durch Auslassen einer Handelsstufe vordergründig für den Hersteller gelöst, d.h. er gewährt die Fachhandelsmarge als Preisnachlass und hat im Werk immer noch den gleichen Deckungsbeitrag.
- Kundenseitiger Trend zum Kauf ab Werk.

Die Konsequenzen aus diesem Verhalten sind (s. Meili 1997, S. 132):

- Mangelnde Loyalität, Kompetenz und Kapazitäten der Fachhändler zwingen die Hersteller zum Ausbau einer kostspieligen Doppelstruktur zur Bearbeitung und Abwicklung von Grossprojekten.
- Unklare Aufgabenteilung in der Distribution verteuert die Distributions – Prozesskosten.
- Der Fachhändler verliert die zur Infrastrukturerhaltung notwendigen grösseren Aufträge, und wird in die Rolle des Nachlieferers, und zur Bedienung kleiner Geschäfte gedrängt.

Neue Anbieter, wie etwa IKEA, Migros (in der Schweiz) und der Versandhandel (z.B. Topdeq, etwa auch mit hochwertigeren Markenmöbeln), drängen zur Zeit mit neuen Konzepten, ausgestattet mit einer guten Finanzkraft, auf den Markt. Dem widerspricht hingegen die Meldung über den Versandhändler ‚Takkt' (Haniel – Gruppe), der 2003 nur eine schwache, bzw. leicht negative, Umsatzentwicklung verzeichnet (Handelsblatt vom 30.4.2003, S. 17). Der traditionelle Fachhandel hat das Problem, sich einerseits gegen den Direktvertrieb durch Hersteller, andererseits gegen die eben genannten Grossverteiler behaupten zu müssen. Für den Fachhandel scheint wenig Differenzierungspotenzial zu bestehen. ‚Hoffnungsvolle Ansätze zielen auf die ganzheitliche Büroraumgestaltung ab'(Meili 1997, S. 132; Expertengespräche Meili, Fitz). Lista beliefert den Büromö-belmarkt traditionellerweise über ein Mehrkanalsystem, das u.a. aus Fachhan-del und dem Direktvertrieb besteht. In einer von Lista in Auftrag gegebenen A-nalyse zeigt sich, dass der Fachhandel, in Hinblick auf sein Überleben, drin-gend zu qualifizieren und zu zertifizieren ist. Lista hat darauf hin ein ‚Partner-schaftssystem' für den Vertrieb ins Leben gerufen (s. Meili 1997, S. 135).

Zusammenfassend führen folgende Gründe zu einem *neuen Partnerschaftssystem* (ebd.):

- Gesteigerte, v.a. individualisierte Endkundenbedürfnisse
- Erhöhte Anforderungen in Richtung ganzheitliche Büroraumgestaltung
- Reduktion der Konflikte innerhalb und zwischen den verschiedenen Absatzmittlern
- Reduktion von Überschneidungen und Doppelspurigkeit
- Erhaltung kompetenter, regionaler Partner
- Sicherung der wirtschaftlichen Zukunft der Absatzmittler

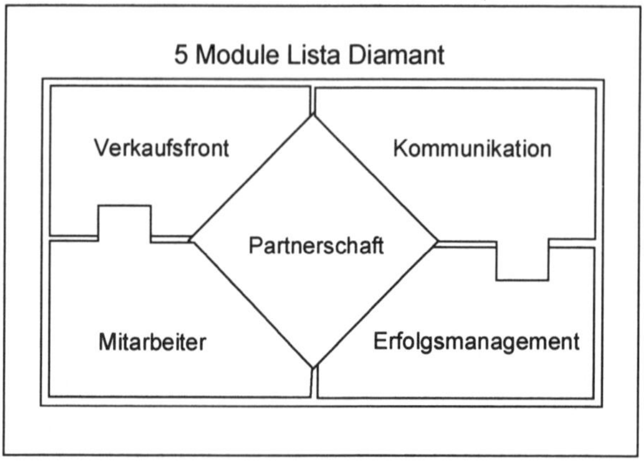

Mit dem Konzept verfolgt Lista im wesentlichen die folgenden Ziele (s. Meili 1997, S. 135):

1. Erfolgsorientierte Zusammenarbeit an der Verkaufsfront
2. Erhöhung der Qualität im Vertrieb
3. Bereinigung der Handelsstrukturen
4. Marktanteilssteigerungen für den Fachhandel mit Lista

Das Diamant - Konzept beruht auf einer partnerschaftlichen Kooperation aller an der Realisierung Beteiligten. Es beabsichtigt eine ‚Gewinnsteigerung' als monetäre Zielgrösse.

Es ergibt sich ein distributives Leistungssystem, als leistungsbezogener Kern des Konzepts (Meili 1997, S. 135ff.; zum Begriff der ‚Leistungssysteme' s.a. *Kap. 2.3 Ansatz der Leistungssysteme als Basisstrategie, S. 23ff.*).
Das Konzept enthält u.a.:

Modul 1: Verkaufsfront

- Hier wird die Produktpalette erfasst.
- Verknüpft diese mit neuentwickelten Dienstleistungen.
- Dieser Teil regelt die kundengerechte Marktansprache, herstellerseitige Unterstützung bei Objektakquisition und -bearbeitung; koordiniert die unterschiedlichen, teilweise sich konkurrenzierenden Absatzmittler.
- Die Anforderungen an Diamant Fachhändler werden geregelt.

Modul 2: Kommunikation

- Zusammenfassen aller Massnahmen, zur Erfassung, Verarbeitung und Verteilung von Informationen: über Produkte, Dienstleistungen, aktuelle Projekte und Konkurrenzaktivitäten.
- Regelung von Werbe- und Verkaufsförderung, Messen.

Modul 3: Mitarbeiter

- Einzelheiten der Qualifizierung im Verkaufsinnendienst, Verkaufsaussendienst und Montagepersonal.
- Definition des Schulungsangebots.

Modul 4: Erfolgsmanagement

- Durch den Hersteller werden Handelspartnern erprobte EDV - basierte Rationalisierungsmassnahmen zu Vorzugskonditionen zur Verfügung gestellt.

- Handelspartner werden bei der Einführung eines computergestützten Kundenmanagement - Systems unterstützt.
- Im Warenpräsentationspaket wird die erfolgsorientierte Schauraumgestaltung innenarchitektonisch unterstützt. Der Einsatz moderner Techniken, wie etwa virtuelle Warenpräsentation, wird gefördert.
- Betriebskostenvergleiche und regionale Synergienutzung zwischen Absatzmittlern wird ermöglicht.

Modul 5: Partnerschaft

- Hier werden alle Aktivitäten der engeren Partnerschaft zusammengefasst.
- Gründung eines Fachhandelsbeirats, zur Beurteilung zukünftiger Produkte und Dienstleistungen.

Zur Umsetzung des Konzeptes war eine Qualifizierung und Zertifizierung nötig. Dabei war eine zu grosse Anzahl an Fachhändlern ein Problem, um zu einer engeren, partnerschaftlichen Zusammenarbeit zu kommen. Die weitere Ausarbeitung und Detailkonzeption fand in regionalen Fokusgruppen statt.
In einem weiteren Schritt wurden die spezifischen Soll - Ist - Abweichungen je Handelspartner festgelegt. Wurden entsprechende Abweichungen für einen Handelspartner als unüberwindbar gross qualifiziert, stufte man das betreffenden Unternehmen zurück. In einem positiven Fall entwickelte der Partner einen entsprechenden Zeit- und Kostenplan (s. Meili 1997, S. 137).
Grundsätzlich wurde das neue Konzept von allen Absatzpartnern begrüsst. In einigen Punkten ergaben sich z.T. erhebliche Abweichungen, die aber in Einzelgesprächen erörtert, und bereinigt wurden (s. ebd.).
Viele der Absatzpartner empfanden eine umfassende Veränderung der Distribution als Bedrohung der eigenen Existenz und Einmischung in interne Angelegenheiten. Durch das Einbinden der Partner in das Detailkonzept konnte jedoch eine praxisnahe Umsetzung sichergestellt werden. Bekanntlich ist ja gerade eine ‚minuziöse Konzept - Vorbereitung‘ und ‚konsequente Umsetzung‘ von einmal festgelegten Rahmenbedingen‘ erfolgsentscheidend. Das Diamant - Konzept ist jedoch kein statisches System, sondern wird im Zeitablauf an neue Markt- und Wettbewerbsbedingungen angepasst (s. Meili 1997, S. 137).
Um die kritische Situation der Branche zu meistern, hat Lista als Antwort das

Konzept ‚Total Office Management' entwickelt. Unter diesem Begriff, bietet Lista mit seinen führenden Partnern, ein umfassendes Multi – Leistungs – Paket an (s. Lista, Informationsblatt zu ‚Total Office Management'). Stichwortartig beschrieben finden sich, neben den bekannten Lista – Produkten und –systemen, Dienstleistungspakete wie Office Consulting, Schulung und Ausbildung, Gebäudemanagement und Finanzierung. ‚Bezogen auf alles, was mit dem Büro in Zusammenhang steht' (Meili/ Horlacher 1998, S. 181).

‚Total Office Management' ist wiederum ein Leistungssystem (s. *Kap. 2.3 Ansatz der Leistungssysteme als Basisstrategie, S. 23ff.*). Es gliedert sich logisch in drei grosse ‚Bausteine', d.h.:

1. Die Produkte.
2. Die bereits oben angesprochenen Fachhandelspartner.
3. Die Dienstleistungen durch die OCG Office Consulting Group (Meili/ Horlacher 1998, S. 180ff.).

Entsprechend unserem thematischen Schwerpunkt, konzentrieren wir uns im Folgenden auf die Dienstleistungen der OCG (Expertengespräch Fitz; Meili/ Horlacher 1998, S. 186f.).

In dem neuen Kompetenz - Pool sind alle Dienstleistungen rund um das Büro zusammengefasst. Im Einzelnen handelt es sich um:

1. Office Consulting
2. Schulung und Seminare
3. Beschaffung und Outsourcing

- Zu 1.: In diesem Leistungssegment finden sich Dienstleistungen von der Organisations-, Kommunikations- und Energieplanung bis hin zum Umzugsmanagement (s. u.a. *Px. 5.3 Umzugsmanagement als umfassende Problemlösung, S. 142ff.*). Die Beratung deckt ebenso die ‚Dienstleistungen im Gebäudemanagement' ab. Mit einer Checkliste, dem ‚Office Analyzer', können Büroorganisationen, im Rahmen eines Beratungsgesprächs, auf kritische Aspekte hin untersucht werden (Meili/ Horlacher 1998, S. 186).
- Zu 2.: Unter den Begriffen Schulung und Seminare stehen Themen wie Effizienzsteigerung, Entwicklung der Arbeits- und Büroformen, Moderne Arbeitstechnik, sowie Gebäude- und Büroplanung (Meili/ Horlacher 1998, S. 186).

- Zu 3.: Dienstleistungen im Bereich Beschaffung und Outsourcing gehen auf verschiedene Optionen zur Beschaffung der Büroinfrastuktur ein. Zu erwähnen sind hier insb. die Alternativen Kauf, Miete oder Leasing (s. v.a. *Kap. 3.4.1 Dienstleistungen im Markt für Büroeinrichtungen, S. 41, insb. unter ‚Finanzierungsdienstleistungen' auf S. 45*). Neben dem Erwerb ‚neuer Möbel', besteht auch die Möglichkeit ‚gebrauchte Möbel' zu beschaffen. Die Angebote umfassen darüber hinaus die fachgerechte Entsorgung nicht mehr gebrauchstüchtiger Büromöbel (s. Meili/ Horlacher 1998, S. 187).

Die Produkte, kompetente Fachleute, Weiterbildung, Beratung und verschiedene Dienstleistungen sind in einem Netz, im sog. ‚TOM' Total Office Management, miteinander verbunden.

Die ‚Office Consulting Group' ist ein Partnerunternehmen, das sich aus verschiedensten Herstellern und Dienstleistern des gesamten Büroumfelds zusammensetzt. Zu nennen sind etwa: Lichtplaner, Leuchtenhersteller, der Klima- und Energiefachmann, Organisationsberater und Administrationsberater (s. Meili/ Horlacher 1998, S. 187; Expertengespräch Fitz).

Die Beratungsgesellschaft ‚Planquadrat' aus Hamburg setzt grundsätzlich unterschiedliche Mitarbeiterinnen und Mitarbeiter für interne und externe Kunden ein[334]. Nach Aussagen der Gesprächspartner hat sich diese Aufgabenteilung voll bewährt. In diesen beiden Arbeitsbereichen weichen die als erforderlich erachteten Voraussetzungen und Qualifikationen z.T. deutlich voneinander ab. Gute Aussendienstmitarbeiterinnen oder -mitarbeiter seien etwa noch lang keine guten Innendienstkräfte. Dazu sind die Voraussetzungen für die jeweilige Tätigkeit doch zu verschieden (s. u.a. *Px. 5.4 Organisationsstruktur eines Handelsunternehmens, S. 169ff.*)[335].

---

334 Expertengespräch Planquadrat

335 Expertengespräch Planquadrat

Welche Dienstleistungen, bei der Begrenzung auf solche der Planung und Beratung, erbracht werden, ergibt sich aus *Kapitel 7. Dienstleistungsfelder ‚Systemgestaltung', S. 251ff.*. Die spezifischere Frage nach den *‚Kompetenzen'*, als Grundlagen, bzw. Voraussetzungen zu bestimmten Dienstleistungen, wird abschliessend kurz in *Kapitel 10. Ausblick und weiterführende Untersuchungen, S. 369ff.* behandelt.

In den besuchten Beratungsgesellschaften werden die vorhandenen Planungs- und Beratungskompetenzen gebündelt, um diese, in einem konkreten Beratungsprojekt, aktuell anwenden zu können. Hierbei kann ein kleinerer Kreis an Beraterinnen und Beratern eine im Vergleich relativ grössere Anzahl an Projekten bearbeiten. Wie die Alltagsarbeit zeigt, ergeben sich in praxi immer etwa kundenseitige Pausen, in denen die Mitarbeiterinnen und Mitarbeiter bereits an anderen Projekten weiterarbeiten können[336].

Hilb entwickelt ein *vierdimensionales Kompentenzmodell,* hier gezeigt am Beispiel eines Aussendienstleiters, weiterhin noch für die anonyme Fremdbeurteilung von Führungskräften (s. *Darstellung 5.24 Kompetenz- und Rollenanforderungen an den Aussendienstleiter, f.S.*)[337].

Hilbs Modell zeigt das Beispiel eines ganzheitlichen Ansatzes auf, bei dem auch ein System zur variablen Vergütung von Planungs- und Beratungsdienstleistungen in der Büromöbelindustrie gestaltet sein kann, ohne allein den Umsatz zum zentralen Massstab machen zu müssen (s. *Kapitel 10. Ausblick und weiterführende Untersuchungen, ebd., Ausführungen zum Teil ‚Kompetenzen'*). Das gezeigte Modell bildet sich in diesem Fall aus insg. vier Dimensionen, d.h. Persönliche – Kompetenz, Fach - Kompetenz, Soziale - Kompetenz und Führungs - Kompetenz. Diese Hauptdimensionen sind stellenspezifisch zu untergliedern[338].

---

336 Alle Beratungsgesellschaften, z.B. bene consulting, Contura, Planquadrat, Quickborner – Team u.a.

337 Hilb 1984, S. 47; Hilb 1994, S. 66f.

338 ebd. 1994, S. 67

Dar 5.24: Kompetenz- und Rollenanforderungen an den Aussendienstleiter[339]

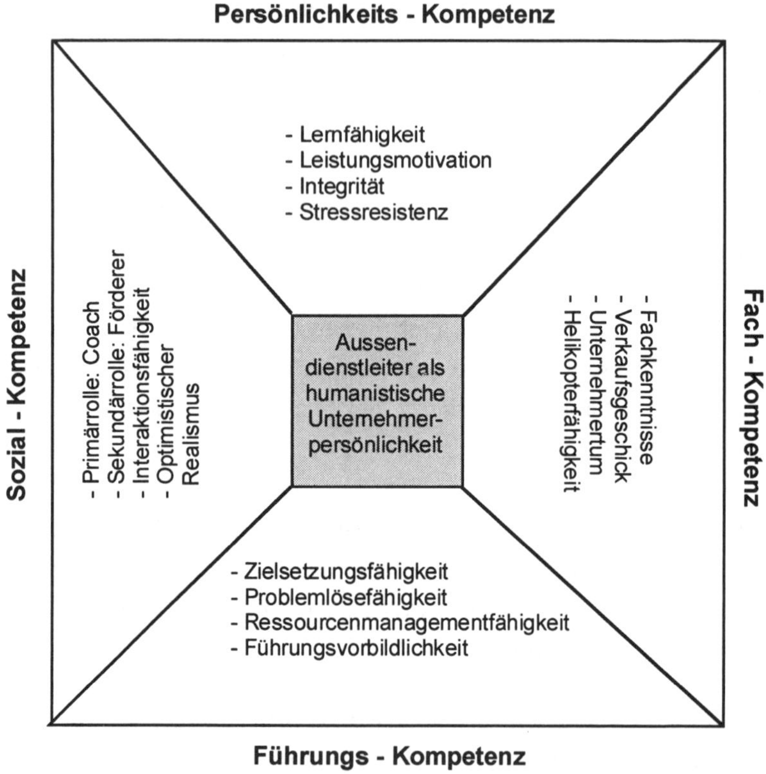

339 Nach Hilb 1994, S. 66; ebd. 1984, S. 47

Die Gründung einer Tochtergesellschaft für Planungs- und Beratungsdienstleistungen wird in praxi kontrovers diskutiert. Zentrale Aspekte sind hierbei etwa:

a) Dienstleistungskultur und Mitarbeiterverhalten
Mit Ausgründung der Gesellschaft treten bisher vorwiegend für ‚interne Kunden' aus der Vertriebsorganisation tätige Mitarbeiterinnen und Mitarbeiter an den ‚externen Markt'. In verschiedenen Praxisbeispielen versuchen wir auf Basis unserer Erhebungen, einige u.E. wesentliche Umsetzungshinweise zusammenzustellen (s. etwa *Px. 5.2 Gründung einer Tochtergesellschaft für Planungs- und Beratungsdienstleistungen, S. 121ff.*; *Px. 7.5 Das Quickborner - Team als Gesellschaft für büronahe Beratungsdienstleistungen, S. 288ff.*, sowie *Verzeichnis der Praxisbeispiele, S. XXI*). Grundsätzlich muss man davon ausgehen, dass die Planungskräfte primär ein gutes Arbeitsergebnis erzielen möchten, dass aber nunmehr Wirtschaftlichkeitsfragen eine stärkere Rolle spielen.

Mit der Gründung einer Planungs- und Beratungsgesellschaft entsteht ein Dienstleistungsunternehmen, d.h. aus funktionalen Dienstleistungsanbietern mit vorwiegend internen Kunden werden nun Institutionelle Dienstleistungsanbieter, die aktiv am Markt auf ihre Dienstleistungen aufmerksam machen müssen.

b) Neutralität
Alle befragten Unternehmen zielen auf die Erbringung ‚neutraler Planungs- und Beratungsdienstleistungen'[340]. Beim Hersteller ‚bene' gab es vor Beginn der Aktivitäten, des damals neuen Beratungsunternehmens (bene consulting), eine intensive Diskussion über die Namensgebung der neuen Gesellschaft (s.a. *Verzeichnis der Praxisbeispiele, ebd.*). Die Problematik, hinsichtlich einerseits der Notwendigkeit zur Realisierung von Synergien, andererseits der Verpflichtung zur neutralen Beratung, ist offenbar in praxi immanent. Bei bene entschied man sich damals für die Verwendung des Namens ‚bene', bzw. ‚bene consulting', weil man eine Imagewirkung vom Hersteller (Imagetransfer) höher wertete, als die Wirkung einer neutralen Organisation.

---

340 Alle Expertengespräche, insb. Innenarchitekten, Büronahe Beratungsdienstleister, Beratungsunternehmen

Die angebotenen Dienstleistungen der Tochtergesellschaften treten damit in den Wettbewerb zu Dienstleistungsangeboten von Unternehmen, die sich im Schwerpunkt ausschliesslich mit Dienstleistungen beschäftigen (Institutionale Dienstleistungsanbieter).

Folgende *Ziele* sind bei der Gründung einer Tochtergesellschaft u.E. besonders hervorzuheben:

Dar. 5.25: Ziele einer Unternehmensgründung[341]

- Neutralität
- Kommunikationswirkung nach ‚Innen' und ‚Aussen'
- Wirtschaftlichkeit (Kostendämpfung, Verrechnungszwang, Zwang zur Gewinnerzielung)
- Bildung von Kompetenzzentren und Entwicklung einer Dienstleistungskultur
- Synergien durch projektbezogenen ‚First Mover Advantage', Agieren in anderen Leistungsbereichen und Imagetransfer für Unternehmensgruppe
- Outsourcing (Betreibergesellschaft)

c) Konzentration der Kräfte

Einer der wichtigsten, zentralen Grundsätze im strategischen Management lautet, die Kräfte zu konzentrieren. So können die einzelnen Ziele der Aktivitäten mit maximaler Stosskraft vorangebracht werden. Diese Fokussierung auf nur wenige strategische Elemente, die Konzentration auf die ‚zentrale Hebelwirkung' einer Strategie, bzw. die zentralen Fähigkeiten eines Unternehmens im Wettbewerb (Kernkompetenzen), erlaubt es, mit maximaler Schlagkraft voranzukommen[342].

---

341 Nach Dietz 1989, S. 31

342 s. beispielhaft Literatur zum Begriff ‚Strategisches Management'; etwa auch Prahalad/ Hamel 1991, S. 66ff.; Kotler/ Bliemel 2001, S. 657ff.; Meffert/ Bruhn 2000, S. 125ff.; Meffert 2000, S. 267ff.

Die Bildung von Tochtergesellschaften wird vermutlich auch dann notwendig sein, wenn die Kompetenzbasis zu schwach entwickelt ist, oder sogar ganz fehlt (s. etwa *Darstellung 5.24 Kompetenz- und Rollenanforderungen an den Aussendienstleiter, S. 180,* sowie *Kap. 10. Ausblick und weiterführende Untersuchungen, S. 369ff.*), um eine Dienstleistung aus eigener Kraft anbieten zu können. Engagierte Mitarbeiterinnen und Mitarbeitern, mit der erforderlichen Risikoneigung für ein neues Unternehmen, insb. mit der erforderlichen Qualifikation, könnten sich durch ein entsprechendes Beteiligungsmodell, besonders angezogen fühlen. Andererseits wird hierdurch ein interner Anreiz gesetzt, sich in diesem neuen Unternehmen, oder dem neuen Unternehmensteil, stark zu engagieren.

Zentrale Voraussetzung für die Bildung einer Tochtergesellschaft ist das Vorhandensein eines entsprechenden Marktpotenzials. In Kapitel 5.3 (s. *Kap. 5.3 Testsysteme für Geschäftsmöglichkeiten mit Dienstleistungen, S. 196ff.*) wird dieser Aspekt kurz vertieft behandelt. Der Markt, d.h. die konkrete Nachfrage nach Dienstleistungen, kann durch eine schrittweise Sensibilisierung wichtiger Entscheider in Kundenunternehmen allmählich entwickelt werden. In gleicher Weise muss vorab, und parallel mit ersten Aufträgen, die interne Kompetenzbasis des Dienstleisters, d.h. die Unternehmenskompetenzen schrittweise entwickelt werden (s. wiederum *Darstellung 5.24 Kompetenz- und Rollenanforderungen an den Aussendienstleiter, S. 180*).

Unternehmen, wie etwa früher die Köllmann GmbH oder DeTelmmobilien, sind unsicher, welche Dienstleistungen man erfolgreich anbieten könnte (s. hierzu etwa *Kap. 8.2 Fallbeispiele zur Unternehmenspraxis im Facility Management, S. 312ff.*)[343]. Nach Aussagen der befragten Unternehmensvertreter besteht aktuell noch Unsicherheit, in welchem Umfang sich der Markt entwickeln wird. Darüberhinaus ist die Unternehmensform unklar.

[343] DeTelmmobilien, Köllmann; zu Köllmann s. Bemerkungen in *Anhang III, Verzeichnis II der Expertengespräche. Wiederholte schriftliche Befragung 2003, S. 427ff.*, insb. unter *D. 11.*.

5.2.2.2 Zum Begriff der ‚Unternehmensgründung'

Im Zusammenhang mit dem Begriff der ‚Unternehmensgründung' lassen sich unterschiedliche *Gründungsformen* unterscheiden (s.u. *Darstellung 5.26*)[344]:

- Von *selbständiger Gründung* spricht man, wenn sich die Gründerperson oder das Gründerteam, nach der Gründung, in rechtlich unabhängigen Arbeitsverhältnissen in der Gründungseinheit befinden. Dieses dient dem Aufbau oder der Sicherung der unternehmerischen Existenz. Denkbar sind hierbei für die Beteiligten ‚abhängige Beschäftigungsverhältnisse' oder die Funktion als ‚Gesellschafter'.

Dar. 5.26: Formen von Unternehmensgründungen[345]

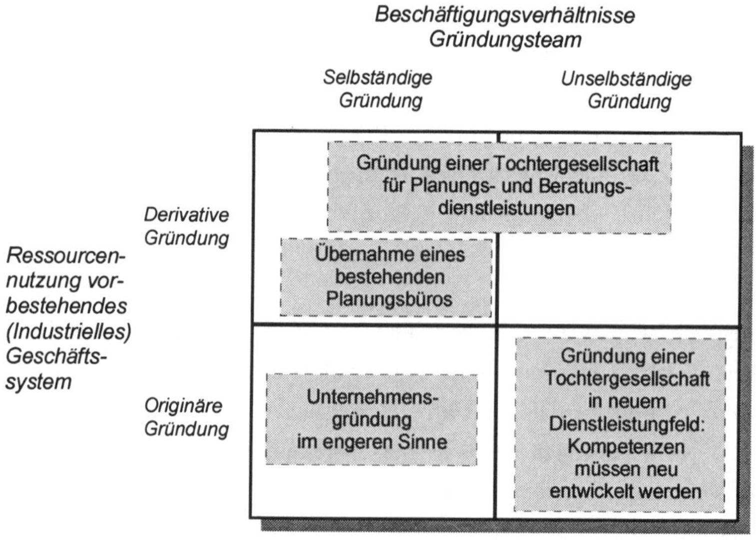

344 Dietz 1989, S. 30ff.

345 nach ebd., S. 31

Die *unselbständige Gründung* liegt vor, wenn der Aufbau des Tochterunternehmens durch Mitarbeiter erfolgt, die in einem ‚abhängigen Beschäftigungsverhältnis' bei der Muttergesellschaft stehen[346].

- Eine *derivative Gründung* liegt vor, wenn auf alte Systemelemente (z.B. bestehende Unternehmensteile, Computer, Lagerflächen, Mitarbeiter) zurückgegriffen wird. Eine *originäre Gründung* besteht dann, wenn ein gänzlich neues System geschaffen wurde[347].

Bei den von uns befragten Gesellschaften liegen selbständige und unselbständige Gründungen vor. Im Rahmen des Projektes wurden diverse Unternehmen befragt, die sich zur Gründung einer Dienstleistungseinheit für Planungen und Beratungen entschieden (s.a. *Verzeichnis der Praxisbeispiele, S. XXI*; *Anhang II, Verzeichnis I der Expertengespräche und Tagungen, S. 415ff. insb. unter E.*, sowie *Anhang III Verzeichnis II der Expertengespräche. Wiederholte schriftliche Befragung 2003, S. 427ff.*). Wir befragten insg. vier Tochtergesellschaften von Unternehmen der Büromöbelindustrie, zwei davon stammen von Hersteller-, sowie zwei von Handelsunternehmen[348]. Ergänzend wurden besucht, je nach Ergiebigkeit, bzw. einem vorab nicht vorauszusehenden konkreten Erhebungsergebnis der Befragung: die Köllmann GmbH (s. z.B. *Kap. 8.2.1 Köllmann AG, Wiesbaden (= Px. 8.2), S. 313ff.*, und die DeTeImmobilien, als eine Tochter der ‚Deutsche Telekom AG', s. z.B. *8.2.2 DeTeImmobilien, Münster (= Px. 8.3), S. 319ff.*). Kurze Ergebnisse der Erhebung über Beratungsgesellschaften (s. *Anhang II, ebd.*) sind nachzulesen insb. in *Kap. 7.2.5 Unternehmenspraxis Beratungsdienstleistungen, S. 285ff.*, unter *b) Überregionale Anbieter S. 287f.*, ein Vergleich verschiedener von uns befragter Organisationen findet sich in *Darstellung 7.8 Beratungsunternehmen im Vergleich, S. 287*. Um noch eine Referenz im Beratungssektor zu erheben, befragten wir parallel zu den vorab genannten insg. fünf weitere Gesellschaften, die sich professionell mit Beratungsdienstleistungen beschäftigen (s. *Kap. 7.2.5,*

[346] Dietz 1989, S. 30

[347] ebd.

[348] Expertengespräche mit Büromöbelherstellern: Lista, bzw. ‚OCG' (Office Consulting Group); bene, bzw. bene consulting; Expertengespräche mit Handelsunternehmen: Hischberg, bzw. ‚Contura', als Planungseinheit; Planquadrat, als Tochtergesellschaft von ‚Objektform'.

S. 285ff.; hier insbesondere auf die Gesellschaften OFF - Consult, *Px. 9.1*, H - Quadrat, *Px. 6.2*, und Quickborner Team, *Px. 7.5*)[349]. Das letzte von uns im Rahmen des Projektes berücksichtigte Berufsfeld, das sich mit Planungsdienstleistungen auseinandersetzt, ist die Gruppe der Innenarchitekten (s. *Kap. 7.1 Innenarchitektur*, S. *251ff.*, sowie kurz *Px. 9.1, S. 335*)[350].

Dar. 5.27: Gründung von Gesellschaften für Planungs- und Beratungsdienstleistungen[351]

Gründungsformen	
Selbständige Gründung (Gründerteam oder Gründerpersönlichkeit befinden sich in Gründereinheit)	**Unselbständige Gründung (‚Abhängiges Beschäftigungsverhältnis' bei der Muttergesellschaft)**
OFF Consult: Gründung durch Toni Lengen in Zürich, CH (s. Px. 9.1).	OCG: Gründung durch Lista in der Schweiz, CH (s. Px. 5.5).
H - Quadrat: Gründung durch Gründerpersönlichkeit Dipl. Arch. David C. R. Hancock, Deutschland (s. Px. 6.2).	bene consulting: Gründung durch bene in Österreich (s. insb. Px. 4.1, auch Px. 7.4 und Px. 9.5).
Peter Wendt und Partner: Gründung durch Gründerpersönlichkeit Peter Wendt, Hüttenberg in Deutschland.	Contura Consult: Gründung durch Hirschberg Handelsgruppe Dortmund in Deutschland (s. Px. 5.2).
QUICKBORNER TEAM: Gründung durch die Mitglieder der Beratungsgesellschaft, Deutschland (s. Px. 7.5).	Planquadrat: Gründung durch ‚Objektform Büroeinrichtungshandelsgruppe' in Deutschland.

349 s. *Verzeichnis der Praxisbeispiele, S. XXI*

350 s. *Anhang I Verzeichnis der Internet – Adressen, S. 413f.*

351 nach Erhebungen

Breidenstein und Reichenbach: Gründung durch Gründerpersönlichkeit.	Fraunhofer Institut für Arbeitswissenschaft und Organisation IAO: Gründung durch die Fraunhofer Gesellschaft (s. *Kap. 7.2.5 Unternehmenspraxis Beratungsdienstleistungen, S. 285ff.*; insb. *Darstellung 7.8 Beratungsunternehmen im Vergleich, S. 287*).

Wie in einem Fall zu erfahren war, wurden die Arbeitsverträge, mit der Gesellschaftsgründung, auf die Tochtergesellschaft umgestellt. Zusätzlich wurde ein Beteiligungsmodell erwogen. In einem zweiten Fall, wurde ein Beteiligungsmodell erst in der Etablierungs- und Wachstumsphase diskutiert (s. *Darstellung 5.28 Phasenmodell einer Unternehmensgründung, f.S.*). In diesem zweiten Fall, wurde der Geschäftsführer der neuen Einheit von Extern rekrutiert[352].

5.2.2.3 Phasenmodell einer Unternehmensgründung

Das folgende Kapitel geht stark vereinfacht auf eine Modellvorstellung zur Unternehmensgründung ein[353]. Wie sich bei der Befragung zeigte, ist die Gründung einer Tochtergesellschaft ein recht populäres Mittel, um ein Dienstleistungsgeschäft als Hersteller- oder Fachhandelsunternehmen zu betreiben (s. u.a. *Kap. 6.2.3 Outsourcing büronaher Dienstleistungen, S. 226ff.*).

Man kann den Gründungsprozess idealtypisch in vier, bzw. fünf verschiedene Phasen gliedern (s.u. *Darstellung 5.28*). Das unterstellte Modell verläuft jedoch i.d.R. nicht linear, in den vorgestellten Phasen. Vielmehr sind zahlreiche Hindernisse zu überwinden, bzw. mehrfach und wiederholt zu durchlaufen (s. hierzu auch *D. Realisierung in Vertriebsorganisationen, S. 333ff.*). Es muss eine hohe Überzeugungsarbeit geleistet werden, bis es zu einer spürbaren Entwicklung in

352 Expertengespräche Beratungsgesellschaften

353 Dietz 1989, S. 35ff.

eine, von allen Mitarbeiterinnen und Mitarbeitern gleichermassen gewünschte, Richtung kommt. Der Prozess kann vereinfacht in folgende Phasen gegliedert werden:

Dar. 5.28: Phasenmodell einer Unternehmensgründung[354]

(1) Vorgründungsphase

(2) Gründungsphase

(3) Frühentwicklungsphase

(4) Etablierungs- und Wachstumsphase

(5) Weitere Entwicklungen (Störungen, Gesetzliche Einflüsse etc.)

Auf Grundlage unserer Erhebungen, lassen sich selektiv noch die folgenden Anmerkungen zu zwei Prozessphasen machen[355]:

Bemerkungen zur Gründungsphase (Phase 2):

- *Anschubfinanzierung*: In einem Fall wurde der Tochtergesellschaft eine Anschubfinanzierung gewährt, um einen Entwicklungsspielraum zu gewährleisten. Von einer zweiten Tochtergesellschaft ist bekannt, dass das durch Dienstleistungsaufträge generierte Industriegeschäft ansonsten am Unternehmen vorbeigegangen wäre[356].

Bemerkungen zur Frühentwicklungsphase (Phase 3):

- Bei der von uns befragten ‚Contura GmbH' kann der Gesamtentwicklungsprozess als sehr organisch bezeichnet werden. Eigenständige Dienstleistungsangebote wurden bereits vor Gründung der Tochtergesellschaft, über das Handelsgeschäft für Industrieprodukte, vermarktet. Entsprechend bilden Phasen des internen Wachtums des Dienstleistungsgeschäfts, mit Phasen des ex-

354 Dietz 1989, S. 35, insb. S. 39

355 Nach ebd., S. 35ff. und alle Expertengespräche

356 Habschick 1999, S. K8; s.a. *Kap. 3.4 Strukturbetrachtung aus der Dienstleistungsperspektive, S. 41ff.*

ternen Wachstums, d.h. der Gründungsphase der Tochtergesellschaft, einen fliessenden Übergang.
Da die ‚Contura GmbH' keine eigene Vertriebsorganisation besitzt, sondern auf den Aussendienst des Industriellen Handelsgeschäfts massgeblich angewiesen ist, bestand ein zentrales Problem der Frühentwicklungsphase darin, Aussendienstmitarbeiterinnen und -mitarbeiter von der Bedeutung der Dienstleistungsangebote zu überzeugen. Sie sollten, nach Ansicht der beiden Gesprächspartnerinnen, zu einer aktiven Vermarktung motiviert werden. Wesentlich waren hierbei das Erzielen erster Erfolgsbeispiele und Referenzen. Die Dienstleistungskompetenz einzelner Aussendienstmitarbeiterinnen und -mitarbeiter kann hierbei sehr unterschiedlich ausgebildet sein (s.a. *Kap. 10. Ausblick und weiterführende Untersuchungen, S. 369ff.*, sowie *Px. 5.2 Gründung einer Tochtergesellschaft für Planungs- und Beratungsdienstleistungen, S. 121ff.*)[357].

- Die Frühentwicklungsphase einer anderen Tochtergesellschaft war massgeblich durch die zeitweise wirtschaftlich schwierige Situation der Muttergesellschaft beeinflusst. Ursprünglich in einer bestimmten Höhe für die Unternehmensentwicklung bereits zugesagte Finanzmittel, wurden gekürzt und infragegestellt. Die Zukunft der Tochtergesellschaft war zu diesem Zeitpunkt ungewiss. Von der Muttergesellschaft wurden klare finanzielle Ziele vorgegeben. Ohne entsprechende Zielerreichung durch die neue Tochtergesellschaft hätten die Aktivitäten wieder eingestellt werden müssen.
- In der Frühentwicklungsphase kommt insbesondere dem Management der Dienstleistungseinheit eine wesentliche Funktion zu. Dies betrifft parallel verschiedene Aufgabenbereiche[358].

Folgende Aspekte sind hervorzuheben:

---

357 Expertengespräch Contura

358 Schildhauer 1995, S. 287; Stegner 1992, S. 121

- *Aktive Markterschliessung*: In Fällen in denen Mitarbeiterinnen und Mitarbeiter bisher vorwiegend interne Aufgaben übernommen haben, ist es erforderlich, einen Bewusstseinswandel in Richtung eines aktiven, kundenorientieren Dienstleistungsmarketings herbeizuführen. Die Einstellung und Arbeitsweise der Mitarbeiter muss sich verändern, um den Gründungsprozess erfolgreich zu gestalten.
- Gestaltung einer schrittweise *fachlichen Qualifizierung der Dienstleistungseinheit*, entsprechend der teilweise vorab nur schwierig einschätzbaren Kundenbedürfnisse.
- Das Management steht unter *Erfolgsdruck*. Parallel dazu muss der zugewiesene Kostenrahmen eingehalten werden.
- *Kanalisierung politischer Prozesse und unterschiedlicher Interessen*: Die Führung der Dienstleistungseinheit erfordert gegenüber der Muttergesellschaft erhebliches ‚politisches Gespür'. Die Dienstleistungseinheit muss sich in einer vorwiegend Industriell geprägten Unternehmenskultur entwickeln.
- Bei dem gezielten Eintritt in einen Dienstleistungsmarkt, muss immer die Intransparenz solcher Märkte berücksichtigt werden. Aus diesen Gründen empfiehlt sich ein schrittweiser Eintritt und Aufbau des neuen Dienstleistungsgeschäfts.

5.2.3 Bildung von Marketingkoalitionen

Im Marketing komplexer Leistungssysteme sind Kooperationen zwischen verschiedenen Unternehmen oder Unternehmenseinheiten Möglichkeiten, die *beschränkte Handlungs- und Dienstleistungskompetenz* eines einzelnen Anbieters, durch Ressourcen und Know - how anderer Unternehmen bzw. Unternehmensteile, zu erweitern[359].

---

359 Menzel 2003, S. 2; Postinett 2003, S. 18; O.V. 2003h, S. 13; O.V. 2003w, S. 18; Koenen 2003a, S. 13; Kotler/ Bliemel 2001, S. 1106ff. und S. 1109ff.; Belz 1999, S. 19; Backhaus 1999, S. 262ff.; Volkholz 1999, S. K8; Belz 1998, S. 48 und S. 642ff.; Schiller 1998, S. K6; Probst/ Büchel 1997, S. 134; Böcker/ Götte 1994, S. 120f.; Roventa 1993, S. 207; s.a. *Px. 5.1 Indirekte Verrechnung von Planungs- und Beratungsdienstleistungen, S. 96ff.*

Dar. 5.29: Formen horizontaler und vertikaler Kooperationen[360]

	Horizotale Kooperation		Vertikale Kooperation	
	mit Konkurrenten	mit Komplementär-Anbietern	mit Lieferanten-stufe(n) (Rückwärts-kooperation)	mit Abnehmer-stufen
Projekt-bezogene Kooperation	• Arbeitsgemein-schaften • Messe-kooperationen/ Verkaufs-förderung • Verbands-tätigkeit	• Industrielle Kooperationen (z.B. Neubau-projekt) • Verkaufs-förderung	• Generalunter-nehmerschaft • Entwicklungs-kooperationen	• Entwick-lungs-koopera-tionen/ Prozess-innovationen bei der Infra-struktur-nutzung • Lead – User - Konzepte
Projekt-übergreifende Kooperation	• Strategische Allianzen • Dienstleistungs-pools (z.B. zwi-schen Handels-unternehmen in unterschied-lichen Regio-nen)	• Strategische Allianzen • Vertriebsver-bunde (z.B. zwischen Einrichtern, Handwerks-unternehmen, Planungsbüros)	• Dienstleis-tungspools mit Hersteller- und Handels-beteiligung • Partnerschafts-systeme	• Gründung einer Betreiber-gesellschaft für Facility Manage-ment (FM)

Marketingkoalitionen können als spezielle *Formen des Markteintritts* in das Dienstleistungsgeschäft gesehen werden. Durch diese Markteintrittsform werden, über eine gezielte Auswahl von Kooperationspartnern, strategische Schwächen des eigenen Unternehmens (Kompetenzen, Know - how, Ressourcen) ausgeglichen[361]. *Kooperationsformen* lassen sich u.a., nach ihrer Richtung (z.B. vertikal oder horizontal), den beteiligten Partnern (Absatz- und Beschaffungsseite) und ihrer zeitlichen Reichweite klassifizieren (s.o. *Darstellung 5.29*)[362].

360 nach Günter 1992, S. 800

361 Müller - Stewens 1994, S. 234

362 Arnold 1998, S. 68f.; Kleinaltenkamp/ Fließ 1995, S. 997

Kooperationsmodelle zwischen Industriellen Anbietern der Büromöbelindustrie und externen Anbietern für Planungs- und Beratungsdienstleistungen lassen sich horizontalen, wie auch vertikalen Kooperationsformen, mit unterschiedlicher zeitlicher Reichweite zuordnen. Bedeutsam ist hierbei die spezifische Ausgestaltung des Netzwerkarrangements (zur Bedeutung in der Praxis, s. *Kap. 3.4.2 Hersteller- und Handelssituation aus der Dienstleistungsperspektive, S. 47ff.*).

Das folgende Praxisbeispiel zeigt eine Möglichkeit auf, über Kooperationen verschiedene Dienstleistungsfelder auf ihre Tragfähigkeit hin ‚auszuloten', und die Dienstleistungskompetenz der Vertriebsorganisation schrittweise zu entwickeln. Durch Kooperationen sinkt das unternehmerische Risiko, das mit dem Aufbau einer eigenen Dienstleistungseinheit verbunden wäre. Im Rahmen solcher Kooperationen können sich allerdings auch *zahlreiche Konflikte* ergeben[363].
Im Dienstleistungsfeld von Planungs- und Beratungsdienstleistungen bestehen zahlreiche Vorbehalte des externen Dienstleistungsanbieters, eine *zu enge Kooperation mit Industrieunternehmen* einzugehen. Man fürchtet die Reputation als Anbieter zu gefährden (Neutralitätsproblematik). Die Überlegungen der externen Dienstleister sind dabei vergleichbar mit den bereits diskutierten Konflikten bei der Zusammenarbeit zwischen Vertriebsorganisation und einer unabhängigen Tochtergesellschaft (s. *Kap. 5.1.3.3 Rollenkonflikte neutraler Dienstleister im Unternehmensnetzwerk, S. 117ff.*).

Px. 5.6: Netzwerklösungen mit Planungs- und Beratungsunternehmen[364]

Die ‚Alex Linder GmbH' positioniert sich als Premium - Anbieter im Markt für Bankeinrichtungen. Das Unternehmen ist in Deutschland, Österreich und den Benelux - Staaten tätig. Bankeinrichtungen umfassen teils standardisierte, teilweise individuell angefertigte Einrichtungslösungen, oder Innenausbauten für

363 Konradt 1999, S. 106; Kunz 1999, S. 86

364 Expertengespräch Alex Linder; s.a. Anmerkung in *Anhang II Verzeichnis I der Expertengespräche und Tagungen, S. 415ff.; Anhang III Verzeichnis II der Expertengespräche. Wiederholte schriftliche Befragung 2003, S. 427ff.*, insb. unter *D. Anmerkungen zu den Verweisen 6.*.

die Verkaufsflächen von Geldinstituten. Projekte im Bankeneinrichtungsbereich sind im Durchschnitt planungsintensiver als vergleichbare Objekteinrichtungen von Büromöbelanbietern.

Die *Vertriebsorganisation* von Alex Linder besteht in Deutschland aus sieben Niederlassungen, mit insgesamt 40 Aussendienstmitarbeitern. Im Back - Office werden 25 Architekten und Innenarchitekten, als Planungsspezialisten, beschäftigt. Im Vertriebsprozess haben Aussendienstmitarbeiter die Aufgaben der Projektakquisition und Beziehungspflege. Ist ein konkreter Bedarfsfall ermittelt, werden wesentliche Kundenanforderungen durch den Aussendienst grob erfasst. Der spätere Planungsprozess ist Teamarbeit, bei dem der Aussendienst durch Planungsspezialisten unterstützt wird. Im Verlauf eines Projektes und seiner Gesamtkonzeption, haben die Planungskräfte auch umfassenden Kontakt zum Kundenunternehmen (Detailanforderungen, Präsentationen usw.).

Die *Markt- und Wettbewerbssituation* ist durch ein schrumpfendes Marktpotenzial geprägt. Wesentliche Ursachen sind Fusionen und ‚Filialnetz – Bereinigungen'. Bei neuen Vertriebskonzepten wurden Einrichtungslösungen wesentlich vereinfacht (u.a. Wegfall gepanzerte Schalter). Hierdurch wurden Markteintrittsbarrieren gesenkt und der Markt für bisher nicht - spezialisierte Unternehmen geöffnet. Die Tendenz der Banken, sich am Markt stärker über die ‚Verkaufsflächen' zu profilieren, reduziert teilweise die Möglichkeiten der Anbieter, sich über eigenständige Produkte am Markt zu differenzieren. Die Entwicklungen haben insgesamt zu einer sinkenden Auslastung, höherem Wettbewerbsdruck und einer entsprechenden Margenerosion geführt.
Eine mögliche Option in die Marktentwicklung proaktiv einzugreifen, wird im Angebot verschiedener know - how - intensiver Planungs- und Beratungsdienstleistungen gesehen (‚mehr Intelligenz auf niedrigerem Absatzniveau').
Über *Kooperationen mit externen Dienstleistern* sollen Kunden in ihrem ‚Restrukturierungsprozess' unterstützt werden. Das Kooperationsmodell versteht sich hierbei als *Versuch*, die Möglichkeiten, wie die Kompetenzgrenzen im Dienstleistungsbereich auszuloten.

Im Rahmen des *Entwicklungsmodells* wurden insgesamt *drei Kooperationen* mit externen Beratungs- und Planungsunternehmen eingegangen (s.u. Graphik). Bisher sind Erfolge in Einzelfällen zu verzeichnen; *eine endgültige Entscheidung über das weitere Vorgehen, ist noch nicht getroffen.*

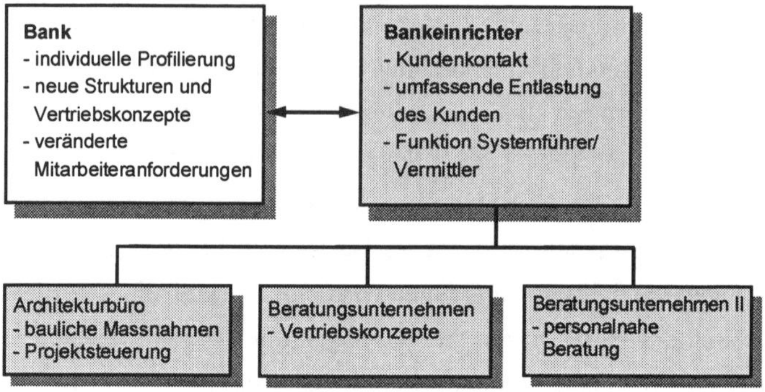

- *Generalunternehmerkonzeption*: Über die Kooperation mit einem Architekturbüro werden Banken komplette Sanierungs-, Umbau- und Einrichtungslösungen angeboten. Das Angebot umfasst sämtliche bauseitigen Planungsleistungen, die bauliche Überwachung und Projektsteuerung. Im Rahmen der Projektsteuerung werden u.a. auch die verschiedenen Fachbereiche der Banken (Organisationsabteilung, Informationssysteme, Bauabteilung) projektbezogen koordiniert.
- *Vertriebskonzeption:* In Kooperation mit einer Beratungsgesellschaft werden Banken Optimierungsmöglichkeiten im Vertrieb angeboten. Ein Referenzprojekt ist hierbei etwa das Konzept einer Jugendbank in Österreich.
- *Personalmanagement und Organisationsentwicklung*: In Kooperation mit einer zweiten Beratungsgesellschaft werden spezielle Ausbildungsprogramme für Bankmitarbeiter zur Verbesserung der Beratungsqualität angeboten.

Bei der *Umsetzung* des Konzeptes haben sich verschiedene Probleme gezeigt. Wesentliche Aspekte lassen sich wie folgt beschreiben:

- Bisher wurden Dienstleistungskonzepte durch die Vertriebsorganisation nie verkauft, sondern Planungs- und Beratungsdienstleistungen *indirekt über den Produktpreis verrechnet.* Planungsspezialisten wurden für die Lösungen von Planungsproblemen eng in den Vertriebsprozess eingebunden. Insgesamt erscheint die Sensibilisierung der Verkaufsorganisation für Dienstleistungsinhalte als wesentliche Umsetzungsbarriere.

- Auch im Dienstleistungsbereich besteht *Wettbewerb*; es sind zahlreiche Anbieter am Markt bereits erfolgreich etabliert.

- Die Reaktion der Banken auf Dienstleistungsangebote fällt sehr unterschiedlich aus. Teilweise fehlt das Bewusstsein, sich stärker am Markt zu profilieren (Evidenzproblem). Bei progressiveren Banken werden zahlreiche Dienstleistungen bereits durch interne Abteilungen abgedeckt (s. *Kap. 6.2 Marktsegmentierung für Dienstleistungen, S. 218ff.*). Insgesamt bereitet es grosse Probleme, den *Dienstleistungsmarkt* abzustecken und ein tragfähiges Leistungsprogramm zusammenzustellen.

- Das Angebot von Dienstleistungen führt auch zu grundsätzlichen *unternehmenspolitischen Fragen*, über die Märkte und Kompetenzen des Anbieters. Ein zu umfassendes Engagement in Dienstleistungsmärkten beinhaltet die Gefahr, wichtige Unternehmensressourcen, u.a. im Vertriebsbereich, auf zu viele Leistungsfelder auszurichten. So sieht man, trotz aller Schwierigkeiten, auch zahlreiche Innovationsmöglichkeiten und Reserven im angestammten Industriegeschäft.

Nur kurz erwähnen möchten wir die Möglichkeit zu ‚*Strategischen Kundenallianzen*‘, in welchen etwa in vertikaler Richtung, eine intensive Zusammenarbeit zwischen Dienstleister und Schlüsselkunde festgelegt wird[365]. Hier steht die Ausschöpfung von Synergiepotentialen, sowie der Ausbau von Wettbewerbsvorteilen, im Mittelpunkt. In der Büromöbelindustrie ist diese Art von Netzwerken bisher offensichtlich eher nicht stark ausgebildet. Analog der Entwicklung im IT -

[365] Belz/ Senn 1995, S. 48; ebd. 1994, S. 159ff.

oder Facility Management - Bereich könnte man das Thema ‚outsourcing' von Dienstleistungen unter diesem Blickwinkel betrachten (s.a. *Kap. 6.2.3 Outsourcing büronaher Dienstleistungen, S. 226ff.*).

5.3 Testsysteme für Geschäftsmöglichkeiten mit Dienstleistungen

5.3.1 Bewertung der Dienstleistungskonzepte

In den vorangehenden Kapiteln wurden unterschiedliche Zukunftsoptionen im Dienstleistungsmarketing für fachhandelsnahe Büromöbelanbieter vorgestellt. Ausgehend vom Ansatz der Leistungssysteme als Basisstrategie, diskutierten wir insgesamt drei Scenarien, bzw. Dienstleistungskonzepte, und zwar ‚Profilierung', ‚Autonomie' und ‚Transformation'.

Dar. 5.30: Entwicklung einer Dienstleistungsstrategie für Büromöbelanbieter[366]

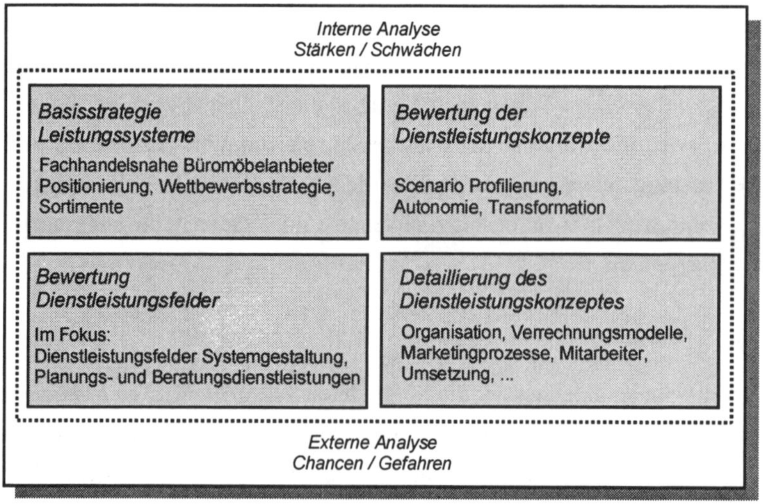

366 Eigene Darstellung

Im Rahmen eines strategischen Planungsprozesses müssen die einzelnen Gestaltungsmöglichkeiten schrittweise bewertet und detailliert werden (s. *Darstellung 5.30, l.S.*). Der vorliegende Teil gibt hierzu eine zusammenfassende Bewertung der drei Dienstleistungskonzepte:

Wiederum eingeschränkt auf Dienstleistungen der ‚Systemgestaltung', also Planungs- und Beratungsdienstleistungen[367], zeigt das nächste *Kapitel 5.3.2 Bewertungskriterien für Industrielle Dienstleistungen* auf *S. 200ff.*.

Wesentliche Vorteile, aber auch Risiken, der genannten Dienstleistungskonzepte lassen sich gesamthaft betrachtet wie folgt beurteilen (s.u. *Darstellung 5.31* am Ende dieses Kapitels auf *S. 199*):

- Zentraler Unterschied zwischen einerseits dem Scenario ‚*Profilierung*' und andererseits den Scenarien ‚*Autonomie*' und ‚*Transformation*', ist die Identifikation und wirtschaftliche Markterschliessung über ergiebige Dienstleistungsfelder. Ziel der Scenarien ‚*Autonomie*' und ‚*Transformation*' ist das Angebot innovativer Dienstleistungen. Strukturelle Verschiebungen des Industriellen Beschaffungsverhaltens bei büronahen Dienstleistungen werden berücksichtigt. Die personal- und kostenintensive Aussendienstorganisation wird deutlich in Richtung einer verbesserten Dienstleistungs- und Problemlösungsqualität entwickelt.
- Während das Scenario ‚*Profilierung*' am engsten an die bestehende Vermarktungspraxis von Dienstleistungen in der Büromöbelindustrie anknüpft, wird im Scenario ‚*Autonomie*' der bestehende Vertriebskanal weitgehend unverändert beibehalten, und um ein professionelles, neutrales Beratungsunternehmen ergänzt (Institutioneller Dienstleister). Die Zielkonflikte zwischen Industriellen und dienstleistungsbezogenen Geschäftsinteressen, werden somit, durch eine konsequente personelle, organisatorische Trennung, praktisch umgangen, bzw. entschärft. Besondere Bedeutung zur Realisierung einer umfassenden Problemlösungskompetenz kommt entsprechend der Kooperation

---

367 s. *Kap. 1.3 Aufbau der vorliegenden Arbeit, S. 6ff., sowie Kap. 7 Dienstleistungsfelder ‚Systemgestaltung', S. 251ff. im Teil C. Leistungsfelder im Dienstleistungsmarketing von Büromöbeln*

zwischen den Unternehmensbereichen zu (Synergiefrage; s.a. *Kap. 5.2.3 Bildung von Marketingkoalitionen, S. 190ff.*).
Je enger die ‚Anbindung' der neutralen Tochtergesellschaft an das Industriegeschäft, umso höher werden zwar einerseits die Verbundeffekte. Andererseits sinkt aber dadurch auch die Glaubwürdigkeit und Reputation der Tochtergesellschaft in der Dienstleistungsbranche. Hierdurch ist die langfristige Entwicklung der Tochtergesellschaft gefährdet. Die Neutralität und Unabhängigkeit der Dienstleistungen ist für Kunden nicht glaubwürdig.

- Das Scenario ‚*Transformation*' ist das progressivste Dienstleistungsmodell. Es entsteht durch eine intelligente Leistungssegmentierung gleichzeitig indirekt und direkt verrechneter Beratungs- und Planungsdienstleistungen. Alle Unternehmensleistungen, ob Dienstleistungen oder Sachleistungen, lassen sich dadurch eindeutig identifizieren, benennen und preislich qualifizieren. Dienstleistungen oder Sachleistungen können über einen einzigen ‚Vertriebskanal' vermarktet werden. Dieses Scenario verändert konsequent die bestehende Praxis der Vermarktung von Büromöbeln. Damit werden hohe Anforderungen einerseits an die Mitarbeiterinnen und Mitarbeiter gestellt (z.B. Kompetenzen im Verkauf). Andererseits bestehen gleichzeitig hohe Ansprüche an die markt- und wettbewerbsseitige Umsetzung (Veränderungsprozesse in Vertriebsorganisationen, Abgrenzung im Wettbewerb und die Akzeptanz bei Kunden).

Die *Darstellung 5.31 Bewertung der Dienstleistungskonzepte, f.S.* gibt nochmals einen kurzen Überblick wesentlicher Inhalte:

Dar. 5.31: Bewertung der Dienstleistungskonzepte[368]

Bewertung	*Zukunftsoptionen* Scenario ‚Profilierung'	 Scenario ‚Autonomie'	 Scenario ‚Transformation'
Wesentliche Vorteile und Chancen	• Intelligente Kundenbindung im Akquisitionsprozess.	• Ausbau der Dienstleistungskompetenz. • Flexibilität des Modells, durch Synergiebildung im Bedarfsfall. • Uneingeschränkte Wettbewerbsfähigkeit der Tochtergesellschaft in der Dienstleistungsbranche.	• Schrittweiser Ausbau der Dienstleistungskompetenzen denkbar. • Umfassende Problemlösungen aus einer Hand realisierbar.
Wesentliche Nachteile und Gefahren	• Kostenproblematik: Dienstleistungsbezahlung (indirekt), nur im Auftragsfall. • Vergleichsweise inferiores Problemlösungsniveau, im Vergleich zu professionellen Dienstleistern. • Keine zukunftsorientierte Neuausrichtung der personalintensiven Vertriebsorganisation.	• Keine grundlegende Veränderung der bestehenden Industriellen Vertriebspraxis (Erhaltung des Status quo). • Zentrifugalkräfte des Modells: Verkäufer wollen professionelle Hardwareanbieter sein. Dienstleister versuchen ‚echte' Unabhängigkeit, wie in eigenem Planungsbüro.	• Komplexität des Modells ist hoch. • Hohe Anforderungen an Mitarbeiterqualifikation. • Kostenexplosion: Leistungssegmentierung in direkte und indirekte Verrechnung nicht durchsetzbar. Es gibt zu wenige Argumente. • Eingeschränkte Wettbewerbsfähigkeit in der Dienstleistungsbranche.
Kritische Grössen	• Kostenschere, durch steigenden Wettbewerbsdruck, bei gleichzeitig sinkender Profilierung. • Unabhängige Dienstleister besetzen Märkte.	• Mangelnde Synergien, durch unterschiedliche Unternehmenskulturen. • Zusätzliche Synergieblockade, durch Verrechnungsprobleme im Industriegeschäft. • ‚Schein - Neutralität' der Tochtergesellschaft, durch dominierende Industrielle Interessen.	• Verkaufskompetenzen: fachliche und soziale Überforderungen im Aussendienst. • Streuung der Vertriebskapazität auf zu viele Leistungs felder.

[368] Eigene Darstellung

5.3.2 Bewertungskriterien für Industrielle Dienstleistungen

Die Vermarktung Industrieller Dienstleistungen kann als *Diversifikation* der Geschäftstätigkeit, z.B. eines Handelsunternehmens, betrachtet werden[369]. Inhaltlich besteht sie aus dem Aufbau, dann der Weiterentwicklung, neuer Geschäftsfelder. Die Richtung der Diversifikation wird dabei vom Ziel bestimmt, für Kundenunternehmen durch Dienstleistungen und Leistungssysteme zusätzliche Nutzenkategorien zu erschliessen (s. *Kap. 4.2.2 Integriertes Leistungsmanagement, S. 72ff.*).

Der *Markteintrittsentscheidung* eines Anbieters sollte eine entsprechende strategische Bewertung des Dienstleistungsfeldes vorangehen. Hierbei bereitet die *Intransparenz* von Dienstleistungsmärkten, sowie die *Evidenz- und Diffusionsproblematik* bei innovativen Dienstleistungen, erhebliche Schwierigkeiten (s. *Kap. 6. Kundensysteme und Marktfelder, S. 215ff.*). Die Bewertung einzelner Dienstleistungsfelder kann analog der Bewertung von Geschäftsfeldern erfolgen. Grundsätzlich muss jedes Dienstleistungsfeld einer getrennten Bewertung unterzogen werden, da sich jeweils unterschiedliche Nachfragesituationen und Wettbewerbskonstellationen ergeben. Beabsichtigen Büromöbelanbieter bestehende Dienstleistungen ganz oder teilweise zu verrechnen, ergeben sich für Kundenunternehmen auch alternative Optionen, da meist etablierte Institutionelle Dienstleistungsanbieter vergleichbare Dienstleistungen erbringen.

Die *Bewertung einzelner Dienstleistungsfelder* kann man sich aus den bekannten Prozessen und Verfahrensweisen im strategischen Management ableiten[370]. Grundlegend ist hierbei das ‚Denken im strategischen Dreieck' (Kunden, Wettbewerb und eigenes Unternehmen)[371]. Aufbauend auf einer Analyse der internen Unternehmenssituation (Stärken - Schwächen - Analyse), der externen Markt- und Wettbewerbssituation (Chancen - Gefahren - Analyse), sowie weiterer Umfeldeinflüsse, werden grundlegende Erfolgsfaktoren im Markt bestimmt.

---

369 Bieberstein 1995, S. 135ff.; Graßy 1993, S. 103ff.

370 Kotler/ Bliemel 2001, S. 107; Kuß/ Tomczak 1998, S. 11ff.; Belz 1997, S. 44f.; Becker 1993, S. 6; Bircher 1988, S. 64

371 Backhaus 1999, S. 28ff.; Kuß/ Tomczak 1998, S. 68ff.

Zur Entscheidungsunterstützung, im Rahmen strategischer Planungsprozesse, wurden, im Zusammenhang mit der Entwicklung von multifaktoriellen Portfolio - Modellen, verschiedene *Bewertungssysteme* entwickelt. Bei der *Auswahl und Interpretation* von Faktoren, bzw. Bewertungskriterien, verweisen Kuß/ Tomczak insb. auf das Problem, dass sich Aussagen über Faktoren nur schwer generalisieren lassen. Die jeweiligen Unternehmensziele, sowie Branchenspezifika, besitzen eine starke Bedeutung für die richtige Interpretation. Die Abbildung enthält eine Übersicht häufig angewandter Kriterien (s.u. *Darstellung 5.32*)[372]:

Dar. 5.32: Allgemeine Bewertungskritierien zur Geschäftsfeldplanung[373]

	Bewertungsdimensionen	
	Marktseite (Bewertung der Marktchancen in einem Dienstleistungsfeld)	Unternehmensseite (Fähigkeiten zur Wahrnehmung von Marktchancen im jeweiligen Dienstleistungsgeschäft)
Faktoren	• Marktgrösse • Marktwachstum • Branchenrentabilität • Wettbewerbsintensität • Markteintrittsbarrieren • Höhe des Kapitaleinsatzes • Revidierbarkeit des Kapitaleinsatzes • Anzahl und Struktur von Abnehmern • Konjunkturabhängigkeit • Abhängigkeit von politischen Rahmenbedingungen	• Marktanteil gegenwärtig • Relativer aktueller Marktanteil (bezogen auf grosse Wettbewerber) • Marktanteilsentwicklung • Unternehmensgrösse • Kapitalkraft des Unternehmens • Image des Unternehmens • Bestehende Abnehmerbeziehungen • Umsatzrendite • Know - how (Forschung und Entwicklung, Produktion, Marketing) • Kostensituation (Economies of scale, Erfahrungskurve etc.) • Managementqualität

372 Kuß/ Tomczak 1998, S. 60ff.

373 nach ebd., S. 60f.

Zur *Analyse der Vermarktungsmöglichkeiten, am Beispiel wiederum von Planungs- und Beratungsdienstleistungen* (s. *Kap 7 Dienstleistungsfelder ‚Systemgestaltung', S. 251ff.*), sollen selektiv die folgenden Bewertungskriterien hervorgehoben werden (s.u. *Darstellung 5.33*):

Dar. 5.33: Bewertungskriterien für Industrielle Dienstleistungen[374]

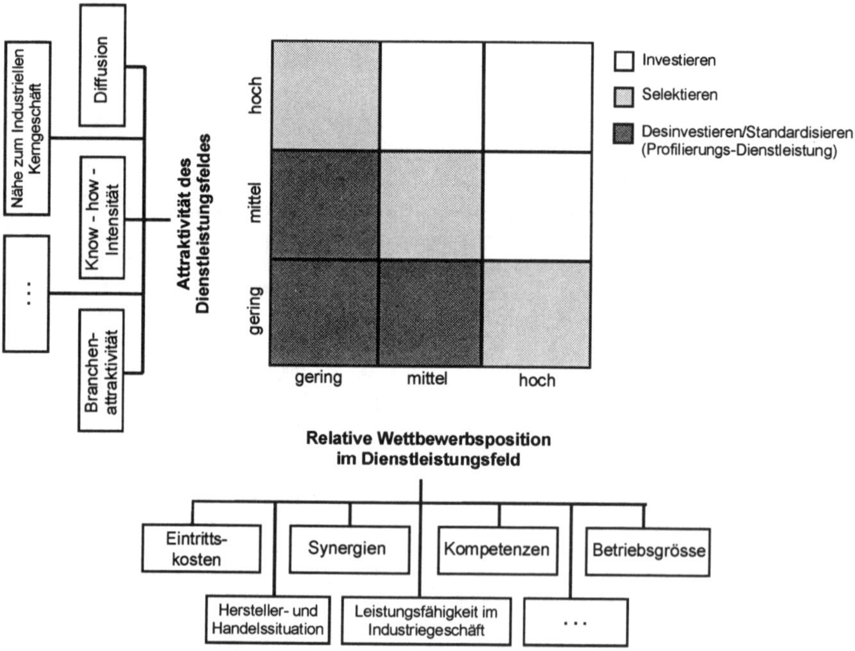

Im Einzelnen lassen sich die Faktoren wie folgt erläutern:

374 Eigene Darstellung

- *Attraktivität der ausgewählten Branchen, bzw. Dienstleistungsfelder*

Im Zusammenhang mit der Diversifikation von Grossunternehmen kritisiert Porter die Vielzahl an gescheiterten Aquisitionen und Unternehmensübernahmen. Kern der Aussagen Porters ist der Hinweis, die Diversifikation eines Unternehmens nicht in beliebige Richtungen wahllos zu vollziehen. Man sollte vielmehr nach einem *systematischen Gesamtkonzept* vorgehen. Dieses Gesamtkonzept muss sich an der bestehenden Positionierung, der Leistungsstrategie und Kompetenzplattform des Unternehmens, bzw. einzelner Geschäftsbereiche, orientieren. Ziel der Diversifikation im Rahmen des Gesamtunternehmens ist es, zusätzlichen Unternehmenswert zu generieren. Porter benennt drei wesentliche *Massstäbe zur Diversifikationspolitik*: den *Attraktivitätstest*, den *Eintrittskostentest* und den *Synergietest*. Alle drei Prüfkriterien müssen erfüllt sein, um zusätzlichen Unternehmenswert zu generieren[375]. Die Prüfkriterien lassen sich analog auf das Marketing Industrieller Dienstleistungen übersetzen.

Der *Attraktivitätstest* stellt den Massstab auf, dass ausgewählte Branchen strukturell attraktiv sein müssen, d.h. eine genügend hohe Rendite gewährleisten. Das betrachtete Unternehmen muss gegenüber etablierten Anbietern Wettbewerbsvorteile erzielen.

Eintrittskostentest: Mittelfristig zu erwartende Erträge aus dem Dienstleistungsgeschäft müssen mit den erforderlichen Kosten für Personal, Schulungsmassnahmen, Marktbearbeitung und technische Infrastruktur verglichen werden. Durch selektive Kooperationen können die Markteintrittskosten in ein Dienstleistungsfeld gesenkt werden (s. *Kap. 5.2.3 Bildung von Marketingkoalitionen, S. 190ff.*).

Synergietest: Über Verbundwirkungen durch das Dienstleistungsgeschäft sollte ein zusätzlicher Mehrwert für die gesamte Unternehmensgruppe entstehen (s. *Kap. 5.1.3.2 Synergien zwischen Unternehmenseinheiten, S. 113ff.*).
Synergieeffekte werden jedoch häufig überschätzt. Fehleinschätzungen bei der Umsetzung von Synergien können Unternehmenswert vernichten (s. *Kap. 5.1.3.3 Rollenkonflikte neutraler Dienstleister im Unternehmensnetzwerk, S. 117ff.*).

375 Porter 1987, S. 30ff.

- *Know - how - intensive versus arbeits - intensive Dienstleistungsfelder*

Um nachhaltige Wettbewerbsvorteile zu erreichen und eine langfristige Gewinnerzielung sicherzustellen, müssen Dienstleistungen so gestaltet werden, dass sie nicht leicht nachgeahmt werden können[376]. Die Know - how - Intensität von Dienstleistungen und damit zusammenhängende Kompetenzen bilden hierzu eine wichtige Grundlage. Von besonderer Bedeutung ist in diesem Zusammenhang die Wettbewerbssituation gegenüber Industriellen Anbietern, die ähnliche Leistungen u.U. produktbegleitend, ohne direkte Verrechnung, anbieten. Hieraus können sich Entwicklungsschwierigkeiten beim Aufbau des Dienstleistungsgeschäfts ergeben (Praxisbeispiel: Umzugsmanagement mit hohem Anteil an reinen Logistikdienstleistungen, s.a. *Px. 5.3 Umzugsmanagement als umfassende Problemlösung, S. 142ff.*)[377].

- *Kompetenzen*

Die im Unternehmen vorhandenen, in Verbindung mit dem Industriegeschäft entstandenen Dienstleistungskompetenzen, bilden die Grundlage für die Erschliessung eines Dienstleistungsmarktes[378]. Selektiv können durch die Verpflichtung neuer Mitarbeiterinnen und Mitarbeiter, oder Netzwerklösungen, Kompetenzlücken ausgeglichen werden. Wesentlich sind hierbei: die fachlichen Kompetenzen, und die Managementkompetenz im Dienstleistungsbereich, sowie die Dienstleistungskompetenzen der Verkaufsorganisation (s.a. kurze Bemerkungen in *Kap. 10. Ausblick und weiterführende Untersuchungen, S. 369ff.*).

- *Betriebsgrösse des Industriellen Anbieters*

Eng verbunden mit der vorangehenden Diskussion um Unternehmenskompetenzen, ist die Bedeutung der Betriebsgrösse. Eine zu geringe Betriebsgrösse beschränkt deutlich die Möglichkeiten, unterschiedliche Leistungsbereiche kompetent, wirtschaftlich tragfähig abzudecken. Ist etwa eine Zusammenarbeit mit Grosskunden beabsichtigt, kann der sich hieraus ergebende Personalbedarf schnell den bisherigen Mitarbeiterbestand eines Handelsunternehmens deutlich ü-

376 Slywotzky 1997, S. 230

377 Expertengespräch OCG

378 Loss 1997, S. 79; Prahalad/ Hamel 1991, S. 66ff.

bersteigen[379]. Ein weiterer Teilaspekt kann der bestehende Spezialisierungsgrad im Industriegeschäft sein.

- *Nähe zum Industriellen Kerngeschäft*

Einflüsse des Industriellen Kerngeschäfts können die Vermarktungsmöglichkeiten von Dienstleistungen erheblich beeinflussen. Hierzu wurde bereits eine Differenzierung nach Verkaufsphasen, bzw. Dienstleistungstypen (Kernleistungsgerichtete, -neutrale und -komplementäre Dienstleistungen), vorgestellt. Die Verrechnung von Dienstleistungen in der Vorkaufsphase, weist generell den höchsten Schwierigkeitsgrad auf (s. *Kap. 4.3 Nähe Industrieller Dienstleistungen zum Industriellen Kerngeschäft, S. 86ff.*).

- *Hersteller- und Handelssituation*

Je breiter das allgemeine Lösungspotential eines Anbieters im Industriegeschäft ist, um so besser werden die Voraussetzungen eingeschätzt, Planungs- und Beratungsdienstleistungen zu kommerzialisieren. Generell werden in der Praxis aus Expertensicht Handelsunternehmen vergleichsweise bessere Chancen eingeräumt, Dienstleistungen erfolgreich zu vermarkten (s.wg. *Kap. 5.1.4.3 Strategische Freiheit bei der direkten Verrechnung, S. 135ff.*).

- *Leistungsfähigkeit des Anbieters im Industriegeschäft*

Besteht eine deutliche inhaltliche Verbindung zwischen Dienstleistungsgeschäft und Industriegeschäft (Innere Kohärenz), verbessert eine hohe Leistungsfähigkeit im Industriegeschäft auch die Wettbewerbsposition im Dienstleistungsbereich (s. wg. ebd.).

- *Diffusionsrisiken und Eintrittszeitpunkt*

Bei Kundenunternehmen können innovative Dienstleistungen zu erheblichen Wahrnehmungsdefiziten und Umsetzungshindernissen führen. Pionierunternehmmen müssen sorgfältig zwischen Risiken durch Lernprozesse auf der Nachfrageseite, und anbieterseitigen Vorteilen eines frühen Markteintritts abwägen[380]. Abell spricht in diesem Zusammenhang vom Begriff des ‚strategischen Fensters',

---

379 Expertengespräch Bierbrauer + Nagel; Keller AG, Bern

380 Backhaus 1999, S. 245ff.; Belz 1998, S. 61, ebd. 1994b, S. 45

d.h. begrenzten Perioden, in denen sich Marktbedingungen und Kompetenzen des Unternehmens optimal entsprechen (s. *Kap. 6.2.4 Die Evidenz- und Diffusionsproblematik, S. 239ff.*)[381].

Dar. 5.34: Entscheidungsprozess für Planungs- und Beratungsdienstleistungen[382]

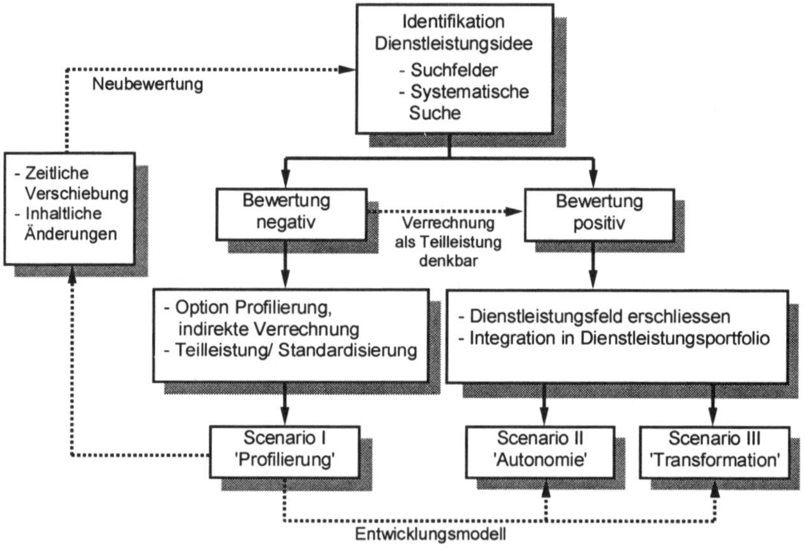

Dienstleistungen, für die sich aus Sicht eines Anbieters *keine wirtschaftlich ergiebige* Vermarktungsmöglichkeit zeigt, können in *Teilleistungen* gegliedert oder in *standardisierter* Form, als indirekt verrechnete ‚Profilierungsdienstleistung' angeboten werden (Variation der Dienstleistungsqualität)[383]. Zu einem späteren Zeitpunkt kann eine Neubewertung erfolgen. Der Anbieter kann dann auf der bisher *indirekt* verrechneten Dienstleistung aufbauen (s.o. *Darstellung 5.34*).

381 Abell 1978, S. 21; Kuß/ Tomczak 1998, S. 91f.; Czepiel 1992, S. 257

382 Eigene Darstellung

383 Lehmann 1995, S. 58ff.

Das folgende Praxisbeispiel verdeutlicht nochmals grundsätzliche Überlegungen und Bewertungskriterien am Beispiel eines *Handelsunternehmens*.

Px. 5.7: Konzentration auf das Handelsgeschäft,
und Steuerung der Problemlösungsqualität

Die ‚Beck AG' in Liechtenstein betreibt ein regional ausgerichtetes Handelsgeschäft für Büroeinrichtungen. Parallel ist man, überregional in der Schweiz, als Generalimporteur eines Trennwandsystems tätig. Insgesamt werden rund zehn Mitarbeiter beschäftigt. Das Unternehmen positioniert sich am Markt als ‚*intelligenter Problemlöser*'. Als Schwerpunkt des Unternehmens sieht man auch in Zukunft das *industrielle Handelsgeschäft*. Dienstleistungen werden bewusst nicht gesondert, direkt verrechnet, sondern sollen als ‚*Profilierungs- und Kundenbindungs - Instrument*', das Industriegeschäft unterstützen und fördern (s. *Kap. 5.1.2 Scenario ‚Profilierung', S. 93ff.*).
Erfolgsfaktor des Unternehmens ist das Angebot ‚*Intelligenter Komplettlösungen*'. Ein wesentlicher Beitrag zur Umsetzung dieser Konzeption, wird in der *Kompetenz der Aussendienstmitarbeiter* gesehen, sowie *im taktischen Vorgehen im Verkaufsprozess* (Motivation, Engagement, Verhandlungsgeschick usw.). Der Aussendienst muss in der Lage sein, die grundsätzlichen Möglichkeiten des Anbieters auf die konkrete Kundensituation bedarfsgerecht umzusetzen. Entsprechend qualifizierte Verkaufsmitarbeiter werden als wesentlicher Engpassfaktor in der Büromöbelindustrie bezeichnet.
Im Bedarfsfall beschränkt sich das Unternehmen nicht allein auf das Angebot von industriellen Produkten, sondern bietet dem Kunden eine ‚ganzheitlich ausgerichtete' Gesamtkonzeption. Diese beinhaltet Vorschläge zur Lichtgestaltung, zum Teppichboden, zur Farb- und Materialwahl usw.. Trotz dieses umfassenden Lösungsansatzes bleiben Beratungs- und Planungsdienstleistungen *eng auf den Verkauf von Industrieprodukten* bezogen. Gegenüber *industriellen Wettbewerbern* wird versucht, ein überdurchschnittliches Niveau der Problemlösungsqualität zu erreichen. Im direkten Vergleich zu *Beratungsgesellschaften oder Innenarchitekten* werden jedoch umfassendere Büroraumkonzepte, Planungen und Studien nicht erbracht. Ein Ausbau solcher Dienstleis-

tungen, auf Grundlage bestehender Kompetenzen im Unternehmen, wird als wenig aussichtsreich betrachtet. Im Kern wird eine zu *geringe Zahlungsbereitschaft* bei Industriekunden gesehen, sowie eine schwierige Abgrenzung von bisher praktisch *,kostenlos'* erbrachten Dienstleistungen.
In Einzelfällen war die Beck AG als Generalunternehmer für Innenausbauten tätig. Solche Projekte bilden jedoch eher Ausnahmen und sind nicht Schwerpunkt der Geschäftstätigkeit.

Die bestehende Praxis, Dienstleistungen nicht gesondert direkt zu verrechnen, wird auch in Zukunft als erfolgsversprechend betrachtet. Sie hat in der Vergangenheit dem Unternehmen einen *entscheidenden Wettbewerbsvorteil* gegenüber solchen Anbietern gesichert, die zu eng, allein auf das Angebot industrieller Produkte ausgerichtet waren. Bei vergleichbaren industriellen Produkten ist häufig der besondere Einsatz der Aussendienstmitarbeiter in Verbindung mit qualifizierten Beratungs- und Planungsdienstleistungen für die Vergabe ausschlaggebend. Aufträge mit hohem, und solche mit niedrigem Dienstleistungsaufwand haben sich bisher im Zeitablauf immer ausgeglichen.

Eine Standortbestimmung im Bereich *,Nutzungsbegleitender Dienstleistungen'* (Facility Management) hat ergeben, dass wichtige Grosskunden in diesem Dienstleistungsfeld entweder eigene Tochtergesellschaften gegründet haben, oder bereits etablierte Dienstleistungsanbieter am Markt vertreten sind. Vor dem Hintergrund einer relativ *kleinen Betriebsgrösse* hält man den Ausbau dieses Dienstleistungsbereichs für wenig realistisch.
Entsprechend werden selektiv nutzungsbegleitende Dienstleistungen in vereinfachter Form vor allem als *Kundenbindungsinstrument* eingesetzt. Solche Dienstleistungen sind etwa der Austausch von CAD - Planungsdaten und das regelmässige Nachführen von Planungen und Verzeichnissen bei Umzügen (Inventarisierung mit Personalnamen, Schlüsselverzeichnisse usw.).

5.4 Vergleich der drei Dienstleistungsscenarien

Das folgende Kapitel gibt einen zusammenfassenden, abschliessenden Vergleich der kurz beschriebenen drei *Dienstleistungskonzepte* (s.u. *Darstellung 5.35*). Diese drei Scenarien müssen die Frage beantworten, auf welche kundenseitigen Verhaltensmerkmale der Anbieter situativ eine Antwort geben sollte.

Dar. 5.35: Dienstleistungsscenarien im Vergleich[384]

Merkmal	*Zukunftsoptionen mit Dienstleistungen für den Handel und Direktvertrieb von Büromöbeln am Beispiel von Planungs- und Beratungsdienstleistungen*		
	Scenario ‚Profilierung'	Scenario ‚Autonomie'	Scenario ‚Transformation'
Unternehmenspolitik/ Positionierung	• Intelligenter Hardwareanbieter	• Intelligenter Hardwareanbieter im Industriebereich • Neutraler Berater im Dienstleistungsbereich (Institutioneller Dienstleister)	• Systemintegrator: Integrierter Problemlöser neuer Art, durch Transformation der Unternehmenskultur und Leistungsstrategie
zentraler Ansatz im Leistungsmanagement	• Verbesserte Struktur und Systematik des bestehenden Geschäftssystems	• Ergänzung des bestehenden Geschäftssystems durch ein neues, unabhängiges, komplementäres System	• Wandel des bestehenden Geschäftssystems
Massnahmen im Leistungsmanagement	• systematisch konzipierte Dienstleistungsmodule ‚rund ums Industrieprodukt'	• wie Scenario ‚Profilierung', aber: • Abspaltung innovativer Dienstleistungen vom Industriellen Geschäft	• systematisch konzipierte Dienstleistungsmodule • indirekt und direkt verrechnet • enge oder weite Beziehung zum Industrieprodukt

Verrechnungspolitik bei Dienstleistungen	• nur indirekt	• wie Scenario ‚Profilierung', bzw. • nur direkt im Dienstleistungs-bereich	• Segmentierung in direkt und indirekt verrechnete Dienst-leistungen
Anzahl Vertriebskanäle	• Einkanalsystem	• Zweikanalsystem	• Primär Einkanal-system
Organisation	• Planungs- und Beratungseinheit im Verkaufsteam integriert (dauer-hafte Teams) oder als Abteilung orga-nisiert (Cost Center)	• getrennte Organisations-einheiten • Tochter-gesellschaft für Planung- und Beratungsdienst-leistungen • temporäre Teams, Netzwerkansatz für spezifische Beratungs-leistungen (z.B. Energie, Licht)	• Gründung einer Dienstleistungs-gesellschaft grundsätzlich nicht vorgesehen • dauerhafte und temporäre Teams • Nutzung bestehen-der Ressourcen für neue Dienstleistun-gen • Tochtergesellschaft nur, wenn durch zu-nehmende Komple-xität der Gesamt-leistungen, z.B. durch zusätzliche nutzungsbegleiten-de Dienste, das Einkanalsystem überfordert wäre
Marken-politik	• Industriemarke	• Industriemarke und Dienstleistungs-marke • deutlich unter-scheidbarer Markenauftritt beider Geschäfts-felder • nur flankierend: Image/ Marke der Unternehmens-gruppe als Qualitätsindikator	• Dachmarke • Problemlösung als Kern der Markenpolitik
Märkte	• Industriemärkte	• Industriemärkte und Dienstleistungs-märkte	• Verwischung tradi-tioneller Grenzen von Branchen und Märkten

384 Eigene Darstellung

Synergiefrage	• sehr relevant zur Finanzierung des Dienstleistungs-aufwands (integraler Systembestandteil)	• zentral, zur Realisierung umfassender Problemlösungen	• systemimmanent • Verkäufer ist 'Makler' aller Leistungen des Unternehmens
Neutralität von Planungs- und Beratungs-dienstleistungen	• Beratung dient als Profilierungs- und Kundenbindungs-instrument • Problemlösung ist zentral, aber Neutralität gerade nicht beabsichtigt	• Neutralität und Produktunabhängigkeit ist Qualitätsmerkmal der Tochtergesellschaft • Relativiert durch Synergieziel zwischen Unternehmenseinheiten	• Die Gesamtleistung des Unternehmens steht auf dem Prüfstand • Neutralität ist nicht beabsichtigt, könnte aber gesondert vereinbart werden. Man verzichtet, ausdrücklich im Vorfeld, auf das Angebot Industrieller Leistungen.
Kriterium für den Unternehmens-erfolg	• Primär: Umsatzziel der Industrie-produkte • einfache und eindeutige Operationalisierung, über variable Vergütung • tendenziell kurzfristige Ergebnis-orientierung im Vordergrund	• Umsatzziel getrennt nach Industrie- und Dienstleistungs-bereich • Synergien als Gruppenziel, dadurch Zielkonflikte denkbar	• Primär: Deckungs-beitrag aller Unternehmensleistungen je Projekt • langfristige Kunden-zufriedenheit im Vordergrund, da umfassende ‚Begleitung' des Kunden beabsichtigt • konstruktive Handhabung von Zielkonflikten überlebenskritisch (Einkanalsystem)
Nutzen-stiftung für Kunden	• Erfüllung von Kunden-bedürfnissen durch den Verkauf neuer Industrieprodukte • Dienstleistungen eng am Produkt	• Industriebereich: analog Scenario ‚Profilierung' • Nutzenstiftung Beratung: Optimierung der Raumqualität; Kostenziele, wie bessere Flächen-wirtschaftlichkeit • Eskalation der Bedürfnispyramide (siehe Scenario 'Transformation')	• Eskalation der Bedürfnispyramide; bis zur Erfüllung komplexer strategischer Bedürfnisse • umfassende Planungs- und Beratungsdienst-leistungen zur Systemgestaltung • Idealfall: Erweiterung um nutzungs-begleitende Dienste, d.h. ganzheitliche Kundenbetreuung

Wettbewerbs-umfeld	• homogen • Industrie	• eher homogen • Industrie und Dienstleistungs-branche	• zunehmend komplex • je umfassender die Problemlösung, umso vielschichtiger der Wettbewerb
Industrie- und Dienstleistungs-kultur	• Industriekultur dominiert	• Kulturelle ‚Insel – Lösungen' durch getrennte Unternehmensbereiche • Kooperation bedeutsam	• ‚multikulturelle' Prägung durch integrierte Leistungen • ausgeprägte Kooperations- und Netzwerkkultur • gegenseitige Anerkennung und Respekt
Dienstleistungs-kompetenzen/ fachliche Qualifikation der Planungs-spezialisten	• eng auf Produkt bezogen • i.d.R. inferior gegenüber Institutionellen Dienstleistern	• Tochtergesellschaft muss wettbewerbsfähiges Qualitätsniveau in fachlicher Hinsicht und im Management erreichen	• je nach Kundensituation, sowohl eng am Produkt, als auch völlig eigenständig • s. Scenario ‚Autonomie'
nutzungsbegleitende Dienstleistungen (Facility Management) Ausbau der Dienstleistungs-kompetenzen	• praktisch irrelevant	• Gründung einer weiteren Dienstleistungsgesellschaft oder Ausbau der bestehenden Tochtergesellschaft	• nutzungsbegleitende Dienstleistungen als logische Weiterentwicklung des Ansatzes
Wandel und Dynamik im Marketing	• kleiner Entwicklungsschritt durch systematische Dienstleistungs-module und interne Verrechnung • jedoch keine nachhaltige Veränderung der bestehenden Praxis	• keine nachhaltige Veränderung der bestehenden Praxis im Industriebereich • Synergieziel erfordert kooperative Denkhaltung und neue Verkaufskompetenzen. ‚Sachleistungs'- und ‚Dienstleistungsbereich' müssen lernen zusammen zu arbeiten, gleichberechtigt zu kooperieren • Tochtergesellschaft muss noch aufgebaut werden	• Transformation überlebenskritisch • umfassende Veränderungen der fachlichen und sozialen Kompetenzen im Verkauf • Wettbewerbs-fähiges Niveau im Diensteistungsbereich erforderlich

Verrechnungs-systeme intern	• konsequente interne Verrechnung	• konsequente interne Verrechnung	• konsequente interne Verrechnung
Rolle und Kompetenzen des traditionellen Aussendienstes	• Verkäufer von Industrieprodukten • fokussiert auf Industrieprodukte und deren kundenbezogene Zusammenstellung	• Verkäufer im Industriebereich • Kundeninformation und Bedarfsermittlung im Dienstleistungsbereich, um Synergien zu realisieren • Weitergabe von Kundeninformation an Tochtergesellschaft (bei gutem Kontakt zw. beiden Unternehmenseinheiten)	• ‚Kundenmanager' • ‚Makler' und Vernetzer von Unternehmensleistungen im Industrie- und Dienstleistungsbereich • Erfordernis umfassender fachlicher und sozialer Kompetenzen zur Problemlösung und Kooperation
operative Marketingprozesse und Beziehungs-management	• Kundenkontakt primär im Zusammenhang mit Beschaffung neuer Industrieprodukte. Suche nach erneutem Bedarf beim Kunden • starke Ausrichtung auf Transaktionsmarketing • Beziehungsmanagement flankierend, aber eher wenig systematisch, ist nur zweitrangig	• Industriebereich, wie Scenario ‚Profilierung' • durch Synergieziel zusätzlich neue dienstleistungsbezogene Inhalte im Verkauf • Beziehungsmanagement, durch Mitarbeiter der Tochtergesellschaft, als wichtige Säule zur Vermarktung innovativer Dienstleistungen	• Fernziel: durch Problemlösung umfassende Entlastung des Kunden im gesamten Nutzungszyklus • Prozesse im Industrie- und Dienstleistungsgeschäft sind eng verbunden • Verkäufer ist ‚Partner' des Kunden • Dienstleistungsgeschäft und Beziehungsmanagement ergänzen sich

6. Kundensysteme und Marktfelder

6.1 Arbeitsprozess der Marktsegmentierung

6.1.1 Segmentierungsprozess

Zur Entwicklung adäquater Absatzstrategien benötigt der Dienstleistungsanbieter Informationen über den Bedarf nach Dienstleistungen, sowie die Art und Weise ihrer Beschaffung[385]. Ziel des Segmentierungsprozesses ist die Identifikation ergiebiger Marktsegmente, um die Treffsicherheit von Marketingaktivitäten zu erhöhen[386]. Ein wesentliches Problem der Segmentierung von Investitionsgütermärkten besteht in der Identifikation geeigneter Variablen[387]. Der Ansatz von Shapiro/ Bonoma sieht etwa fünf generelle Segmentierungsvariablen vor, welche die grundsätzliche Komplexität der Segmentierung bei Industriellen Nachfragern verdeutlichen (s. *Darstellung 6.1, f.S.*).

Segmentierungsansätze lassen sich nach Backhaus *in ein- oder mehrstufige Verfahren* differenzieren. Einstufige Verfahren bezwecken vor allem eine kostengünstige und effiziente Marktaufteilung. Mehrstufige Verfahren versuchen ein möglichst vollständiges und umfassendes Profil des Marktes und einzelner Kundenunternehmen zu erstellen[388]. Der Komplexität von Investitionsgütermärkten angemessen, erscheint die Anwendung eines mehrstufigen Verfahrens (Makro- und Mikrosegmentierung)[389].

Belz schlägt einen *Arbeitsprozess mit insgesamt acht Stufen* vor[390]. Schrittweise werden als ergiebig identifizierte Marktsegmente weiter ausdifferenziert. Innerhalb der Segmente sind wiederum einzelne Kunden unterschiedlich zu bewerten. In die Analyse einzelner Kundenunternehmen gehen insbesondere auch organisa-

---

385 Engelhardt/ Schwab 1982, S. 503

386 Soliman/ Justus/ Arena 1997, S. 21; Belz 1995, S. 9; Schicht 1993, S. 127ff.

387 Belz 1998, S. 236; Shapiro/ Bonoma 1995, S. 15; Belz 1993, S. 15

388 Backhaus 1999, S. 153ff.; Strothmann/ Kliche 1989, S. 68

389 Strothmann/ Kliche 1989, S. 68ff.

390 Belz 1998, S. 235ff.

torische Eigenschaften und Merkmale der Entscheidungsträger ein (s. Variablen in *Darstellung 6.1*).

Dar. 6.1: Segmentierung auf Investitionsgütermärkten[391]

Segmentierungsvariablen	Erläuterung
Demographische Variablen (demographics)	• Branche • Unternehmensgrösse • Unternehmensstandorte (lokal, global, Regionen)
Variablen im Zusammenhang mit dem operativen Geschäftsbetrieb (operating variables)	• Technologie der Kundenorganisation (z.B. Produktionsprozess) • Aktueller Status der Produktverwendung • Fähigkeiten der Kundenorganisation (Stärken und Schwächen – z.B. technisches Wissen, Umfang der Lagerhaltung, Qualitätsmanagement usw.)
Beschaffungspolitik und Unternehmensphilosophie (purchasing approaches)	• Allgemeine Organisation der Beschaffung (zentral vs. dezentral) • Machtstrukturen (welche Abteilungen haben massgeblichen Einfluss – Finanzen vs. Fachbereiche) • Geschäftsbeziehung (In Supplier vs. Out Supplier) • Allgemeine Beschaffungspolitik und Präferenzen (z.B. Leasing, Systemkäufer, präferiert kleine Zulieferer, Single Sourcing, etablierte Anbieter usw.)
Situative Einflussfaktoren (situational factors)	• Standardbeschaffung vs. dringliche Ersatzbeschaffung • Situation der Produktanwendung (z.B. kritischer Einsatzbereich und Sicherheitsinteresse, Dauerbetrieb usw.) • Beschaffungsvolumen/ Auftragsgrösse
Persönliche Merkmale von Einkäufer und Verkäufer (personal characteristics)	• Interaktion zwischen Käufer und Verkäufer (z.B. Ähnlichkeit/ Interaktionstheorie, Buying Center) • Kauf - Motivation • Individuelle Wahrnehmungen • Risiko - Management

391 Zusammengestellt und übersetzt aus Shapiro/ Bonoma 1995, S. 15ff.

6.1.2 Kundenportfolio - Analyse

Ein praxisorientiertes Instrument, im Rahmen des Segmentierungsprozesses, ist die Entwicklung eines *Kundenportfolios*[392]. Dieser Ansatz dient einerseits der zielgruppengerechten Entwicklung von Leistungsprogrammen. Auf operativer Ebene, ist er andererseits Grundlage der Ressourcensteuerung der Vertriebsorganisation, d.h. der operativen Vertriebs- und Beziehungsprozesse (s.a. *Kap. 9.1.4 Beziehungsmarketing und Industrielle Dienstleistungen, S. 348ff.*). Typische Dimensionen entsprechender Modelle sind etwa Kundenwachstum und relativer Lieferanteil, bzw. Kundenattraktivität und relative Lieferantenposition (s.u. *Darstellung 6.2*)[393].

Dar. 6.2: Kundenportfolio - Analyse und Vertriebsaktivitäten[394]

Kundenattraktivität / relativer Lieferantenanteil	*stark*	*schwach*
hoch	*Potentialanalyse* sehr gute Geschäftsmöglichkeiten *Vertriebsaktivität* hoher Einsatz, um Vorteil zu realisieren	*Potentialanalyse* Bewertung gut, wenn Verbesserung der Position erreichbar *Vertriebsaktivität* intensivieren oder abbauen
niedrig	*Potentialanalyse* stabile Geschäftsmöglichkeiten durch gute Position *Vertriebsaktivität* moderat, Position halten	*Potentialanalyse* negativ *Vertriebsaktivität* minimal, selektiv, u.U. Kunde abbauen

392 Belz 1998a, S. 50; Hutt/ Speh 1998, S. 521ff.

393 Plinke 1997a, S. 141ff.

394 nach Hutt/ Speh 1998, S. 523

6.2 Marktsegmentierung für Dienstleistungen

6.2.1 Dienstleistungstrends im Markt für Büroeinrichtungen

Die Entwicklung der Industriellen Dienstleistungsnachfrage, bzw. das Wachstum einzelner Segmente im Büroeinrichtungsmarkt, ist von verschiedenen Einflussfaktoren abhängig. Die Identifizierung derartiger Trends gibt frühzeitig Hinweise auf marktseitige Anforderungen und Innovationsfelder im Dienstleistungsmarketing. Industrielle Anbieter sollten solche Trends frühzeitig auf ihre Ergiebigkeit hin prüfen[395]. Auf Grundlage unserer Befragung, möchten wir die folgenden *Dienstleistungstrends* hervorheben. Grundsätzlich zeigen sich *erhebliche unternehmensindividuelle Unterschiede*[396]:

a) Steigende Anzahl an Gestaltungsoptionen der Büroinfrastruktur
Durch Einflüsse etwa der Informations- und Kommunikationstechnologie (Telearbeit, Remote Office Work), neue Arbeitsplatzkonzepte (Desk Sharing) und neue Optionen in der Zusammenarbeit mit externen Dienstleistungsanbietern (Outsourcing, Facility Management, Büro Service), nimmt die Anzahl an Möglichkeiten zur Gestaltung einer Büroinfrastruktur zu. Unternehmensberater leiten hieraus einen steigenden Bedarf für büronahe Beratungsdienstleistungen ab. Beratungsprojekte können eher kostenorientiert (Einsparung von Bürofläche, Alternativen zu einem Neubau), oder auf eine qualitative Verbesserung ausgerichtet sein (‚innovative Arbeitswelten').

b) Flexibilität bei der Gestaltung und Nutzung
Bedingt durch eine höhere Umweltdynamik und schlechtere Planbarkeit langfristiger Entwicklungen, zeichnet sich ein Bedarf ab, die Büroinfrastruktur möglichst flexibel zu gestalten. Dieser Trend wirkt sich auf verschiedene Dienstleistungsbereiche aus:

- *Gebäudegestaltung und Raumkonzept*: Ein Gebäude sollte so gestaltet werden, dass im Lebenszyklus eine möglichst flexible Nutzung denkbar ist.

---

395 Grosse - Oetringhaus 1996, S. 75, 85 und 141

396 Alle Expertengespräche; O.V. 2000, S. 17; Martin 1999, S. B10; Brockmann 1999, S. 89ff.; O.V. 1999, S. 27; Beul 1998, S. 45; Peiner 1998, S. K1; Ahrens 1998, S. 184ff.; Ahrens/ Pittner 1998, S. 174ff.; O.V. 1998d, S. 60f.; O.V. 1998b, S. 16; Adamik 1996, S. B1; O.V. 1996, S. 45

Typische Beispiele hierzu sind etwa die Umwandlung von Verkaufsflächen in Büroräume, die nachträgliche Aufteilung eines Gebäudes auf verschiedene Nutzer (Teilvermietung), sowie Veränderungen des Raumkonzeptes (z.B. Umwandlung von Einzelbüros in Gruppenbüros usw.).

- *Büroservice* - Anbieter rechnen mit einer steigenden Nachfrage nach Dienstleistungen, die es Unternehmen ermöglichen, eine Büroinfrastruktur lediglich temporär zu nutzen, oder sogar dauerhaft von einem externen Anbieter zu beziehen.

c) Wirtschaftlichkeit, Kosteneinsparung, Optimierung

Kostenorientierte Motive werden in der Praxis als Hauptgrund angesehen, dass sich zahlreiche Unternehmen verstärkt mit der Optimierung der Büroinfrastruktur auseinandersetzen. Gegenüber dem angloamerikanischen Sprachraum, wird in Deutschland ein erheblicher Nachholbedarf, etwa bei der externen Vergabe büronaher Dienstleistungen, gesehen. Unternehmen versuchen, die bestehende Bürofläche möglichst optimal auszunutzen.

Neben reinen Wirtschaftlichkeitsüberlegungen, verfolgen zahlreiche Unternehmen das Ziel, sich auf ihre Kernaktivitäten zu beschränken, d.h. mit der Unterhaltung der Infrastruktur zusammenhängende Funktionen extern zu vergeben.

d) Emotionalität, Qualität, Raumerlebnis

Neben rein wirtschaftlichen Überlegungen, betonen die von uns befragten Experten allerdings auch eine Sensibilisierung von Unternehmen, der *Qualität der Arbeitswelt* einen zunehmenden Stellenwert einzuräumen. Vor allem Innenarchitekten sehen hierin ein zukunftsträchtiges Dienstleistungsfeld. Diese Entwicklung wirkt sich auf die folgenden Bereiche aus:

- Verkaufsstellen, Büroflächen mit Kundenkontakt, Parkplätze und Wegleitsysteme sollen das Unternehmen gegenüber dem Kunden einzigartig profilieren.
- Büroarbeitsplätze, Kantinen usw. sollen von Mitarbeitern als angenehmes Arbeitsumfeld wahrgenommen werden. Die Motivation, Leistungsfähigkeit, Kreativität (etwa bei Entwicklungsabteilungen), die Kommunikation und Zusammenarbeit soll gefördert werden.

6.2.2 Marktfelder für büronahe Dienstleistungen

6.2.2.1 Segmentierung unter Berücksichtigung des bestehenden Industriegeschäfts

Das folgende Kapitel gibt eine Übersicht wesentlicher Segmentierungsvariablen für büronahe Dienstleistungen. Wir beziehen uns hierbei auf die in ‚Teil C' des Projektes näher beschriebenen *drei* Dienstleistungsfelder (s. *Teil C., Kapitel 7 und 8, Leistungsfelder im Dienstleistungsmarketing von Büromöbeln, S. 251ff.*).

Für die Marktsegmentierung Industrieller Dienstleistungen und Leistungssysteme zeigen sich, im Zusammenhang mit der Büromöbelindustrie, *zwei grundsätzliche Vorgehensweisen,* die inhaltlich eng verbunden sind[397]:

- Dienstleistungsmärkte für Industrielle Anbieter lassen sich *in Abhängigkeit vom bestehenden Industriegeschäft* definieren. Dienstleistungsfelder werden auf Grundlage der bestehenden Marketing- und Vertriebsprozesse betrachtet.
- Dienstleistungsmärkte *werden unter Vernachlässigung des bestehenden Geschäftssystems* eigenständig weitergehend systematisiert.

Es ergibt sich das folgende *zusammenfassende Bild*:

Marktsegmentierung unter Berücksichtigung des bestehenden Industriegeschäfts: Der Segmentierungsprozess knüpft an eine Analyse der bestehenden Marketing- und Vertriebsprozesse an. Wesentliches Ziel ist hierbei die Identifikation von Kundengruppen mit einer hohen ‚Nachfrage' an indirekt verrechneten Dienstleistungen. Auf dieser Grundlage entwickelte Lösungsansätze könnten zu einer Verbesserung der Leistungsdosierung im Vertriebsprozess und zur Kostensenkung beitragen. Proaktiv könnten Kunden zusätzliche Dienstleistungen gegen direkte Verrechnung angeboten werden. Ein wichtiger Lösungsbaustein kann die Leistungssegmentierung in indirekt und direkt verrechnete Dienstleistungen sein (s. *Kap. 5.1.4.2 Leistungssegmentierung nach direkter und indirekter Verrechnung,*

397 Schicht 1993, S. 127

S. 129ff.). Das zielgruppenorientierte Distributionskonzept des Schweizer Büromöbelherstellers Lista zeigt einen unternehmensspezifischen Lösungsansatz, Dienstleistungen zielgruppenorientiert, und ausgerichtet auf Merkmale der Industriellen Produkte zu segmentieren (s.u. *Darstellung 6.3*).

Dar. 6.3: Zielgruppenorientiertes Distributionskonzept von ‚Lista‘[398]

Zielgruppe	Distribution	Produkte	Dienstleistungen
Heimbüro	Versandhandel/ Grossverteiler	einfache Funktionsmöbel	keine
Klein-/ Mittelbetriebe	Fachhandel	komplette, modulare Systeme	bei Bedarf; mit Unterstützung ab Werk/ Service Center
Grossbetriebe	Kundenmanagement und Koordination ab Werk	komplexe Systeme und individuelle Problemlösung	sehr hoch, unter Einbezug externer Spezialisten

Der Zusammenhang zwischen Merkmalen der Sachleistungen und dem damit verbundenen Anteil an Dienstleistungen (z.B. Beratung, Engineering, Installation) wurde bereits näher dargestellt (s. *Kap. 3.1 Büromöbel als Marktleistung, S. 27ff.*; *Kap. 4.2.1 Marketingprozesse in der Büromöbelindustrie, S. 69ff.).* Unter Vernachlässigung von situativen Einflüssen des Beschaffungsverhaltens, lassen sich zusammenfassend folgende Aspekte hervorheben (s. *Darstellung 6.4, f.S.*):

- *Beschaffungsvolumen*: Die Höhe des Beschaffungsvolumens hat wesentlichen Einfluss auf den erforderlichen Einsatz an Beratungs-, Planungs- und Logistikdienstleistungen. Eng mit einem hohen Beschaffungsvolumen verbunden sind spezifische Merkmale des Grosskundengeschäfts (z.B. Anzahl der beteiligten Personen, Dauer des Entscheidungsvorgangs usw.).

398 Meili 1995, S. 40

Dar. 6.4: Marketingprozesse und Dienstleistungsaufwand[399]

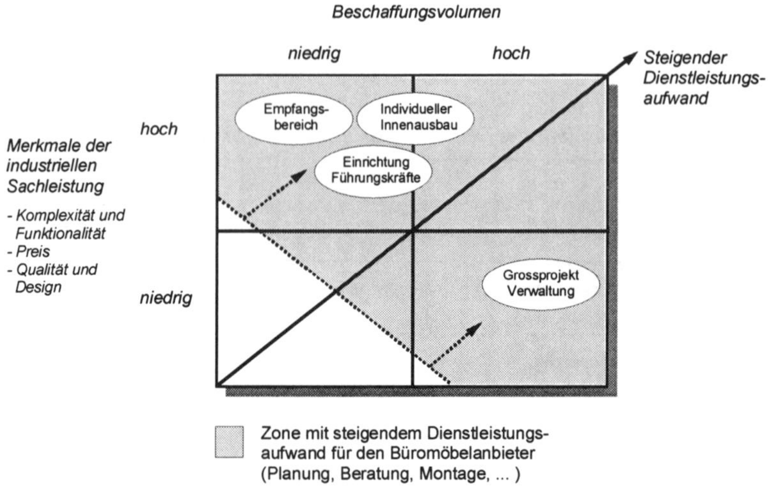

Grundsätzlich können auch kleinere Beschaffungsvolumen, etwa im Premiumsegment, ein erhebliches Auftragsvolumen erreichen.

- *Merkmale der Industriellen Sachleistung*: Eine hohe Komplexität oder Funktionalität der industriellen Leistungen (z.B. Systemprodukte, individueller Innenausbau), sowie die Höhe des Preises und häufig damit einhergehend die Qualität und das Design des Möbelproduktes (Premiumsegment), sind massgebliche Einflussfaktoren von Planungs- und Beratungsdienstleistungen, wie auch Montage- und Installationsdienstleistungen.

399 Eigene Darstellung

6.2.2.2 Eigenständige, weitergehende Segmentierung

Die Marktsegmentierung für büronahe Dienstleistungen kann auch eigenständig, unter Vernachlässigung des bestehenden Industriegeschäftes, systematisch betrachtet werden: Diese Vorgehensweise bietet sich an, wenn der Industrielle Anbieter beabsichtigt, neue, bisher nicht besetzte Dienstleistungsfelder zu entwickeln. Als wesentliche Segmentierungsvariablen möchten wir hierbei die *Organisationsgrösse*, sowie die *Unternehmenskultur* hervorheben. Bezogen auf die in Teil C. des Projektes betrachteten Dienstleistungsbereiche, zeigen sich folgende Marktfelder (s.o. *Darstellung 6.5)*:

Dar. 6.5: Marktfelder für büronahe Dienstleistungen[400]

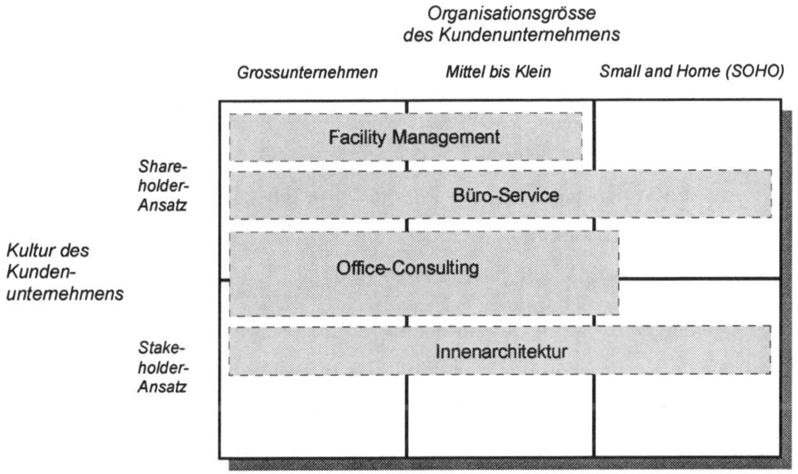

- *Organisationsgrösse*: Die Nachfrage nach büronahen Dienstleistungen wird erheblich von der Grösse der Verwaltungsorganisation (Büroinfrastruktur) beeinflusst. Dies trifft insbesondere auf Facility Management Dienstleistungen und Beratungsdienstleistungen zu. Bei Facility Management Dienstleistungen wer-

400 Eigene Darstellung

den nach Expertenmeinung ergiebige Kundensegmente ab einer Organisationsgrösse von 300 Arbeitsplätzen gesehen[401]. Bei Beratungsdienstleistungen spielt ebenfalls die Organisationsgrösse eine erhebliche Rolle, da bei kleineren Organisationen der konzeptionelle Anteil bei der Gestaltung der Büroinfrastruktur häufig so gering ist, dass die Nachfrage nach einer Beratungsdienstleistung für Kunden als nicht sinnvoll erscheint. Die Nachfrage nach Büro - Service Dienstleistungen ist weitgehend unabhängig von der Organisationsgrösse, da auch kleinere Unternehmen (z.B. Existenzgründer) entsprechende Dienstleistungen nachfragen. Büro - Service Dienstleistungen werden andererseits auch von überregional tätigen Grossunternehmen nachgefragt, wenn etwa die temporäre Inanspruchnahme des externen Dienstleisters günstiger erscheint, als der Betrieb einer eigenen Büroinfrastruktur (z.B. bei einer überregionalen Aussendienstorganisation). Die Bedeutung der Organisationsgrösse für die *effektive Nachfrage* nach Dienstleistungen externer Anbieter, wird allerdings erheblich relativiert durch den *Grad der Selbsterstellung* der entsprechenden Dienstleistungen durch das Kundenunternehmen (s.n. *Kapitel 6.2.3 Outsourcing büronaher Dienstleistungen, S. 226ff.*).

- *Unternehmenskultur:* Eine zweite wichtige Einflussgrösse, insbesondere bei der Nachfrage nach Innenarchitektur- und Beratungsdienstleistungen, ergibt sich durch die Werthaltung wichtiger Entscheider, bzw. durch die ‚Kultur' des Kundenunternehmens. Nach Angaben des Fraunhofer Instituts[402] lassen sich Kundenunternehmen grob zwischen zwei idealtypischen Verhaltensmustern einordnen:
  - *Shareholderansatz*: Die Nachfrage nach Beratungsdienstleistungen erfolgt primär aus kostenorientierten Beweggründen. Im Zentrum stehen Vorschläge zur Optimierung der Gestaltung oder Nutzung der Büroinfrastruktur, mit dem Ziel, die Gemeinkosten zu senken, bzw. die Flächenwirtschaftlichkeit zu erhöhen. Bei Gestaltungsfragen steht vorwiegend die Einhaltung gesetzlicher Mindestvorschriften im Vordergrund. Andere qualita-

401 Expertengespräch Wendt

402 Expertengespräch Fraunhofer

tive Ziele, wie etwa die Verbesserung der Raumqualität, sind von untergeordneter Bedeutung.

- *Stakeholderansatz*: Die Projektziele sind primär durch die humanistische Grundhaltung des Kunden beeinflusst. Das Ziel der Beratung liegt in der qualitativen Verbesserung der Büroinfrastruktur (Lebensraum Büro): etwa der ergonomisch richtigen Gestaltung von Arbeitsplätzen, der ästhetischen Gesamtwirkung, der allgemeinen Verbesserung des Arbeitsklimas (Kommunikation, Zusammenarbeit, Kreativität) usw..

Eine weitergehende Segmentierungsmöglichkeit besteht in der Unterscheidung verschiedener *Kundensituationen.* Auf Grundlage unserer Erhebung, zeigt *Darstellung 6.6, f.S.*, eine zusammenfassende Übersicht von Kundensegmenten und Kundensituationen büronaher Beratungsdienstleistungen. Die Identifikation typischer Kundensituationen ermöglicht es, etwa anhand einer Auswertung der Wirtschaftspresse, Kundenunternehmen projektspezifisch anzusprechen[403].

Beratungsdienstleistungen werden von Nutzern, aber auch der Immobilienwirtschaft, nachgefragt (z.B. von Projektentwicklern). Bei Eigennutzern haben Dienstleistungsunternehmen einen überproportionalen Anteil am Beratungsvolumen (teilweise bis zu 90%[404]). Die befragten Beratungsunternehmen begründen dies einerseits mit der relativen Grösse der Verwaltungsorganisation bei Dienstleistungsunternehmen gegenüber Produktionsunternehmen, andererseits mit der hohen Bedeutung der Büroinfrastruktur bei Dienstleistungsunternehmen für die Kernaktivitäten des Unternehmens.
Bei Produktionsunternehmen wird hier ein schrittweiser Wandel festgestellt[405]. Wesentliche Gründe für Grossunternehmen, trotz entwickelter eigener Kompetenzen zusätzlich Beratungsdienstleistungen nachzufragen, sind einerseits Spitzenlast - Situationen (z.B. Neubau mit Standortkonzentration), andererseits Know - how - Defizite. Im letzteren Fall spielt auch die neutrale, unparteiische Position

---

403 Expertengespräch Quickborner, H - Quadrat

404 Expertengespräch Off - Consult

405 Expertengespräch H - Quadrat

des Beratungsunternehmens eine gewichtige Rolle[406]. Insgesamt rechnen Beratungsunternehmen mit einem steigenden Anteil an extern vergebenen Dienstleistungen zur Gestaltung und Nutzung der Büroinfrastruktur.

Dar. 6.6: Kundensegmente und Kundensituationen für Beratungsdienstleistungen[407]

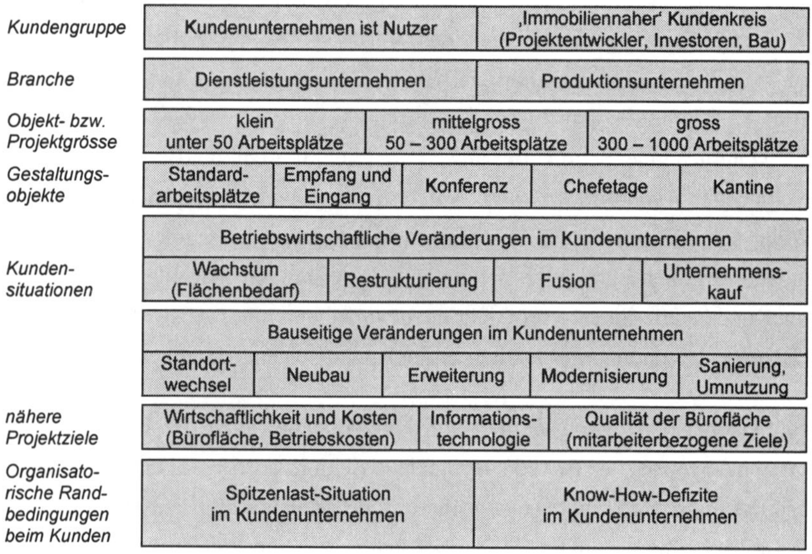

6.2.3 Outsourcing büronaher Dienstleistungen

6.2.3.1 Tertialisierung und Entwicklung der Volkswirtswirtschaft

Der Dienstleistungssektor nimmt heute in der Wirtschaft einen immer grösseren Raum ein[408]. Die unten stehende Graphik (s.u. *Darstellung 6.7 Der Dienstleistungssektor wächst, f. S.*) zeigt deutlich den *relativen Anstieg des Tertiären Sektors.*

---

406 Expertengespräch Quickborner Team

407 Expertengespräche ebd.; H – Quadrat; IAO - Fraunhofer Gesellschaft; Off - Consult

408 O.V. 1999l, S. 31

Neben der Theorie der *Industriellen, funktionalen Dienstleistung*, die sich aus der Notwendigkeit ergibt, Sachleistungen zur Absatzförderung mit Dienstleistung zu versehen[409], sehen Wissenschaftler vorrangig die wesentliche Verbreitung der sog. *IuK - Technologien (Informations- und Kommunikationstechnologien)* als *Triebkraft des Anstiegs der tertiären Berufe.*

Dar. 6.7: Der Dienstleistungssektor wächst[410]

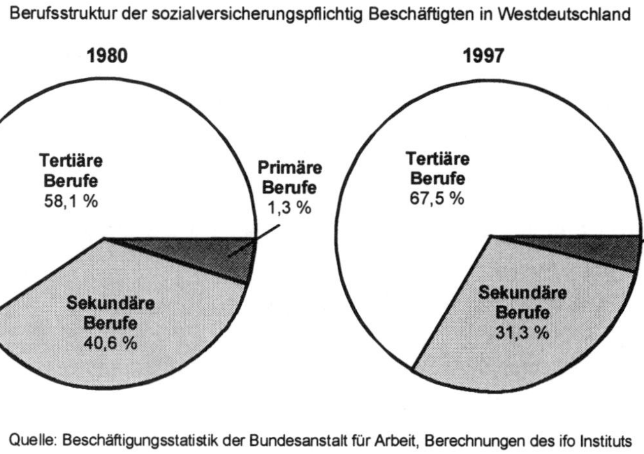

Eine Studie des Münchner ifo - Instituts führt folgende Ursachen an: 1. Die stärkere Kundenorientierung der Unternehmen, 2. kürzere Produktlebenszyklen und 3. den stärkeren Wettbewerbsdruck, mit gleichzeitig gestiegenem Informationsfluss durch die modernen Informations- und Kommunikationstechnologien[411].
Es entstehen, als *wichtiges Merkmal von Dienstleistungsbetrieben*, flachere, eng vernetzte Organisationsstrukturen. Diese Faktoren führen zu neuen Partnerschaf-

409 Meffert/ Bruhn 2000, S. 11ff.
410 O.V. 1999l, S. 31
411 ebd.

ten, auch zwischen Unternehmen. Ein Anstieg informationsbezogener Berufe des tertiären Sektors ist deutlich zu verzeichnen[412].

Branchenspezifische und allg. IuK - Entwicklungen, wie z.B. für Vertriebs- und Beschaffungsstrukturen im Automobilbau, *beeinflussen* sich dabei *wechselseitig*. Die bzgl. der Informationsbeschaffung *veränderten Marktstrukturen*, erfordern im Wettbewerb eine *strategische Bewertung* von Wissen und Kreativität, welche ihrerseits eine *neue Innovationsdynamik* im Dienstleistungsbereich generieren.

Der ‚Value - Added - Service', das funktionale Dienstleistungsmarketing, erscheint als *‚Dienstleistungshülle', zur Produktdifferenzierung*[413].

Bezüglich der *Kernkompetenzen* führt dies zu *Outsourcing - Strategien* für Bereiche wie F+E, Marktforschung oder Beschaffungsdienstleistungen.

Datenbankrecherchen, Prozessanalysen und Systemprovider erhalten, in Hinblick auf neutrale Beratung und Optimierung, eine *neue Qualitätsebene*[414].

Px. 6.1: Outsourcingvertrag WestLB mit T - Systems[415]

Seit der Privatisierung des Post- und Telekommunikationswesens in der Bundesrepublik, entstanden bei der ‚Deutsche Telekom AG' - Gruppe u.a. die vier sog. ‚T - Säulen': T - Mobile, T - Systems, T - Online und T - Com[416].

Der klassische Mittelständler der Wirtschaft wird von der T - Com bedient, während die T - Systems mit einem Marktanteil von knapp 20% vor IBM, EDS oder z.B. CSC, Marktführer für IT - Dienstleistungen im Grosskundenbereich ist[417].

Das Kerngeschäft widmet T - Systems primär IT - Services, Telefon- und Netzleistungen. Nur ein Teil besteht aus dem *Systemhausgeschäft,* wie Rechenzentrenbetrieb, Softwareentwicklung und Systemintegration. Während der

412 Heskett 1988 zit. in Meffert/ Bruhn 2000, S. 518ff.

413 ebd. 1999l, S. 31

414 Weinstrauch 1999, S B5

415 Nonnast 2003a, S. 14, O.V. 2003n, Titelseite

416 s.a. *Kap. 8.2.2 DeTeImmobilien, Münster (= Px. 8.3), S. 319ff.*

417 s. *Darstellung 6.8 Top 10 der IT - Dienstleister in Deutschland, S. 232*

Markt für Letzteres in 2003 für die gesamte Branche schwächelt, ist attraktivster Wachstumsfaktor das *Outsourcing - Geschäft.*

Der aktuellste Vertrag der T - Systems mit der WestLB, bestätigt diese Bewegung in der Finanz- und Bankenbranche. Der Betrieb der Rechen- und Druckzentren wird als Outsourcing - Vertrag, mit einem Umsatzvolumen von rund 200 Mill. Euro, an die ‚Deutsche Telekom' abgegeben. Die WestLB will durch Auslagerungen ihre Kosten für Informationstechnologie senken. 200 Mitarbeiter werden im Zuge dieses Outsourcing zu T - Systems wechseln.
Wenngleich der o.g. Outsourcing - Auftrag gegen den stärksten Konkurrenten ‚*IBM Global - Services*' errungen wurde, betreibt man gleichzeitig mit IBM gemeinsam die Entwicklung eines der grössten sog. ‚Grid - Technologie' - Projekte, deren Ziel es ist, die brachliegende Rechenleistung von Grosscomputernetzen besser zu nutzen.

6.2.3.2 Outsourcing als Mittel zur Reduktion von Unternehmenskomplexität

Mehdorn sieht vor allem die gestiegene *Unternehmenskomplexität,* im Zusammenhang mit dem Wandel der Industriemärkte von Verkäufer- zu Käufermärkten, als zentrale Ursache für eine steigende Bedeutung von Industriellen Dienstleistungen. Steigende Anforderungen zwingen Anbieter, sich auf eine beschränkte Anzahl an *Kernfunktionen* zu konzentrieren. *Unternehmenskomplexität* soll durch die Vergabe *bisher unternehmensintern* erbrachter Dienstleistungen (Randfunktionen) reduziert werden.
Mit Verschiebung der industriellen Funktionsstruktur, ergeben sich, nach Ansicht des Autors, folgende *Veränderungen*[418]:

- Es entsteht Industrielle Nachfrage nach bisher selbst erstellten Dienstleistungen, als *quantitativer* Aspekt der Nachfrage.

418 Mehdorn 1996, S. 19

- Durch den *Qualitätsanstieg in der Kernfunktionalität* erhöht sich das industrieseitig geforderte *Qualitätsniveau* der nachgefragten Dienstleistungen, als *qualitativer* Aspekt der Nachfrage.
- Es entstehen *zahlreiche neue Dienstleistungsunternehmen* mit einem *spezialisierten Angebot* – analog zum schrittweisen Abbau der Funktionen in den Industrieunternehmen, als *quantitativer* Aspekt des Angebots.
- Es entstehen *Dienstleistungs – Management - Gesellschaften*, welche die Leistungen der *Spezialisten* bündeln, abstimmen und den Nachfrager aus einer Hand versorgen, als *qualitativer* Aspekt des Angebots.
- Die *gesamtwirtschaftliche Arbeitsteilung*, wird durch gegenseitige *Abhängigkeit* und *Verflechtung parallel zunehmen.*

Ein Beispiel für den *qualitativen und quantitativen Nachfrage-* und *Angebotsaspekt,* aus der Branche der IT - Dienstleistungen, zeigt der Anfang 2003 geschlossene Outsourcingvertrag von IBM mit Visteon, dem weltweit drittgrössten Automobilzulieferer. IBM übernimmt einen Grossteil der IT – Dienstleistungen, inklusive einer Anzahl der entsprechenden Visteon - Mitarbeiter. Die noch bei Visteon verbleibenden IT - Fachkräfte werden ausschliesslich für strategische Aufgaben eingesetzt. Visteon sieht hierin die Möglichkeit der Verstärkung seiner Kernkompetenzen. Das Unternehmen arbeitet, seit der Abspaltung vom Automobilkonzern Ford, an einer *stärkeren Diversifizierung* seiner Produktpalette[419].

Outsourcingverträge über IT - Dienstleistungen dieser Grössenordnung bergen Milliarden - Risiken für den Dienstleistungsanbieter[420].
Hohe *Anfangsinvestitionen* und komplizierte *Buchhaltungsvorgänge*, über die mehrjährige Dauer von Verträgen, machen es für Anleger schwierig, die Vorteile grosser Verträge, wie z.B. von EDS mit dem US - Konzern Worldcom (1999), bei entsprechender wirtschaftlicher Lage des Kundenunternehmens, abzuschätzen[421]. Kommt es zu Schwierigkeiten beim Grosskunden (EDS - Kunde US - Airways im

419 O.V. 2003b, S. 16
420 ebd.
421 Spagat/ Wesch 2002, S. 18

August 2002) trägt sich die hohe Vorleistung nicht.[422] Grosse Aufmerksamkeit erzielt 2003 ein Zehnjahres - Vertrag (Volumen 3 Mrd. $) von HP mit Procter & Gamble[423].

Der fünftgrösste IT - Dienstleister ‚Cap Gemini' erzielte Verluste in 2002 (s. *Darstellung 6.8 Top 10 der IT - Dienstleister in Deutschland, f.S.*). Entsprechend plant man jetzt, Organisationsstrukturen zu vereinfachen, und Beratungs- (hier die Firma Ernst & Young), Outsourcing - und Softwaredienste, voneinander zu trennen[424].

Ziel der meisten Unternehmen ist es trotz dieser Entwicklung, künftig komplette Geschäftsprozesse mit dem Know - how eigener Berater anzubieten. Ein Weg, den EDS mit AT Kearney, IBM mit der übernommenen Beratungsgesellschaft PricewaterhouseCoopers einschlagen will[425].
Trotz stabiler Umsätze werden viele der grössten IT - Dienstleister in 2003 Personal einsparen[426]. Die neuesten Ansätze im Wettbewerb um Unternehmenskunden, finden sich bei HP oder IBM. Informations- und Rechnerleistung sollen künftig *individuell nach Bedarf* bezogen werden können. Beim sog. *‚gridcomputing' (Leitungsnetz)* oder *‚utilitycomputing' (Versorger)* werden jeweils das Leitungsnetz oder der Versorger entsprechend in den Mittelpunkt gestellt. IBM wird *strategische Leistungspakete* für zunächst fünf verschiedene Industriezweige, wie Finanzdienstleistung, Pharma und Biotechnologie, Automobil- und Luftfahrt, oder Behörden, anbieten[427].
Ebenfalls in diesem Punkt, zeigt sich die wechselseitige Beeinflussung von allg. und branchenspezifischen IuK - Entwicklungen[428]. Nach der erkennbaren Konsolidierungsphase wird der IT - Branche insg. ein steigendes Outsourcingpotential, insb. durch angebotene Dienstleistungen im Servicebereich, prognostiziert[429].

---

422 O.V. 2003e, S. 22; O.V. 2003g, S. 21; Nonnast 2003, S. 15
423 O.V. 2003k, S. 13
424 O.V. 2002h, S. 20; O.V. 2003i, S. 16
425 Nonnast 2003, S. 15
426 O.V. 2003, S. 16
427 Kulzer 2003, S. 16
428 O.V. 1999l, S. 31; Kulzer 2003a, S. 16; O.V. 2003f, S. 16; O.V. 1999l, S. 31
429 Altmann 2003, S. 10; Reppesgaard 2003, S. B1

Dar. 6.8: Top 10 der IT - Dienstleister in Deutschland (2002 veröffentlicht)[430]

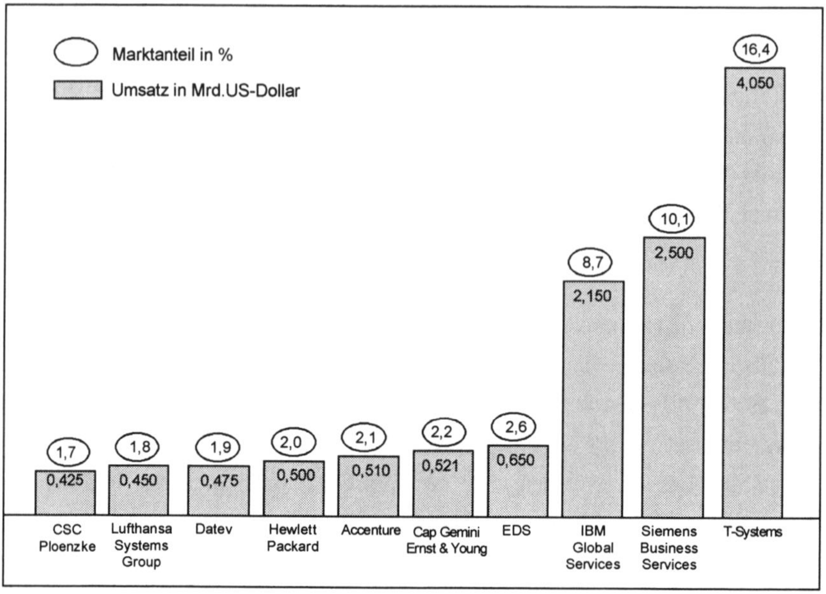

6.2.3.3 Internes und Externes Outsourcing

Hinsichtlich der *Erscheinungsformen von Outsourcing*, wird zwischen ‚internem' und ‚externem' Outsourcing unterschieden (s. *Darstellung 6.9, f.S.*)[431]:

- Beim *internen Outsourcing* werden bisher im Unternehmen, in verschiedenen Bereichen, erbrachte Dienstleistungen, auf eine interne, zentrale Dienstleistungseinheit, übertragen. Ein typisches Praxisbeispiel aus dem Dienstleistungsfeld ‚Facility Management' ist hierzu die Gründung der DeTeImmobilien GmbH als Tochtergesellschaft der Deutschen Telekom (s.a. *Kap.*

430 O.V. 2002h, S. 20

431 Altmann 2003, S. 10; Koenen 2003, S. 19; Foschiani/ Hertweck 1998, S. 43; Schneider 1996, S. 74ff.

8.2.2 DeTelmmobilien, Münster (= Px. 8.3), S. 319ff., zur Gründung einer Tochtergesellschaft für Facility Management - Dienstleistungen).

Dar. 6.9: Outsourcing büronaher Dienstleistungen[432]

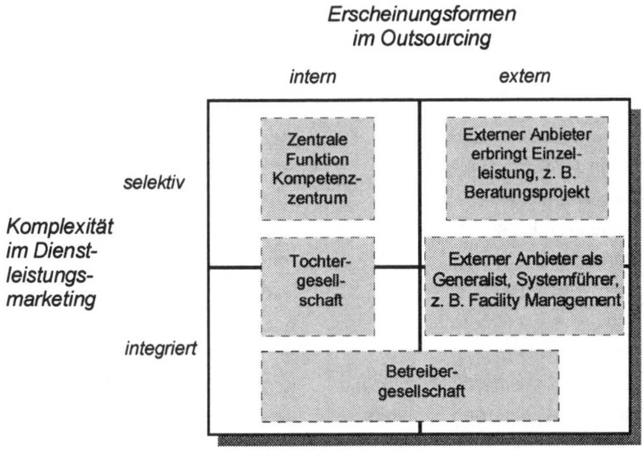

- *Externes Outsourcing* beinhaltet die Fremdvergabe, bisher intern erbrachter Aufgaben, an externe Dienstleister (s.n. *Px. 6.2 Outsourcing büronaher Planungsdienstleistungen, S. 235ff.*).

- *Mischformen*: Eine in der Praxis von Facility Management - Dienstleistungen diskutierte Outsourcing Variante, ist das Konzept der Betreibergesellschaft.

  Die Betreibergesellschaft ist eine Kooperationsform zwischen externem Dienstleister und dem Kundenunternehmen[433]. Gründe für die Bildung einer solchen Gesellschaft sind etwa: die Reduktion von Eintrittsbarrieren (Arbeitsrecht, Mitarbeiter werden übernommen); das Kundenunternehmen hat vollen

432 Foschiani/ Hertweck 1998, S. 43; Schneider 1996, S. 74ff.

433 Zoller 1998, S. 34; Köllgen 1998, S. 58; Wolf 1998, S. 134;

operativen, wie rechtlichen Zugriff (Aspekt der Qualitätsunsicherheit), ohne auf die Nutzung von Kostendegression und externem Know - how zu verzichten[434].

Dar. 6.10: Vorteile und Risiken bei der Fremdvergabe von Dienstleistungen[435]

Fremdvergabe büronaher Dienstleistungen	
Vorteile	**Risiken**
• Konzentration auf Kernkompetenzen • Transformation von fixen in variable Kosten (keine fixen Personal- oder Infrastrukturkosten) • Economies of Scale (Der spezialisierte, externe Anbieter nutzt Grössenvorteile im Beschaffungsbereich) • Realisierung von Skalenerträgen (Nutzung der Infrastruktur des externen Anbieters, z.B. Informationstechnologie) • Economies of Scope (Nutzung externen Spezialwissens) • Vermeidung von Engpässen (Redundanz und Spitzenlastvorsorge)	• Abhängigkeiten vom externen Partner • Verlust von Know - how und Spezialwissen, dessen Bedeutung unterschätzt wurde • Verlust der rechtlichen, und operativen, Eingriffsmöglichkeit • unzureichende Realisierung von Kostensenkungen/ Überschätzung des Nutzenbeitrags • Erhöhte Kommunikations-, Koordinations- und Kontrollkosten • Qualitätserwartungen bleiben unerfüllt • Koordinationsprobleme, unternehmens-kulturelle Unterschiede

Grundsätzlich kann sich die Fremdvergabe von Dienstleistungen auf *selektive* Einzelleistungen oder *integrierte* Gesamtleistungen beziehen (s. *Kap. 2.3 Ansatz der Leistungssysteme als Basisstrategie, S. 23ff.*)[436]. Das Ziel des Angebots integrierter Leistungen, ist die umfassende Entlastung eines Kundenunternehmens, von sämtlichen in Verbindung mit seiner Büroinfrastruktur stehenden Aufgaben.

---

434 Expertengespräch Bene Consulting; DeTeImmobilien; Keller; Schneider 1996, S. 79.

435 Expertengespräche Beratungsgesellschaften und Facility Management - Dienstleister. Belz 1998, S. 68f.; Foschiani/ Hertweck 1998, S. 43; Mehdorn 1996, S. 21; Schneider 1996, S. 60ff.; Baumgarten/ Wolff 1993, S. 274; Fischer 1993, S. 23.

436 Belz 1996, S. 40f.

Je nach Komplexitätsgrad der betreffenden Dienstleistungen, der Qualitätsunsicherheit bezüglich eines zu beurteilenden externen Anbieters und interner Widerstände, wird ein Unternehmen sich für eine schrittweise, bzw. mehr oder weniger umfangreiche, Fremdvergabe der Leistungen entscheiden (s.n. *Kap. 6.2.4 Die Evidenz- und Diffusionsproblematik, S. 239ff.*).

Darstellung 6.10, s.o. gibt abschliessend eine Übersicht wesentlicher *Vorteile und Risiken*, bei der Zusammenarbeit mit *externen Dienstleistern.*

Px. 6.2: Outsourcing büronaher Planungsdienstleistungen[437]

Die ‚*H - Quadrat Planungs - Consulting GmbH*' ist als externer Anbieter büronaher Planungs- und Beratungsdienstleistungen im Grossraum Frankfurt tätig.
Kunden des *Dienstleistungsanbieters* sind vorwiegend ‚Endnutzer'.
Der Schwerpunkt liegt bei Grossunternehmen (‚Blue – Chip - Companies'), aus dem angloamerikanischen Sprachraum, mit internationaler Ausrichtung.
Typische Projektgrössen des Unternehmens liegen zwischen 2.000 und 4.000 Quadratmetern (s.a. *Kap. 7.2 Büronahe Beratungsdienstleistungen, S. 270ff.*; vergleichende Übersicht verschiedener Anbieter in *Kap. 7.2.5 Unternehmenspraxis Beratungsdienstleistungen, S. 285ff.).*

Das Dienstleistungsunternehmen beschränkt sich auf *konzeptionelle Aufgaben und Managementdienstleistungen,* im Zusammenhang mit der Planung und Realisierung von Büro- und Verwaltungsgebäuden. *Operative Aufgaben,* wie bauliche Tätigkeiten oder das Durchführen von Umzugsdienstleistungen, werden *nicht in Eigenregie* durchgeführt. Solche Aufgaben werden, im Auftrag des Kunden, ausgeschrieben und koordiniert.
Das Unternehmenskonzept lässt sich inhaltlich als Kombination eines Architekturbüros und eines Beratungsunternehmens charakterisieren.
Insgesamt beschäftigt das Unternehmen fünf Architekten als Vollzeitkräfte, weiteres Personal in ‚Spitzenzeiten'.

437 Expertengespräch H - Quadrat

Wie auch bei den anderen von uns befragten Beratungsgesellschaften, besteht die *Philosophie des Unternehmens* darin, Gebäude von *‚Innen‘* nach *‚Aussen‘* zu planen.

Gegenüber traditionellen Architekturbüros, wird, nach Aussagen des Geschäftsführers, ein besonderer Schwerpunkt auf die langfristige Nutzungsflexibilität von Verwaltungsgebäuden gelegt. Nutzungsflexibilität bedeutet hierbei etwa: die Umwandlung von Ladenflächen in Büros; die nachträgliche Veränderung des Raumkonzeptes - etwa von Einzel- in Gruppenbüros; die vorausschauende Ausstattung eines Gebäudes mit Netzwerktechnologie usw.. Auch die Vermassung des Gebäudes, und dessen Statik, kann erheblichen Einfluss auf spätere Nutzungskonzepte haben.

Entsprechend intensiv hat man sich mit Anwenderproblemen, gesetzlichen Vorschriften und der Kostenproblematik bei der Planung grosser Verwaltungsorganisationen beschäftigt. Hierin besteht die zentrale Dienstleistungskompetenz des Unternehmens.

Beschreibung der *Leistungsfelder*: insgesamt ist das Büro in *fünf Leistungsbereichen* tätig (*siehe Graphik f.S.*).
Neben *Architekturleistungen*, die sich auf *sämtliche Phasen der HOAI*[438] beziehen, werden ebenfalls Aufgaben im Bereich *Unternehmensanalysen* angeboten (z.B. Prüfung der Eignung eines Gebäudekomplexes, für eine bestimmte Anzahl an Mitarbeitern, zur Durchführung eines wichtigen Projektes).

Projektmanagement wird im Schwerpunkt für den Grossraum Frankfurt, teilweise auch überregional, angeboten.
Einen regelmässigen, aber eher geringeren Umsatzanteil, bildet die *Evaluation* von *Möblierungen.*

438 Honorar - Ordnung für Architekten und Ingenieure,
s.a. *Kap. 7.1.5 Verrechnung von Planungsdienstleistungen, S. 262ff.*

Den letzten Bereich der Unternehmensleistungen, bilden Aufgaben aus dem Feld des *Umzugsmanagements*. Solche Leistungen ergeben sich bei eher *einmaligen*, grösseren Umzügen, oder *regelmässigen*, kleineren räumlichen Veränderungen in Unternehmen.

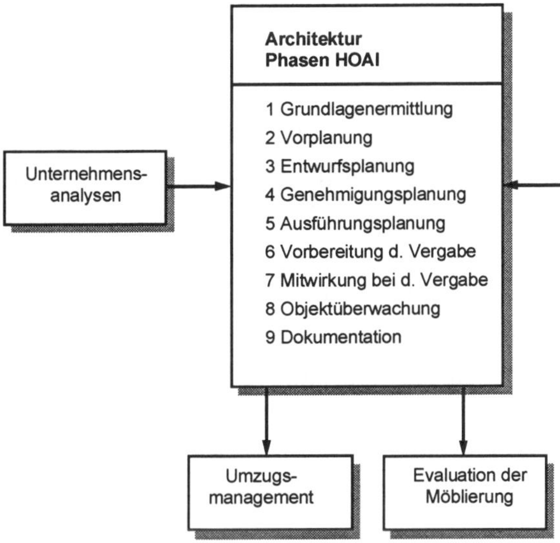

Die Dienstleistungen werden für einen Pool aus rund 40 Stammkunden erbracht. Um den Kundenbestand zu erweitern, geht man vor allem projektbezogen vor. Wichtigste Informationsquelle ist hierbei die Wirtschaftspresse.
Typische Kundensituationen sind grundlegende Veränderungen in Industrieunternehmen, wie Standortveränderungen und Restrukturierungen (s. u.a. systematische Übersichten in *Kap. 6.2 Marktsegmentierung für Dienstleistungen, S. 218ff. sowie Kap. 3.4 Strukturbetrachtung aus der Dienstleistungsperspektive, S. 41ff.*). Im Gegensatz zu einer projektbezogenen Akqusition, hat eine systematische Kontaktaufnahme zu Grossunternehmen, kein tragfähiges Kosten/ Nutzenverhältnis erbracht.

Durch Erfahrungen des Unternehmensgründers in Grossbritannien, konnte man, im Vergleich zu deutschen Wettbewerbern, früh Erfahrungen in der Zusammenarbeit mit Grossunternehmen sammeln. Hieraus ergaben sich erste Kontakte, die im *Gründungsprozess* des Unternehmens in Deutschland von Vorteil waren. Im Vergleich zum angloamerikanischen Sprachraum, sieht man in deutschen Unternehmen noch einen erheblichen Nachholbedarf, was die Fremdvergabe von Dienstleistungen betrifft. Deutsche Unternehmen beschäftigen, nach Erfahrungen des Dienstleistungsanbieters, noch vergleichsweise viele Mitarbeiter in den betreffenden Organisations-, bzw. Bauabteilungen.

Bei Outsourcing - Dienstleistungen, und in der damit zusammenhängenden kontinuierlichen Betreuung von Unternehmen, wird in Zukunft ein *erhebliches Potential* gesehen. Als *Outsourcing - Partner* ist die ‚H - Quadrat GmbH' bundesweit für alle Projekte einer internationalen Fluggesellschaft verantwortlich. Die Fluggesellschaft hat ihren eigenen Mitarbeiterbestand auf jeweils regionenbezogene (z.B. Deutschland) Koordinationsstellen reduziert. In jedem Land arbeitet man nun mit externen Partnern zusammen, die im Bedarfsfall die Projektbearbeitung übernehmen.

Zentrale *Erfolgsfaktoren* des Unternehmens lassen sich zusammenfassend in den folgenden Aspekten sehen:

- *Spezialisierung* auf die Planung und Optimierung von Verwaltungseinheiten, sowie damit zusammenhängender Realisierungs- und Managementaufgaben (Economies of Scope).
- *Entwicklung des Know - hows in Grossbritannien* und Übertragung der Geschäftsidee auf den deutschen Markt.
- *Unabhängigkeit und Neutralität* bei der Ausschreibung und Auswahl operativer Dienstleistungen, sowie Ausschluss des Einflusses von *Drittinteressen.* Kunden wird garantiert, keine direkten Wettbewerbsunternehmen zu betreuen.
- Starke Gewichtung von *betriebswirtschaftlichen Aspekten*, wie etwa zuverlässige Kostenschätzungen, *Kosten- und Terminkontrolle* bei Projekten.
- Als *Outsourcing - Partner* im *direkten Wettbewerbsvergleich zu internen Abteilungen*: Übernahme von *zeitlichen* und *kostenbezogenen* Projekt-

risiken, Übernahme des Beschäftigungsrisikos bei Terminverzug einer Leistung, teilweise Spezialisierungsvorteile (d.h. über Jahre gewachsenes Know-how über die praktische Bautätigkeit), Ortskenntnisse im Immobilienmarkt und bei Partnerunternehmen zur operativen Ausführung (etwa Reinigung, Bau im allgemeinen), höhere Flexibilität (z.B. Anpassung des Leistungspotentials durch externe Mitarbeiter).

6.2.4 Die Evidenz- und Diffusionsproblematik

6.2.4.1 Das Evidenzproblem

Wesentliche Hindernisse bei der Markteinführung und Vermarktung von innovativen Dienstleistungen ergeben sich aus der Evidenz- und Diffusionsproblematik. Engelhardt/ Schwab verstehen unter ‚*Evidenz*', die Einsicht des Nachfragers, dass eine bestimmte Dienstleistung zur Lösung seiner Probleme benötigt wird[439]. Sie unterscheiden hierbei drei Fälle:

- Der potentielle Nachfrager *erkennt nicht*, dass eine bestimmte Dienstleistung zur Problemlösung hilfreich sein könnte.
- Der Nachfrager erkennt den Problemlösungsbeitrag einer Dienstleistung, kann aber die Dienstleistungen *nicht spezifizieren.* Dies kann auf eine falsche Problemanalyse zurückzuführen sein, oder aber auf falsche Entscheidungen, die einer grundsätzlich richtigen Problemanalyse gefolgt sind.
- Der Nachfrager hat das Problem *richtig identifiziert* und kann die Dienstleistung nach Quantität und Qualität *korrekt spezifizieren.*

Die Problemevidenz unterliegt einer zeitlichen Veränderung, da Kundenunternehmen im Umgang mit Dienstleistungen ein Erfahrungspotential aufbauen. Nach Engelhardt/ Schwab weisen grössere Beschaffungsorganisationen eine tendenziell höher entwickelte Fähigkeit auf, eigene Bedürfnisse nach Dienstleis-

439 Engelhardt/ Schwab 1982, S. 505ff.

tungen zu erkennen, den Bedarf zu spezifizieren, sowie die Dienstleistungserstellung zu kontrollieren.

Ein wesentliches Evidenzproblem ergibt sich in der Büromöbelindustrie bei der Vermarktung von *Planungs- und Beratungsdienstleistungen.* Im Dienstleistungsfeld Innenarchitektur ist der Kundennutzen, im Vergleich zu betriebswirtschaftlich orientierten Beratungsdienstleistungen, nur sehr abstrakt darstellbar. Das Marketing von Leistungen der Innenarchitektur erfordert i.d.R. eine bereits fortgeschrittene Problem - Sensibilisierung der Kunden, sofern nicht konkrete bauliche Veränderungen beabsichtigt werden[440].

Im Premium - Segment des Möbelmarktes, ist vermutlich die Evidenz des Kundennutzens von Innenarchitektur - Leistungen am höchsten (s. *Kap. 6.2.2 Marktfelder für büronahe Dienstleistungen*, S. 220ff.).

Dar. 6.11: Das Evidenzproblem bei Planungs- und Beratungsdienstleistungen[441]

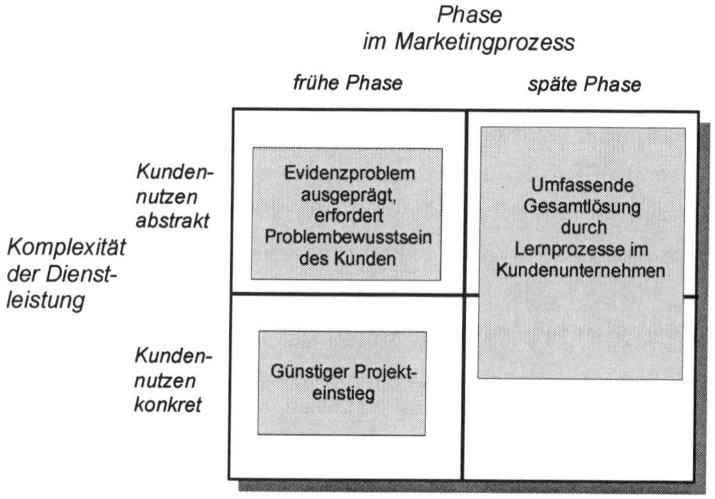

440 Expertengespräche Innenarchitekten

441 Eigene Darstellung

Lösungsmöglichkeiten des Evidenzproblems bestehen u.E. in den folgenden Bereichen:

- Verbesserung der *Beratungsqualität und der Kommunikationsinstrumente*, um die Transparenz und den Kundennutzen auch abstrakterer Dienstleistungen zu verdeutlichen (s.a. *Lösungen Diffusionsproblematik*).
- Ist die Professionalisierung von Dienstleistungsangeboten, bzw. weitergehend die Gründung einer Tochtergesellschaft beabsichtigt, sollten ‚durchschnittlich betrachtet' vor allem *betriebswirtschaftlich ausgerichtete Beratungsdienstleistungen* im Vordergrund des Geschäftskonzeptes stehen[442].
- Im *Marketingprozess* sollten in der Phase des Erstkontaktes für den Kunden eher konkret eingrenzbare Inhalte mit nachvollziehbarem oder *quantitativ* validierbarem Kundennutzen den Schwerpunkt bilden. Hierzu zählen etwa die Einhaltung gesetzlicher Vorschriften, die Verbesserung der Flächenwirtschaftlichkeit und Einsparungen bei der Beschaffung. Erst in einer späteren Phase des Beratungsprozesses sollten verstärkt *qualitativ* ausgerichtete Dienstleistungen thematisiert werden (z.B. Verbesserung der Arbeitsplatzqualität, Kreativität und Kommunikationsqualität, Atmosphäre, Beleuchtungsqualität usw.; s. *Px. 5.2 Gründung einer Tochtergesellschaft für Planungs- und Beratungsdienstleistungen, S. 121ff.*)[443].

6.2.4.2 Das Diffusionsproblem

Die *Diffusionsproblematik* beschreibt Widerstände und Verzögerungseffekte in Kundenunternehmen bei der Beschaffung von Dienstleistungen[444]. Dienstleistungsangebote breiten sich nur mit Verzögerung im Kundenunternehmen aus. Analog zu Kaufprozessen für High – Tech - Leistungssysteme, lässt sich bei integrierten Dienstleistungsangeboten eine *sukzessive Beschaffungsschrittfolge* er-

---

442 Expertengespräch Wendt

443 Expertengespräch Breidenstein und Reichenbach; Contura

444 Kotler/ Bliemel 2001, S. 562ff.; Schneider 1996, S. 76; Schicht 1993, S. 179ff.; Hauschildt 1993, S. 86ff.; Weiber 1992, S. 4ff.;

kennen[445]. Das Beschaffungsvolumen verbleibt vorerst unter dem theoretischen Kundenpotential. Einem externen Dienstleister mit integrierter Leistungsstrategie werden hierdurch Optimierungsmöglichkeiten erschwert (z.B. Teilauslastung bestehender Kapazitäten)[446].

Dar. 6.12: Diffusion von Facility Management - Dienstleistungen[447]

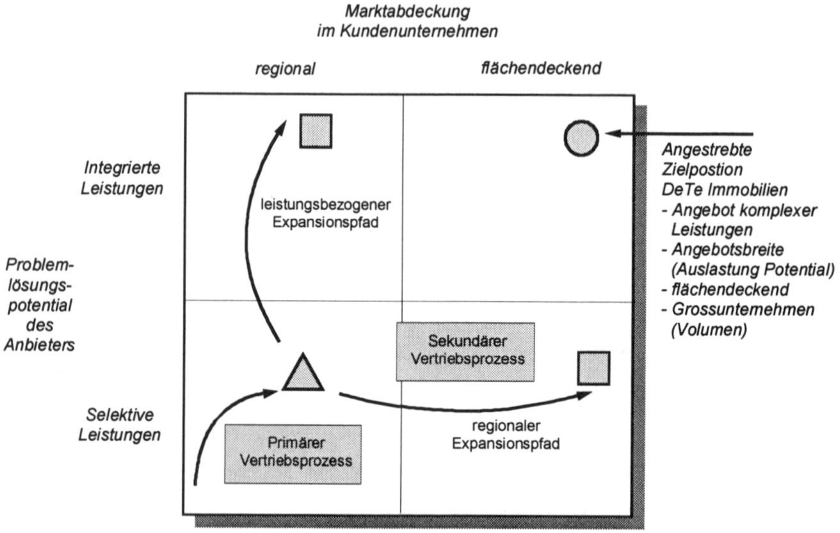

Die von uns befragte *DeTeImmobilien* unterscheidet im Zusammenhang mit der Diffusionsproblematik bei Facility Management Dienstleistungen zwischen einem primären und sekundären Vertriebsprozess (s.o. *Darstellung 6.12*)[448]:

- *Primärer Vertriebsprozess*: Der primäre Vertriebsprozess beschreibt die Phasen vom Erstkontakt mit dem Kunden bis zur Erstbeschaffung. Hierbei lässt sich die Verhaltenstendenz beobachten, dass sich Kundenunternehmen vor-

445 Weiber 1997, S. 319ff.

446 Expertengespräche Facility Management, Beratungsgesellschaften

447 Eigene Darstellung

448 Kühnle 1998, S. 45

erst nur für Einzeldienstleistungen entscheiden, nur ein einzelnes Pilotprojekt vergeben, oder die Leistungen zunächst nur regional eingeschränkt beschaffen.

- *Sekundärer Vertriebsprozess*: Der sekundäre Vertriebsprozess bezieht sich auf die weitere Diffusion der Leistungen des externen Dienstleisters ab dem Zeitpunkt der Erstbeschaffung. Die Expansion erfolgt entweder leistungs- oder gebietsbezogen.

Als *Ursachen* für diese Beschaffungsverhalten lassen sich die folgenden Erklärungen heranziehen:

- *Querschnittsdienstleistungen*: Zahlreiche Beratungsdienstleistungen, wie integrierte Facility Management Dienstleistungen, stehen quer zur Unternehmenshierarchie. Ziel innovativer Dienstleistungsanbieter ist, vor allem der Absatz komplexer, know - how - intensiver Dienstleistungen, um bestehende unternehmensinterne Lösungen zu optimieren. Durch diese Vorgehensweise will der externe Anbieter einerseits sein bestehendes Leistungspotential möglichst umfassend auslasten. Andererseits versuchen Dienstleistungsanbieter, sich dem Wettbewerb bei leicht vergleichbaren, austauschbaren Einzelleistungen zu entziehen (z.B. Gebäudereinigung, Arbeitsplatzanalyse). Der Absatz entsprechend umfassender Angebote ist anspruchsvoll. Er erfordert die intensive Mitwirkung massgeblicher Entscheider im Kundenunternehmen (Geschäftsleitungsebene).

- *Lernprozesse im Kundenunternehmen:* Durch die Inanspruchnahme von Dienstleistungen entwickelt sich im Kundenunternehmen ein *Lernprozess*. Es entsteht eine zunehmende Problemsensibilität für die in der Angebotsphase thematisierten Aspekte (Evidenz - Aspekt)[449].

- *Intransparenz und Qualitätsunsicherheit:* Die Intransparenz von Dienstleistungen, und die damit zusammenhängende Unsicherheit hinsichtlich der Qualität von Anbietern und Dienstleistung führt dazu, dass vorerst überschaubare, kontrollierbare und besser eingrenzbare Aufgabenkomplexe nach

449 Belz 1994b, S. 45

aussen vergeben werden. Durch die Zusammenarbeit mit dem externen Partner entsteht ein Vertrauensverhältnis, als Grundlage für die Intensivierung der Zusammenarbeit (Gewinn von Erfahrungsqualität).

- *Organisatorische Widerstände*: Das Angebot integrierter Leistungssysteme erfordert organisatorische Anpassung im Kundenunternehmen. Neben rechtlichen Problemen (z.B. bestehende Arbeitsverträge, Kündigungsschutz), sind auch Einflüsse von Macht und unternehmenskulturelle Aspekte (z.B. intensive Zusammenarbeit mit einem anderen Unternehmen) zu berücksichtigen.

Auf Grundlage unserer Befragung möchten wir folgende *Lösungsmöglichkeiten* zur Verbesserung der Diffusionsproblematik hervorheben[450]:

- Generelle Verbesserung der *Beratungsqualität und Kommunikationsmöglichkeiten über Surrogate*. Besonders bedeutsam im Marketing von Facility Management Dienstleistungen sind hierbei Pilotprojekte und Referenzen. Es ergeben sich detaillierte Studien über Kosteneffekte der Zusammenarbeit mit dem externen Anbieter (s. *Kap. 9.2.2 Kommunikationsinstrumente für Planungs- und Beratungsdienstleistungen, S. 362ff.*).

- Als zusätzliches Akquisitionsinstrument die Abgabe *vertraglicher Garantien* zur Risikoreduktion (z.B. Festpreisgarantien, Service Level Agreements).

- *Systematisches Beziehungsmanagement*, um eine möglichst hohe Entscheidungsebene im Kundenunternehmen zu erreichen (s. *Kap. 9.1.4 Beziehungsmarketing und Industrielle Dienstleistungen, S. 348ff.*).

- Optimierung der *Vertriebsprozesse*, sowie das aktive Initiieren von Lernprozessen in *Kundenunternehmen* (s.u. Fallbeispiel *Px. 6.3 Initiierung von Lernprozessen in Kundenunternehmen, f.S.*).

- Kunden als aktive Mitgestalter einer Dienstleistungslösung (Marktchancen - Analyse, Kundeninvolvement, Diffusionsagenten zur Überwindung von Innovationswiderständen, Pioniermarketing)[451].

---

450 Belz 1998, S. 614ff.; Weiber 1997, S. 325; Schicht 1993, S. 215ff.; Weiss 1992, S. 52ff.

451 Bleicher 1997, S. 173ff.; Brockhoff 1997, S. 353ff.

Px. 6.3: Initiierung von Lernprozessen in Kundenunternehmen[452]

Die Vermarktung integrierter ‚Facility Management - Dienstleistungen' ist durch zahlreiche Unwägbarkeiten gekennzeichnet. Die Erfolgsaussichten sind vorab schwierig zu bewerten.

Die Kontaktaufnahme mit einem Kundenunternehmen erfolgt auf der Grundlage einer Potentialbewertung (Scanning), etwa auf Basis einer Analyse der Wirtschaftspresse oder typischer Unternehmensmerkmale (s. *Dar. 6.1 Segmentierung auf Investitionsgütermärkten, S. 216ff.*).

Kontakte zum Kundenunternehmen werden grundsätzlich auf zwei Ebenen gesucht: einerseits der *Geschäftsleitungsebene*, andererseits der *Arbeitsgruppenebene.*

Die Bildung von *Arbeitsgruppen* hat das Ziel, denkbare Kooperationsfelder mit oder in Kundenunternehmen zu identifizieren. Häufig lassen sich Kundenpotentiale nur unter Mitwirkung der im Kundenunternehmen tätigen Führungskräfte genauer bestimmen. Hierzu sind konkrete Unternehmens*angaben* erforderlich.

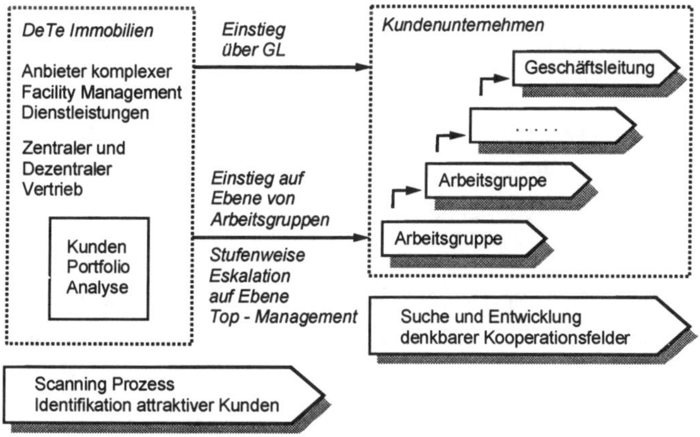

452 Expertengespräch DeTeImmobilien

Die Bildung solcher Arbeitsgruppen bewirkt *Lernprozesse* im Kundenunternehmen, indem gezielt Themenfelder angesprochen, und auf die konkrete Unternehmenssituation angewandt werden.
Die Zusammenarbeit in den Gruppen schafft eine *Vertrauensgrundlage* und ermöglicht zusätzlich, wichtige Entscheider und Promotoren *zu identifizieren*, sowie deren Bedürfnisse und Prioritäten kennenzulernen.
Über die Arbeitsgruppen soll eine *stufenweise Eskalation* der Entscheidungsfindung im Kundenunternehmen bewirkt werden.

6.3 Zahlungsbereitschaft für Planungs- und Beratungsdienstleistungen

Erfolgt die Vermarktung von Dienstleistungen im engen Transaktionsverbund mit Industriellen Produkten (Marketing von Leistungssystemen), stellt sich aus Praxissicht die grundlegende Frage, wie die Wechselwirkung des bestehenden Industriegeschäfts auf das neu zu entwickelnde Dienstleistungsgeschäft zu beurteilen ist (s. *Kapitel 2.2 Industrielle Dienstleistungen, S. 19ff.*). Im Kern steht dabei das bereits mehrfach dargelegte Verrechnungsproblem von Dienstleistungen.

Ein wesentlicher Einfluss auf die Durchsetzbarkeit der direkten Verrechnung von Planungs- und Beratungsdienstleistungen geht vom allgemeinen Umgang der Kundenseite mit Lieferanten aus (Verhandlungsstil und Beschaffungspolitik). Nur durch ein kooperatives Verhalten der Kundenseite ist es Anbietern möglich, über die Verrechnung von Dienstleistungen zu verhandeln, und bestimmte Dienstleistungsmodule getrennt zu verrechnen.

Wie einer der befragten Experten am Beispiel des Marktes für Bankeneinrichtungen erläutert, trifft ein Anbieter hierbei, je nach Kundenunternehmen, auf vollkommen *unterschiedliche Ausgangssituationen*[453]. Bei einzelnen Kundenorganisationen kann konstruktiv zumindest über Teilleistungen verhandelt werden.

---

453 Expertengespräch De La Rue – Plan Objekt

Andere Nachfrager schreiben etwa Wettbewerbsmodelle aus, und verhindern somit im Vorfeld, dass über Dienstleistungen überhaupt verhandelt werden kann.

Nach Aussagen des befragten Unternehmensvertreters, lassen sich Kundenunternehmen auf einem Kontinuum zwischen destruktivem und konstruktivem Kooperationsverhalten positionieren (s. *Darstellung 6.13*).

Dar. 6.13: Kooperationsverhalten und Dienstleistungsaufwand[454]

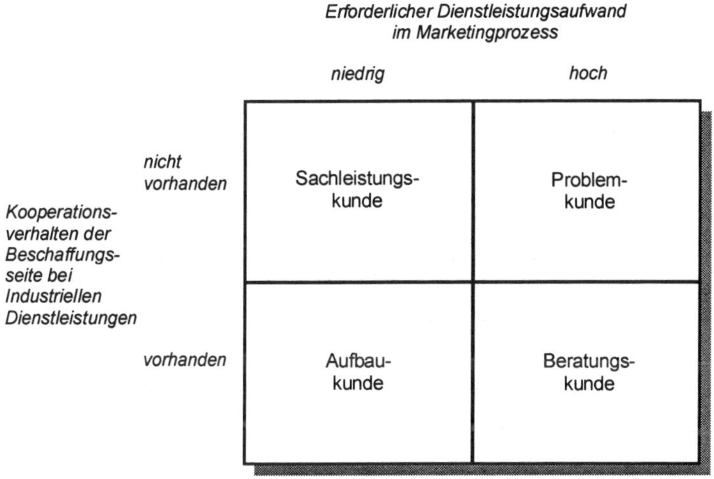

Die Hintergründe und Erklärungen für die Durchsetzbarkeit der direkten Verrechnung sind vielschichtig. Für die vorausschauendere Beurteilung der Erfolgswahrscheinlichkeit einer direkten Verrechnung, ist die Kenntnis der internen Entscheidungsstrukturen des Kundenunternehmens von zentraler Bedeutung[455].
Der Industrielle Anbieter durchläuft praktisch einen ‚mehrstufigen Filterprozess'. Hierbei müssen zusätzlich die Risiken beachtet werden, die von einem nicht bran-

454 Eigene Darstellung

455 Expertengespräch De La Rue - Plan Objekt; Alex Linder; Leitner

chenüblichen Verrechnungsverhalten ausgehen (z.B. im schlimmsten Fall der Auftragsverlust). Als zentrale Einflussfaktoren eines Verkaufserfolgs für Dienstleistungen, sollen akzentuiert vier Dimensionen besonders hervorgehoben werden (s. *Darstellung 6.14*):

Dar. 6.14: Durchsetzung der Verrechnung als mehrstufiger Prozess[456]

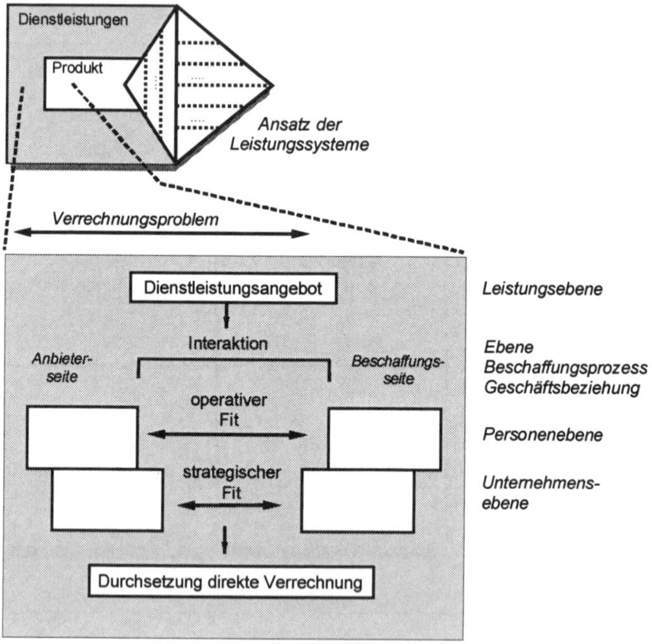

- *Dimension 1 - Leistungsebene:*
  Dienstleistungstyp (Kernleistungsgerichtet, Kernleistungskomplementär, Kernleistungsneutral), bzw. *Phase im Verkaufsprozess* (Dienstleistungen in der Kontakt- und Evaluationsphase oder in der Nutzungsphase, s. *Kap. 4.3 Nähe Industrieller Dienstleistungen zum Industriellen Kerngeschäft, S. 86ff.*).

456 eigene Darstellung

- *Dimension 2 - Unternehmensebene:*
  Merkmale der an der Transaktion *beteiligten Organisationen.* Anbieterseite: z.B. Wettbewerbsposition im Industriegeschäft; Beschaffungsseite: Budgetierung für Dienstleistungen (Beschaffungspolitik, s. *Kap. 5.1.4.3 Strategische Freiheit bei der direkten Verrechnung, S. 135ff.*).
- *Dimension 3 - Beschaffungsprozess und Geschäftsbeziehung:*
  Merkmale des Beschaffungsprozesses, wie etwa eine gute Wettbewerbsposition, ein gutes Vertrauensverhältnis zum Kunden (*Kap. 9.1.3 Direkte Verrechnung in bestehenden Geschäftsbeziehungen, S. 343ff.*).
- *Dimension 4 - Personenebene:*
  Merkmale der an der Beschaffung beteiligten Personen (Einkäufer, Verkäufer, Gremien) - (*Kap. 9.1.2 Dienstleistungsmarketing und Verkaufsphasenmodelle, S. 337ff.*).

Auf Grundlage der Arbeiten von Belz, werden in der folgenden Darstellung nochmals zentrale Einflussfaktoren der aufgeführten Dimensionen stichwortartig beschrieben. Weiterführende Hinweise finden sich in den genannten Teilen dieser Arbeit[457].

Dar. 6.15: Zahlungsbereitschaft bei Industriellen Dienstleistungen[458]

Partner auf:	Anbieterseite	Kundenseite
Leistungsebene	• Kernleistungsgerichtete Dienstleistungen (Schwierigkeitsgrad der Verrechnung sehr hoch) • Kernleistungskomplementäre Dienstleistungen (Schwierigkeitsgrad der Verrechnung mittel) • Kernleistungsneutrale Dienstleistungen (Schwierigkeitsgrad am geringsten) • einzigartige Dienstleistungen (Verrechnung erleichtert)	

457 Belz 1998, S. 541

458 Eigene Darstellung nach Expertengesprächen, sowie Belz 1998, S. 541

<table>
<tr><td>Unternehmens-
ebene</td><td>Positiv. Einfluss auf Verrechnung (Erhöhung des strategischen Freiheit):
• Positionierung und Image des Anbieters (Fit, Innere Kohärenz zu Dienstleistungen)
• Reputation (Etablierung)
• Innovationsgehalt und Wettbewerbsfähigkeit im Industriegeschäft
• Breite des Leistungspotentials</td><td>Negativer Einfluss auf Verrechenbarkeit:
• Beschaffung nicht üblich oder nicht vorgesehen, kein Budget, Evidenz- und Diffusionsprobleme
• Sparprogramm; verstärktes Kostendenken
• Allgemeine Fairness gegenüber Lieferanten gering ausgebildet/ Nachfragemacht
• Hoher Selbsterstellungsgrad</td></tr>
<tr><td>Beschaffungs-
prozess
und Geschäfts-
beziehung</td><td colspan="2">Merkmale mit positivem Einfluss auf die Verrechenbarkeit:
• Wiederholungskauf; keine umfassende Lieferanten - Evaluation
• Langjährige, vertrauensvolle Geschäftsbeziehung
• Vorentscheidung für Lieferanten gefallen
• Ersatzbeschaffung, Ergänzung (Transaktion wird nicht durch Kauf dominiert - ‚Service‘ - Transaktion)
• geringe Wettbewerbsintensität (Bieter - Kampf gering); man kann Risiken eingehen/ ‚antesten‘</td></tr>
<tr><td>Personenebene</td><td>Positiver Einfluss auf Verrechnung:
• hohe Kompetenz für Dienstleistungen
• Motivation Dienstleistungen zu verrechnen und zu verhandeln
• Selbstbewusstsein in die Leistungsfähigkeit der angebotenen Dienstleistungen</td><td>Negativer Einfluss auf Verrechnung:
• Einkäufer nicht oder nur unzureichend zeichnungsberechtigt
• Einkäufer ist Newcomer, ohne Hausmacht/ Verrechnung intern nicht durchsetzbar
• es ist nicht möglich eine ‚interne Vereinbarung‘ mit dem Einkäufer zu treffen (z.B. Aufschlag auf Produktpreise)
• keine oder unklare Verantwortlichkeiten für die Dienstleistungsbeschaffung im Buying Center
• Einkäufer will sich profilieren
• Destruktiver Verhandlungsstil</td></tr>
</table>

C. Leistungsfelder im Dienstleistungsmarketing von Büromöbeln

7. Dienstleistungsfelder ‚Systemgestaltung'[459]

7.1 Innenarchitektur

7.1.1 Innenarchitektur als Dienstleistungsfeld

Die Innovationsfelder *‚Innenarchitektur'* und *‚Beratungsdienstleistungen'* vertiefen die Betrachtung im entsprechenden Dienstleistungsmarkt.
Dies besitzt insofern besondere Relevanz, als dass in den meisten von uns besuchten Organisationen Innenarchitekten als Planungskräfte beschäftigt sind. Der WK – Verband (Zusammenschluss von Unternehmen im Premiumsegment des Wohnmöbelhandels) beschäftigt in seinen 120 Unternehmen bundesweit rund 180 Innenarchitekten[460].
Auch Hersteller im Direktvertrieb und Fachhändler erbringen, im Rahmen der Vertriebsprozesse, Planungsleistungen. Solche Planungsleistungen beziehen sich jedoch wesensnotwendig sehr stark auf die Gestaltung und Konfiguration der jeweiligen Möbelobjekte.
a) Häufig handelt es sich um eine Layoutplanung. Für eine vom Kunden gewünschte Anzahl von Mitarbeitern, wird in einer Grundrissdarstellung ein Möblierungs - Vorschlag unterbreitet.
b) Bei Systemmöbeln wird dem Kunden eine von ihm gewünschte Kombination als Zeichnung dargestellt. Ein typisches Anwendungsfeld, aus dem ‚nicht - industriellen' Bereich, ist hierzu etwa eine Küchenplanung und -einrichtung.
Wie bereits eingehend diskutiert, besteht ein wesentliches Problem dieser *‚sachleistungsbezogenen Planungsleistungen*' darin, dass ihnen eine *Doppelfunktion* im Verkaufsprozess zufällt. Einerseits stellen sie eine echte Wertschöpfung dar,

---

459 Für dieses *Dienstleistungsfeld* wurden *Informationen* aus Expertengesprächen mit Fachhändlern, Herstellern, Beratungsunternehmen, Innenarchitekten, und andere Veranstaltungen verwendet (s. *Anhang II Verzeichnis I der Expertengespräche und Tagungen, S. 415ff.*)

460 Expertengespräch Krahn

andererseits haben sie eine wichtige Bedeutung als Akquisitionsinstrument. Neben Beratungsleistungen durch Verkäufer, sind sie vermutlich das wichtigste Profilierungsinstrument des Industriellen Anbieters, abgesehen von den Eigenschaften der eigentlichen Sachleistung. Bei zunehmendem Margendruck auf die Sachleistungen, ergibt sich für Industrielle Anbieter das bereits dargestellte Kostenproblem. Je individueller die Industrielle Sachleistung, etwa im individuellen Innenausbau, bei Hoteleinrichtungen, im Bankeneinrichtungsbereich und Messebau[461], umso höher ist auch der im Vermarktungsprozess zu erbringende Planungsaufwand.

Im Innovationsbereich *‚Planungsleistungen‘* diskutieren wir zwei Dienstleistungsfelder, die sich aus unterschiedlichen Richtungen entwickelt haben. Es gibt einerseits die *‚Innenarchitektur‘*, andererseits *‚Beratungsleistungen‘*. In der Praxis gibt es zwischen beiden Dienstleistungsfeldern zahlreiche *Überschneidungen.*

a) Die *Beratungsleistungen für Bürogestaltung* haben sich aus dem Feld der ‚Unternehmensberatung‘ heraus entwickelt. Ein wichtiger Bereich ist u.a. die Beratung von Unternehmen hinsichtlich der Einhaltung von Vorschriften, die dem Gesundheitsschutz von Arbeitnehmern dienen (Arbeitsschutzgesetze). Hierbei spielen insbesondere arbeitswissenschaftliche Erkenntnisse eine wichtige Rolle (z.B. Vermeidung von Seh- und Haltungsschäden, psychologische Wirkung von Farben usw.). In diesem Zusammenhang sind gesetzliche Bestimmungen erlassen worden, die ausdrücklich auch auf eine ganze Reihe von DIN – Normen, bzw. ISO - Standards verweisen. In Folge ergeben sich bestimmte Mindestanforderungen an die Büroraumgestaltung (z.B. Arbeitsplatzgrösse, Fluchtwege), die auch Konsequenzen für die Gestaltung des Bürogebäudes an sich haben. Weitere Arbeitsfelder bestehen etwa in der Entwicklung zukunftsweisender Büroraumkonzepte (z.B. desk - sharing), der Planung von Kommunikationsabläufen, sowie der Entscheidungsunterstützung bei der Auswahl von Büromöbeln.

461 Expertengespräche Erich Keller AG, Röthlisberger, Alex Linder, Plan Objekt, Leitner

b) Die *Innenarchitektur* hat sich aus der Tradition der Architektur heraus entwickelt. Wie der Büroberater hat der Innenarchitekt die gesetzlichen und funktionsbezogenen Mindestanforderungen an die Bürogestaltung zu berücksichtigen. Während hier praktisch der Schwerpunkt des Büroberaters liegt, sieht der Innenarchitekt seinen Beruf auch als künstlerische Aufgabe. Bürogestaltung wird damit zur ästhetischen Gestaltungsaufgabe. In diesen Extremen wird der Unterschied zwischen beiden Berufsfeldern am deutlichsten.

7.1.2 Kundennutzen innenarchitektonischer Dienstleistungen

Die ‚Innenarchitekten' verstehen ihre Planungsleistung als ‚ganzheitliche Gestaltungsaufgabe'[462]. Ziel ist die Vermittlung einer ‚positiven Raumsituation'. Angesprochen sind grundsätzlich alle Elemente der Sinneswahrnehmung, d.h. Visualität (Flächen und Kontraste), Akustik, Haptik (Material und Oberflächen), Gerüche und Klima[463]. Von den befragten Experten wird eine besondere ‚humanistische Grundhaltung' im Planungsprozess hervorgehoben. Wichtig erscheint hierbei: die Auseinandersetzung mit dem Menschen, das Verständnis für menschliche Gefühle und Bedürfnisse, und das subjektive Raumerlebnis.

Der Kundennutzen der Leistungen eines Innenarchitekten ist abstrakt, komplex. In der Praxis bereitet die Vermittlung dieses Kundennutzens entsprechend erhebliche Schwierigkeiten[464]. Nach Aussagen der befragten Innenarchitekten, sind Planungsleistungen nur solchen Kunden zu vermitteln, bei denen eine Sensibilisierung für Gestaltungsfragen oder eine humanistische Werthaltung bereits vorbesteht (s. *Kap. 6.2 Marktsegmentierung für Dienstleistungen, S. 218ff.*).

---

462 Expertengespräche Schricker, Wagenhöfer

463 Schricker 1999, S. 114

464 Expertengespräch Breidenstein und Reichenbach, Kaiser (BDIA)

Die zunehmende Sensibilisierung von Unternehmen, bzw. des Managements, für die sog. *‚weichen Faktoren'* (team – working, Förderung der Kreativität, corporate identity usw.) wird hierbei als Chance betrachtet[465].

Je nach Gestaltungsobjekt (Messestand, Verwaltungsgebäude, showroom usw.), kann die Aufgabenstellung für Innenarchitekten sehr unterschiedlich geprägt sein. Die folgende Tafel vermittelt einen Überblick über typische Gestaltungsfragen (s. *Darstellung 7.1*):

Dar. 7.1: Gestaltungsfragen eines Innenarchitekten[466]

- Mit welchem Gefühl betritt ein Mensch ein Gebäude?
- Welchen Eindruck vermittelt ein Raum?
- Welche Emotionen werden angesprochen?
- Wie wird Besuchern im Gebäude Orientierung vermittelt?
- Wie lässt sich kompetent Information vermitteln?
- Wie lässt sich nach innen gegenüber Mitarbeitern Identifikation, nach aussen gegenüber Kunden Orientierung vermitteln?
- Wie kann der Eindruck von Überheblichkeit und Arroganz vermieden werden?
- Wie lässt sich Repräsentanz ohne überzogene Selbsteinschätzung vermitteln?
- Wie lässt sich Vertrauen und Glaubwürdigkeit vermitteln?
- Wie kann je nach Arbeitssituation Kreativität, Freundlichkeit, höfliche Umgangsformen, Zutrauen und Sicherheit durch eine bewusste Gestaltung von Arbeitsplätzen erreicht, ggf. erhöht, werden?
- Wie kann Kommunikation und Zusammenarbeit zwischen Mitarbeitern und Abteilungen gefördert werden?
- ...

465 Expertengespräch Schricker

466 nach Expertengesprächen, sowie Schricker 1999, S. 123ff.

7.1.3 Dienstleistungen eines Innenarchitekten

Der *‚Beruf des Innenarchitekten‘* beschäftigt sich grundsätzlich mit der Gestaltung, der Einrichtung und der Ausstattung von Innenräumen; aber auch mit Produkt-, Grafik- und Kommunikationsdesign. Tätigkeiten sind konzeptionelle und planerische Aufgaben. Schwerpunkte gibt es weiterhin in der Baudurchführung, im *‚Raumbildenden Ausbau‘*, in der Integration verschiedener Technologien im Raum, sowie in Bereichen des Ausdrucks und der Darstellung[467].

Dar. 7.2: Leistungsspektrum eines Innenarchitekten[468]

467 Schricker 1995, S. 4ff.

468 nach ebd., S. 35

Die jeweiligen Voraussetzungen liegen in der technisch - konstruktiven, der künstlerisch - ästhetischen und der gesellschaftlichen Kompetenz.
Das Aufgabenspektrum reicht von der Gestaltung und Konzeption von Laden- und Messebauten, über Hotels und Restaurants bis hin zu Arztpraxen oder Räumen des allgemeinen, öffentlichen Lebens. Für grössere Unternehmen geht es um die ‚Erarbeitung' repräsentativer Empfangs- und Konferenzsituationen, bis hin zur ‚Pflege' von Corporate Image - Faktoren. Die Farbberatung oder Lichtplanung sind ebenso Teile dieses Dienstleistungsfeldes, wie die Bearbeitung von ‚Objekten' in Bereichen der Sanierung oder der Denkmalpflege.
Oft überschneidet sich die Tätigkeit eines Innenarchitekten mit der eines Hochbauarchitekten. Die Detail - Intensität der im einzelnen zu leistenden Arbeiten erfordert jedoch den entsprechenden Spezialisten.
Das Entwerfen und Planen geht einher mit der Überwachung, der Realisierung, der Betreuung der Gewerke; dies entspricht weitgehend den Leistungsphasen der HOAI (Honorarordnung für Architekten und Ingenieure). Die *Darstellung 7.2, l.S.* zeigt die gesamte Bandbreite möglicher Tätigkeitsfelder eines Innenarchitekten.

Wie die Darstellung der einzelnen Marktleistungen im vorliegenden Dienstleistungsfeld zeigt, kann die Aufgabenstellung von Projekten sehr unterschiedlich sein. Ein anschauliches Praxisbeispiel wurde auf der Orgatec 1998 durch die ‚International Interior Designer Association' präsentiert. Das folgende Beispiel gibt eine Zusammenfassung des Vortrages.

Px. 7.1: Bürogestaltung ‚Anderson Consulting Headquarters, USA'[469]

Das folgende Praxisbeispiel wurde auf der Orgatec 1998[470] durch die IIDA, ‚International Interior Design Association', präsentiert. Ziel der IIDA ist die generelle Förderung von Design und Innenarchitektur. Die Organisation hat rund 10 000 Mitglieder und ist international tätig – mit Schwerpunkt USA.

469 Orgatec 1998, Seminarveranstaltung von ‚Merchandise Mart', Seminar 3
470 weltweit eine der führenden, im Zweijahres - Turnus stattfindende Messen für Objekteinrichtungen in Köln

Neil Frankel (Präsident der IIDA) ist seit 35 Jahren in verschiedenen Positionen als Interior Designer tätig. Seit 1997 ist er Mitinhaber eines international ausgerichteten Planungs- und Designbüros. Das Leistungsspektrum des Planungsbüros umfasst neben traditionellen Leistungen des Innenarchitekten, auch betriebswirtschaftlich ausgerichtete Beratungsdienstleistungen, die im folgenden Kapitel weitergehend beschrieben werden (s. *das folgende Kap. 7.2 Büronahe Beratungsdienstleistungen, S. 270ff.*).

Von der Beratungsgesellschaft ‚*Anderson Consulting*' wurde Frankel beauftragt, für die amerikanische Zentrale der Beratungsgesellschaft ein neues Büroraumkonzept zu entwickeln.
Das *Ziel des Projektes* bestand darin, die *Effektivität* der Büroarbeit im weitesten Sinn zu verbessern. Dazu sollte die bestehende Arbeitspraxis des Beratungsunternehmens kritisch beleuchtet und hinterfragt werden. Aus diesem allgemein formulierten Hauptziel, wurden *weitere quantitative und qualitative Unterziele* abgeleitet. Da der Grossteil der Berater im wesentlichen ausserhalb des eigenen Büros, im Kundenunternehmen, tätig ist, bestand ein beachtenswertes *quantitatives Ziel* des Projektes darin, die benötigte Bürofläche zu reduzieren. Einsparungen sollten jedoch nur dann vorgenommen werden, wenn dies ohne Einschränkung der Arbeitsqualität als möglich erschien. Einige *qualitative Zielgrössen* lassen sich stichwortartig wie folgt beschreiben:

- das Raumkonzept muss sich an einem *steigenden Wettbewerb um qualifizierte Arbeitskräfte* orientieren
- Förderung *kulturellen Wandels*: Verbesserung der Kommunikation, Offenheit und Zusammenarbeit zwischen Mitarbeitern und Abteilungen
- Verbesserung der *Teamarbeit*, Überwindung funktionaler Abteilungsgrenzen
- Unterstützung der *individuellen Leistungsfähigkeit und Kreativität* (z.B. durch Einplanen von Pausen- und Ruhezonen, eine ansprechende und persönlich wirkende Arbeitsatmosphäre)
- Möglichkeit für *temporäre Arbeitsformen*

- Berücksichtigung des *Einflusses von Technologie* auf die Arbeitswelt (z.B. Netzwerk - Infrastruktur, Videokonferenz, Remote Office Work, Home Office usw.)

Ansatzpunkt der Konzeptentwicklung bestand in einer detaillierten Analyse der einzelnen Tätigkeiten jedes Mitarbeiters im Tagesablauf (sog. workstyle profile). Durch ein verbessertes *Verständnis* der einzelnen Tätigkeiten und Praxis der Büronutzung, sollten Reserven und Defizite der Raumkonzeption und Flächennutzung aufgedeckt werden. Wichtige Aspekte waren hierbei u.a. die aufgewandte Zeit für Besprechungen, für Projektarbeit, konzentrierte Individualarbeit, die Anwesenheitsquote von Beratern im Büro, die Aufdeckung von Spitzenlastsituationen.

Auf Grundlage einer mehrtägigen Erhebung wurde für jeden Arbeitsplatztyp (z.B. Sekretariat, Berater, interner Mitarbeiter) ein detailliertes Zeitprofil erarbeitet. Über den Einzelarbeitsplatz hinaus, wurden abteilungsbezogene Aspekte analysiert. Hierzu zählen etwa: die Kommunikation zwischen einzelnen Personen und ganzen Abteilungen (z.B. Berater und interne Mitarbeiter), sowie der Platzbedarf und Standort für gemeinsam genutzte Räume (etwa Pausenräume, Kopierer usw.).

Auf dieser Basis wurde ein *innovatives Büroraumkonzept* entwickelt. Durch Mehrfachnutzungen etwa von Besprechungsräumen, Desk Sharing und ein verbessertes Raumlayout, konnte eine Einsparung von ca. 40% der bisher beanspruchten Bürofläche erzielt werden. Der Verbesserung der Arbeitsplatzqualität diente u.a. eine grundlegende Veränderung der bestehenden Praxis, jedem Mitarbeiter einen festen Arbeitsplatz zuzuweisen. Stattdessen erhalten Mitarbeiter einen mobilen Container für Arbeitsmittel und wählen ihre Arbeitsorte flexibel, entsprechend dem jeweiligen Arbeitsinhalt (z.B. konzentrierte Individualarbeit, Projektarbeit usw.). Frankel spricht in diesem Zusammenhang vom Konzept der ‚*Multiple Locations*‘, d.h. verschiedene Aufgaben werden jeweils in einer dafür optimalen Arbeitsumgebung erfüllt.

7.1.4 Integration von Innenarchitektur und Beratungsdienstleistungen

7.1.4.1 Architektur und Innenarchitektur

Die aktuelle Diskussion im Architekturbereich ist stark beeinflusst von den wachsenden Anforderungen an dieses Dienstleistungsfeld. Die zunehmende Komplexität im Bauwesen (etwa Kundenanforderungen an Kosten- und Termintreue, technische Infrastruktur, Materialkunde usw.) zwingt zu einer *Neubestimmung* des *Berufsbildes des Architekten*, im Spannungsfeld zwischen Generalist und Spezialist. Der enorme Zeit- und Kostendruck erfordert *neue Arbeitsformen*. Die einzelnen Fachdisziplinen müssen koordiniert und den Nutzungsanforderungen entsprechend erbracht werden[471]. Die Kompetenzen eines Innenarchitekten ermöglichen in zunehmendem Mass Kooperationsformen, die von den Architekten vermehrt akzeptiert werden[472]. Nicht selten werden auch von seiten der Bauherren Einflüsse, und der Wunsch nach einem Innenarchitekten, geltend gemacht. In der Praxis, sind jedoch genügend Hochbauarchitekten der Auffassung, die Aufgaben eines Innenarchitekten, automatisch mit übernehmen zu können. ‚Handicaps', wie eine eingeschränkte Bauvorlageberechtigung (nur Projekte bis zu zwei Vollgeschossen dürfen bearbeitet werden), tun das ihrige, diese Position zu stärken[473]. Der Architekt hat zudem durch den frühen Kontakt mit dem Bauherren die Möglichkeit, alle Architekturdienstleistungen umfassend abzudecken.

---

471 Faust 1999, S. 47

472 Schricker 1998, S. 134

473 Irmscher 1998, S. 139

Im Kern der Diskussion, steht somit das Spannungsverhältnis aus umfassendem Problemlösungsanspruch und wesensnotwendig beschränkter Dienstleistungskompetenz. Die beschriebene Wettbewerbssituation mit Architekten zeigt sich in ähnlicher Form auch im Dienstleistungsfeld 'Büronahe Beratungsdienstleistungen' (s. *Kap. 7.2 Büronahe Beratungsdienstleistungen, S. 270ff.*).
Entsprechend verstehen sich Beratungsunternehmen vor allem als Partner der Bauherren, weniger als *Kooperationspartner* von Architekten auf Planungsseite[474]. Nach Erfahrungen des Hamburger ‚Quickborner Teams', eines der führenden Beratungsunternehmen dieser Art in Deutschland, hat sich die Zusammenarbeit auf Planungsseite, bisher auf wenige international renommierte Architekten beschränkt[475].

7.1.4.2 Innenarchitektur und Unternehmensberatung

Das im folgenden beschriebene Modell, zeigt einen interessanten Ansatz, bei dem in Zusammenhang mit ‚Ladeneinrichtungen', die einzelnen Planungsleistungen sinnvoll integriert werden. Solche Überlegungen sind auf den Büro- und Objekteinrichtungsbereich übertragbar. Aus Sicht der Experten, muss dieses Modell allerdings eher als ‚*Zukunftsvision*', denn als gängige Praxis bezeichnet werden. Der Industrielle Kunde entscheidet i.d.R. selektiv, wo und in welchem Umfang Dienstleister zum Einsatz kommen. Teilweise werden solche Dienstleistungen von internen Abteilungen erbracht, oder bestimmte Arbeitsergebnisse liegen bereits vor. Der Einfluss etwa eines Innenarchitekten, der eine Bankfiliale plant, weitere Experten hinzuzuziehen - etwa um die der Filialplanung zugrunde liegenden betriebswirtschaftlichen Fakten zu klären - muss als sehr beschränkt bezeichnet werden.

474 Expertengespräche Bene Consulting, Quickborner Team

475 Expertengespräch Quickborner Team

Px. 7.2: Funktion des Design - Managements als Schnittstelle zwischen Planer und Auftraggeber[476]

An einem Beispiel aus dem *Ladenbau*, wird die Funktion des ‚Design – Management', als Bindeglied zwischen Auftraggeber und Innenarchitekt deutlich.

Für die *Konzeptentwicklung* und *Design - Koordination* eines Apothekenmöblierungssystems der Zürn AG, entstand eine Zusammenarbeit zwischen der Designgruppe *Bürger und Hasenbein*, und dem *Design - Manager Dieter de Haas*.

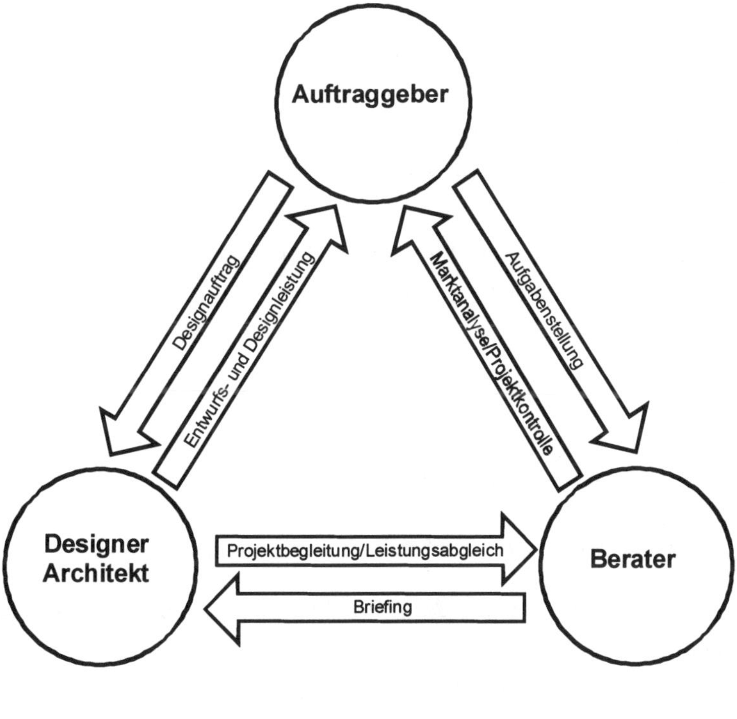

Man verfolgte hierbei den Anspruch der *Individualität, bei strengem Kostenrahmen*, der sich aus dem ‚Hauptelement' im Ladenbau, der ‚*Verkaufsfördern-*

476 Hasenbein/ Haas, de 1994, S. 52f.

den Innenarchitektur' ergibt. Es entstand die Suche nach einer intelligenten Lösung, mit prägnantem Produktprofil.
Der Bedarf an dieser Leistung ergibt sich generell aus der Anforderung, ‚Präsentations – Design' immer mehr zum *strategischen Bestandteil* einer Unternehmensphilosophie zu machen.
Analytische Standortbestimmung, und Selbstanalyse, sollten über die Orientierungslosigkeit, angesichts einer Fülle duplizierbarer Gestaltungslösungen, hinweghelfen.

Das *Design - Management* übernahm die Aufgabe, der *Prüfung der Vermarktung* und des Hinterfragens der *Schlüssigkeit des Konzeptes im Markt.* Wichtig war dies zur Vermeidung hoher Entwicklungskosten und falscher Entwicklungsziele. Aufgabe war es weiterhin, nicht nur die Gestaltungsfragen zu lösen, sondern darüber hinaus ein hocheffizientes Arbeitsteam zusammenzufügen, und dieses Team zielgerichtet zu führen.

Im Idealfall ergibt sich hieraus, für Auftraggeber und Planer, ein reibungsloser Entwicklungsprozess, unter Berücksichtigung aller Aspekte von Strategie und Marketing.

7.1.5 Verrechnung von Planungsdienstleistungen

7.1.5.1 Honorarordnung für Architekten und Ingenieure (HOAI)

Eine wesentliche *Einschränkung der freien Preisbildung* bei Planungs- und Beratungsdienstleistungen ergibt sich in Deutschland durch die sog. *Honorarordnung für Architekten und Ingenieure (HOAI).* Die *HOAI* ist eine Form der staatlichen Regulierung; insofern ist sie ein Eingriff in die ‚freie Preisbildung' am Markt. In der Büromöbelindustrie ist sie Vorschrift für das Angebot von Innenarchitektur - Dienstleistungen.

Dar. 7.3: Honorarordnung für Architekten und Ingenieure[477]

Projektphase bzw. Leistungsphase der HOAI	Prozentualer Anteil am Honorar (= 100 %)	Entscheide
• Projektvorphase (Projektentwicklung)	nicht in HOAI erfasst	Entscheidung zur Vorplanung Mittelfreigabe der Vorplanungsphase
1 Grundlagenermittlung 2 Vorplanung	3 7	Entscheidung zur Planung Mittelfreigabe der Planungsphase
3 Entwurfsplanung 4 Genehmigungsplanung	11 6	Grundlage der Finanzierung Entscheid. zur Ausführungsplanung
5 Ausführungsplanung 6 Vorbereit. der Vergabe 7 Mitwirk. bei d. Vergabe	25 10 4	Grundlage der Vergabe Investitionsbeschluss
8 Objektüberwachung 9 Dokumentation	31 3	Genehmigung der Bauabrechnung Abschlussdokumentation
• Nutzung (Betrieb, Erhaltung und ‚Unterhaltung')	nicht in HOAI erfasst	
• Umbau und/ oder Abbruch		Nutzungsänderung oder Nutzungsende

Die HOAI ist öffentliches Preisrecht. Sie gilt *zwingend*, ohne dass sie ausdrücklich vertraglich vereinbart werden muss. Sie ist anwendbar auf jene Leistungsbilder, die von der HOAI erfasst werden (s.o. *Darstellung 7.3*).

Leistungen von Innenarchitekten, die nicht im Leistungsverzeichnis enthalten sind, wie etwa die Projektsteuerung, bzw. die Evaluation von Möbeln und Einrichtungsgegenständen, können frei vereinbart werden[478].

Die Verordnung gilt *leistungs*- und nicht *berufsbezogen*, d.h. auch ‚Nicht – Architekten', müssen die Verordnung anwenden[479].

In der Praxis bestehen allerdings zahlreiche ‚*Grauzonen*'. Rechtliche Konsequenzen, aus einer Umgehung der Honorarordnung, sind nur dann zu erwarten, wenn

---

477 nach Volkmann 2000, S. 157; Werner/ Pastor 1997, S. 155

478 Barth 1997, S. 95 und Expertengespräch Kaiser, Krahn, Schricker, Wagenhöfer

479 ebd. 1997, S. 192

eine der beteiligten Parteien rechtliche Massnahmen ergreift. Dies ist jedoch eher unwahrscheinlich, da beide Parteien an der Umgehung mitgewirkt haben[480].
Eine schwierige Abgrenzung ergibt sich auch zu ‚Beratungsdienstleistungen'. In diesem Dienstleistungsfeld, wird vorwiegend nach frei verhandelten Tagessätzen, oder auch Pauschalbeträgen, abgerechnet (*s. Kap. 7.2 Büronahe Beratungsdienstleistungen, S. 270ff.*). Einer der befragten Büromöbelanbieter, der sich zur Ausgründung einer Beratungsgesellschaft entschlossen hat, verzichtet beispielsweise bewusst darauf, beschäftigte Planungsspezialisten als Innenarchitekten einzutragen, um so die Abgrenzung zu Innenarchitektur - Dienstleistungen ‚*deutlich*' zu machen.
In diesem Fall werden zumindest teilweise *Innenarchitekturleistungen* angeboten, die streng genommen nach der HOAI abgerechnet werden müssten[481]. Auch zahlreiche *produktbegleitend angebotene* und nur indirekt verrechnete Planungs- und Beratungsdienstleistungen, müssten nach HOAI abgerechnet werden.

Ein zunehmend bedeutsames Problem ergibt sich für Innenarchitekten durch *steigende Aufwendungen, vor Abschluss eines ‚Architektenvertrages'* (honorarfreie Akquisition). Analog zum *Verrechnungsproblem* im ‚Industriellen Bereich', werden gewisse Tätigkeiten, zunächst auf eigenes Risiko, unentgeltlich erbracht. Potentielle Auftraggeber müssen durch die Arbeitsergebnisse erst noch davon überzeugt werden, einen honorarpflichtigen Architektenvertrag abzuschliessen[482]. Die HOAI besitzt Mindest- und Höchstpreischarakter. Innerhalb der vorgegebenen Bandbreiten, können Honorare frei ausgehandelt werden[483]. Rechtliche Grundlage von Innenarchitekturdienstleistungen, ist der Abschluss eines Werkvertrages. Die Leistungsbilder der HOAI (s. *Darstellung 7.3, S. 263*) umschreiben das vom Architekten geschuldete Werk.

Die *konkrete Berechnung eines Architektenhonorars,* ist abhängig von der Höhe der *Baukosten.* Dies erklärt die teilweise starke Wettbewerbssituation zwischen Architekten und anderen Planungs- und Beratungsspezialisten, im Gesamtpla-

480 Expertengespräch Kaiser

481 Expertengespräche Bene Consulting, OCG, Contura, Planquadrat

482 Barth 1997, S. 45; Expertengespräch Kaiser

483 Werner/ Pastor 1997, S. XXV

nungsprozess (s. *Kap. 4.2.3 Wettbewerbssituation zu Institutionellen Dienstleistungsanbietern, S. 80ff.*).

Der Architekt, mit einem frühen Kontakt zum Bauherren, ist aufgrund der Honorarordnung bestrebt, eine möglichst umfassende Leistung zu erbringen. Erst recht, wenn sich sein Planungsauftrag auch auf die Inneneinrichtung und Möblierung des Gebäudes erstreckt, erhöht sich entsprechend die Bausumme und in Folge das Gesamthonorar.

Ausgehend von der Bausumme ergibt sich das Architektenhonorar, vereinfacht dargelegt, aus jenen Leistungsbildern (z.B. Entwurfsplanung oder weitere Leistungsbilder), zu denen sich der Architekt vertraglich verpflichtet hat. Hierbei werden feste Prozentsätze verwendet (z.B. Entwurfsplanung: 11 % der Bausumme). Neben ihrer Kernfunktion als Berechnungshilfe für Planungsdienstleistungen, kann die HOAI auch als *Orientierungsgrundlage* für Büromöbelanbieter dienen. Planungs- und Beratungsdienstleistungen, im Rahmen eines Dienstleistungskonzeptes, können weitergehend systematisiert werden. Die Transparenz gegenüber Kunden erhöht sich (s. *Kap. 5.1.4.2 Leistungssegmentierung nach direkter und indirekter Verrechnung, S. 129ff.*).

Für die einzelnen Leistungsphasen wurden weitergehende Tabellenwerke entwickelt, welche die Dienstleistungen näher beschreiben, Gewichtungen vorschlagen, und somit auch die Kommunikation im Planungsprozess vereinfachen können. *Darstellung 7.4* s. *f.S.* gibt auszugsweise am Beispiel der Leistungsphase ‚*Vorplanung*' wieder, welche Dienstleistungen im Rahmen dieser Leistungsphase erbracht werden müssten.

Dar. 7.4: Leistungen in der Vorplanungsphase[484]

2.	Vorplanung (Projekt- und Planungsvorbereitung)	v.H.
2.1	Analyse der Grundlagen	0,1
2.2	Abstimmen der Zielvorstellungen (Randbedingungen, Zielkonflikte)	0,2
2.3	Aufstellen eines planungsbezogenen Zielkatalogs (Programmziele)	0,1
2.4	Erarbeiten eines Planungskonzeptes einschliesslich Untersuchung der alternativen Lösungsmöglichkeiten nach gleichen Anforderungen mit zeichnerischer Darstellung, Strichskizzen, gegebenenfalls mit erläuternden Angaben	3,0 – 4,0
2.5	Integrieren der Leistungen anderer an der Planung fachlich Beteiligter	0,2
2.6	Klären und Erläutern der wesentlichen städtebaulichen, gestalterischen, funktionalen, technischen, bauphysikalischen, wirtschaftlichen, energiewirtschaftlichen (z.B. hinsichtlich rationeller Energieverwendung), biologischen und ökologischen Zusammenhänge, Vorgänge und Bedingungen	0,7 – 1,2
2.7	Vorverhandlungen mit Behörden und anderen an der Planung fachlich Beteiligten über die Genehmigungsfähigkeit	0,5 – 1,0
2.8	- entfällt – (nur bei Freianlagen)	-
2.9	Kostenschätzung nach DIN 276 oder nach dem wohnungsrechtlichen Berechnungsrecht	1,0
2.10	Zusammenstellen aller Vorplanungsergebnisse	0,2
	volle Leistung	7,0

7.1.5.2 Interne Verrechnung in Organisationen

Innerhalb der Dienstleistung ‚Büroplanung', entstehen Modelle zur internen Verrechnung der Leistungen beschäftigter Innenarchitekten. Diese Lösung wird kurz in folgendem Praxisbeispiel beschrieben, s.u. *Px. 7.3 Die Handelsgruppe ‚Büromarkt Streit'*. Zum gleichen Unternehmen s.wg. *Px. 9.2 Dienstleistungsmarketing und Interne Verrechnung, S. 344ff.*.

484 Barth 1997, S. 255

Zur Verrechnung produktbegleitender Dienstleistungen, also Planungen im Zusammenhang mit dem Handelsgeschäft, wurden verschiedene Massnahmen ergriffen. Vom Verkauf beanspruchte Planungsleistungen wurden konsequent nach Einzelleistungen intern verrechnet. Mit *standardisierten Dienstleistungsverträgen* ist der Akquisitionsprozess nunmehr eine Kernaufgabe der Verkaufsabteilung.

Nach Angaben der meisten von uns befragten Unternehmensvertreter, erweist sich die Durchsetzung dieser Verrechnungskonzepte, jedoch als relativ *schwierig*. Die Akzeptanz der jeweiligen Verkäufer, die Leistungen von ihrem eigenen, jeweiligen Budget zu finanzieren, ist ebenso kompliziert, wie die Argumentation gegenüber dem Kunden. Die Vermarktung der Leistungskataloge gelingt, im Zusammenhang mit grösseren Möblierungsaufträgen, nur in Einzelfällen.

In Form einiger kurzer Bemerkungen gibt das folgende Beispiel Einblick in eines der grössten von uns befragten filialisierten Handelsunternehmen (s.u. *Px. 7.3 Die Handelsgruppe ‚Büromarkt Streit'*). Ein *weiterer Teil* zum betrachteten Unternehmen findet sich hinten unter *Px. 9.2 Dienstleistungsmarketing und Interne Verrechnung, S. 344ff.*).

Px. 7.3: Die Handelsgruppe ‚Büromarkt Streit'[485]

Die Handelsgruppe ‚Büromarkt Streit' gehört zu den grössten von uns befragten Handelsunternehmen. Es werden deutlich über 200 Mitarbeiter beschäftigt. Konzentriert auf die ‚Region Schwarzwald', bestehen insgesamt 10 Niederlassungen.

Das Sortiment lässt sich in *drei* Geschäftsfelder unterteilen: Neben Büroeinrichtungen, werden Produkte der Bürotechnik – ohne Informationstechnologie, sowie Bürobedarf (‚PBS' - Sortiment) vertrieben. Die Unternehmenspolitik verfolgt das Ziel, sich im Zusammenhang mit der Büroinfrastruktur von Indus-

485 Expertengespräch Streit

triekunden, als umfassender ‚Problemlöser', am Markt zu positionieren. In den letzten Jahren, wurde im Unternehmen ein deutlicher Schwerpunkt auf die ‚Professionalisierung' der einzelnen Sortimentsbereiche gelegt. Während noch in früheren Jahren Verkäufer für mehrere der Sortimentsbereiche zuständig waren, hat die zunehmende Komplexität zu einer *Spezialisierung* geführt. Heute besteht für jeden Sortimentsbereich eine eigenständige Vertriebsorganisation. Die optische Gestaltung der Niederlassungen entspricht praktisch einem ‚Shop – in – Shop - Konzept', wodurch die Professionalität und Spezialisierung der einzelnen Geschäftsbereiche auch räumlich betont werden soll.

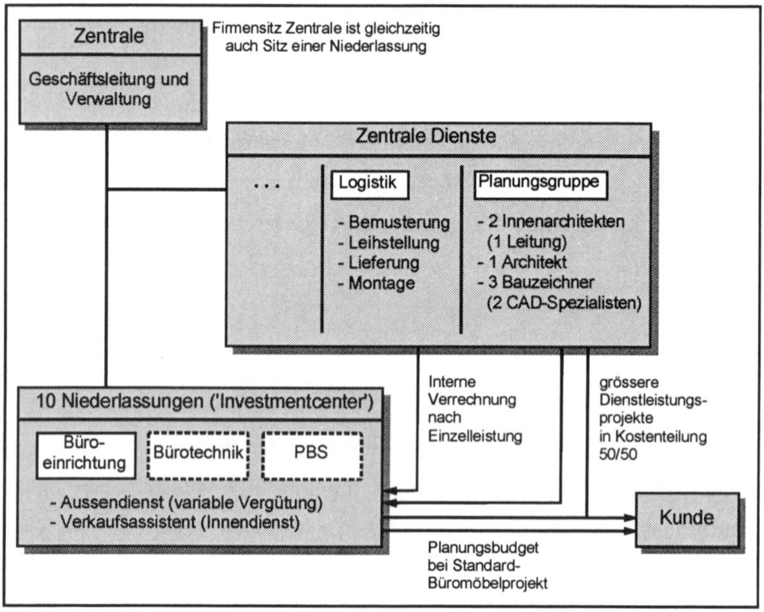

In den letzten Jahren wurden kleinere Niederlassungen zusammengelegt. Aussendienstmitarbeiter, die bis dahin direkt der Zentrale unterstellt waren, wurden einer Niederlassung ‚zugeordnet'. Wichtigstes Kommunikationsinstrument der Handelsgruppe ist vor allem die Aussendienstorganisation.

Die Handelsgruppe verfolgt ein ‚dezentrales Führungskonzept‘. Wichtigste Säule der Vertriebsorganisation ist in diesem Zusammenhang die Leitung einer Niederlassung. Niederlassungen werden als Mischform zwischen ‚Profit Center‘ und ‚Investment Center‘ geführt. Der Niederlassungsleiter trägt in seinem Gebiet die volle Gewinnverantwortung. Auch grössere Beschaffungsentscheidungen, z.B. Fahrzeuge, Ausstellungsbestückung und Lagerhaltung, mit Ausnahme der Gebäudeinfrastruktur, werden dezentral verantwortet.
Je nach Vertriebsregion variiert die personelle Besetzung der Niederlassungen. Niederlassungsleiter, wie Aussendienstmitarbeiter, werden auf Grundlage einer mehrstufigen Deckungsbeitragsrechnung variabel vergütet.
Für den Sortimentsbereich ‚Büroeinrichtungen‘ bestehen wesentliche Dienstleistungsfunktionen zentral, am Hauptsitz des Unternehmens. Hierzu zählen einerseits die Planungsgruppe, andererseits der Logistikbereich (Lieferung und Montage). Die Funktion Auftragsbearbeitung ist dezentral, in den Niederlassungen, angeordnet; teilweise bestehen, je nach personeller Besetzung, Überschneidungen mit dem Innendienstverkauf.

Parallel mit der Einführung eines neuen Informationssystems wurde ein internes Verrechnungssystem, zwischen Niederlassungen und zentralen Diensten, eingerichtet. Von Verkäufern beanspruchte Dienstleistungen (z.B. Planungen, Bemusterungen, Leihstellungen, Lieferungen usw.) werden nach Einzelleistungen intern verrechnet. Entsprechend ist eine *projektbezogene Erfolgsauswertung* möglich. Diese bildet auch die Grundlage des variablen Vergütungssystems im Aussendienst.

7.2 Büronahe Beratungsdienstleistungen

7.2.1 Beratung als Dienstleistungsfeld

Ziel des folgenden Kapitels ist eine *Kurzdarstellung u.E. wesentlicher ‚büronaher Beratungsdienstleistungen'*.
Hierzu wurden insgesamt zehn Expertengespräche geführt, davon je zwei mit Tochtergesellschaften von Büromöbelherstellern, und Handelsunternehmen der Büromöbelindustrie. Der Marktauftritt der befragten Unternehmen entspricht ‚traditionellen' Beratungsgesellschaften[486].
Kompetenzgrundlage büronaher Beratungsdienstleistungen ist eine Kombination aus betriebswirtschaftlicher und architektonischer Qualifikation. Die stärker *betriebswirtschaftliche Ausrichtung* der Beratungsunternehmen ist das wesentliche *Unterscheidungsmerkmal* gegenüber den vorab dargestellten Planungsbüros von *Innenarchitekten.*

Die Marktfelder ‚büronaher Beratungsdienstleistungen' wurden bereits zusammenfassend in *Kap. 3.4.1 Dienstleistungen im Markt für Büroeinrichtungen, S. 41ff.* und in *Kap. 6.2.2 Marktfelder für büronahe Dienstleistungen, S. 220ff.* dargestellt. Eine akzentuierte Übersicht wesentlicher Instrumente im Marketingprozess findet sich in *Kap. 9.2.2 Kommunikationsinstrumente für Planungs- und Beratungsdienstleistungen, S. 362ff.*. Einige der *Praxisbeispiele* beziehen sich ebenfalls inhaltlich auf Beratungsdienstleistungen (s. *Verzeichnis der Praxisbeispiele, S. XXI*).

---

486 für dieses *Dienstleistungsfeld* wurden *Informationen* aus Expertengesprächen mit Fachhändlern, Herstellern, Beratungsunternehmen und anderen Veranstaltungen verwandt (s. *Anhang II, Verzeichnis I der Expertengespräche und Tagungen, S. 415ff.*). Die wichtigsten Informationsquellen bilden die Gruppe der völlig selbständigen Beratungsgesellschaften (s. *ebd. unter D.*); sowie die Beratungsunternehmen als Tochtergesellschaften von Herstellern und Handel (s. *ebd. unter E.*).

7.2.2 Kundennutzen büronaher Beratungsdienstleistungen

Beratungsleistungen können, in Abgrenzung zur Innenarchitektur, nicht nur unter der Zielsetzung verfolgt werden, das ‚*qualitative* Niveau‘[487] des Büros zu heben. Es gibt gleichzeitig auch Kostensenkungs- und Rationalisierungsziele. Solche Fragen könnten genauso gut Inhalt einer Beratung sein[488].
Unter *Rationalisierungszielen* verstehen wir solche Ziele, die unmittelbar mit Einsparungen verbunden sind, d.h. mit einer Senkung der Verwaltungskosten, bei gleicher, hinterfragter Aufgabenstellung.
Qualitätsziele wirken nur *mittelbar* auf die Effektivität und Effizienz der Verwaltungsarbeit, indem etwa durch eine höhere Mitarbeiterzufriedenheit, die Servicequalität gesteigert wird, Fehlerraten sinken und die Kundenzufriedenheit steigt. Berücksichtigt man die ‚*Kundensysteme und Marktfelder*‘ (s. *Kap. 6. Kundensysteme und Marktfelder, S. 215ff.*), ist diese Aussage besonders bedeutsam, da mit Beratungsleistungen nicht nur solche Unternehmen angesprochen werden können, die primär Qualitätsziele verfolgen, sondern auch diejenigen, für die Kostenziele im Vordergrund stehen.
Damit ist das Marktsegment jener Unternehmen angesprochen, deren Entscheider sich *grundsätzlich* nicht für die Bedeutung und Wirkung einer *qualitativ* ausgerichteten Gestaltung des Büros sensibilisieren können (Aspekte der Problemkenntnis).
In diesem Dienstleistungsfeld werden sich vermutlich *Innenarchitekten* nur sehr schwer gegenüber *Beratern* durchsetzen können. Leistungen der Innenarchitekten sind häufig stärker mit *Qualitätszielen* gekoppelt. Im Gegensatz dazu sind Dienstleistungsfelder der Berater beispielsweise die Prozessplanung in Bürogebäuden oder die Entwicklung ‚Non - Territorialer – Bürokonzepte‘. Immer stärker werden die Segmente der ‚Telearbeit‘ und ‚Call – Center – Lösungen‘.
Typisch für die meisten Beratungsgesellschaften ist, dass ihre Tätigkeit *vorwiegend im Auftrag des Bauherren*, nur in Ausnahmefällen als (Netzwerk-) Partner des Architekten erfolgt.

---

487 schöner, grösser, besser, gesünder als etc.

488 alle Expertengespräche zu insb. diesem Dienstleistungsfeld

Pragmatische Ansätze zeigen sich bei folgenden Diskussionspunkten, im Planungsablauf von Bürogebäuden[489]:

- Gebäudeplanung von *,Innen' nach ,Aussen'*.
- Anforderungscontrolling: Definition der operativen, organisatorischen Anforderungen bereits vor dem Planungsbeginn; konsequente Abstimmung im Laufe des Planungs- und Realisierungsprozesses.
- Nachhaltige Standort- und Flächenkonzepte in bezug auf die *Nutzungsflexibilität*[490] (zunehmender Stellenwert bei der Kreditvergabepolitik von Banken[491]). Analyse von eingeschränkten Raumnutzungsmöglichkeiten aufgrund z.B. ungünstiger Statikabmessungen im Grundriss.
- Wichtige Orientierungsgrössen: z.B. Büroraumkonzepte (Kombibüro, Desk Sharing; s. *Darstellung 7.6 Büroraumkonzepte im Überblick, S. 276f.*), unterschiedliche Bürogrössen, sowie die DIN - Vorschriften entsprechend der Arbeitsschutzgesetzgebung.

7.2.3 Marktleistungen in diesem Dienstleistungsfeld

7.2.3.1 Arbeitsschutzgesetzgebung

Die folgenden Kapitel geben eine kurze Übersicht der Leistungsbereiche, der von uns befragten Beratungsunternehmen. Jede Beratungsgesellschaft deckt im Grundsatz dieses Leistungsspektrum ab, allerdings mit unterschiedlicher Gewichtung. Auf wesentliche Unterschiede der einzelnen Gesellschaften, soweit diese für uns erkennbar waren, gehen wir abschliessend in *Kap. 7.2.5 Unternehmenspraxis Beratungsdienstleistungen, S. 285ff.* ein.

489 Expertengespräche

490 Expertengespräch H - Quadrat

491 Beyerle 1999, S. B8

Ein grosser Teil ‚büronaher Beratungsleistungen' ergibt sich unmittelbar aus einer Vielzahl an *gesetzlichen* Bestimmungen, die für Büroarbeitsplätze, bzw. allgemeine Arbeitsstätten, erlassen wurden. Ein herausragender Bereich sind hierbei *Arbeitsschutzbestimmungen.*

Insbesondere die *EU - Richtlinie* vom Mai 1990, über die Mindestvorschriften bezüglich der Sicherheit und des Gesundheitsschutzes bei der Arbeit an Bildschirmgeräten (‚EG – Bildschirmrichtlinie'), wurde stark diskutiert. In ihre Umsetzung sollten zahlreiche *Arbeitssicherheitsgesetze* eingearbeitet werden, bevor diese dann Grundsatzrichtlinie, deutsches Gesetz, und somit als Verordnung umsetzbar wurde[492]. Die EU - Richtlinie enthält u.a. die Forderung nach einer *Arbeitsplatzanalyse,* als Verpflichtung jedes Arbeitgebers. Diese Analyse überprüft die Ausstattung, die Umgebung, sowie die Abläufe von neuen und bestehenden Bildschirmarbeitsplätzen.

Mit Verabschiedung und Inkrafttreten des *Arbeitsschutzgesetzes* (ArbSchG v. 21.08.1996) und der ‚*Bildschirmarbeitsverordnung*' (BildscharbV v. 20.12.1996) gab der Gesetzgeber erstmals konkrete Vorgaben zur Umsetzung der Einzelrichtlinie. Ein Schwerpunkt wird auf die erforderliche ergonomische Gestaltung der ‚Mensch – Maschine – Schnittstelle' gelegt. Dies äussert sich an Punkten wie etwa der Bedienerfreundlichkeit von Computerarbeitsplätzen, bis hin zu Software. Zeitliche Fristen wurden ebenfalls definiert. Bis zum 21.08.1997 musste laut Arbeitsschutzgesetz der Arbeitgeber über die entsprechenden Unterlagen verfügen, aus denen das Ergebnis der Gefährdungsbeurteilung hervorgeht. Bis zum 31.12. 1999 hatte der Arbeitgeber laut Bildschirmarbeitsverordnung die geeigneten Massnahmen zu treffen, damit ein Bildschirm - Arbeitsplatz den Anforderungen des Anhangs zu dieser Verordnung entsprach[493].

---

[492] Deutsches Büromöbel - Forum: ‚Das Gesundheitsgesetz für die Bildschirmarbeit'

[493] Bundesgesetzblatt 1996, Artikel 3 Bildschirmarbeitsverordnung

Dar. 7.5: Gesamtsystem Mensch und Arbeitsplatz[494]

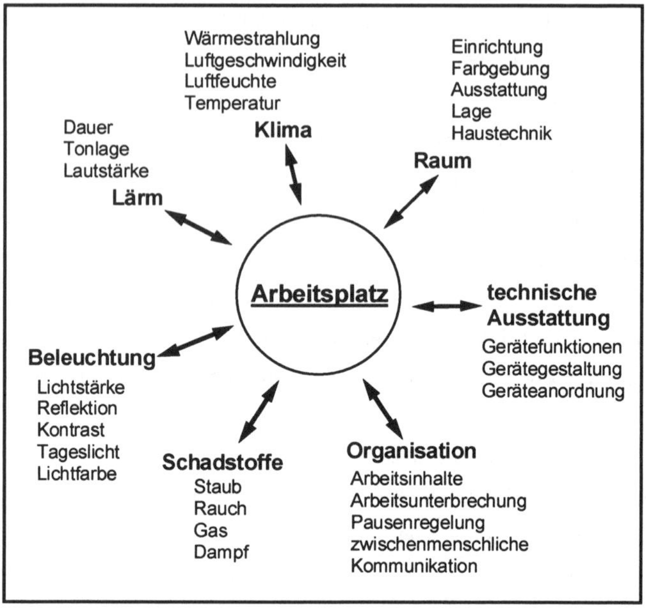

Gesetzliche Bestimmungen berufen sich explizit auf DIN - Vorschriften. Hieraus ergeben sich klare Mindestanforderungen etwa an die Grösse von Arbeitsplätzen (Tische, Funktionsflächen, Zugangs- und Verkehrswege usw.)[495]. Die Arbeitsumgebung ist seit langem durch die *Arbeitsstättenverordnung* und die *Arbeitsstättenrichtlinien* geregelt, sowie durch einschlägige Anforderungen der Berufsgenossenschaften[496]. Für die Möbel im einzelnen wird auf die Norm DIN 4554 verwiesen. Sonstige Punkte wie die Farbgestaltung (Reflexionsgrad von Arbeits- und

---

494 Geberzahn 1994, S. 26

495 König & Neurath AG, ‚Handbuch Lebensraum Büro'

496 VBG - Verwaltungs – Berufsgenossenschaft 1999, ‚Hilfen für die Gestaltung der Arbeit'

Raumbegrenzungsflächen), Blendung und Beleuchtung, wie auch Klima und Lärm, ergeben deutliche Anforderungen an Bürogebäude[497].
Ein weiterer Bereich gesetzlicher Bestimmungen ergibt sich beispielsweise aus den Bestimmungen für Brandschutz in Gebäuden (Flucht- und Rettungswege, feuerhemmende Ausstattungen im Innenausbau, Löschsysteme usw.). Hieraus leiten sich weitere Dienstleistungsbereiche ab, in denen wiederum spezialisierte Dienstleistungsunternehmen tätig sind. Diese Dienstleistungsfelder werden im weiteren vernachlässigt. Für die Ergiebigkeit dieses Dienstleistungsfeldes ist allerdings einschränkend zu sagen, dass natürlich auch ‚klassische' Hochbau – Architekten alle Bestimmungen mit zu beachten haben, und praktisch automatisch mit erbringen. Die befragten Berater wenden allerdings ein, dass Gebäude zu häufig von ‚Aussen nach Innen', und nicht von der eigentlichen Nutzungsseite her, geplant werden. Gerade spekulative Investoren stellen hierbei die Anforderung einer möglichst flexiblen Nutzung von Bürogebäuden. Der Baukörper darf dem entsprechend möglichst keine, auch insbesondere finanziell interessante, Nutzungsform ausschliessen.

Zusammenfassend beschrieben, sind die eben knapp dargestellten gesetzlichen Bestimmungen faktisch die wichtigsten Rahmenbedingungen für die Arbeitsplatzgestaltung. Weitergehend betrachtet, ergeben sich bedeutsame Implikationen für die Konzeption ganzer Büro- und Verwaltungsgebäude, da die Arbeitsschutzgesetze, und damit verbundene DIN- und ISO Normen, wichtige Flächenmasse verbindlich gesetzlich festschreiben.

Gegenüber der klassischen Innenarchitektur haben Büroberatungsdienstleistungen klar den Vorteil, dass die genannten gesetzlichen Bestimmungen in jedem Fall eingehalten werden müssen. Unternehmen sind daher praktisch gezwungen, solche Leistungen in Anspruch zu nehmen.
Die Inanspruchnahme von Innenarchitektur - Dienstleistungen hingegen ist eine Frage der Werthaltung.

497 Geberzahn 1994, S. 15ff.

7.2.3.2 Büroraumkonzepte

Auf Basis der genannten gesetzlichen Bestimmungen, wie unternehmensseitigen Arbeitsplatzanforderungen (etwa Tischflächen, Stauraum, Projektarbeit, Kommunikation zwischen Mitarbeitern und Abteilungen, Pausenzonen, Technik usw.) konkretisiert die Layoutplanung die weitere Büroraumgestaltung.
In der Beratungspraxis existieren verschiedene Büroraumkonzepte, die als idealtypische Modelle grundsätzliche Gestaltungsmöglichkeiten von Verwaltungsgebäuden vorschlagen. Unten zeigt *Darstellung 7.6* eine Übersicht häufig genannter Konzepte:

Dar. 7.6: Büroraumkonzepte im Überblick[498]

Raumkonzept	Erläuterung
Grossraumbüro	• Arbeitsplätze werden in grossem, offenen Raum aufgestellt • meist Einsatz flexibler Stellwände zur Abtrennung von Büroeinheiten • zentraler Vorteil: änderungsfreundlich, kommunikativ • Nachteil: hohe Geräuschkulisse, Ablenkung • hohe Gebäudetiefe
Zellenbüro	• jedem Mitarbeiter oder kleineren Gruppen (häufig 2 - 3 Personen) wird ein separater, baulich abgetrennter Raum zugewiesen • Vorteil: unterstützt konzentrierte Arbeit • Nachteil: fördert Abschottung und Abteilungsgrenzen, hohe Kosten • geringe Gebäudetiefe
Kombibüro	• je nach Arbeitsinhalten Zellenbüros für einzelne oder mehrere Mitarbeiter • Erschliessung der Zellenbüros über zentralen Raum mit multifunktionalem Charakter (Kommunikation, Pausen, Kopieren, u.U. zentrale Dienste/ Sekretariat) • Vorteil: ausgewogenes Konzept • geringe Gebäudetiefe
Reversibles Büro	• Konzept der ‚bene consulting' • bauseitig erstellte Wände werden durch flexible Wandsysteme ersetzt, die sich in der Nutzungsphase verändern lassen

498 alle Expertengespräche Beratungsgesellschaften; s.a. *Kap. 7.2.1 Beratung als Dienstleistungsfeld, S. 270*

	• entsprechend einem Planraster können die Wandsysteme in verschiedenen Konfigurationen eingesetzt werden (Einzelbüros lassen sich in Gruppenbüros umbauen) • Wandsysteme dienen als flexibler Funktionsträger (Türen, Fenster, Tischmodul, Stauraum usw.) • Vorteil: Flexibilität • Nachteil: hoher Anschaffungspreis • geringe bis mittlere Gebäudetiefe
Non - territoriales Büro	• Mitarbeitern wird kein fester Arbeitsplatz zugewiesen • Jeder Mitarbeiter erhält ein ‚Depot' für persönliche Arbeitsmittel (z.B. Rollcontainer) • Mitarbeiter nutzen jeweils freie Arbeitsplätze • Vorteil: sinkender Flächenbedarf, da Anzahl Arbeitsplätze geringer als Anzahl Mitarbeiter (Desk Sharing) • Nachteil: nicht für alle Arbeitsinhalte geeignet, ‚Faktor Territorialität' wird vernachlässigt
Remote Office	• 'Virtuelle' Arbeitsform • Mitarbeiter arbeiten unterwegs oder zu Hause • für Besprechungen/ Videokonferenzen werden Räume von ‚Serviceprovidern' temporär angemietet • Vorteil: Flexibilität, keine Kosten und Zeitverlust durch Anfahrt zur Arbeitsstelle • Nachteil: informelle Kommunikation wird vernachlässigt, keine Identifikation mit Unternehmen, Bürokosten werden teilweise auf Mitarbeiter überwälzt

Die Auswahl der Konzepte ist einerseits abhängig von der vorgegebenen Gebäudestruktur, andererseits von den vorhandenen Budgets und der organisatorischen Umsetzung in Hinblick auf die Arbeitsplatzanalyse und möglicher interner Umstrukturierungen. Ein von mehreren Beratungsgesellschaften[499] eingesetztes Analyseinstrument für die Anordnung einzelner Arbeitsplätze untereinander, wie auch weitergehend verschiedener Organisationseinheiten in einem Gebäude ist die *Kommunikationsanalyse.* Das Ergebnis der Kommunikationsanalyse liefert wichtige Hinweise für die Layoutplanung (s. *Px. 7.5 Das ‚Quickborner – Team' als Gesellschaft für büronahe Beratungsdienstleistungen, S. 288ff.*).

[499] Expertengespräch Bene Consulting, Breidenstein und Reichenbach, IAO - Fraunhofer

Dar. 7.7: Planungsprozess für Büroraumkonzepte[500]

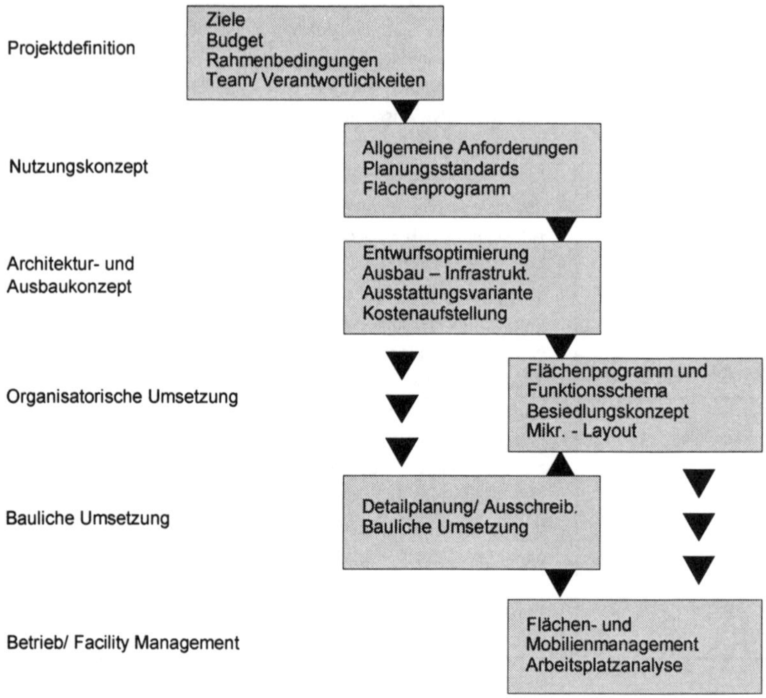

Darstellung 7.7 zeigt die typische Vorgehensweise von Bene Consulting zur Entwicklung eines Büroraumkonzeptes (s. *Px. 7.4 Anforderungscontrolling für eine Versicherungsgesellschaft, f.S.*).

500 Bene Consulting 1996, Unternehmensbroschüre

7.2.3.3 Anforderungscontrolling

Die Dienstleistung ‚Anforderungscontrolling' knüpft an die oben dargestellten konzeptionellen Planungs- und Beratungsdienstleistungen an.
Beim ‚Anforderungscontrolling' wird das Beratungsunternehmen *frühzeitig*, vor der architektonischen Konzeption eines Verwaltungsgebäudes, am Planungsprozess *beteiligt*. Das Verwaltungsgebäude soll, entsprechend *klar definierter* organisatorischer Vorgaben, von ‚*Innen nach Aussen*' konzipiert werden. ‚Anforderungscontrolling' ist für Neubauten, aber auch Sanierungen, denkbar.

Unmittelbar nach Festlegung grundlegender strategischer und organisatorischer Aspekte, wie etwa der Abteilungsbildung, der Organisationsstruktur und Standortwahl, wird das Beratungsunternehmen in die Projektorganisation eingebunden. Dem Beratungsunternehmen kommt im Planungsprozess die Aufgabe zu, die *unterschiedlichen* Vorgaben und Anforderungen des beratenen Unternehmens an die Gebäudekonzeption, zu *bündeln* und klar zu *definieren*. Integriert in die Projektorganisation, sorgt das Beratungsunternehmen dafür, dass Vorgaben und laufende Änderungswünsche, über den meist mehrjährigen Planungsprozess eines Gebäudes, *konsequent realisiert* werden[501].

Px. 7.4: Anforderungscontrolling für eine Versicherungsgesellschaft[502]

Der folgende Praxisfall von ‚*Bene Consulting*' verdeutlicht in knapper Form die Dienstleistung ‚*Anforderungscontrolling*', am Beispiel einer Münchner Versicherungsgesellschaft.

Das Kundenunternehmen stellt nach Aussagen der Berater sehr hohe Ansprüche an seine Immobilieninfrastruktur. Das Vorgehen im konkreten Fall ist entsprechend vorbildlich, und in der Praxis eher eine Ausnahme.
Vielfach bestehen Reserven im Projektmanagement, weil beispielsweise Anforderungen an Gebäude zu spät und nur unvollständig definiert werden. Fehler in

501 Expertengespräche Beratungsunternehmen

502 Expertengespräche ‚Bene Consulting'

der Realisierung ergeben sich durch personelle Veränderungen auf seiten des Bauherren, durch Wechsel des Architekten oder im Bereich der Bauausführung. Im Regelfall beschränkt sich der Aufgabenbereich des Beratungsunternehmens lediglich auf Teilbereiche, d.h. ist weniger umfassend, als hier dargestellt.

Der Gesamtprozess lässt sich grob in *acht Schritte* unterteilen. Insgesamt hat der Planungsprozess rund *vier Jahre* in Anspruch genommen.

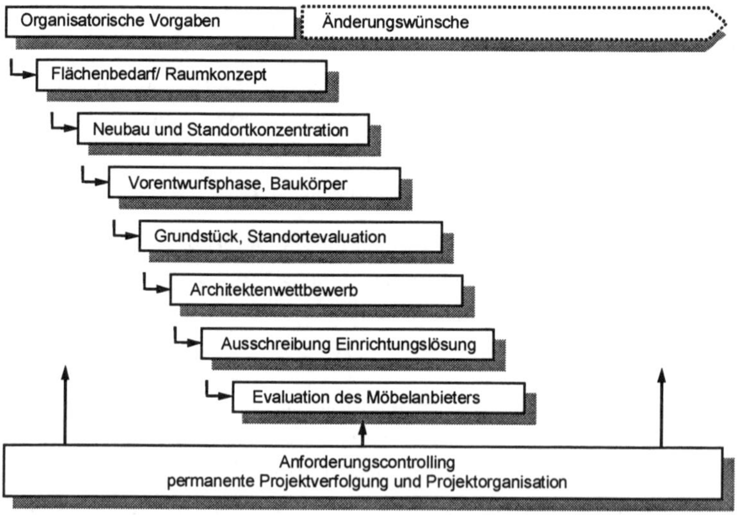

Schritte 1, 2 und 3: Auf Grundlage *organisatorischer Vorgaben* wurde von ‚*Bene Consulting*' der *Raum-, bzw. Flächenbedarf* für das Gebäude ermittelt. In die Planungen wurden zukünftige Expansionspläne eingerechnet. Für die Versicherungsgesellschaft war es in Folge erforderlich, einen *Neubau* zu realisieren. Eine Erweiterung bestehender Gebäude, bzw. Modernisierungen, hätte den erforderlichen Flächenbedarf nicht gedeckt. Gleichzeitig bestand der

Wunsch, die bisher über mehrere Standorte verteilte Verwaltung, an einem verkehrstechnisch *gut erschlossenen, neuen Standort zu konzentrieren.*

Schritt 4, 5: Die Raumkonzeption bildete die Grundlage für den Entwurf verschiedener denkbarer *Baukörper.* Neben weiteren Aspekten, hat u.a. die Wahl des *Büroraumkonzeptes* einen bedeutenden Einfluss auf die Gebäudetiefe. Verschiedene Grundkonzeptionen eines Architekten ermöglichten die Evaluation eines geeigneten *Standortes*, der alle Anforderungen, an die Gebäude und deren Erschliessung, realisiert.

Schritt 6: Der endgültige Entwurf des *Gebäudekomplexes* wurde erst im Rahmen eines anschliessend durchgeführten *Architektenwettbewerbs* ermittelt. ‚Bene Consulting' betreute den Architekturwettbewerb, und *unterstützte* die *Bewertung* der Entwurfseingaben.

Schritt 7 und 8: Nach *Ermittlung des Wettbewerbssiegers* findet eine *Überarbeitung* und *Detaillierung* der Raumkonzeption statt. Die abschliessende *Raumkonzeption* bildete die *Grundlage* für die *Ausschreibung und Evaluation der Einrichtungslösungen*, bzw. des Mobiliars, durch *‚Bene Consulting'*, in Zusammenarbeit mit dem Bauherren.

7.2.3.4 Implementierung von Büroraumkonzepten

Für die Umsetzung innovativer Büroraumkonzepte (z.B. Desk Sharing), oder neuer Vertriebskonzepte bei Banken, bieten einige der befragten Gesellschaften eine *prozessbegleitende Beratung* an[503]. Durch Informationsveranstaltungen, Workshops oder Testphasen, bei denen das Konzept in einem Teilbereich probeweise für einige Monate genutzt wird, sollen Schwachstellen ermittelt, bzw. Mitarbeiter in die Konzeptentwicklung eingebunden werden.

503 Expertengespräch Quickborner Team, IAO - Fraunhofer, Breidenstein und Reichenbach

Weitere Dienstleistungen zur Implementierung von Bürokonzepten sind:

- Seminare zur *Vermittlung von Grundlagenwissen*, z.B. über die Arbeitsschutzgesetze, an Mitarbeiter der Personal und Organisationsabteilung[504].
- Die Befragung von Mitarbeitern, und exakte Zusammenstellung der Ausstattung und Möblierung von einzelnen Arbeitsplätzen[505], inkl. einer ‚Soll - Ist - Analyse'.

7.2.3.5 Projektsteuerung

Die Dienstleistung ‚*Projektsteuerung*' beinhaltet ein umfangreiches Paket an Aufgaben. Hierzu zählen die *Ausschreibung* und *Evaluation* diverser baulicher Massnahmen (*1*), d.h. von Einrichtungsgegenständen und operativen Dienstleistungen, wie etwa im Bereich Innenausbau, Bauausführung, Reinigung und Transport.
Bei der späteren *Projektrealisation* (*2*), übernimmt die Beratungsgesellschaft die Koordination, terminliche Überwachung und Abnahme der Einzelleistungen.
Ein weiteres wichtiges Element ist die Kostenschätzung und laufende Kostenüberwachung (Bau - Controlling) (*3*).

Die befragten Beratungsunternehmen müssen teilweise, für die Einhaltung des Termin- und Kostenrahmens, sowie die ordnungsgemässe Bauausführung, *Garantien* (*Konventionalstrafen*) an die Kundenunternehmen abgeben.
Je nach Umfang des Projektes werden bekannte Formen der Projektorganisation angewandt (s. *Px. 7.5 Das ‚Quickborner – Team' als Beratungsgesellschaft für büronahe Beratungsdienstleistungen, S. 288ff.*).

Ein typisches Praxisbeispiel ist die Realisierung eines weitgehend standardisierten Shop - Konzeptes einer internationalen Modemarke am Frankfurter Flughafen. Der Auftrag der Beratungsgesellschaft H - Quadrat bestand in diesem Fall darin, die erforderlichen baulichen Leistungen auszuschreiben, die Vergabe

---

504 Expertengespräch Breidenstein und Reichenbach
505 ebd.

durchzuführen, die spätere konzeptionelle und bauliche Umsetzung zu koordinieren und zu überwachen[506].

Teilaufgabe im Rahmen solcher Projekte, kann auch die *Evaluation und Beschaffung von Büromöbeln* sein. Neben der Unterstützung des *Bauherren,* bei der grundsätzlichen Auswahl des Möbelherstellers (Grundsatzentscheidung beim Erstkauf), kann der Auftrag in einer *Überprüfung der Beschaffungskonditionen* bestehen[507].

7.2.3.6 Umzugsmanagement

Umzugsmanagement umfasst ein Bündel an planerisch – konzeptionellen, wie operativen Dienstleistungen (Transportdienstleistungen, Montagearbeiten, Inventarisierung usw.), im Zusammenhang mit räumlichen Veränderungen in Unternehmen.
Grössere Projekte ergeben sich etwa durch die Zusammenlegung verschiedener Unternehmensbereiche an einem neuen Standort. Neben Grossprojekten besteht ein erhebliches Potenzial in innerbetrieblichen Umzügen, im Rahmen des normalen Geschäftsbetriebs[508]. Schätzungen zufolge, sind in Grossunternehmen jährlich rund 20% aller Arbeitsplätze von räumlichen Veränderungen betroffen[509].

Bei grösseren Projekten übernehmen Beratungsgesellschaften Planungsaufgaben und Aufgaben der Projektsteuerung (s.n. *Px. 5.3 Umzugsmanagement als umfassende Problemlösung, S. 142ff.*).

---

506 Expertengespräch Quickborner Team, H - Quadrat, Off - Consult

507 Expertengespräche Off - Consult und H - Quadrat

508 O.V. 1998j, S. 53

509 König & Neurath, Unternehmensdokumentation

7.2.4 Verrechnung von Beratungsdienstleistungen

(a) Beratungsdienstleistungen und einmalige Zusammenarbeit

Handelt es sich um *klassische* Beratungsleistungen, ist eine Verrechnung nach *Tagessätzen* bei allen Dienstleistern üblich. In der Praxis erfolgen meist ein bis zwei Vorgespräche mit einer daran anschliessenden *Kostenschätzung*. Problematisch ist hierbei insbesondere die *Eigendynamik* von Projekten, d.h. *neue Anforderungen* und *Umplanungen* führen zu einer *Veränderung* des Kostenrahmens. Teilweise fehlen auch *exakte Anforderungen* des Kunden, z.B. weil zukünftige Abteilungsgrössen und die Organisationsstruktur noch unklar sind. Ein Anbieter setzt in solchen Fällen ein *Leistungslimit* bei etwa 80% des Kostenrahmens, und informiert den Kunden entsprechend.

(b) Wettbewerbssituation und Kundenverhalten

Die Kostenschätzung kann bereits eine *Grobschätzung*, über *zusätzliche Bauleistungen* enthalten. Nach Informationen von Off - Consult[510], führt die Darlegung des *Kostenrahmens* bei Industriekunden dazu, nochmals das Gesamtprojekt zu prüfen. Die eigentliche Beratungsleistung wird hinterfragt, internes Personal für bestimmte Leistungen integriert. Angebotene Dienstleistungen werden i.d.R. mit *alternativen* Anbietern *konkurrenziert*.

Bei größeren Projekten, etwa der Zusammenlegung verschiedener Flächen an einen *neuen Standort* (Umzugsmanagement mit verschiedenen Planungs- und Koordinierungsleistungen), werden Konditionen hart verhandelt. *Entscheidungsprozesse* können sich über mehrere Monate hinziehen.

(c) Regelmässige Zusammenarbeit

Erfolgt die Zusammenarbeit nicht im Rahmen einmaliger Projekte, sondern *regelmässig*, werden *spezielle Konditionen* ausgehandelt (H - Quadrat, Off – Consult). *Feste monatliche Zuwendungen* mit einer Grundleistung sind bisher nicht bekannt. Vielmehr gibt es klar *definierte Kostensätze*, falls durch den Kunden bestimmte Leistungen beansprucht werden.

---

510 Expertengespräch Off - Consult

Die *regelmässige Betreuung* betrifft einerseits verschiedene *kleinere* Projekte, die für Kunden im gesamten Bundesgebiet bearbeitet werden (H - Quadrat), kann aber auch eine regelmässige Unterstützung bei der *jährlichen Budgetverwendung* beinhalten (Off - Consult). Insbesondere Off - Consult sieht bei der regelmässigen Betreuung im Zusammenhang mit *Facility Management* noch Marktpotential. In diesen Fällen würde ein *definiertes Dienstleistungspaket monatlich abgerechnet.*

Bei Planungs- und Beratungsdienstleistungen sind in der Praxis bisher *kundennutzenorientierte* Verrechnungsmodelle nicht verbreitet. Innenarchitekten orientieren sich grundsätzlich an dem Phasenmodell der in *Kap. 7.1.5.1* auszugsweise dargestellten *HOAI.* Die von uns befragten Beratungsgesellschaften verrechnen vorwiegend nach *Tagessätzen,* d.h. auf Basis *interner Kosten*[511]. Das Beratungsunternehmen Contura GmbH sieht den kundennutzenorientierten Ansatz in Zukunft grundsätzlich bei Beschaffungsvorhaben von Möbeln einsetzbar.
Möglich erscheint eine *Honorierung* auf Grundlage der gestiegenen *Flächenwirtschaftlichkeit* (Arbeitsplatz pro Quadratmeter), bzw. reduzierter Baukosten durch *Einführung* eines *neuen Büroraumkonzeptes* (s. *Kap. 7.2.3.2 Büroraumkonzepte, S. 276ff.*).
Ebenso wie beim ‚*Performance – Contracting*', könnten auch Planungen für *Beleuchtungssysteme* auf Basis des *reduzierten Energieverbrauchs* honoriert werden (s.a. *Kap. 10. Ausblick und weiterführende Untersuchungen, S. 369*).

7.2.5 Unternehmenspraxis Beratungsdienstleistungen

Die *Kompetenzen* der befragten Beratungsgesellschaften basieren auf einer Kombination aus *betriebswirtschaftlichen* und *architektonischen Grundlagen.* Entsprechend dieser Fähigkeiten, und weiterer unternehmerischer Ziele, haben sich in den Gesellschaften, trotz zahlreicher Gemeinsamkeiten, *verschiedene Schwerpunkte* gebildet. Am Beispiel von *vier* der von uns befragten Beratungsunternehmen zeigen sich die folgenden *Unterschiede* (s.u. *Darstellung 7.8*):

---

511 Expertengespräch Contura GmbH

a) Regionale Anbieter: Die Beratungsgesellschaften, *H - Quadrat* in Frankfurt (s. *Px. 6.2 Outsourcing büronaher Planungsdienstleistungen, S. 235ff.)* und *Off – Consult* in Zürich (s. *Px. 9.1 Management von Einrichtungsprojekten, S. 335*), sind im wesentlichen auf einen *regionalen* Wirtschaftsraum konzentriert. In Einzelfällen werden Grosskunden überregional betreut. Die regionale Orientierung ist durch ein *ausreichendes Marktpotential* in den entsprechenden Ballungsräumen sichergestellt. Durch geringe Anfahrtswege zu Kundenunternehmen, können *kleinere* und *mittelgrosse Projekte* rentabel betreut werden (40 bis 200 Arbeitsplätze). Der *kundennahe Standort* ermöglicht beiden Anbietern, Kunden *permanent* als *Outsourcing - Partner* zu betreuen. Hierin sieht man zukünftig einen steigenden Bedarf, der sich bisher nur in Einzelfällen abzeichnet.

Typische Aufgaben sind in diesem Zusammenhang *Projekt- oder Umzugsmanagement*, sowie *bauliche Veränderungen.* Um solche Dienstleistungen anzubieten, verfügen beide Anbieter über Fähigkeiten in Bereichen von *Architektur und Innenarchitektur*. Off - Consult erbringt mit insg. 11 Mitarbeitern nicht nur reine Planungsdienstleistungen, sondern verfügt selbst über operative Kräfte, um bauliche Leistungen oder Montagearbeiten, häufig gemeinsam mit weiteren Partnerunternehmen, durchzuführen.

Leitbild und Gründungsidee des Unternehmens ist eine *Generalunternehmerkonzeption.* Kundenunternehmen sollen bei *Standortveränderungen* oder *Gestaltungsfragen* umfassend entlastet werden. Gerade bei mittelgrossen Unternehmen sieht man häufig eine Überforderung der Mitarbeiter, da anders als bei Grossunternehmen, keine entsprechend spezialisierten Abteilungen zur Verfügung stehen.

Dar. 7.8: Beratungsunternehmen im Vergleich[512]

		Regionale Anbieter		Überregionale Anbieter	
		Off - Consult	H - Quadrat	Quickborner	Fraunhofer
Konzeption und Planung	Projektgrösse	Mittlere Projekte	Schwerpunkt mittl. Projekte v. Konzernen (Bestand; gelegentlich grössere Projekte)	Schwerpunkt Gross-projekte (Neubau)	Schwer-punkt Gross-projekte
	Innenarchitektur/ Architektur	nur Innen-architektur	auch Architektur	kein beseson. Stellenwert	kein bes. Stellenwert
	Konzeption/ Beratung	Bedeut. höher als IA, GU - Konzeption	ja	Schwerpunkt	Schwerp. zusätzlich wissensch. Tätigkeit
Realisierung und Bauausführung	Umsetzung/ Konzeption realisieren	ja	eher unbedeutend	besonders betont	besonders betont
	Projekt-management Überwachung Bauausführung	ja; zusätzl. eig. operative Leistungen (z.B. Umzugs-management)	Schwerpunkt der Unterneh-mens-leistungen	nur in Ausnahmen, wenn keine kompetente Alternative	nein
	kontin. Betreuung der Kunden (Outsourcing - Partnerschaft)	ja	ja, hohe Bedeutung	v.a. einmal. Beratungs-projekte	v.a. einmal. Beratungs-projekte

512 Eigene Darstellung zusammengestellt aus den genannten Quellen in der Tabelle

b) Überregionale Anbieter: Das *Quickborner - Team*, sowie das *Institut für Arbeitswissenschaft und Organisation (IAO)* der *Fraunhofer Gesellschaft* in Stuttgart, sind vorwiegend bei überregionalen Grossprojekten tätig.
Das IAO ist zusätzlich eine stark anwendungsorientierte Forschungseinrichtung.
Die *Kompetenz - Zentren* sind die Bereiche: Arbeitswissenschaft, Organisation, Technologiemanagement und Informationstechnologie. Die rund 200 Mitarbeiter werden *projektbezogen, flexibel* eingesetzt.
Beide Gesellschaften sind im Schwerpunkt auf *konzeptionelle* Beratungstätigkeiten in *Grossprojekten* fokussiert. Diese Aufträge verfügen über ein entsprechend hohes ‚konzeptionelles Potential'(300 bis 1000 Arbeitsplätze). Zum Beratungsumfang zählen auch Massnahmen zur Implementierung von neuen Bürokonzepten (*prozessbegleitende Beratung*).
Das IAO ist darüber hinaus im *Bankenbereich*, bei der Entwicklung und Umsetzung neuer filialgestützter *Vertriebskonzepte,* tätig.
Das folgende Unternehmensbeispiel gibt einen weitergehenden Einblick zum *‚Quickborner Team'* (s.u. *Px. 7.5 Das ‚Quickborner Team' als Gesellschaft für büronahe Beratungsdienstleistungen*).

Px. 7.5: Das ‚Quickborner Team' als Gesellschaft für büronahe Beratungsdienstleistungen[513]

Das Quickborner Team wird bereits 1957 als *Beratungsgesellschaft* mit *betriebswirtschaftlichem Schwerpunkt* gebildet. Eine bedeutende Innovation dieser frühen Phase, ist die bekannte ‚Metaplan – Technik'.
Durch neu hinzutretende Partner, und die Aufspaltung der Gesellschaft, bildete sich der heutige Schwerpunkt auf *büronahe Organisationsprobleme.*
Die Gesellschaft ist in Deutschland, Österreich und der Schweiz tätig. Niederlassungen in Deutschland bestehen in *Hamburg* und *München.* Insgesamt sind 40 Berater, mit vorwiegend betriebswirtschaftlichem, soziologischem und psy-

---

513 Expertengespräch Quickborner Team und *Anhang III, Verzeichnis II der Expertengespräche. Wiederholte schriftliche Befragung 2003, S. 427ff.*

chologischem Hintergrund, beschäftigt. Im sog. ‚back - office' sind auch Innenarchitekten tätig.

Die Leistungsbereiche der Beratungsgesellschaft lassen sich in zwei Geschäftsfelder untergliedern:

a) Organisatorische Gebäudeplanung und Immobilienbewertung

Dieses Geschäftsfeld umfasst u.a. Beratungsdienstleistungen, die das Ziel verfolgen, durch eine frühzeitige Berücksichtigung *aktueller* und *‚zukünftiger'* *Raumanforderungen*, den architektonischen Entwurf eines Bürogebäudes zu *optimieren*. Funktionen und Abläufe sollen *parallel* mit dem Gebäude *geplant* werden. Rund 80% der Beratungstätigkeit des Quickborner Team entfallen auf dieses Geschäftsfeld. Der Schwerpunkt dieser Aufgabe liegt im Neubau grosser Verwaltungseinheiten.

Typische Beratungsleistungen sind etwa:

- *Strategische Gebäudeplanung:* Standortplanung für ein neues Verwaltungsgebäude (Zufahrtswege, Anbindung öffentlicher Nahverkehr usw.), Evaluation der Bedarfsentwicklung, Projektentwicklung, alternative Nutzungsmöglichkeiten.
- *Belegungsplanung und Umzugsmanagement:* Layoutplanung, Evaluation der Einrichtung und Möblierung, Umzugsplanungen und -koordination.
- *Funktions- und Flächenplanungen:* Ermittlung von Anforderungen und Bedarf, Raumkonzepte, Optimierung der vertikalen und horizontalen Erschliessung des Gebäudes.
- *Anforderungscontrolling* im gesamten Bauprozess, Koordination aller Nutzeranforderungen und Bauherrenvertretung im Projekt.

b) Organisationsplanung

Bei dem Geschäftsfeld *‚Organisationsplanung'* handelt es sich um Beratungsdienstleistungen zur Verbesserung *der operativen Geschäftsorganisation* im Kundenunternehmen.

Typische Dienstleistungen sind etwa:

- *Aufgaben- und Prozessanalysen:* Auf Grundlage einer Analyse der Kommunikationsprozesse und operativen Abläufe, soll durch eine entsprechende Anordnung von Arbeitsplätzen und Einrichtung von Kommunikationszonen (Funktions- und Flächenplanung), die Büroarbeit vereinfacht, und die Zusammenarbeit zwischen Mitarbeitern und Abteilungen, verbessert werden.
- Verbesserung von *Servicekonzepten*: Organisation des Konferenzservice, Vereinfachung des Umzugsmanagements, durch Einführung eines CAD - Planungssystems, Einführung eines Managementsystems für die Gebäudebewirtschaftung (Facility Management).
- Planung und Einführung *neuer Arbeitsformen und flexiblerer Organisationsstrukturen* (z.B. Desk Sharing, Teamarbeit in Entwicklungsabteilungen).

PROJEKTORGANISATION

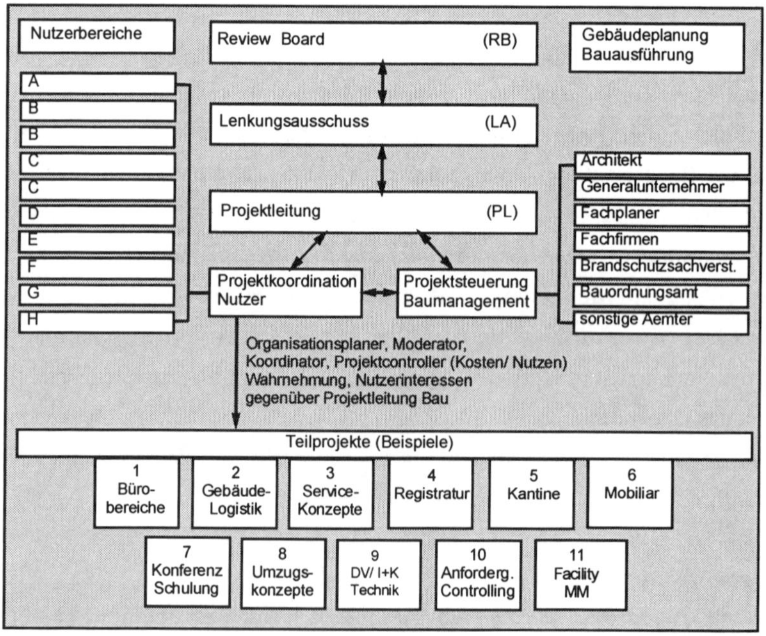

Kunden der Beratungsgesellschaft sind zu 95% national und international tätige Grosskonzerne. Die Beratungsgesellschaft unterstützt diese Kunden vor allem

in Spitzenlastsituationen (z.B. Neubau oder Sanierungsprojekt). Obwohl Grossunternehmen über eigene, spezialisierte Abteilungen, für büronahe Organisationsfragen, verfügen, sind wesentliche Gründe für die Nachfrage von Beratungsdienstleistungen, neben Kapazitätsengpässen, vor allem der Innovationsgehalt der Beratungsleistungen, sowie die neutrale, von internen Unternehmensinteressen freie, Position des externen Beraters.
Die Kommunikation zur Kundenseite findet im Schwerpunkt über Gastvorträge statt. Einen bedeutenden Stellenwert haben Referenzprojekte und persönliche Empfehlungen durch Kunden.
Neben *direkten Nutzern*, werden Kunden aus dem *Immobilien- und Bauwesen* beraten. Hierbei ist das Beratungsziel, eine möglichst hohe *Nutzungsflexibilität* im Zeitablauf, und gute *Marktfähigkeit* der Immobilien, sicherzustellen.
Kundenpotenzial wird grundsätzlich auch bei mittelgrossen Projekten gesehen, jedoch ergibt sich u.a. durch Anfahrtskosten häufig ein ungünstiges *Kosten/ Nutzenverhältnis* für den Kunden (s.wg. *Kap. 6.2.2 Marktfelder für büronahe Dienstleistungen, S. 220ff.*).

Die Abbildung *‚Projektorganisation‘* (siehe auf der letzten Seite) zeigt den *strukturellen Aufbau* für ein *typisches Grossprojekt*. Je nach Umfang des Kundenauftrages werden verschiedene Teilprojekte (1 – 11) initiiert.
Die Beratungsgesellschaft hat hierbei die Aufgabe, die Nutzerinteressen (Fachbereiche, Divisionen der Kunden) zu bündeln, und gesamthaft gegenüber dem Architekten (Gebäudeplanung, Bauausführung) zu vertreten.
Beratungsgesellschaften verstehen sich hierbei vor allem als *Partner des Bauherren*, da teilweise eine Wettbewerbssituation zu Architekten und Generalplanern besteht.

Erfolgsfaktoren der Beratungsgesellschaft lassen sich wie folgt beschreiben:

- *Günstiger Markteintrittszeitpunkt*: Bedeutender Meilenstein für die Beratungsgesellschaft ist das *Konzept des Grossraumbüros*. Durch frühe Erfahrungen in den USA, konnte man in Deutschland einen entsprechenden Wissensvorsprung realisieren. Auf dieser Grundlage konnte in den folgenden Jahren, die gute Reputation der Beratungsgesellschaft im Zusammenhang mit

Grossprojekten begründet werden. Heute besteht eine *bedeutende Referenzliste* an Kundenprojekten und ein entsprechender *Erfahrungshorizont.*

- *Neutralität*: Als wesentlicher Faktor wird die *Neutralität* der Beratungsleistungen genannt, um für den Kunden die *zweifelsfreie* Wahrnehmung seiner Interessen sicherzustellen. Teilweise werden auch *Ausschreibungen* und *Verhandlungen* im Kundenauftrag durchgeführt (Mitwirkung in Einkaufsgremien).
- *Breite des Beratungsansatzes*: Ein Wettbewerbsverhältnis zu (kostenlosen) Planungsdienstleistungen von Büromöbelanbietern wird nicht gesehen. Der wesentliche Nachteil dieser Planungen besteht, nach Aussagen des ‚Quickborner Team', in ihrer *engen* Ausrichtung auf den *Verkauf von Produkten*, sowie der damit verbundenen *fehlenden Neutralität.*

Geschäftsfelder / *Beratungsfocus*	**Organisationsberatung**	**Organisatorische Gebäudeplanung**	**Corporate Real Estate Management**
Ziel	Optimieren von Strategien, Strukturen und Prozessen	Sicherstellung der Nutzungsqualität und Wirtschaftlichkeit von Gebäuden	Einführen e. wertschöpfungsorientierten Management von Immobilien
Strategische Planung	- Entwickeln und Bewerten mittel- und langfristiger Unternehmensziele - Planen langfristiger Unternehmens- u. Organisationsstrategien - Management Change	- Bestandsbewertung und Festlegen zukünftiger Anforderungsszenarien - Entwerfen und Bewerten prinzipieller Gebäudestrategien und -konzeptionen - Standortstrategien	- Immobilienbezogene Unternehmensanalyse und - strategien - Entwicklung Aufbau- und Ablauforganisation - Masterplan - Entwicklung
Operative Planung	- Optimieren von Geschäftsprozessen - Optimieren von Organisationsstrukturen - Nonterritoriale Arbeitskonzepte - Change Management	- Organisieren von Architekturwettbewerben - Ermitteln d. Flächenbedarfs - Entwurfsoptimierung bei Neubauten und Nutzungsoptimierung bei Bestandsimmobilien - Innovative Raum- und Arbeitsplatzkonzepte - Dokumentenmanagement - Umzugsmanagement	- Kaufm. u. techn. Facility - Management - Flächenmanagement - Gebäude- u. Nutzerbezogenes Servicemanagement
Organisatorische Umsetzung	Nutzerkoordination und Projektmanagement Coaching Realisierungsszenarien Pilotanwendungen Implementation Erfolgskontrolle		

Die erneute Befragung der Geschäftsführung im Frühjahr 2003 weist eine kontinuierliche Entwicklung der Beratungsgesellschaft mit allerdings leichtem Rückgang in 2002 auf. Man hofft durch höheres Kostenbewusstsein, in Kombination mit verstärkter Akquisition und Öffentlichkeitsarbeit, durch allgemeines ‚Networking' und Vorträge, weiterhin die erprobten Geschäftsfelder zu intensivieren. Die Referenzen zeigen Kunden wie die LBS Münster, Lufthansa, DIFA Hamburg, NDR Hamburg, Pricewaterhouse Coopers Frankfurt und Stuttgart, Boehringer Ingelheim oder die Deutsche Post AG, Bonn u.v.a..

Die Internetseite der Gesellschaft zeigt die dargestellte Abbildung der Geschäftsfelder (auf der letzten Seite).
Im Vergleich zur ersten Befragung, zeigen sich *drei* statt der vormals *zwei* Geschäftsfelder. ‚*Organisationsberatung*' und ‚*Organisatorische Gebäudeplanung*' sind die zwei angestammten Tätigkeiten. Zum Vergleich hatte die ‚Organisatorische Gebäudeplanung' damals bereits einen Beratungsanteil von ca. 80%. Übergreifend zu den vorgenannten Bereichen steht das *Corporate Real Estate Management*, welches die Prozessoptimierung auf die Betriebskostensenkung und Wertschöpfung der Immobilie fokussiert.
Im Rahmen der Beratungstätigkeit führt die operative Planung hinsichtlich Gebäudeservices z.T. auch zum Themenbereich ‚Outsourcing', etwa bei der Auswahl eines geeigneten Anbieters.
Die einzelnen Dienstleistungen werden nach Tagessätzen berechnet.

7.3 Planungs- und Beratungsdienstleistungen in der Büromöbelindustrie

Bereits in *Kapitel 5. Markteintritt ins Dienstleistungsgeschäft, S. 91ff.* wurden verschiedene Möglichkeiten und Probleme im Zusammenhang mit der Vermarktung von Planungs- und Beratungsdienstleistungen, durch *Anbieter der Büromöbelindustrie,* erörtert.

Entsprechend der unterschiedlichen Ausrichtung der Beratungsgesellschaften, identifizieren wir für jedes Unternehmen unterschiedliche Erfolgsfaktoren (s. Praxisbeispiele *Px. 7.5 Das ‚Quickborner – Team' als Gesellschaft für büronahe Beratungsdienstleistungen, S. 288ff.,* sowie *Px. 6.2 Outsourcing büronaher Planungsdienstleistungen, S. 235ff.).*

Zusammenfassend lassen sich die folgenden Erfolgskriterien, für die zwei näher betrachteten Dienstleistungsfelder, aufführen[514]:

- Ähnlich wie Innenarchitekten, betonen alle Beratungsgesellschaften ihre *Neutralität und Unabhängigkeit* von Industriellen Interessen. Damit ist ein wesentliches Qualitätskriterium gegeben, um für Kundenunternehmen Ausschreibungen und Verhandlungen durchzuführen.
  Die *Neutralität* von Beratungsdienstleistern ist ein *wesentlicher Wettbewerbsvorteil* gegenüber vergleichbaren Dienstleistungsangeboten Industrieller Anbieter.

- Die angebotenen Planungs- und Beratungsdienstleistungen, und der damit verbundene Problemlösungsansatz, gehen i.d.R. *weit* über vergleichbare Dienstleistungsangebote *Industrieller Anbieter hinaus.* Zwei der befragten Beratungsunternehmen sehen *keine* unmittelbare Wettbewerbssituation gegeben[515].Planungsdienstleistungen Industrieller Anbieter sind meist *eng* auf die *Vermarktung des Produktes bezogen.*

---

514 Expertengespräche Beratungsgesellschaften und Innenarchitekten

515 Expertengespräch Off - Consult, Quickborner Team

- Gegenüber Innenarchitekten haben Beratungsgesellschaften den *argumentativen Vorteil*, dass sie ihre Arbeit auf *gesetzliche Grundlagen stützen* (s. *Kap. 7.2.3.1 Arbeitsschutzgesetzgebung, S. 272ff.*).

- *Externe Anbieter* müssen gegenüber *internen Abteilungen* grösserer Unternehmen klare *Leistungsvorteile* aufweisen.
  Dies betrifft etwa: Aspekte der Flexibilität, die Leistungsbereitschaft, die Einhaltung von Zeitrahmen (Betriebsunterbrechungen), das vorab vereinbarte ‚Preis – Leistungs – Verhältnis' und die Einhaltung des Budget – Rahmens.
  Im Vorfeld definierte *Leistungskataloge für Beratungsdienstleistungen*, ähnlich den Leistungsphasen der *HOAI* (s. *Kap. 7.1.5.1 Honorarordnung für Architek ten und Ingenieure (HOAI), S. 262ff.*), erleichtern die Strukturierung.

- Für Innenarchitekten und Beratungsunternehmen lässt sich die Wettbewerbssituation zu Architekten als bedeutende Markteintrittsbarriere bezeichnen.
  Einerseits beobachtet man eine *zunehmende ‚Ausdifferenzierung' von Planungsdienstleistungen im Architekturbereich*, also eine zunehmende Spezialisierung auf immer kleinere und stärker spezialisierte Planungsabschnitte des Werkes. Andererseits gibt es eine Entwicklung hin zu *netzwerkähnlichen, virtuellen* Organisationsformen (s.a. *Px. 7.2 Funktion des Design – Managements als Schnittstelle zwischen Planer und Auftraggeber, S. 261ff.*).

Diese Tendenz begünstigt u.E. die Marketingsituation von *Innenarchitekten*, wie von *büronahen Beratungsdienstleistern*, weil diese schon heute den erforderlichen *Spezialisierungsgrad* aufweisen.

8. Dienstleistungsfelder ‚Systemnutzung'

8.1 Facility Management

8.1.1 Facility Management als Dienstleistungsfeld

Der Begriff ‚*Facility Management*' verweist auf ein *vielschichtiges Bündel an Dienstleistungen*, die sich im weitesten Sinn auf die Bereitstellung und Unterhaltung einer betrieblichen (Gebäude -) Infrastruktur beziehen.
Hierzu zählen Know – how - intensive, konzeptionelle (z.B. Architekturdienstleistungen, kaufmännische Gebäudeverwaltung), wie arbeitsintensive, operative Dienstleistungen (z.B. Gebäudereinigung, technische Dienste, Heizung, Klima)[516].
Der ‚Deutsche Verband für Facility Management' (GEFMA) definiert Facility Management wie folgt: ‚*Facility Management* ist ein unternehmerischer Prozess, der durch die Integration von Planung, Kontrolle und Bewirtschaftung bei Gebäuden, Anlagen und Einrichtungen *(facilities),* und unter Berücksichtigung von Arbeitsplatz und Arbeitsumfeld eine verbesserte Nutzungsflexibilität, Arbeitsproduktivität und Kapitalrentabilität zum Ziel hat. ‚Facilities' werden als strategische Ressourcen in den unternehmerischen Gesamtprozess integriert'[517].

8.1.2 Dienstleistungsbereiche im Facility Management

Facility Management, verstanden als ‚*Gebäudemanagement*', wird häufig in *drei* Dienstleistungsbereiche unterteilt. Es werden *infrastrukturelle*, *kaufmännische* und *technische* Dienstleistungen unterschieden (*Darstellung 8.1, f.S.*). Man kann einerseits das *Management* dieser Dienstleistungen (Konzeptionelle Ebene), andererseits die *operative Ausführung* unterscheiden. Diese Struktur gibt Unternehmen eine erste Grundlage, welche Dienstleistungen selbst (intern) erstellt, bzw. gegebenenfalls extern vergeben werden.

---

516 Lochmann 1998, S. 13

517 Braun/ Oesterle/ Haller 1996, S. 2

Dar. 8.1: Teilleistungen im Facility Management[518]

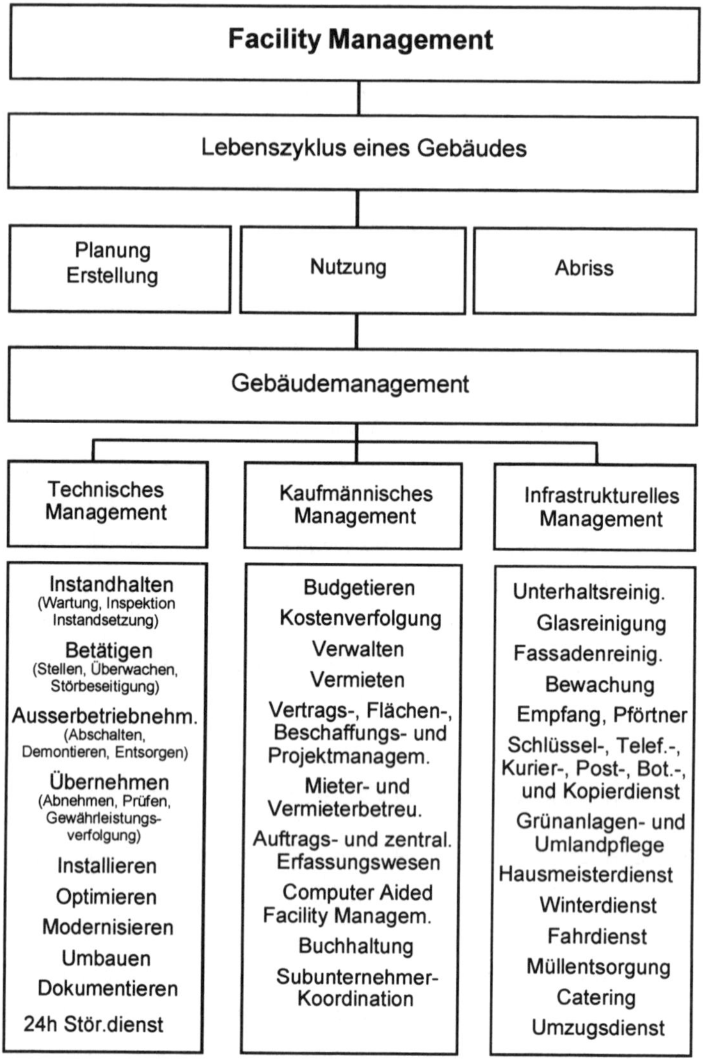

518 Sasse 1998, S. V6

Externe Dienstleistungsanbieter, mit ganzheitlichem Lösungsansatz (Leistungssystemansatz im Dienstleistungsmarketing), beschränken sich nicht auf einzelne operative Dienstleistungsbereiche. Sie beabsichtigen vielmehr, durch Übernahme auch von Managementdienstleistungen, eine umfassende Entlastung des Kundenunternehmens (*s. Kap. 8.2 Fallbeispiele zur Unternehmenspraxis im Facility Management, S. 312ff.*).

8.1.3 Kernaufgaben und Fachgruppen

8.1.3.1 Kernaufgaben im Facility Management

Eine weitergehende, und für unsere Branchenbetrachtung sehr nützliche, Unterscheidung findet sich bei Braun/ Oesterle/ Haller. Die Autoren unterscheiden hierbei *Kernaufgaben* und *operative Aufgaben* zur Gebäudebewirtschaftung[519].

Dar. 8.2: Kernaufgaben des Facility Management[520]

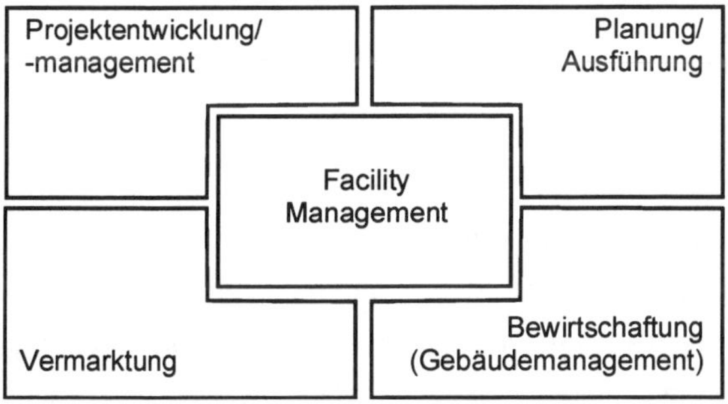

519 Braun/ Oesterle/ Haller 1996, S. 2ff.

520 ebd., S. 2

Die Abbildung (*Darstellung 8.2, l.S.*) zeigt insgesamt vier Kernaufgaben des Facility Managements. Dabei wird das Aufgabenspektrum, über den engeren Bereich der Gebäudebewirtschaftung hinaus, erweitert.
Hintergrund ist hierbei eine ganzheitliche Betrachtungsweise des Gebäudes. Flächen, die für den Eigenbedarf des Nutzers nicht erforderlich sind, können einer alternativen Verwendung zugeführt werden (Projektentwicklung). Zu berücksichtigen sind hierbei die zukünftigen strategischen (geschäftlichen) Ziele des Nutzers. Ferner die sich daraus ableitenden Konsequenzen für den Raumbedarf, an einem bestimmten Standort (z.B. Wachstum, Stillegung, usw.)[521].
Im Anschluss erfolgt die wirtschaftliche Weiterverwertung, d.h. eine Vermietung oder Veräusserung, des nicht mehr benötigten Objektes (Vermarktung).

Facility Management umfasst in diesem Zusammenhang auch zahlreiche Architekturleistungen (Planung/ Ausführung) und Koordinationsdienstleistungen (Projektmanagement, z.B. für Bauleistungen). Ein aktuelles Anwendungsfeld für Projektmanagement sind in diesem Zusammenhang Unternehmenszusammenschlüsse. Hierbei müssen zeitliche und bauliche Anforderungen, der Nutzer und beteiligter Baufirmen, häufig unter Aufrechterhaltung des Geschäftsbetriebs, koordiniert werden[522].

8.1.3.2 Operative Aufgaben zur Gebäudebewirtschaftung

Die operativen Aufgaben zur Gebäudebewirtschaftung müssen auf spezialisierte Aufgabenträger verteilt werden. Die Autoren sehen hierbei beispielhaft die Bildung von *fünf Fachgruppen*. Diese Unterteilung ist äusserst nützlich, da hierdurch der denkbare Aufgabenbereich eines Möbelanbieters präzisiert wird.

---

521 Expertengespräch Quickborner - Team

522 Expertengespräche ebd., Off Consult, Senn, H - Quadrat

Dar. 8.3: Fachgruppen zur Gebäudebewirtschaftung und EDV - Hilfsmittel[523]

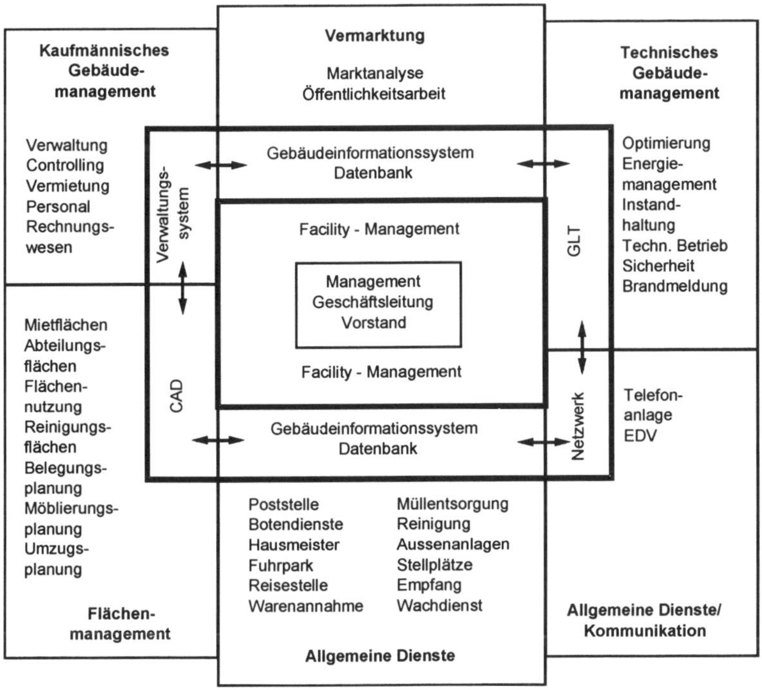

8.1.4 Die Anbieter im Dienstleistungsfeld

Nach Angaben der von uns befragten Experten[524], hat sich der Begriff ‚Facility Management' zum ‚*Modebegriff*', für gebäudenahe Dienstleistungsangebote entwickelt. Teilweise können die verwendeten Bezeichnungen *inhaltlich* erheblich im Leistungs*umfang* voneinander abweichen.

523 Braun/ Oesterle/ Haller 1996, S. 3

524 Alle Experten insbes. Köllmann, DeTeImmobilien, Innenarchitekten, Beratungsgesellschaften

Die Anbieterstruktur im Dienstleistungsfeld ‚Facility Management' kann als *äusserst heterogen* bezeichnet werden. Anbieter für Facility Management haben sich aus sehr unterschiedlichen Branchen heraus entwickelt (z.B. Maschinenbau, Gebäudetechnik, Bauwirtschaft, Gebäudereinigung). Entsprechend der Heterogenität der durch diese Anbieter bewirtschafteten Anlagen (z.B. Fabrikanlagen, Produktionsstätten, Verwaltungsgebäude usw.), können die Kompetenzen einzelner Anbieter sehr unterschiedlich gewichtet sein[525].
Für Anbieter in der Büromöbelindustrie betrachten wir Facility Management ausschliesslich als Dienstleistung, im Zusammenhang mit der Nutzung von Verwaltungsgebäuden.

Die einzelnen Tätigkeiten und Aufgaben, im Dienstleistungsfeld ‚Facility Management', sind an sich wenig neu oder innovativ, und existieren schon immer[526]. Wichtige ‚Trends' von Facility Management bestehen vor allem in folgenden Unternehmensbereichen:

a) Steigende Ansprüche an das Komfortniveau der Arbeitsumgebung, flexible Büroraumkonzepte
b) Steigender Anteil der Service- und Unterstützungsfunktionen an einem reibungslosen, produktivitätsfördernden Betriebsablauf
c) Erhöhte Abhängigkeit vom Technologiefaktor
d) Steigende Anforderungen an externe und interne Sicherheit
e) Kostendruck durch Instandhaltung, Ver- und Entsorgung von Immobilien

Bei der von uns befragten Köllmann AG haben sich Facility Management - Dienstleistungen beispielsweise aus dem angestammten Geschäftsbereich ‚Hausverwaltung' entwickelt. Der ‚Ausbau' dieses Leistungsbereiches erfolgte schrittweise. Dabei baute man auf die Kompetenzen als Bauunternehmung und Projektentwickler[527].

---

525 Alle Experten, sowie Köllmann AG, DeTeImmobilien

526 Seifert 1998, S. 23; Henzler/ Heidbreder 1989, S. 11; Expertengespräch Köllmann

527 Expertengespräch Köllmann AG

- Der *Innovationsgehalt* dieses Leistungsbereiches von Facility Management besteht hauptsächlich darin, die bestehende betriebliche Infrastruktur und damit zusammenhängende Dienstleistungen einer *systematischen Betrachtung* und *ganzheitlichen Optimierung* zu unterziehen. Seit Beginn der achtziger Jahre werden entsprechende Gestaltungsmodelle diskutiert[528].
- Zu nennen sind hierbei auch die verbesserten ‚instrumentellen Unterstützungsmöglichkeiten'[529], etwa durch *computergestützte Planungswerkzeuge*[530].
  In gebäudetechnischer Hinsicht, gibt es Innovationen im Bereich der Gebäudeautomation[531]. In beiden Bereichen haben sich in den letzten Jahren erhebliche Veränderungen ergeben[532].
- Der dritte Innovationsbereich, besteht im *Outsourcing* von bisher intern erbrachten, gebäudenahen Dienstleistungen. Insgesamt zeigt sich eine deutliche Entwicklung zur externen Vergabe infrastruktureller Dienstleistungen[533].

8.1.5 Kundennutzen von Facility Management - Dienstleistungen

Die Grundidee von Facility Management ist, die Nutzung eines Gebäudes oder einer Anlage, eines ganzen Gebäudekomplexes mit dazugehörigen Grundstücken, zu optimieren. Eine derartige Optimierung soll den *Nutzwert* der Immobilie erhöhen, bzw. bei gegebenem Geschäftsbetrieb, eine *Kostensenkung* herbeiführen.
Den Hintergrund der Entwicklung, in diesem Dienstleistungsfeld, bildet eine zunehmende Sensibilisierung von Unternehmen, einerseits für die mit Immobilien verbundenen *Vermögenswerte*, andererseits für die durch den Betrieb von Immobilien, und der allg. Infrastruktur, verursachten *Gemeinkosten.*

---

528 Seifert 1998, S. 24
529 Henzler/ Heidbreder 1989, S. 11
530 Expertengespräche Nemetschek; DeTelmmobilien, Opckenrein
531 Potreck 1998, S. 1441; O.V. 1998e, S. 18; Varell 1996, S. B30
532 Expertengespräche Nemetschek, Köllmann
533 O.V. 1998i, S. U8

In bestimmten Branchen, verursachen mit der Infrastruktur verbundene Leistungen, nach den Personalkosten, den höchsten Anteil an den Gemeinkosten[534].

Dar. 8.4: Kundennutzen durch externe Dienstleister[535]

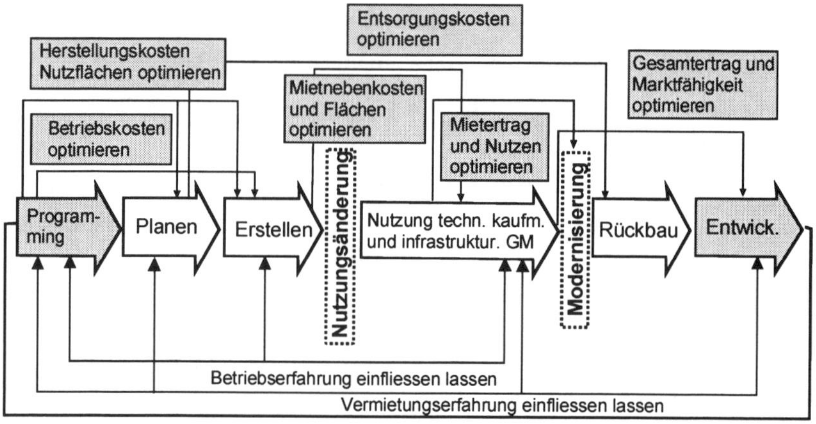

Wie in *Kapitel 8.1.7 Gestaltungsmodelle im Facility Management, S. 305ff.* verdeutlicht, sind Dienstleistungslösungen im Facility Managementbereich *hochspezifisch.* Jedes Projekt erfordert, entsprechend der baulichen Substanz und/ oder kundenseitigen Anforderungen, individuelle Problemlösungen.

Das angebotene Dienstleistungsspektrum gliedert sich entsprechend der Aufgabenteilung zwischen Kundenunternehmen und externem Dienstleister. Es kann erheblich variieren. *Darstellung 8.4, s.o.* gibt einen *allg. Überblick*, welche Nutzenpotentiale durch Einbindung externer Dienstleister realisiert werden können.

534 Lochmann 1998, S. 14

535 DeTeImmobilien, Stuttgart (s. *Anhang V Dokumentationen von Unternehmen und Verbänden S. 443ff.*)

8.1.6 Facility Management und ‚Corporate Real Estate – Management'

Der Begriff ‚*Corporate Real Estate - Management*' bezeichnet den Gesamtkomplex zum Management des Immobilienvermögens, und den damit zusammenhängenden Dienstleistungen. Auch für diesen Begriff existieren zahlreiche, inhaltliche Fassungen[536]. Bestandteile von ‚Corporate Real Estate – Management' sind entsprechend: Asset bzw. Portfolio MM, Property MM und Facility Services[537]. Der Leistungsbereich ‚Facility Management', bezieht sich in diesem Zusammenhang vor allem auf die konzeptionellen, wie operativen Dienstleistungen, zur *Bereitstellung und Unterhaltung der Infrastruktur*.

8.1.7 Gestaltungsmodelle im Facility Management

Das *IDRC (International Development Research Council)* entwickelte ein fünfstufiges Strategiemodell für das Facility - Management, das auf die Serviceaspekte der Immobilienbewirtschaftung bezug nimmt[538].
Die Komponenten sollen zusammen einen reibungslosen Prozess *gleichbleibender Qualität* sicherstellen; dabei sollen sie die tatsächliche, *kurzfristig* zu befriedigende Nachfrage nach Dienstleistungen erfüllen können.

---

536 Lochmann 1998, S. 19

537 Henzler/ Heidbreder 1989, S. 52

538 ebd. 1998, S. 20f.

Dar. 8.5: Kommunales Immobilienmanagement[539]

Kommunales Immobilienmanagement	
Grundprinzipien	**Funktion**
1. Entwicklung von Arbeitseinheiten, die die ‚Immobilienperspektive' einnehmen (Wirtschaftlichkeit, Nutzungsoptimierung, Wertsteigerung etc.)	**Strategische Steuerung/ Controlling** Zielvorgaben, Vorbereitung von Grundsatzentscheidungen, Portfolio - Management, Strategisches Controlling, etc.
2. Umfassende Zuständigkeit und Integration technischer und kaufmännischer Aufgaben im zentralen Gebäudemanagement (Facility Management)	**Gebäudemanagement** Technisches, kaufmännisches und Infrastrukturmanagement von städtischen Immobilien nach Prinzipien des Facility Managements Anmietung, Vermietung, Modernisierung, Kosten - und - Nutzen - Transparenz, Übernahme von Bauherrenfunktionen bei Neubauten, etc.
3. Klare Trennung der Funktionen: Mieter - Vermieter Auftraggeber - Auftragnehmer, Eigentümer - Facility Manager	**Grundstücksmanagement** Planungsrechtliche und -technische Aufbereitung von nicht ‚betriebsnotwendigen' bebauten und unbebauten Liegenschaften mit methodischen Ansätzen der Projektentwicklung, Ankauf und Verkauf, Kooperation mit Stadtentwicklung und Wirtschaftsförderung, etc.
4. Kosten- und Nutzungstransparenz	**Immobilienservice** Reinigung, Wartung, Sicherheit, Pflege von Aussenanlagen, Architektur- und Ingenieurleistungen, etc.
5. Belastung des Fachetats mit den ‚tatsächlichen' Immobilienkosten	
6. EDV - gestütztes Immobilienmanagement (Nutzung von modernen Immobilien-Managementsystemen)	
7. Orientierung an Marktpreisen und Vergleichsdaten (Benchmarking)	

539 Expertengespräch DeTeImmobilien; Quelle: LEG

Aufbauend auf der Definition der *Kernkompetenzen*[540], wird die ‚Service Definition' festgelegt. Die zu erbringenden Leistungen werden in ihrem Level von den oberen Führungskräften und Managern der operativen Geschäftseinheiten, in Zusammenarbeit mit externen Dienstleistern, fixiert.

Dar.8.6: Modell zur Entwicklung einer Facility Management - Strategie[541]

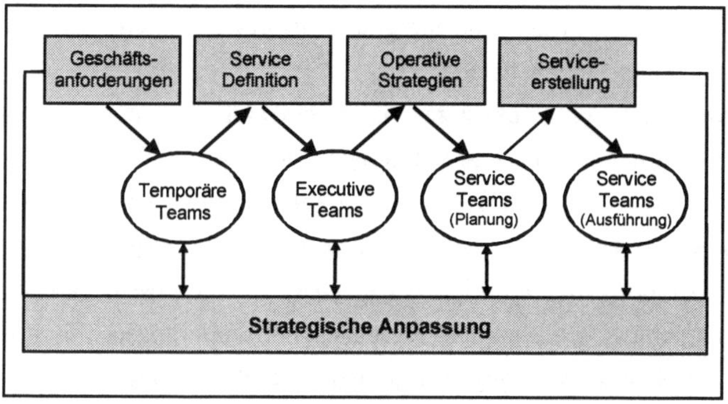

Sogenannte ‚Executive Teams' entwickeln anschliessend daraus die operativen Strategien. Sie bilden das Netzwerk der beteiligten ‚Service Teams', in Planung und Ausführung, aus. Als elementarer Teil der Strategieentwicklung basiert der gesamte Vorgang auf organisatorischer und technischer Vernetzung der Facility - Management Beteiligten. Die externen Spezialisten fungieren als Koordinatoren. Die Schnittstellen, mit denen sich das interne Management auseinandersetzen muss, werden minimiert. Die obige Abbildung, zeigt die fünf Komponenten des Strategiemodells.

540 Prahalad/ Hamel 1991, S. 66ff.
541 Lochmann 1998, S. 20

Voraussetzung für eine sinnvolle Zusammenarbeit mit externen Dienstleistern ist eine *interne Reorganisation* und Bündelung der mit ‚Facility Management' zusammenhängenden Dienstleistungen. Für eine *Querschnittsfunktion* typisch, sind i.d.R. verschiedene Funktionsbereiche betroffen, wie die Bau-, Organisations- und Personalabteilung, sowie verschiedene Fachbereiche[542].

Je konsequenter das Ziel einer ganzheitlichen Optimierung verfolgt wird, um so wichtiger ist die Integration der Einzelfunktionen, etwa anhand des oben dargestellten Modells. Die zusätzliche Integration externer Anbieter erfordert die Definition eindeutiger Schnittstellen.

Das Angebot einer ‚schlüsselfertigen Betreiberlösung'[543], realisiert ein umfassendes Leistungssystem, durch einen externen Dienstleister. Sämtliche Bauleistungen, und die an die spätere Objektnutzung anknüpfenden Dienstleistungen, werden durch einen einzigen externen Anbieter erbracht (z.B. Bauunternehmen, Projektentwickler; *siehe unten Fallbeispiel Px. 8.1)* In diesem Fall definiert das Kundenunternehmen lediglich das strategische Anforderungsprofil an die Immobilie, und damit zusammenhängende qualitative und quantitative Ziele.

Die folgende Fallstudie beschreibt ein aktuelles Praxisbeispiel:

Px. 8.1: Clienting - Konzept der HSG Philip Holzmann Techn. Service GmbH[544]

Die *Philip Holzmann Bau Projekt AG* entwickelte mit dem *City - Carré in Magdeburg* eine integrierte Bauprojektlösung, durch Einführung von Facility – Management bereits *während der Nutzungsphase.*

Das Projekt erfüllte, mit über 100.000 qm zu bewirtschaftender Fläche, sowie einem Investitionsvolumen von einer halben Milliarde DM, bereits vor seiner endgültigen Fertigstellung, die Rendite - Erwartungen seiner Investoren.

Das gesamte Objekt, am Bahnhofsvorplatz in Magdeburg, wurde aus *ganzheitlicher Sicht* geplant, gebaut und technisch eingerichtet.

542 alle Expertengespräche zu Facility Management

543 Potreck 1998, S. 1440

544 Kajetan 1998, S. 18f.

Die HSG Philip Holzmann Technischer Service GmbH, als Träger des Know - hows für betreiberorientierte Projekt- und nutzungsbegleitende Servicelösungen, trug dazu bei, dass zusätzlich zu Grundriss und Qualität der Baukörper, ein *Nutzungs- und Betriebskonzept* erarbeitet wurde, welches sich auch finanziell für den Bauherrn, die H.F.S Hypo - Fondsbeteiligung für Sachwerte GmbH, München, bezahlt machte.

Die Kundenakzeptanz zeigt sich an der extrem guten Vermietbarkeit der Flächen. Die Mieter profitieren von angemessenen Kaltmieten und vergleichsweise niedrigen Nebenkosten von DM 6,25 pro qm. Der Anteil der Leistungen des Gebäudemanagements beträgt ca. ein Drittel, darin enthalten sind alle Leistungen des *technischen, infrastrukturellen und kaufmännischen* Gebäudemanagements, die hier alle aus einer Hand kommen.

Die konsequente Anwendung der eigenen Standards für die nutzungsbegleitenden Serviceleistungen, rund um die Uhr, die auf einer Leistungserbringung nach ISO 9001 basieren, wirken optimierend, kostenmindernd, und fördern die Transparenz bei diesem Grossprojekt.

Zusammengefasst kann man zu recht feststellen, dass hier die *Wertschöpfungskette* von Bauprojekt, Architekturkonzept bis hin zu Baukörpererstellung und Betriebsführung im Mittelpunkt stand und steht, und die erbrachte Leistung die Praktikabilität des gesamten *Clienting - Konzeptes* beweist.

8.1.8 Outsourcing von Facility Management - Dienstleistungen

8.1.8.1 Nachfragesituation

Insgesamt zeigt sich eine deutliche Entwicklung hin zur *externen Vergabe infrastruktureller* Dienstleistungen. Viele Unternehmen setzen, bei ihren Bemühungen um eine *(1.) Vereinfachung* der Organisation, *(2.)* zur allg. *Kostensenkung* und *(3.)* Einsparungen auf der *technischen Seite,* auf eine Fremdvergabe bisher unternehmensintern erbrachter Leistungen: das sog. *Outsourcing.*

Outsourcing setzt zunächst bei der *technischen Seite* an. Die höchsten Zuwächse verzeichnen *informationstechnische Dienstleistungen* (s.a. *Kap. 6.2.3 Outsourcing büronaher Dienstleistungen, S. 226ff.*). Bei den *kaufmännischen* Dienstleistungen, lassen sich keine nennenswerten Outsourcing - Grade erkennen, ausser im Flächen- oder Versicherungsmanagement[545]. Hier sind allerdings die Messgrössen (z.B. qm pro MA, qm für die Aufgabe ‚xy', Gebäudeversicherung pro MA etc.) denkbar einfach festzulegen. Der Euphorie für Outsourcing, in bezug auf Kosteneinsparungen, steht die Abhängigkeit durch *Wissensdefizite*, über die eigenen Objekte, gegenüber[546].

Richter sieht das Marktvolumen überwiegend im operativen Teil[547]. In seiner Definition von Objekt - Management, beschreibt er die folgenden einzelnen Bereiche: *Nutzung, Verwertung, Betrieb, Erhaltung und Dienste.*
Insbesondere für die Ausführung von Arbeiten im Bereich *Betrieb*, d.h. Heizung, Reinigung, Erfassung, Abrechnung usw., sowie bei der *Erhaltung*, also bei Wartung, Instandsetzung, Modernisierung usw., könnten Leistungen an Externe vergeben werden.

Der Markt differenziert sich weiterhin nach *Objekten* und *Nachfragern*. Im Gegensatz zum Wohnungsbau, mit seiner oft gut strukturierten Hausverwaltung, be-

---

545 O.V. 1998i, S. U8

546 Richter 1997b, S. 1496

547 ebd.

stehen im Gewerbebau grosse Verwaltungsdefizite. Spezielle Teilaufgaben, wie z.B. Energiekosten - Management, sind gefragt. Als Anbieter drängen Dienstleister der *operativen Ebene*, wie Haustechniker oder CAD – Anwender, auf den Markt. Diese Dienstleister konkurrieren mit Consultingfirmen und Architekten.

8.1.8.2 Anbietersituation

Wie im nächsten Kapitel (*Kap. 8.2 Fallbeispiele zur Unternehmenspraxis im Facility Management,* n.S.) kurz dargelegt, kommen Anbieter aus z.T. sehr unterschiedlichen Branchen (z.B. Maschinenbau, Immobilienverwaltung). Die Betriebsgrösse der Anbieter reicht vom Kleinst - Unternehmen (z.B. regionaler Gebäudereiniger) bis hin zum Grosskonzern (z.B. Lufthansa). Je nach betreutem Objekt (z.B. Tanklager, Produktionsbetrieb, grosses oder kleines Verwaltungsgebäude), kann sich der Leistungsumfang erheblich unterscheiden[548].

In der Praxis haben sich entsprechend *unterschiedliche Schwerpunkte* für einzelne Anbieter herausgebildet. Von aussen betrachtet, sind diese Unterschiede allerdings nur *wenig transparent*. Da sich der Markt erst im Aufbau befindet - in Deutschland wird, gegenüber dem europäischen Ausland, ein erheblicher Rückstand festgestellt[549] - lassen viele Anbieter ihren tatsächlichen Leistungsschwerpunkt eher undefiniert. Sie loten momentan die Marktsituation erst einmal aus. Eine voreilige Marktdefinition soll vermieden werden[550].

---

548 Expertengespräche; O.V. 1998e, S. 16ff.

549 Braun/ Oesterle/ Haller 1996, S. 3

550 Expertengespräch Köllmann AG

8.2 Fallbeispiele zur Unternehmenspraxis im Facility Management

Gang der Untersuchung: Der folgende Abschnitt soll *zwei Beispiele* aus der Unternehmenspraxis veranschaulichen. Die Auswahl der Fälle erfolgte durch Empfehlung und aktuelle Zeitungsberichte. Eine aktuellere Übersicht zu den Anbietern für ‚FM - Dienstleistungen' findet sich etwa auch in der Zeitschrift ‚Der Facility Manager'[551].

Bei der *Köllmann AG*, sowie der *DeTelmmobilien*, handelt es sich um zwei grosse Anbieter von ‚Facility Management - Dienstleistungen'. Beide Unternehmen sind bundesweit flächendeckend tätig. Die *Diversifikation* beider Anbieter in das betrachtete Dienstleistungsfeld, erfolgte von völlig unterschiedlichen Ausgangspunkten. Die *Köllmann AG* entstand ursprünglich aus einem Bauunternehmen. Seit Jahren ist man zusätzlich als Immobilien - Spezialist, im Bereich Projektentwicklung und Immobilienverwaltung, tätig. Facility Management ist in diesem Zusammenhang lediglich eine logische Fortentwicklung der Immobilienverwaltung. In der Praxis ergibt sich inhaltlich nur teilweise ein Unterschied zum klassischen Begriff der ‚Immobilienverwaltung' (s. *Kap. 8.2.1 Köllmann AG, Wiesbaden, f.S.*)[552]. Im Jahr 2003 wurde der in der Befragung betrachtete Teil der Köllmann AG an ein anderes Unternehmen verkauft (s. dazu die Bemerkungen in *Anhang III, Verzeichnis II der Expertengespräche. Wiederholte schriftliche Befragung 2003, S. 427ff.*).

Das Fallbeispiel der *DeTelmmobilien* ist deshalb interessant, weil eine, aus Expertensicht, typische, aktuelle Entwicklung in einem Grosskonzern wiedergegeben wird. Im Bereich *Immobilien* und *gebäudenahe Dienstleistungen* versucht die *Deutsche Telekom AG*, durch verschiedene Massnahmen, wie Ausgründung und schrittweise Optimierung als Tochtergesellschaft, eine qualitativ, wie kostenbezogen optimale Leistungserstellung zu erreichen (s. *Kap. 8.2.2 DeTelmmobilien, Münster, S. 319ff.*)[553].

---

551 O.V. 2003o, S. 58ff.

552 Expertengespräch Köllmann, s.a. Bemerkungen zum *Anhang III, Verzeichnis II der Expertengespräche. Wiederholte schriftliche Befragung 2003, S. 427ff., insb. u. D. 11.*.

553 Expertengespräche DeTelmmobilien

8.2.1 Köllmann AG, Wiesbaden[554] (= Px. 8.2)

Die Köllmann AG hat sich ursprünglich aus einem Bauunternehmen heraus entwickelt. Innerhalb der letzten 30 Jahre, wurden schrittweise immobiliennahe Dienstleistungsfelder erschlossen (s.u. *Darstellung 8.7*). Im Jahr 1997 erfolgte die Umwandlung in eine Aktiengesellschaft mit Holdingstruktur.

Dar. 8.7: Organisatorischer Aufbau der Köllmann AG[555]

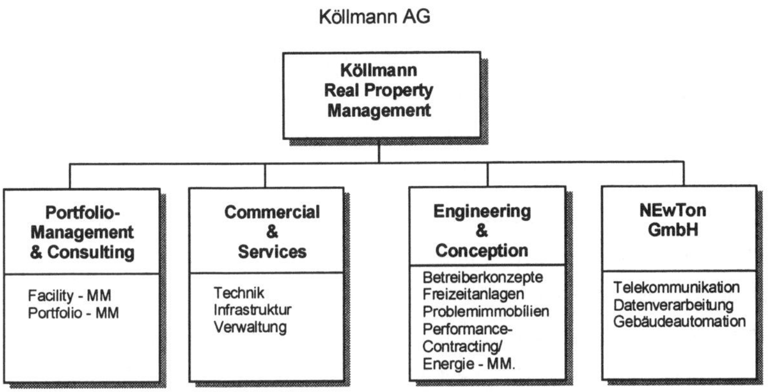

Der Akzent der Aktivitäten liegt in der qualifizierten, nutzerbezogenen Projektentwicklung, Realisierung und Vermarktung *gewerblicher Immobilien.*
Hauptaktionär der Köllmann AG ist der Unternehmensgründer Jürg E. Köllmann, sowie die Bayrische Hypo Vereinsbank mit 10%.
Die Organisation besteht aus *acht Geschäftsbereichen.* Wir verzichten auf eine gesamthafte Erläuterung und konzentrieren uns im folgenden auf den Bereich des Geschäftsfeldes ‚Facility Management'.

554 Expertengespräch Köllmann, Unternehmensdokumentation
555 ebd.

Wie in *Darstellung 8.7, l.S.* gezeigt, ist der Hauptbereich die *‚Köllmann Real Property GmbH‘* mit über 160 Mitarbeitern. Sie ist im wesentlichen in die beiden Bereiche ‚Commercial & Services‘ und ‚Engineering & Conception‘ untergliedert. ‚Klassische‘ Facility Management - Dienstleistungen, aus den Bereichen ‚Technik‘ oder ‚Verwaltung‘, werden erweitert durch Leistungen wie ‚Betreiberkonzepte für Freizeitanlagen‘ und ‚Problemimmobilien‘, oder ‚Performance - Contracting Modelle im Energiemanagement‘. Die ‚NewTon GmbH‘, als 100%ige Tochter der Köllmann Gruppe, ergänzt das Spektrum, um die Segmente Daten- und Telekommunikation, sowie Gebäudeautomation. Auch ‚Portfolio - Management‘ und ‚Consulting‘ kann der Kunde aus einer Hand erhalten.
Insgesamt werden in der Bundesrepublik 150 sehr unterschiedliche Objekte betreut. Dazu gehören Wohnungs- und Gewerbeimmobilien, Hotels, Bürogebäude, Einkaufszentren, Parkhäuser und Gewerbeparks. Baubegleitende Betreuung für Revitalisierungen und Neubauten bilden Synergien mit operativen Konzepten zur Bewirtschaftung bestehender Strukturen.
Entscheidend für das erbrachte Leistungsspektrum (die Auslegung der Dienstleistungsprozesse) sind einerseits spezifische Merkmale des Objektes. Die Betreuung eines Klinikkomplexes stellt gegenüber der Betreuung von Wohnbauten oder wiederum einer Ladengalerie, völlig unterschiedliche Anforderungen[556]. Bezogen auf ein spezifisches Kundenunternehmen können Objekte sehr unterschiedlich beschaffen sein, etwa eine Produktionsstrasse im Vergleich zu einem Verwaltungsgebäude.
Im einzelnen werden nachfolgend die diskutierten, wesentlichen Aspekte der Arbeit der Köllmann AG angesprochen, bzw. aus ganzheitlicher Sicht ausgeführt:

a) Vermarktungsprozess

Vermarktungsinstrumente für Facility Management sind vor allem Referenzen. Erfolgreich durchgeführte Projekte haben nach Expertenmeinung die grösste Hebelwirkung auf die Akquisition neuer Kunden. Zusätzlich werden, vor allem auf Basis der Wirtschaftspresse, gezielt potentielle Kundenunternehmen angesprochen (Bsp. Geplanter Neubau oder Standortzusammenlegung).

---

556 Frutig/ Reiblich 1995, S. 36

Printwerbung und Mailings erscheinen hingegen eher zweitrangig, und sind aus Expertensicht wenig sinnvoll. Informationsbroschüren mit einem Katalog der Dienstleistungsprodukte unterstützen den Dialog zum Kunden. Wie bereits erwähnt, sind jedoch Leistungsumfang und Serviceniveau kundenindividuell verschieden.

b) Widerstände und Besonderheiten der Vermarktung

Wichtig für die Durchsetzung einer ganzheitlichen Konzeption ist insbesondere eine *hohe Eingriffsebene im Kundenunternehmen.* Schwieriger als die sachliche Argumentation des Kundennutzens (d.h. Problemevidenz im Kundenunternehmen), wird die Erreichbarkeit dieser Entscheidergruppe gesehen. Die Kontakte auf Anbieterseite werden über die Geschäftsleitungsebene hergestellt. Nicht in jedem Fall gelingt es, den richtigen Entscheider anzutreffen. Ein typisches Beispiel sind etwa Ausschreibungen für bestimmte Gebäudedienstleistungen. Der Anbieter trifft hierbei auf einen bereits weitgehend abgeschlossenen Entscheidungsprozess im Kundenunternehmen. Eine ‚erneute Öffnung' oder Hinterfragen der Vorentscheidungen findet zu diesem Zeitpunkt nicht mehr statt. Zusätzlicher Kundennutzen durch Optimierung ist nur selten zu vermitteln (s.a. Wettbewerbssituation zu internen Abteilungen). Die Vergabe an externe Dienstleister beschränkt sich auf Einzelleistungen, die lediglich nach Kostengesichtspunkten beschafft werden.

c) ‚Facility Management' als Querschnittsfunktion

Ein umfassendes Angebot an Facility Management - Dienstleistungen erfordert nicht nur eine *ganzheitliche Beurteilung* der Unternehmenssituation, sondern auch der *Veränderungen im Kundenunternehmen.* Vereinfacht gesehen, müssen im Kundenunternehmen ‚Schnittstellen' vorhanden sein, denen der externe Anbieter eine *optimierte Gesamtleistung* überhaupt anbieten kann (z.B. ein verantwortlicher Gesamtbeauftragter für alle gebäudenahen Dienstleistungen).
Informationsgrundlagen sind häufig über verschiedene Abteilungen verteilt (z.B. Bauabteilung, Organisationsabteilung, Finanzdaten im kaufmännischen Be-

reich)[557]. Veränderungen innerhalb des Kundenunternehmens lassen sich nur mit Unterstützung des Vorstandes andenken und umsetzen (s. *Px. 9.3 Vermarktung von Facility Management - Dienstleistungen, S. 352f.*).

d) Komplexitätsgrad der Dienstleistung

Grundsätzlich ergeben sich bei der Vermarktung viele Parallelen zum Dienstleistungsfeld der Beratungsdienstleistungen[558]. Bei Facility Management, wie bei ‚büronahen Beratungsdienstleistungen', wird eine Optimierung quer über verschiedene Abteilungen vorgenommen. Der Komplexitätsgrad bei der Vermarktung von Facility Management - Dienstleistungen erscheint aber wesentlich höher, weil neben der sehr heterogenen Objektbeschaffenheit, eine dauerhafte, sehr weitgehende Zusammenarbeit mit dem Kundenunternehmen angestrebt wird.
In *Kapitel 6 Kundensysteme und Marktfelder, S. 215ff.* wird bereits auf den Komplex ‚Outsourcing' und damit zusammenhängende Probleme näher eingegangen. An diesem Themenbereich knüpft auch das nächste Problemfeld an. Mit dem Komplexitätsgrad der Dienstleistung steigt ebenso das Risiko und die Unsicherheit auf Kundenseite, ob das Angebot eines Dienstleisters das Anforderungsprofil erfüllt, bzw. inwieweit die Kompetenz des Dienstleisters an sich geeignet erscheint (s. insb. *Kapitel 8.2.2 DeTeImmobilien, Münster, S. 319ff.*).

e) Wettbewerbssituation zu internen Abteilungen

Bei ‚unteren Entscheidungsebenen' im *Mittelmanagement* ergeben sich häufig Widerstände. Dies einerseits, weil eine sinnvolle Konzeption die *Mitwirkung zahlreicher Stellen* im Kundenunternehmen erfordert (Querschnittsfunktion), und hierzu der Stelleninhaber keine Ermächtigung besitzt. Andererseits aber auch, weil der externe Dienstleister klar als *Wettbewerber* zu internen Dienstleistern auftritt. Der kommunizierte Kundennutzen einer externen Dienstleistung zielt ja gerade darauf ab, die mangelnde Leistungsfähigkeit der internen Lösung darzulegen.

---

557 s.a. Braun/ Oesterle/ Haller 1996, S. 129ff.

558 s. u.a. *Kap. 7.2 Büronahe Beratungsdienstleistungen, S. 270ff.*

Eine zusätzliche Vermarktungsoption ist die *Übernahme interner Abteilungen* des Kunden. Diese Möglichkeit wurde ebenfalls schon praktiziert[559]. Den externen Dienstleister treffen dabei allerdings zusätzliche Risiken, die übernommenen Mitarbeiter mit anderen Projekten auszulasten, sowie in das eigene Unternehmen (und dessen Unternehmenskultur) sinnvoll zu integrieren. Die Übernahme interner Abteilungen lässt sich nur mit Unterstützung des Top - Managements andenken und umsetzen.

f) Kundennutzen

Zentrales Argument für den Einsatz eines externen Dienstleisters in der Praxis ist zweifelsohne die Realisierung von Kostensenkungen. Diese haben verschiedene Quellen[560]:

- *Economies of scope*: Der externe Dienstleister verfügt über zahlreiche Spezialisten, die zu einer intelligenten Problemlösung beitragen können. Die Erfahrungen aus zahlreichen Projekten können genutzt werden. Der externe Dienstleister kennt sich mit Vertragsmodalitäten und Gepflogenheiten in den einzelnen Dienstleistungs- und Handwerksbereichen aus (z.B. Sicherheit, Gebäudereinigung, Bau). Auch rechtliche Aspekte sind nicht unerheblich (z.B. Gewährleistungsansprüche).
- *Transformation von fixen in variable Kosten*: Der externe Dienstleister wird nur für die tatsächlich beanspruchte Leistung bezahlt und muss nicht permanent beschäftigt werden. Dies führt zu einer Senkung der Gemeinkosten im Verwaltungsbereich.
- *Economies of scale* durch Bündelung auf Beschaffungsseite: Der externe Dienstleister tritt als Grosskunde der Beschaffung auf. Im Bereich bestimmter Handwerksleistungen wird nur mit wenigen Subunternehmen zusammengearbeitet.

  Bei der Leistungserstellung tritt ein Kostensenkungseffekt ein. Wird etwa eine Ladengalerie komplett mit Reinigungs- und Sicherheitsdienstleistungen ver-

559 Expertengespräch

560 ebd., s.wg. Braun/ Oesterle / Haller 1996, S. 132

sorgt, sinken operative Kosten, wie auch die übergeordneten Überwachungskosten pro Quadratmeter.

Neben stark kurzfristig orientierten Kostenargumenten ist aber auch eine *längerfristige Betrachtung* bei der Gebäudenutzung erforderlich. Hierbei ist allerdings der Kundennutzen schwierig zu quantifizieren, und damit schlechter zu vermitteln. Nach Expertenmeinung zeigt sich hierbei eindeutig, dass eine *regelmässige Wartung* des Gebäudes *höhere Folgekosten vermeiden hilft*, sowie allgemein die *Vermarktungsfähigkeit verbessert* (Leerstandszeit wird reduziert).
Kurzfristig führt dies aber zu einer Erhöhung der Mietkosten, weil ein höherer Dienstleistungsanteil pro Quadratmeter erbracht wird. In der Praxis entstehen hieraus zahlreiche Vermarktungsprobleme für an sich sinnvolle Dienstleistungen.

Eine ähnlich schwierige Situation, den Kundennutzen zu argumentieren, zeigt sich beim ‚*baubegleitenden Facility Management*'. Zum Bauzeitpunkt (s. *Px. 8.1 Clienting - Conzept der HSG Philip Holzmann Techn. Service GmbH, S. 304f.*), sind die Konsequenzen aus Planungsmassnahmen, die sich ungünstig auf die spätere *Kostensituation in der Nutzungsphase* auswirken, meist nicht transparent. Die Vermarktung von Beratungsdienstleistungen, zur Vermeidung solcher Mehrkosten (z.B. erhöhte Reinigungskosten durch eine schlechte Fassadenkonstruktion, eingeschränkte Raumnutzung durch ungünstige Gebäuderaster), erfordert daher einen erheblichen Beratungsaufwand.

g) Die Verrechnung der Dienstleistungen erfolgt nach Leistungsspezifikation.

8.2.2 DeTeImmobilien, Münster[561] (= Px. 8.3)

Die Unternehmensentwicklung der DeTeImmobilien ist im Zusammenhang mit der Privatisierung des Post- und Telekommunikationswesens in der Bundesrepublik Deutschland zu sehen.

Dar. 8.8: Unternehmensprofil und Entwicklung der DeTeImmobilien[562]

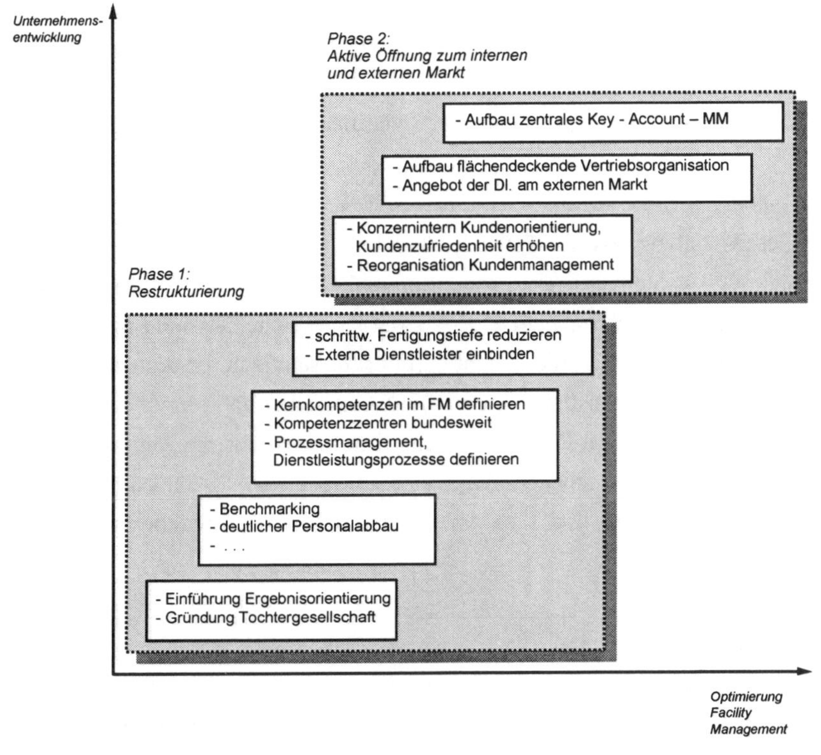

561 Die Informationen und Graphiken stammen von Besuchen bei DeTeImmobilien (s. *Anhang I Verzeichnis der Internet - Adressen, S. 413f., Anhang II Verzeichnis I der Expertengespräche und Tagungen, S. 415ff., unter G. Expertengespräche Facility Management, sowie Anhang III Verzeichnis II der Expertengespräche. Wiederholte schriftliche Befragung 2003, S. 427ff., insb. u. D. 12.*).

562 Expertengespräche DeTeImmobilien

Im Rahmen eines komplexen, teils betriebswirtschaftlich, teils politisch motivierten Prozesses, wurden die zum Telekommunikationsbereich zählenden Immobilien bzw. Anlagen, und damit verbundene gebäudenahe Dienstleistungseinheiten, vorerst in verschiedene *Tochtergesellschaften* aufgespalten. Anfang 1996 erfolgt die Zusammenfassung der einzelnen, durch die Restrukturierung formierten, Organisationsteile. Es entsteht die ‚DeTeImmobilien, Deutsche Telekom Immobilien und Service GmbH'. 2001/ 2002 werden mittels eines sog. ‚Carve Out' die Schwesterfirmen ‚Sireo' (Asset Manager), ‚GMG' (Generalmietgesellschaft), ‚Deutsche Funkturm GmbH', und der operative Teil der DeTeImmobilien (rechtlich) abgespalten.
Die *DeTeImmobilien* verfolgt heute zwei grundlegende Geschäftsziele:

- *Support der Kernprozesse*

Die Gesellschaft ist als ein Tochterunternehmen der ‚Deutschen Telekom AG' gegründet[563]. Insofern ist es ein sog. ‚*Konzern - Kompetenz – Zentrum*'. Aufgaben der neuen Gesellschaft beziehen sich auf sämtliche Gebäude und Anlagen. Darüber hinaus trägt man die Verantwortung für sämtliche im Konzern benötigten ‚gebäudenahen Dienstleistungen'. Die Gesellschaft zählt *nicht* zum Kerngeschäft der Telekom. Ihre Dienstleistungen sollen vielmehr die Kernprozesse der Telekom - Gruppe, insbesondere die Interessen der 4 sog.‘T - Säulen'(T - Mobile, T - Systems, T - Online und T - Com) im Immobilien- und Standortmanagement optimiert unterstützen.

- *Angebot für Drittmärkte*

Seit 1997 wird verstärkt der sog. ‚*Drittmarkt*' angesprochen. Die aus der internen Leistungserstellung entstandenen Kompetenzen, bilden die Grundlage für Dienstleistungsangebote für externe Industriekunden (s. *Darstellung 8.9, f.S.*).
Damit stellt die DeTeImmobilien, trotz zahlreicher Besonderheiten, einen typischen Anbieter in diesem Markt dar, der seinen Ursprung in einem anderen Branchenumfeld hat (s. *Kap. 8.1.8 Outsourcing von Facility Management – Dienstleistungen S. 310f.* und *Kap. 8.1.8.2 Anbietersituation, S. 311).* Anders als

---

563 s.a. *Anhang I Verzeichnis der Internet – Adressen, S. 413f.*

die Köllmann AG[564], die traditionell im Bereich ‚Immobilienverwaltung' tätig ist[565], verfügt die DeTeImmobilien über einen umfassenden operativen Betrieb.

a) Leistungsspektrum

Dar. 8.9: Leistungsspektrum von DeTeImmobilien[566]

Real Estate Management

Kaufmännisches Management	Immobilienmanagement
• Kostenmanagement	• An- und Verkauf
• Vertragsmanagement	• Flächenoptimierung
• Objektbuchhaltung	• Bedarfs- und Optimierungsplanung
• Liegenschaftsmanagement	• Standortkonzepte
• Steuerliche Angelegenheiten	• Consulting (Nutzerbezogene Projektsteuerung)

Facility Management

Technisches Facility Management	Infrastrukturelles Facility Management
• Betreiben von Immobilien (inkl. Techn. Anlagen)	• Gärtnerdienste
• Instandhaltung/ Wartung	• Pförtnerdienste
• 24h – Stunden Notfalldienst	• Interne Postdienste
• Energiemanagement	• Kopier-/ Druckereidienste
• Abfallmanagement	• Parkhausdienste
• Kommunikations-management	• Reinigungs-/ Pflegedienste
• Versorgungsmanagement	• Sicherheitsdienste
	• Umzugsdienste
	• Telefon-/ Empfangsdienste

564 s.v. *Kap. 8.2.1 Köllmann AG, Wiesbaden, S. 313ff.*

565 s. *Anhang III, Verzeichnis II der Expertengespräche. Wiederholte schriftliche Befragung 2003. S. 427ff.. Insb. unter D. Anmerkungen zu den Verweisen (1) – (12).*

566 Unterlagen zur Kurzpräsentation der DeTeImmobilien vom 30. Juni 2003

Die tabellarische Übersicht zeigt das komplette Leistungsspektrum im kaufmännischen und operativen Bereich. Es zeigt das breit gefächerte interne Kompetenzen – Reservoir der DeTeImmobilien.

b) Kundennutzen

Zusammenfassend lässt sich die Produktkonzeption des Unternehmens im operativen Segment in vier für den Kundennutzen relevanten Punkten definieren[567]:

1. Direct Facility Response
2. Service - on - Demand
3. Just - in - time - Prinzip
4. Online Service

Ziel ist es, einen am Kerngeschäft und Geschäftsprozess des Kunden orientierten, bedarfsgerechten Service über 24 Stunden zu garantieren. Die Performance - orientierte Leistungshonorierung basiert auf Kostentransparenz und bestmöglicher Verwertung, der in den Optimierungsprozessen freigesetzten Ressourcen. Im kaufmännischen Bereich steuert das Key - Account - Management, mit für den Kunden direkt im Unternehmen präsenten Projektteams, das komplette Objektmanagement (inkl. Kosten-, Property- und Portfoliomanagement).

c) Prozessorientierter Ansatz

Der Markt für FM - Leistungen wird bei DeTeImmobilien klar bei Grossunternehmen und grossen, neuen bzw. modernisierten Gewerbeimmobilien gesehen. Dort ist die Anlagenwirtschaft, insb. durch verteilte, individuelle Zuständigkeiten, durch einen Mangel an Daten und fehlende Integration der Arbeiten gekennzeichnet[568]. Relevant ist hier ein Wandel in der Art und Weise der Prozessdurchführung. Angestrebt wird die *integrative* Beratung und Betreuung komplexer Dienstleistungen, die auch durch flächendeckenden, bedarfsgerechten Service sichergestellt wird. Nach Berekoven sind Dienstleistungen, im weiteren Sinne, ‚der Bedarfsdeckung Dritter dienende *Prozesse* mit materiellen und/ oder immateriellen

567 DeTeImmobilien Unternehmensbroschüre

568 Heidbreder 1992, S. 190 zit. in Frutig/ Reiblich 1995, S. 36

Wirkungen'[569]. Deren Vollzug und Inanspruchnahme erfordert einen *synchronen Kontakt* zwischen Leistungsgeber und Leistungsnehmer, bzw. deren Objekten. Bei DeTeImmobilien liegt hier ein Betätigungsfeld insb. durch die im Teil ‚Kundennutzen' erwähnte Produktkonzeption (Just - in - time, Direkt Facility Response, Key - Account - Management).

d) Organisation

Zum Management und zur operativen Bewirtschaftung werden heute insgesamt 7.000 Mitarbeiter beschäftigt (ursprünglich: 11.500 - 1996 und 13.500 - 1992)[570]. Im konzeptionellen, wie operativen Bereich, verfügt man über umfassende technische Kompetenzen, die alle Felder im Facility Management abdecken. Im operativen Bereich werden sämtliche technischen Dienstleistungen angeboten, die ursprünglich zum Betrieb des Telekommunikationswesens erforderlich waren. Dazu zählen etwa Gebäudereinigung genauso wie Klimatechnik, Kraftfahrzeugwartung und Tanklagerrevision. Man rechnet schrittweise mit einer weiteren deutlichen Reduktion der Mitarbeiterzahl. Gleichzeitig wird die Zahl operativer Dienstleistungsfelder reduziert. Selektiv wird heute bereits mit externen Dienstleistern zusammengearbeitet. Den Schwerpunkt bildet verstärkt das kaufmännische Immobilienmanagement.

e) DeTeImmobilien als Konzern - Kompetenz - Zentrum

- *Ausgangssituation*

Der Umfang an Objekten, deren Qualität, sowie die Breite und Tiefe der angebotenen Dienstleistungen, erklären sich aus dem ursprünglich hoheitlichen Auftrag des Telekomunikationswesens in Deutschland. Zentral war hierbei vor allem der Faktor ‚*Versorgungssicherheit*', auch in Krisenfällen.

569 Berekoven 1983, S.23 zit. in Frutig/ Reiblich 1995, S. 42

570 Unterlagen zur Kurzpräsentation der DeTeImmobilien vom 30. Juni 2003

Dar. 8.10: Organisation DeTeImmobilien[571]

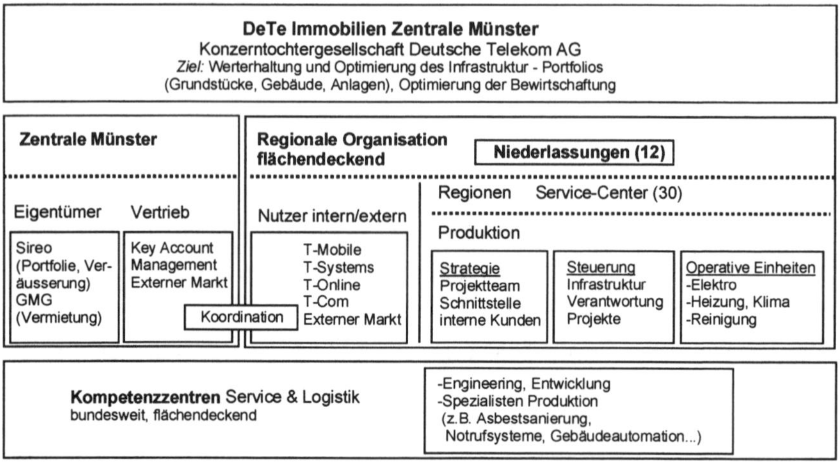

Diese Tatsache prägt die besondere Ausgangssituation des Unternehmens. Für den Industriellen Bereich betrachtet ist DeTeImmobilien insofern ein Extrembeispiel. Durch die Privatisierung im Telekommunikationswesen, waren die für den gesamten Immobilienbereich entstehenden Kosten wirtschaftlich *nicht* mehr zu rechtfertigen.

Eigentümer aller von der DeTeImmobilien verwalteten Objekte ist die Deutsche Telekom AG. Insgesamt handelt es sich um 52.000 Objekte, d.h. rund 64 Mio. m^2 Grundfläche und 19 Mio. m^2 Bruttogeschossfläche. Von der Grössenordnung ist diese Zahl praktisch einzigartig, und wird im Volumen nur noch von der ‚Deutsche Bahn AG' übertroffen. Der Umsatz betrug 2002 750 Mio. Euro[572].

571 Eigene Darstellung

572 Unterlagen zur Kurzpräsentation der DeTeImmobilien vom 30. Juni 2003

Die Objekte sind äusserst unterschiedlich beschaffen. Zu den Objekten zählen mehrheitlich technische Einrichtungen, wie Sendeanlagen und -türme, Verteilzentren, Gleisanlagen und Eisenbahntunnel, Lagerstätten, Tanklager usw.. Rund 300 Objekte gehören zum engeren Bereich der Büro- und Verwaltungsgebäude.

- *Bestandserfassung*

Nach Expertenaussagen besteht in vielen Grossunternehmen kein sinnvoller Überblick über den tatsächlichen Bestand an Anlagen und Immobilien. Darüber hinaus unterziehen sich die Anlagenverwaltung und -bewirtschaftung einer für andere Leistungsbereiche üblichen Effektivitätsbetrachtung. Als einer der führenden Immobilienunternehmen baut die DeTeImmobilien allein auf komplette ‚SAP - Struktur'. Diese reicht von der Projektsteuerung, dem Mietmanagement, über die Flächenverwaltung bis in die Gebäudetechnikwartung, mit existierenden Kundendaten. Das Erfassen und Analysieren der Bestandsdaten ist für das Ausrichten zukünftiger Nutzerkonzepte elementar.

- *Schrittweise Optimierung*

Die Objekte wurden der Tochtergesellschaft per Mietvertrag übergeben, die diese wiederum, mit dem gewünschten Dienstleistungsanteil, an die Gebäudenutzer vermietet. Insgesamt wurden 2002 85.000 interne, sowie 17.560 externe Mietverträge (gesamt 50.000 – 1998) abgeschlossen. Damit stehen dem Konzern und den Nutzern ausreichend Immobilienkennzahlen zur Verfügung.
Die Bedarfs- und Optimierungsplanung (BOP) für den Nutzer wird als kontinuierlicher Prozess gesehen, in den auch stark Wirtschaftlichkeitsberechnungen und nutzerorientierte Alternativkonzepte einfliessen.

Im Ergebnis der Bemühungen steht heute:

- Real Estate - Management, Flächenverwaltung, Portfolio - Management der Nutzerimmobilien.
- Eine exakte Kostenerfassung der von internen Nutzern beanspruchten Gebäude und Anlagen.
- Weitere Optimierung und sinnvolle Verfeinerung der Daten.

- Zusätzlich eine sorgfältige Bestandspflege, und Prüfung im Einzelfall.
- Markterweiterung durch Begleitung der international ausgerichteten Strategie der ‚Deutsche Telekom AG'.

Dar. 8.11: Entwicklungsschritte FM auf Nutzerebene[573]

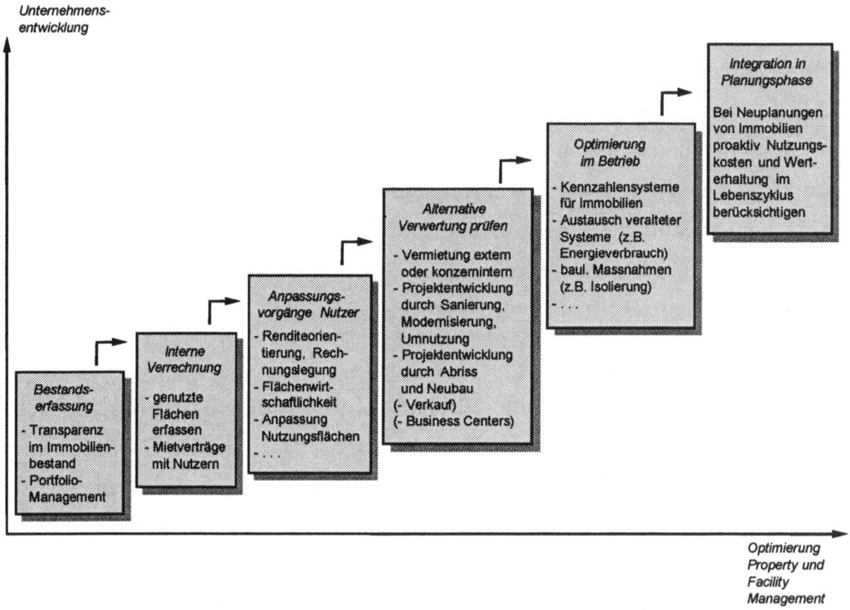

f) DeTeImmobilien als Anbieter im externen Markt

- *Vermarktungsprozesse*

Wie im Zusammenhang mit dem Unternehmensprofil erläutert, konzentrieren sich die Aktivitäten auf den Aufbau eines zentralen Key - Account - Management (jedem Nutzer wird seit 2002 ein eigener Key - Account - Manager zuge-

573 Expertengespräch DeTeImmobilien

ordnet), sowie einer flächendeckenden Vertriebsorganisation (zum Verhalten auf Kundenseite s.a. *Px. 6.3 Initiierung von Lernprozessen im Kundenunternehmen, S. 245f.*). Die Vertriebsstrategie basiert darauf, dass sog. ‚Betreibergesellschaften' ein möglichst breites Dienstleistungsspektrum vor Ort erbringen[574]. Die Betreibergesellschaft gilt hier als Produkt, mit welchem man das Kundenunternehmen erreicht. Die operative Vertriebsstrategie teilt sich in je ein Vorgehen *‚Top - Down'* und *‚Bottom - Up'*. Die entsprechenden kommunikativen Rahmenbedingungen werden geschaffen, damit über die Vertriebsebene die notwendigen Informationen an die Niederlassungsleiter der jeweiligen Betreibergesellschaften gelangen. Das *Buying Center* befindet sich auf der Ebene der Unternehmensführung. Von der Zentrale der DeTeImmobilien werden den Marktsegmenten ‚Industrie', ‚Öffentliche Verwaltung', ‚Versicherungen', ‚Handel' und ‚Logistik' erhöhte Prioritäten zugeordnet. Etwa 10% des Umsatzes (Gesamtumsatz aller Leistungen) entfallen auf den externen Markt.

- *Widerstände und Besonderheiten der Vermarktung*

Zahlreiche Besonderheiten der Vermarktung von Facility Management - Dienstleistungen wurden bereits in *Kap. 8.2.1 Köllmann AG, Wiesbaden, S. 313ff.* dargestellt. In ähnlicher Weise werden diese Hindernisse auch bei DeTeImmobilien eingeschätzt, so dass wir auf eine nochmalige Darlegung verzichten. Besonders hervorgehoben wird hierbei das *Problem der Unsicherheit* auf Kundenseite. Praktisch bedeutend ist, dass der Einstieg bei einem Kundenunternehmen i.d.R. erst mit der Erbringung einer *begrenzten Teilleistung* gelingt (z.B. flächendeckende Wartung ausschliesslich der Beleuchtung). Erst nach erfolgreicher Bewährung in einer Probezeit, kann über weitere Dienstleistungsangebote verhandelt werden. Dieser Tatbestand verdeutlicht den hohen Stellenwert des Stammkundenmanagements in der Vertriebsstrategie. Entsprechend erfolgt die Akquise neuer Dienstleistungen primär im bestehenden Kundenkreis bzw. Netzwerken.

---

574 DeTeImmobilien Unternehmensbroschüre

Im überregionalen Markt findet eine wachsende Konsolidierung von Immobiliengesellschaften aus dem Wettbewerbsumfeld der DeTeImmobilien statt (ABB, Siemens Gebäudemanagement, Lufthansa Gebäudemanagement, Bilfinger und Berger, HSG Philipp Holzmann)[575]. Einflüsse aus den USA (grosse Fondsgesellschaften mit Investitionspotentialen), zeichnen sich zunehmend in Europa ab. Referenzkunden der DeTeImmobilien sind Deka, Goldman Sachs, AOK, Deutsche Post, Volkswagen, Daimler Chrysler u.a..

8.3 Nutzungsbegleitende Dienstleistungen in der Büromöbelindustrie

Vielfach wird ‚*Facility Management*' leichtfertig als zukunftsträchtige Dienstleistung für den *Bürofachhandel* gesehen.

Dar. 8.12: Standortbestimmung und Arbeitsteilung im Facility Management[576]

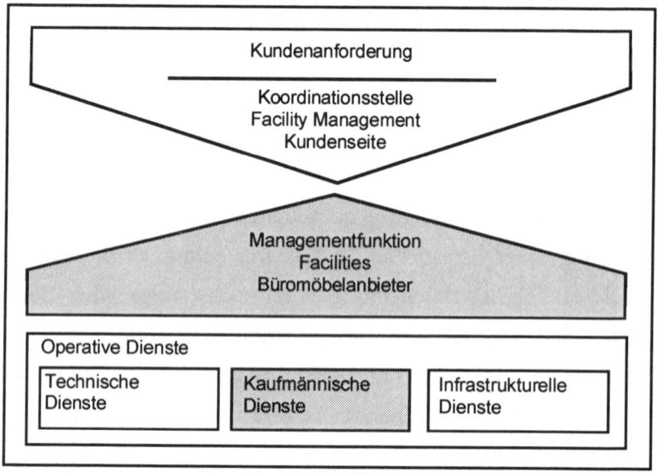

575 Expertengespräch DeTeImmobilien 2003
576 Expertengespräch Bene Consulting

Schon der kurze Überblick hat gezeigt, dass viele Leistungen in diesem Dienstleistungsfeld ein erhebliches Know - how im *Immobilien- und Architekturbereich* erfordern. Ebenso erscheint die Übernahme *technischer Dienstleistungen* kaum sinnvoll, da für diese Tätigkeitsbereiche umfassendes Spezialwissen erforderlich ist.

Neben der Kompetenzgrundlage, ist die *Grösse* der Kundenprojekte zu beachten. Die Grösse der Projekte kann vielfach die Unternehmensgrösse von Büromöbelanbietern *erheblich* übertreffen.

Der Büromöbelanbieter kann dennoch, in Einzelbereichen, *selektiv als Netzwerkpartner* seine Kompetenz einbringen. Als sinnvolle Grundlage dient hierbei anwenderbezogenes Wissen, wie es auch für das Angebot von büronahen Beratungsdienstleistungen erforderlich ist. Facility Management - Dienstleistungen eignen sich besonders für solche Möbelanbieter, die bereits eine fortgeschrittene Kompetenzgrundlage im *Beratungs- und Planungsbereich* erworben haben[577]. *Chancen* in diesem Markt ergeben sich u.U. gerade deshalb, weil sich potentielle Kunden zu keinem weitgehenden Outsourcing entschliessen können.

Die *Darstellung 8.12, Standortbestimmung und Arbeitsteilung im Facility Management, l.S.,* gibt einen Überblick zu einer denkbaren Arbeitsteilung in diesem Leistungsbereich.

a) Marktpotential

Selbst *grössere Fachhandelsunternehmen* sind tendenziell *überfordert*, wenn etwa ein *grösserer Konzern* permanent betreut werden sollte[578].

Allerdings ergibt sich ein Marktfeld, aus Untersuchung und Spezifikation der potentiellen Unternehmens- und Gebäude-/ Liegenschaftsstrukturen. Man denkt hierbei an einen Markt für *Dienstleistungscenter* in grossen, neuen bzw. modernisierten Gebäuden oder Grossunternehmen[579].

Eine externe Vergabe fände, im Fall der Büromöbelbranche, für *komplexe* Aufgaben, mit *niedrigem* Volumen statt, oder für *einfache* Aufgaben mit *hohem* Volu-

---

577 Expertengespräch Friedl, Bene Consulting

578 Expertengespräch Bierbrauer + Nagel

579 Worthington 1992, S. 4ff

men (z.B. Umzugsmanagement)[580]. Der prognostizierte Markt der sog. ‚Intelligent Buildings', mit erhöhtem Automatisierungsgrad der Betreibung, ist dem Bereich *‚Technische Dienste'* zugeteilt.
Ein sicherer Nachfragemarkt wird bei denjenigen mittelständischen Unternehmen gesehen, deren Konzentration auf das ‚Kerngeschäft' wächst[581]. Hier beobachtete man eine *interne Komplexitätszunahme.* Durch Outsourcing etwa im Feld *‚Flächenmanagement'*, kann hier gegengesteuert werden.
Eingrenzend konzentrieren sich Büromöbelanbieter, entsprechend ihrem Know - how, auf Immobilien wie Büro- und Verwaltungsgebäude. Grundlagen können bereits erfolgte Einrichtungsplanungen sein oder Umnutzungs- und Projektierungsplanungen (ohne erhöhte technische Anforderungen).

b) Kompetenzen

Die Kompetenzen eines Fachhändlers sind vor allem im Bereich *Flächenmanagement* zu sehen. Die im Rahmen unseres Projektes besuchten Innovationsführer im Fachhandelsbereich, besitzen durchaus die architektonische und innenarchitektonische Kompetenz - Grundlage, um diesen Bereich professionell abzudecken.
Praxisbeispiele aus der Möbelbranche lassen sich allerdings bisher kaum finden. Bierbrauer + Nagel, wie auch die Beck AG, bieten ihren Kunden vor allem die *Digitalisierung* der bisherigen Bauunterlagen auf CAD an. Die Firma Bierbrauer + Nagel verrechnet diese Leistungen gesondert, nach Aufwand. Bei der Beck AG werden die *Zeichnungen*, im Rahmen eines Grossauftrages, *kostenlos erstellt.* Zusätzlich werden, eher als Gefälligkeit, noch *Personennamen- und Schlüsselverzeichnisse* für den Kunden geführt (einfaches Raumbuch). Diese Leistungen sieht man hauptsächlich als Kundenbindungsinstrument. Sie erfolgen entsprechend ohne Berechnung.

c) Markteintrittskosten - Test

Markteintrittskosten in das Facility Management - Feld, bestehen vor allem aus Personalkosten und einer entsprechenden Computer - Infrastruktur. Das damit aufgebaute Mitarbeiter - Potential muss regelmässig ausgelastet sein. Bestehen

580 Pühringer/ Reichel 1992, S. 43
581 Schneider 1996, S. 200; Prahalad/ Hamel 1991, S. 66ff.

mit Kunden *keine* festen vertraglichen Verpflichtungen, ergibt sich ein erhebliches *Auslastungsrisiko.*

Dar. 8.13: Stufenplan zur Einführung eines Gebäudeinformationssystems[582]

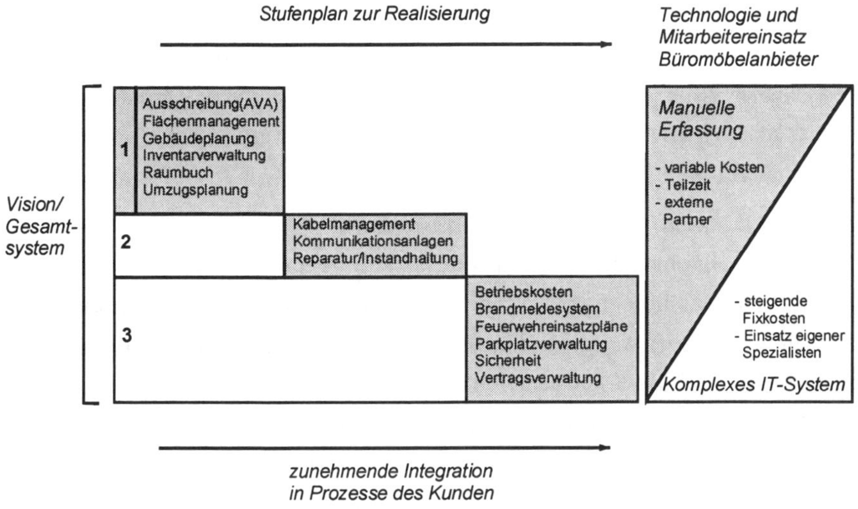

Die *Beck AG* hat sich bewusst entschieden, nicht über den oben kurz angedeuteten Leistungsumfang hinaus zu gehen. Im regionalen Markt[583] sieht man keine Rechtfertigung für eine personelle Aufstockung, oder den erforderlichen Investitionsaufwand in ein Facility Management - System. Einerseits existieren zu wenige Grossunternehmen, andererseits erbringen diese bereits umfassende Leistungen selbst. Teilweise müssten die Kunden - Organisationen auch überregional betreut werden, was aber der regionalen Ausrichtung des Einrichtungs - Fachhändlers widerspricht.

582 Braun/ Oesterle/ Haller 1995, S. 144

583 in Liechtenstein und Umgebung

Bierbrauer + Nagel beurteilt die Situation positiver. Durch die *undurchsichtige* Marktsituation, geht man allerdings *,in kleinen Schritten'* vor. Mit der nächsten personellen Aufstockung ist beabsichtigt, zusätzlich einen Architekten zu engagieren. Ziel ist vorerst, diesen Leistungsbereich schrittweise auszuloten. Im Bedarfsfall erfolgt die Investition in ein geeignetes Computersystem und der weitere Ausbau. Grundsätzlich steht man diesem Dienstleistungsfeld aber *offen* gegenüber. *Darstellung 8.13, l.S.,* zeigt die Möglichkeiten der schrittweisen Einführung eines Computersystems. Je nach Unternehmenssituation und gewünschter Tiefe der Datenerfassung, kann das System schrittweise optimiert werden. Einzelne Dienstleistungsmodule müssen, hinsichtlich des damit verbundenen Kosten/ Nutzenverhältnisses im Einzelfall, beurteilt werden.

d) Büromöbelindustrie und Facility - Management

Die Bene - Büromöbelgruppe reagierte auf die Anforderungen des Marktes[584]. Man bildete Gesellschaften, die, wie auch sämtliche Dienstleistungen der Bene Consulting Gruppe, weitgehend unabhängig von der Büromöbelproduktion, in dem Bereich Facility - Management tätig sind.

Das Tätigkeitsfeld der ,Bene Consulting Strategic Facility Management GmbH' (ehem. *,Bene Service GmbH'*[585]), liegt im Aufbau und Betreiben von kaufmännischen und organisatorischen Facility - Management Leistungen. Das Leistungsspektrum erstreckt sich von der Kostenanalyse und Neukonzeption zu FM Organisationen, über den Aufbau von CAIFM Systemen über Umzugsmanagement, bis hin zur externen Steuerung des gesamten FM für Unternehmen. Als Zielgruppe werden Verantwortliche in Betriebsprozessen von eigengenutzten oder spekulativen Büroimmobilien genannt. Die *,office unlimited'* (ein Joint - Venture Unternehmen von Bene Consulting, Crystal Design und Max.P) bietet Investoren gebündelte Kompetenzen, in den Bereichen Büro - Nutzung und Immobilien Marketing. Dieser Bereich ist nach Angaben des Unternehmens in 2003 ruhend gestellt[586].

---

584 Bene 2002, Expertengespräche Bene

585 Bene 2003, wiederholte Befragung

586 ebd.

D. Realisierung in Vertriebsorganisationen

9. Dynamische Leistungssysteme

9.1 Marketingprozesse für Industrielle Dienstleistungen und Leistungssysteme

9.1.1 Marketingprozesse und Ansatzebene der Vertriebsaktivitäten

Mit diesem *Teil D.* der Arbeit, *Kap. 9 und Kap. 10*[587], wird auf einige u.E. wesentliche Teilbereiche der Umsetzung der drei Dienstleistungskonzepte eingegangen. Aus einer Vielzahl wichtiger Elemente kann hier wiederum nur eine Auswahl an Faktoren angesprochen werden.

Die in *Kapitel 5* beschriebenen Dienstleistungskonzepte beinhalten unterschiedlich starke Veränderungen im Leistungsmanagement von Büromöbelanbietern (s. hierzu u.a. etwa *Kap. 5.1 Zukunftsoptionen im Dienstleistungsmarketing, S. 91ff.*, insb. die *drei Scenarien, Kap. 5.1.2 bis 5.1.4,* und deren abschliessende Bewertung in *Kap 5.4 Vergleich der drei Dienstleistungsscenarien, S. 209ff.*). Die Durchführung solcher Veränderungen ist nur durch entsprechende Sensibilisierung der betroffenen Mitarbeiterinnen und Mitarbeiter im Aussendienst erreichbar. Solche Veränderungen gelingen aber nur dann, wenn alle Beteiligten vom Sinn und der Konsequenz einer solchen Veränderung überzeugt sind.

Es muss mit einer tiefen inneren Überzeugung gehandelt werden (s. *Kap. 10. Ausblick und weiterführende Untersuchungen, S. 369ff.*). Neue Leistungsbestandteile und Kompetenzen (s. *Kap. 10.* ebd.) führen zu einem grundlegenden kulturellen Wandel in den Vertriebsorganisationen (s. *Kap. 4.1 Ziele von Büromöbelanbietern im Dienstleistungsmarketing, S. 59ff.*). Je nach konkreter Unternehmenssituation werden sich unterschiedliche Probleme und Aufgaben ergeben.

---

587 s. *Kap. 10 Ausblick und weiterführende Untersuchungen, S. 369ff.*

Die folgenden Kapitel geben einen akzentuierten Einblick in die Verfahrensweisen und Gestaltungsmöglichkeiten im Zusammenhang mit *Marketing- und Vertriebsprozessen* für Dienstleistungen und Leistungssysteme.

Mit den Scenarien ‚*Autonomie*' und ‚*Transformation*' werden zwei Dienstleistungskonzepte vorgestellt, bei denen durch innovative Dienstleistungen zusätzlicher Kundennutzen geschaffen werden soll. Bei beiden Konzepten wird ein im Vergleich zur bestehenden Vertriebspraxis wesentlich umfangreicheres Dienstleistungsprogramm vermarktet. Die *Ausgangssituation* für die Vertriebsorganisation ist in beiden Konzepten *unterschiedlich*:

- *Scenario ‚Transformation'*: Im Rahmen des Scenarios ‚*Transformation*' wird eine Leistungssegmentierung in direkt und indirekt verrechnete Dienstleistungsmodule vorgenommen. Die Umsetzung des Ansatzes ist wesentlich davon abhängig, inwieweit es der Aussendienstorganisation, im Rahmen Industrieller Vertriebsprozesse, gelingt, Dienstleistungen gegenüber Kunden als eigenständige Marktleistungen anzubieten. Andernfalls steigt entweder die Kostenbelastung, indem auch neue Dienstleistungsangebote nur indirekt, oder gar nicht verrechnet werden können. Als schlechtester Fall (worst case) verharrt die Problemlösungsqualität beim Status quo.
  Eine Neuausrichtung und ein Wandel (‚Transformation') der Vertriebsorganisation wird verhindert (s.a. *Kap. 5.1.4 Scenario ‚Transformation', S. 125ff.*).

- *Scenario ‚Autonomie'*: Beim Scenario ‚Autonomie' werden innovative Dienstleistungen vom bestehenden Geschäftssystem getrennt. Gelingt es der Aussendienstorganisation nicht, Dienstleistungen als eigenständige Marktleistungen anzubieten, entstehen *keine* Synergien zwischen den Unternehmenseinheiten. Das Ziel, umfassende Leistungssysteme anzubieten, wird nicht erreicht (s. *Kap. 5.1.3 Scenario ‚Autonomie', S. 109ff.*).

Px. 9.1: Management von Einrichtungsprojekten[588]

Kunden besitzen, zum Ausgangszeitpunkt eines Einrichtungsprojektes, häufig nur eine unklare Vorstellung über Projektziele und den genaueren Ablauf. Ein klares Projektmanagement fehlt.
So entstehen z.B. zusätzliche Planungsdienstleistungen und Bemusterungen, weil der Kunde zu Beginn des Prozesses häufig nicht in der Lage ist, seine Vorstellungen klar zu artikulieren. Oft sind eine Beschreibung, oder ein Pflichtenheft, erst am Ende möglich. Konkrete Vorstellungen entstehen erst im Projektverlauf.
Unter Berücksichtigung der Komplexität von Beschaffungsentscheidungen bei Industrieunternehmen, entwickeln Einrichtungsprojekte auch eine gewisse Eigendynamik. Vorstellungen über den genauen Umfang, die Art und Qualität der Einrichtung, über finanzielle Konsequenzen und geschmackliche Präferenzen, ‚zirkulieren' im ‚Buying Center'.
Da bei Planungsprojekten häufig Pauschalhonorare vereinbart werden, geht die Beratungsgesellschaft *‚Off - Consult'* in solchen Fällen nach einer 80% - Regel vor. Der Kunde wird rechtzeitig, mit Erreichen gemeinsam vorab definierter Budgetlimits, auf den inzwischen aufgelaufenen Honoraraufwand hingewiesen.

Zur näheren Einordnung lassen sich vier Marketingsituationen unterscheiden (s.u. *Darstellung 9.1 Marketingprozess und Ansatzebene der Vertriebsaktivitäten, f.S.*). Dienstleistungen können entweder *vollkommen eigenständig* vermarktet werden oder im Zusammenhang mit Industriellen Produkten, d.h. als *Leistungssysteme*. Aktivitäten im Vertrieb können auf der *Transaktions- oder Beziehungsebene* ansetzen[589].

588 Expertengespräche Schricker, Off – Consult (s.a. *Anhang III, Verzeichnis II der Expertengespräche. Wiederholte schriftliche Befragung 2003, S. 427ff.*)

589 s.a. *Kap. 9.1.4 Beziehungsmarketing und Industrielle Dienstleistungen, S. 348ff.*

Dar. 9.1: Marketingprozesse und Ansatzebene der Vertriebsaktivitäten[590]

Marketingprozess		Ansatzebene Vertriebsaktivitäten: Transaktionsebene	Ansatzebene Vertriebsaktivitäten: Beziehungsebene
	reine Dienstleistungsprozesse	*Situation 1* gezielte Kundenansprache auf konkrete Kundensituation (z.B. Neubauprojekt)	*Situation 3* systematische Beziehungspflege und Darlegung der Problemlösungskompetenz (z.B. Vortrag über Referenzprojekt)
	Dynamische Leistungssysteme	*Situation 2* Verkauf von Dienstleistungen im Rahmen Industrieller Vertriebsprozesse (z.B. Lichtplanung)	*Situation 4* Beziehungspflege im Industriegeschäft dienstleistungsbezogene Inhalte Nutzungsbegleitende Dienstleistungen

- *Situation Typ 1*: Die gezielte Vermarktung eigenständiger Dienstleistungsangebote auf der Transaktionsebene kann auf der Grundlage einer gezielten Marktbeobachtung potentieller Kundenunternehmen erfolgen. Am Beispiel von Planungs- und Beratungsdienstleistungen wurden hierzu bereits typische Kundensituationen beschrieben, die etwa durch eine Auswertung der Wirtschaftspresse ermittelt werden (s. *Darstellung 6.6 Kundensegmente und Kundensituationen für Beratungsdienstleistungen, S. 226*).

- *Situation Typ 2:* Dienstleistungen können im Rahmen bestehender Marketing- und Vertriebsprozesse angeboten werden (s. vorangehende Bemerkungen). Im Rahmen solcher Vertriebsprozesse stellen insb. Wechselwirkungen zwischen Industrie- und Dienstleistungsgeschäft hohe Anforderungen an die Dienstleistungskompetenz des Aussendienstes.

---

590 Eigene Darstellung

- *Situation Typ 3, Typ 4:* Ein wichtiger operativer Beitrag im Dienstleistungsmarketing kann von einem systematischen Beziehungsmanagement ausgehen. Dies ist insb. bei innovativen Dienstleistungen erforderlich, oder in Situationen, bei denen umfassende Veränderungen im Kundenunternehmen angestrebt werden (s. *Kap. 6.2.4 Die Evidenz- und Diffusionsproblematik, S. 239ff.*).

9.1.2 Dienstleistungsmarketing und Verkaufsphasenmodelle

Marketing- und Vertriebsprozesse für Industrieprodukte zeigen Anlässe auf, Kunden zusätzliche Dienstleistungsangebote des Unternehmens anbieten zu können. Da die bestehende Vertriebspraxis in der Büromöbelindustrie weitgehend durch eine indirekte Verrechnung von Dienstleistungen geprägt ist, finden sich *nur wenige Praxisfälle einer erfolgreichen Vorgehensweise*, Dienstleistungen anzubieten, und gleichzeitig direkt zu verrechnen. Das folgende Kapitel versucht die Ergebnisse unserer Befragung zusammen zu fassen[591].

Erfolgt die Vermarktung von Dienstleistungen im Rahmen bestehender Marketing- und Vertriebsprozesse für Industrieprodukte, entsteht ein komplexer Gesamtprozess aus *zahlreichen Teilprozessen.* Beabsichtigt der Anbieter etwa die vollständige ‚Entbündelung', und die direkte Verrechnung aller Teilleistungen des Leistungssystems, wird der ‚Hauptverkaufsprozess' durch zahlreiche ‚Nebenprozesse' unterbrochen.

Nach Bateson kann der *Marketingprozess für Dienstleistungen*, ähnlich den Verkaufsphasenmodellen für Industrieprodukte, als *dreistufiger Prozess* aufgefasst werden (s. *Darstellung 9.2 Marketingprozess für Dienstleistungen, f.S.*)[592].

---

591 Insb. die Expertengespräche Leitner; Senn AG; Röthlisberger; Keller AG; Beck AG; Alex Linder; De La Rue – Plan Objekt

592 Bateson 1995, S. 24ff.; Lehmann 1995, S. 47

Dar. 9.2: Marketingprozess für Dienstleistungen[593]

Vorkaufphase	Phase Konsumption	Nachkaufphase
• Problemwahrnehmung • Suche nach Lösungen und Alternativen • Alternativenbewertung (Erfahrungen, Wissen, Empfehlungen) • Entscheidung • Erwartungsbildung	• Interaktion • Dienstleistungs-produktion und Dienstleistungs-konsumption	• Bewertung der Zufriedenheit • Bewertung vermutlich bereits während der Interaktion

Grundsätzlich ergibt sich für jedes direkt verrechnete Dienstleistungsmodul, bzw. Verhandlungspaket an Dienstleistungen, ein entsprechender Teilprozess. Wie schon beschrieben, kann dies zu erheblichen Problemen bei der Umsetzung eines Dienstleistungskonzeptes führen. Mitarbeiterinnen und Mitarbeiter im Verkauf müssen bereit sein, Verzögerungen durch zusätzliche Verhandlungen in Kauf zu nehmen, will man bestimmte Verrechnungsziele erreichen (s. *Px. 7.3 Die Handelsgruppe ‚Büromarkt Streit', S. 267ff.*, sowie *Px. 9.2 Dienstleistungsmarketing und Interne Verrechnung, S. 344ff.*).

Entsprechend der Komplexität Industrieller Beschaffungsprozesse, ist es schwierig, eine *erfolgreiche Vorgehensweise* für die direkte Verrechnung von Dienstleistungsmodulen zu entwickeln. Um dennoch einen möglichen Ansatz aufzuzeigen, kann man sich den Verkaufsvorgang in eine *Anzahl an Einzelphasen* zerlegt vorstellen. Im Verkaufsprozess hat der Anbieter insbesondere die bereits aufgezeigte *Qualitätsunsicherheit* des Kunden bei der Bewertung von Dienstleistungen zu berücksichtigen (s. *Kap. 5.1.2.2 Interessentenbindung durch Planungs- und Beratungsdienstleistungen, S. 100ff.*).

593 Nach Bateson 1995, S. 24

Phasenmodelle für Verkaufsprozesse sind entweder eher *strukturell* auf die Ablauforganisation eines Projektes ausgerichtet (s. *Darstellung 9.7 Taktische Steuerung des Marketingprozesses, S. 356ff.*), oder aber *verhaltenswissenschaftlich* orientiert.

Bänsch zählt eine Reihe solcher verkaufspsychologischer und verkaufstechnischer Ansätze auf. Als grundsätzliche Gemeinsamkeiten werden *mindestens drei Grundphasen* des Verkaufsvorganges gesehen[594]:

- *Anbahnung* des Geschäftes (Kontaktphase)
- Geschäfts*verhandlungen* (Aufbau- und Hinstimmungsphase)
- Geschäfts*abschluss* mit Anbahnung weiterer Geschäfte (Abschluss- und Weiterführungsphase)

In Anlehnung an das von Lüthi/ Rüegg - Stürm entwickelte Phasenmodell, lässt sich der Verkaufsprozess in *zwei Hauptphasen* unterteilen (s. *Darstellung 9.3 Verkaufsphasenmodell für Industrielle Dienstleistungen, f.S.*)[595]:

- 1.) Die *Präferenzierung* verfolgt das Ziel, entsprechend einer vorangehenden Situationsanalyse, Kunden zu identifizieren, bei denen ein nachhaltiger Wettbewerbsvorteil für Dienstleistungs- und Leistungssystemangebote des Anbieters besteht (*Kap. 6.1.2 Kundenportfolio - Analyse, S. 217ff.).* Im Vertriebsprozess muss die Leistungsfähigkeit des Anbieters kommunikativ umgesetzt werden, um einen Abschluss zu erreichen[596]. Hinsichtlich der direkten Verrechnung von Dienstleistungen kann eine vorangehende Analyse der Zahlungsbereitschaft dazu beitragen, denkbare Vorgehensweisen zu prüfen (z.B. welche Dienstleistungen direkt, welche indirekt oder ‚im Paket' angeboten werden; s.a. *Kap. 6.3 Zahlungsbereitschaft für Planungs- und Beratungsdienstleistungen, S. 246ff.*).

594 Bänsch 1998, S. 44f.

595 Lüthi/ Rüegg - Stürm 1998, S. 157ff.

596 Grosse - Oetringhaus 1990, S. 93ff.

- 2.) In der Phase der *Loyalisierung* muss der Anbieter die in ihn gesetzten Kundenerwartungen umsetzen. Das Ziel des Anbieters besteht entsprechend in der Realisierung von Kundenzufriedenheit, und der Etablierung einer langfristig ausgerichteten Geschäftsbeziehung.

Dar. 9.3: Verkaufsphasenmodell für Industrielle Dienstleistungen[597]

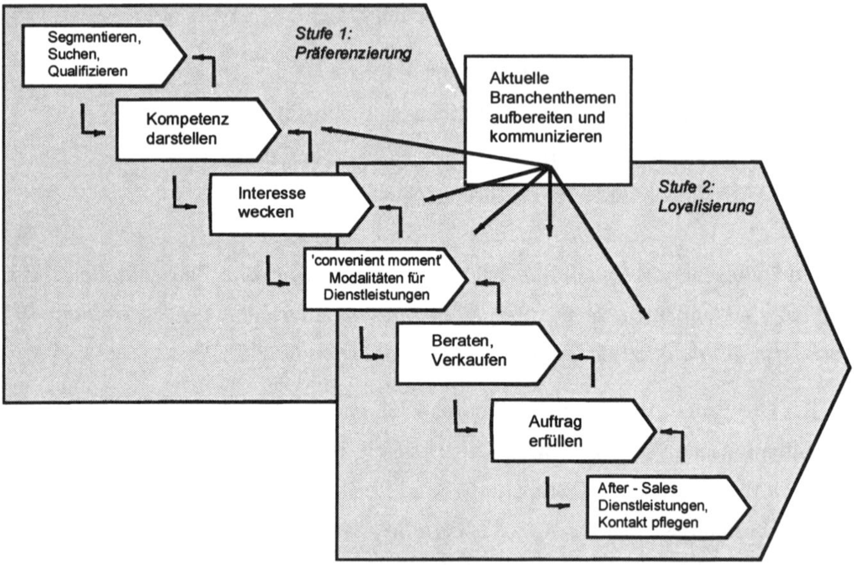

Im Zusammenhang mit *Honorarverhandlungen* bei professionellen Beratungsleistungen, verwendet Kubr den Begriff des sog. ‚*convenient moment*'. Die Wahl dieses ‚günstigen Augenblicks der Verrechnung', ist eine Frage des taktischen Geschicks gegenüber der Kundenseite. Der Berater sollte seine Kompetenz gegenüber Kunden ausreichend dargestellt haben. Er sollte ein allgemeines Interesse und Verständnis für das Kundenunternehmen signalisiert haben. Andererseits müssen Beratungshonorare der Kundenseite rechtzeitig mitgeteilt werden, um unnötige Gespräche (u.U. kein Konsens erzielbar), Missverständnisse (alles kostenlos) oder unnötige Vorarbeiten zu vermeiden. Die Honorierung von Dienstleistungen sollte *vor* Beginn der Dienstleistungserstellung klar geregelt sein[598].

Die befragten Geschäftsführer nennen übereinstimmend *einen frühen Zeitpunkt* im Verkaufsprozess als entscheidenden Erfolgsfaktor, um die direkte Verrechnung von Planungs- und Beratungsdienstleistungen gegenüber Kunden durchzusetzen. Zu einem *späteren Zeitpunkt* der Zusammenarbeit *sinkt die Verrechnungsmöglichkeit*. Folgende Gründe lassen sich hierzu anführen[599]:

- Zu Beginn der Zusammenarbeit werden die *allgemeinen Modalitäten* der Kooperation geregelt. Spätere Änderungen und Nachverhandlungen könnten aber das entstandene Vertrauensverhältnis erheblich stören.
- Durch die Ankündigung der Verrechnung von Dienstleistungen setzt der Anbieter einen *einseitigen Standard*, den der Kunde berücksichtigen muss. Über die weitere Vorgehensweise müsste zumindest verhandelt werden.
- Unterbreitet der Anbieter einen Verrechnungsvorschlag an das Kundenunternehmen, besteht die *Möglichkeit, dass der Anbieter am Angebotsprozess* nicht mehr mitwirkt, oder nur mit reduziertem Engagement teilnehmen darf, falls der Kunde einseitig unverhältnismässige Bedingungen aufstellt.
- Zu einem frühen Zeitpunkt besteht die *maximale Informationsasymmetrie* zwischen Anbieter und Nachfrager[600]. Das Kundenunternehmen hat ein Interesse daran, den Anbieter an der Problemlösung mitwirken zu lassen.
- Während des Verkaufsvorgangs sammelt der Kunde Informationen. Der Anbieter ist gezwungen, Informationen anzubieten, um sein Angebot transparent darlegen zu können. Kunden besitzen keine Motivation, für Dienstleistungen nachträglich noch zu bezahlen, die vom Anbieter bereits ‚kostenlos' im Verkaufsprozess erbracht wurden.

---

597 nach Lüthi/ Rüegg - Stürm 1998, S. 158

598 Kubr 1996, S. 568

599 alle Expertengespräche

600 ebd. und Jacob 1995, S. 212

- Der Kunde besitzt u.U. zu Beginn des Prozesses *nur geringe Kenntnisse* über die ‚Usancen der Branche' (z.B. indirekte Verrechnung), und die Wettbewerbsintensität unter den Anbietern.

Bezogen auf die *Fähigkeit und Qualifikation von Aussendienstmitarbeitern*, lassen sich zusammenfassend die folgenden *Erfolgsfaktoren für die direkte Verrechnung* von Dienstleistungsmodulen anführen[601]:

- Eine *entwickelte Dienstleistungskompetenz* des Aussendienstes muss vorhanden sein.
- *Die transparente Demonstration* der Dienstleistungsmodule muss erfolgt sein, um eine direkte Verrechnung erwarten zu können.
- Dienstleistungsaufwendungen müssen *solide dargestellt* und *begründet* werden können.
- Der Verkäufer muss eine Dienstleistungsidee in ein *konkretes Angebot,* mit Preisangabe, umsetzen können.
- Der Verkäufer muss teamfähig sein, d.h. bei Bedarf in der Lage sein, Planungsspezialisten in den Verkaufsprozess zu integrieren.
- Der Verkäufer muss neben *produktbezogenen,* auch *dienstleistungsbezogene Ziele* verfolgen können (s. *Dar. 5.6 Raumorientierter versus produktorientierter Problemlösungsansatz, S. 111*).
- Die Verrechnung der Dienstleistungen wird zu einem *frühen bis sehr frühen Zeitpunkt* im Verkaufsprozess thematisiert.
- Der Verkäufer besitzt u.a. *Selbstvertrauen, das Selbstbewusstsein* in die Werthaltigkeit, und den *Glauben in die Leistungsfähigkeit,* der angebotenen Dienstleistungen.
- Er ist *motiviert,* Dienstleistungen zu verrechnen, und über die Verrechnung zu sprechen und auch zu verhandeln.

---

601 alle Expertengespräche

9.1.3 Direkte Verrechnung in bestehenden Geschäftsbeziehungen

Ein wesentlicher Einfluss auf die direkte Verrechnung von Dienstleistungen ergibt sich aus *Merkmalen der Geschäftsbeziehung* (s. *Kap. 5.1.2.2 Interessentenbindung durch Planungs- und Beratungsdienstleistungen, S. 100ff.*). Hierbei lässt

Dar. 9.4: Direkte Verrechnung im Lebenszyklus einer Geschäftsbeziehung[602]

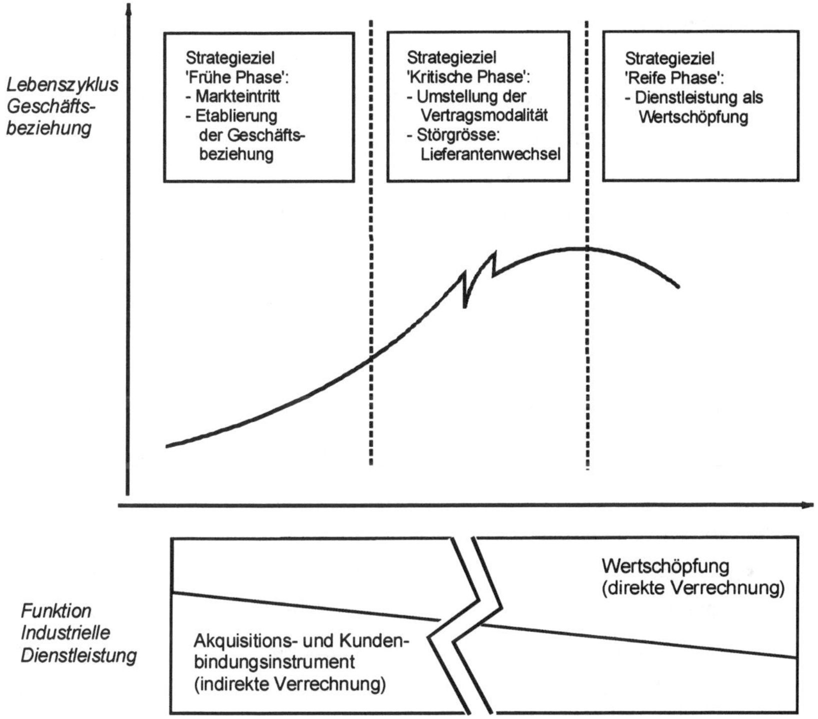

602 Eigene Darstellung

sich feststellen, dass tendenziell in ‚Frühen Phasen' einer Geschäftsbeziehung, die Bereitschaft eines Anbieters grösser ist, Dienstleistungen ausschliesslich indirekt zu verrechnen. In ‚Frühen Phasen' überwiegt offensichtlich die Funktion von Dienstleistungen als *Akquisitions- und Kundenbindungsinstrument*.

Nach Aussagen eines befragten Geschäftsführers, ist man bei *Neukontakten* eher zu Zugeständnissen bereit und agiert *vorsichtiger*[603]. Das Ziel scheint hierbei vor allem darin zu bestehen, eine *dauerhafte* Geschäftsbeziehung überhaupt erst zu *etablieren* (s. *Darstellung 9.4, l.S.*)[604].

In Form einiger kurzer Bemerkungen gibt das folgende Praxisbeispiel Einblick in eines der grössten von uns befragten, selbständigen, filialisierten Handelsunternehmen (s.u. *Px. 9.2 Dienstleistungsmarkting und Interne Verrechnung*). Ein zweiter, in diese Unternehmenssituation einleitender Praxisfall, findet sich unter *Px. 7.3 Die Handelsgruppe ‚Büromarkt Streit', S. 267ff.*.

Px. 9.2: Dienstleistungsmarketing und Interne Verrechnung[605]

Das Handelsunternehmen dieses Praxisbeispiels wird in Grundzügen bereits in *Px. 7.3 Die Handelsgruppe ‚Büromarkt Streit'* auf *S. 267ff.* kurz dargestellt.

Zeitgleich zur Entwicklung im Handelsgeschäft, fand eine ‚Qualifizierungs - Offensive' in der Planungsgruppe statt. Da Innenarchitekten über ein ‚nur' ‚fachbezogenes Bauvorlagerecht' verfügen, wurde zusätzlich ein Architekt eingestellt. Damit wurde die Dienstleistungskompetenz im baulichen Bereich (Hochbau) ausgeweitet (z.B. für Modernisierungen, Umplanungen mit Eingriffen in die Gebäudesubstanz, usw.).
Die Gründung einer *Tochtergesellschaft*, in einer grösseren Stadt des Vertriebsgebiets, wurde erwogen, jedoch aufgrund anderer Investitionsprioritäten zu-

603 Expertengespräch Röthlisberger
604 Expertengespräche ebd., De La Rue – Plan Objekt, Alex Linder, Sona AG
605 Expertengespräch Streit

rückgestellt. Grundsätzlich sieht man hier weiterhin Möglichkeiten, andererseits jedoch auch eine erhebliche Wettbewerbssituation, um ein begrenztes Marktpotential.

Die Planungsgruppe ist in *zwei Leistungsbereichen* tätig. Einerseits werden eigenständig Dienstleistungen erbracht. Hierbei handelt es sich um *produktneutrale Planungsdienstleistungen.* Aufträge wurden u.a. im Bankeinrichtungsbereich erzielt. In der Anfangsphase ergaben sich vor allem ‚Konflikte' mit etablierten Architekturbüros, die diese Planungsleistungen, im Paket mit baulichen Veränderungen, übernehmen wollten. Mittlerweile existieren zahlreiche Referenzen und es besteht eine ‚respektvolle Koexistenz'.

Da die Planungsgruppe bisher als ‚Spezial' - Abteilung der Handelsgruppe auftritt, ergeben sich teilweise Konflikte bei Ausschreibungen. Für ein Grossprojekt wurde beispielsweise mit Möbel - Lieferanten *verhandelt*, die im Handelsgeschäft seit Jahren als Wettbewerber am Markt auftreten.

Die Gründung einer Tochtergesellschaft würde die *Neutralität* der Planungsabteilung unterstreichen. Der zentrale Nachteil des neutralen Auftritts läge, im vorliegenden Fall, im *fehlenden Bekanntheitsgrad*, da der bekannte Name der Handelsgruppe nicht mehr verwendet werden könnte.

Der *zweite Leistungsbereich* der Planungsgruppe besteht in der Erstellung von *Planungen im Zusammenhang mit dem Handelsgeschäft* (produktbegleitende Dienstleistungen). Zentrales Problem im Verkauf ist hierbei die Tatsache, dass trotz klarer *Kostentransparenz*, der Verkauf produktbegleitender Dienstleistungen nur im Ausnahmefall gelingt. Ursachen sind hierfür: mangelnde Kompetenzen im Aussendienst, wie gleichermassen Kundenerwartungen (‚ich kaufe doch') und die Wettbewerbssituation. Zur Verrechnung produktbegleitender Dienstleistungen wurden verschiedene Massnahmen ergriffen:

- *‚Entbündelung' aller Leistungen gegenüber Kunden*

Ziel der ‚Entbündelung' aller Leistungen bestand darin, die sonst übliche Praxis zu verändern, sämtliche Leistungen über einen ‚Komplett - Preis' zu verrechnen. Entsprechend diesem Vorstoss, wurden Preise getrennt nach Industrieprodukt, Planung, Montage und Lieferung ausgewiesen. Den einzelnen Niederlassungen wurde es freigestellt, sich am ‚Test' zu beteiligen. Rund die Hälfte

der Niederlassungen war zu einer Mitwirkung bereit.
Nach Aussagen beteiligter Verkäufer hat die getrennte Ausweisung zu einer erheblichen Verzögerung der Verkaufsprozesse geführt, da jedes Dienstleistungspaket *getrennt verhandelt* werden musste. *Interne Leistungen* wurden von Kunden mit *externen Alternativen* verglichen. So ergaben sich etwa im Montagebereich Wettbewerbssituationen mit kleineren Speditionen und Montageunternehmen. Aufgrund dieser Probleme wurde die getrennte Verrechnung nach einer Versuchsphase wieder eingestellt.

- *Kostentransparenz*

Vom Verkauf beanspruchte Dienstleistungen werden konsequent nach Einzelleistungen (‚prozessorientiert') intern verrechnet. Der Verkäufer erhält umsatzabhängig einen Freibetrag/ Planungsbudget von 0,5% des Umsatzes. Alle weitergehenden Kosten für Dienstleistungen reduzieren den Deckungsbeitrag, damit indirekt den variablen Vergütungsanteil.
Zur Förderung eigenständiger Dienstleistungsaufträge erhalten Verkäufer eine Dienstleistungsprovision. Im Regelfall gelingt es Verkäufern *nicht*, komplexere Dienstleistungsprojekte eigenständig zu akquirieren.
Sinnvoll erscheint eine ‚Kooperation' zwischen Verkauf und Planungsabteilung. Hierbei übernehmen Verkäufer im wesentlichen die Funktionen ‚Kundeninformation' und ‚Bedarfsermittlung'. Wird die Planungsabteilung für solche Projekte in den Akquisitionsprozess miteinbezogen, findet eine Kostenaufteilung (50/ 50) statt. Diese Massnahme soll zusätzlich verhindern, Planungskräfte zu stark in den Akquisitionsprozess einzubinden, der die Kernaufgabe der Verkaufsabteilung bilden soll.

- *Standardisierung*

Ein wesentliches Problem des Verkaufsteams bei der Verrechnung von Planungsdienstleistungen bestand darin, angebotene Dienstleistungen in konkrete Kundenangebote umzusetzen. Für den Vertrieb wurde deshalb ein standardisierter Dienstleistungsvertrag entwickelt, um die Kommunikation mit Kunden zu vereinfachen. Hierdurch hat sich die Trefferquote für Dienstleistungsaufträge leicht verbessert, bleibt aber nach wie vor niedrig.

Im Rahmen *bestehender Geschäftsbeziehungen* gibt es eine Tendenz, Dienstleistungen verstärkt auch *direkt zu verrechnen.* Als Gründe lassen sich hierbei anführen[606]:

- Verkäufer besitzen eine *verbesserte Kenntnis des Kunden und seiner internen Entscheidungsstrukturen.* Bei den von uns befragten Anbietern werden häufig nur dann Dienstleistungen gegen direkte Verrechnung angeboten, wenn durch die Kenntnis der Kundenseite sichergestellt ist, dass *übermässige Ausfallrisiken* der Auftragsvergabe *weiträumig* ausgeschlossen sind.

- Durch das *Vertrauensverhältnis* zur Kundenseite kann der Anbieter auch ‚unangenehme oder heikle Sachfragen' thematisieren, ohne sofort mit Verlust des Kunden rechnen zu müssen. Es herrscht ein ‚optimiertes Verhandlungsklima', um Fragen der direkten Verrechnung ansprechen und aushandeln zu können.

- Im Rahmen bestehender Geschäftsbeziehungen entsteht eine *Bindungswirkung* durch die etablierte *Erfahrungs- und Vertrauensqualität*[607]. Teilweise bestehen Systembindungseffekte auf Kundenseite, die Wechselkosten verursachen würden[608]. Möbelprodukte bilden in den jeweiligen Kundenunternehmen einen *‚Systemstandard'*, dessen Änderung durch einen Einkäufer gut begründet sein muss. Der Verkäufer gewinnt strategische Freiheitsgrade, um eine direkte Verrechnung beim Kunden anzusprechen (s.a. *Kap. 5.1.4.3 Strategische Freiheit bei der direkten Verrechnung, S. 135ff.*).

- In der Praxis werden allerdings die Risiken einer solchen Vorgehensweise genannt[609]. Veränderungen der ursprünglich in einer Kunden - Lieferanten - Beziehung eingeführten Modalitäten, können zu einer *Vertrauenskrise* in der Geschäftsbeziehung führen. Ein *Lieferantenwechsel* kann provoziert werden.

---

606 alle Expertengespräche

607 Belz 1997, S. 21; Kleinaltenkamp 1994, S. 153

608 Weiber 1997, S. 309

609 Expertengespräch Keller AG, Sulgen; König + Neurath

Das Kundenunternehmen kann sich übervorteilt fühlen, weil zu einem Zeitpunkt erhöhter Abhängigkeit vom Lieferanten, von diesem einseitig veränderte ‚Vertragsbedingungen' erklärt werden. Beabsichtigt ein Anbieter die *unternehmensweite Umstellung* des Verrechnungssystems, könnte mit Rücksicht auf das eben genannte Problem, eine unterschiedliche Behandlung von Alt- und Neukunden erfolgen. Auch hierbei könnten sich Probleme ergeben, wenn Kundenunternehmen etwa ihre Beschaffungskonditionen untereinander verglichen.

9.1.4 Beziehungsmarketing und Industrielle Dienstleistungen

In den vorangehenden Kapiteln stand die Vermarktung Industrieller Dienstleistungen im engen Zusammenhang mit Marketingprozessen für Industrielle Produkte und Systeme (Transaktionsmarketing)[610]. Es sollten Möglichkeiten aufgezeigt werden, die direkte Verrechnung von Dienstleistungen mit bestehenden Vertriebsprozessen zu kombinieren. Weitergehende Hinweise zur Optimierung des Marketing Industrieller Dienstleistungen, ergeben sich aus Erkenntnissen des *Management von Geschäftsbeziehungen.*
Als *Grundziel des Management von Geschäftsbeziehungen* definiert Belz, zu wichtigen Personen und Anspruchsgruppen einer Unternehmung oder Institution persönliche Beziehungen zu knüpfen, zu pflegen und erfolgswirksam zu nutzen[611]. Beziehungsmanagement kann sich eher auf einzelne komplexe Projekte beziehen[612], oder auf die permanente und langfristige Beziehungspflege zu wichtigen, bestehenden oder potentiellen Kunden[613].

Der *systematische Aufbau* eines Beziehungsmanagement muss sich selektiv auf wichtige Kunden konzentrieren, um beschränkte Vertriebskapazitäten sinnvoll

610 Kotler/ Bliemel 2001, S. 18; Belz 1998a, S. 31

611 Belz 1998a, S. 19; ebd. 1997a, S. 120; ebd. 1994a, S. 15

612 ebd. 1998a, S. 96

613 Kotler/ Bliemel 2001, S. 83f. und 86ff.; Plinke 1997, S. 5; Tomczak 1994, S. 195; Plinke 1989, S. 309; Diller/ Kusterer 1988, S. 211

einzusetzen. Die Vorgehensweise orientiert sich an Überlegungen zur Marktsegmentierung (s. *Kap. 6 Kundensysteme und Marktfelder, S. 215ff.*). Belz schlägt ein Vorgehen in *drei Stufen* vor[614]:

- *Kundenportfolio - Analyse*: Die Analyse der Kundenstruktur liefert die Grundlage einer selektiven Bearbeitung von Kunden. Kunden müssen nach Rentabilität und Zukunftschancen bewertet werden (s.wg. *Kap. 6.1.2 Kundenportfolio - Analyse, S. 217).*

- *Kunden-/ Anbieter - Matrix*: Interne Bearbeitungspersonen (Geschäftsleitung, Verkaufsleitung, Verkäufer, Dienstleistungsspezialisten) müssen Ansprechpartnern im Kundenunternehmen zugeordnet werden. Verantwortlichkeiten und Funktionen müssen klar geregelt sein.

- *Kundendiagnose*: Ziel der Kundendiagnose ist die Ermittlung eines ganzheitlichen Verständnisses des Kunden, seiner Probleme und Entwicklung. Aktuelle Projekte, Entscheidungsgremien und Zuständigkeiten müssen identifiziert werden, um anschliessend den Kontakt zu wichtigen Personen zu vertiefen.

Im Zusammenhang mit der Vermarktung Industrieller Dienstleistungen, möchten wir folgende Aspekte einer systematischen Pflege von Geschäftsbeziehungen besonders hervorheben:

a) Wichtige Entscheider auf Geschäftsleitungsebene

Innovative Dienstleistungen in den Bereichen Systemgestaltung und Systemnutzung (s.a. *Kap. 1.3.3 Teil C.: Leistungsfelder im Dienstleistungsmarketing von Büromöbeln, S. 10f.*) zielen häufig entweder auf eine ‚ganzheitliche' Optimierung der Büroinfrastruktur (z.B. Optimierung der Flächennutzungen, Investition in Beleuchtungssysteme usw.), oder bewirken nachhaltige Veränderungen im Kundenunternehmen (z.B. Outsourcing). Entscheidungen über die Nutzung, bzw. Beschaffung solcher Dienstleistungen, erfordern im Regelfall die Mitwirkung der *Geschäftsleitungsebene*, da häufig *keine* entsprechend weitreichende Entscheidungsbefugnis einer einzelnen Abteilung vorliegt, bzw. simultan mehrere Kom-

614 Belz 1998a, S. 49ff.

petenzbereiche betroffen sind (z.B. Einkauf, Personalwesen, Organisation, Bereichsleitungen, Gebäudeverwaltung usw., s.a. *Kap. 6.2.3 Outsourcing büronaher Dienstleistungen, S. 226ff.*[615], sowie *Kap. 7.2 Büronahe Beratungsdienstleistungen, S. 270ff.*). Im Dienstleistungsfeld ‚Facility Management' (s. *Kap. 8 Dienstleistungsfelder ‚Systemnutzung', S. 297ff.*) erfordert beispielsweise die Zusammenarbeit mit einem externen Dienstleister im Vorfeld nachhaltige Veränderungen im Kundenunternehmen, etwa die Bündelung bisher verteilter Verantwortlichkeiten.

Zusätzlich muss im Kundenunternehmen eine Grundsatzentscheidung gefällt werden, welche Leistungen im Feld der Kernkompetenzen liegen, bzw. auch längerfristig durch Zusammenarbeit mit einem externen Dienstleister erbracht werden[616].

Der Aufbau von Kommunikationskanälen zu *wichtigen Entscheidern* von Unternehmen, die unverbindliche Darlegung der Lösungsmöglichkeiten, ohne dass ein unmittelbarer Geschäftsabschluss im Vordergrund steht, kann einen wichtigen Beitrag zur Vermarktung innovativer Dienstleistungen erbringen[617].

Wichtige Ansprechpartner für die Vermarktung von Beratungs- und Planungsdienstleistungen sind etwa: Führungskräfte, Nutzer, Abteilungs- und Spartenleiter, Sicherheitsfachkräfte, Betriebsrat, Betriebsarzt, Hausarchitekten, die Personal- und Organisationsabteilung[618].

Slywotzky betont anhand unterschiedlicher Branchenbeispiele, dass der Erfolg von Pionieren, für umfassende Problemlösungen, zum grossen Teil auf aggressives Marketing auf *Ebene der Unternehmensleitung,* und fortlaufenden Kundenkontakt zurückzuführen ist. Im Kern steht hierbei eine *bewusste Anhebung* der Gesprächsebene beim Kunden, anstatt wie gewohnt, ausschliesslich die Ansprechpartner des bestehenden Industriellen Geschäftes zu kontaktieren[619].

---

615 Expertengespräch Quickborner Team, Köllmann AG

616 Expertengespräch DeTeImmobilien; Köllgen 1998, S. 63

617 Belz 1998a, S. 63

618 Expertengespräche Wendt; König + Neurath; Geberzahn 1994, S. 50

619 Slywotzky 1997, S. 231

b) Frühzeitiger Kontakt mit Kunden

Ein Hindernis bei der Vermarktung innovativer Dienstleistungen besteht darin, dass zum Zeitpunkt der *üblichen* Kontaktaufnahme des Möbelanbieters mit Kunden, der Entscheidungsprozess bereits weitgehend verdichtet sein kann. Wurden etwa einer innovativen Lösung widersprechende bauliche Massnahmen bereits ergriffen, oder Ausschreibungen weitgehend fertiggestellt, lässt sich der Entscheidungsprozess des Kunden nur sehr schwierig nochmals öffnen, und grundlegend beeinflussen (s. *Kap. 4.2.2 Integriertes Leistungsmanagement, S. 72ff.*, weiterhin *Kap. 5.1.3.2 Synergien zwischen Unternehmenseinheiten, S. 113ff.*)[620].

Je früher der Kontakt mit potentiellen Kunden erfolgt, um so grösser sind Optimierungschancen und konzeptionelle Spielräume, etwa ein innovatives Büroraumkonzept zu realisieren[621].

c) Inhaltliche Aufwertung zur Pflege bestehender Kundenbeziehungen

Je höher die Dienstleistungskompetenz im Aussendienst entwickelt ist, um so besser ergänzen sich Aspekte der Kundenstammpflege im Industriegeschäft[622] mit innovativen Inhalten im Dienstleistungsmarketing. Vorschläge etwa zur innovativen Gestaltung von Verwaltungsgebäuden liefern regelmässigen Kontaktgesprächen inhaltliche Substanz[623]. Werden zusätzlich nutzungsbegleitende Dienstleistungen angeboten, überlagern sich Aspekte aus dem Dienstleistungsgeschäft mit Erfordernissen einer systematischen Kundenstammpflege (s. *Darstellung 9.5 Dienstleistungsmarketing und Beziehungsmanagement, f.S.*).

Von ähnlichen Erfahrungen berichten auch Vertreter der ‚Köllmann AG‘ bei der Vermarktung von Facility Management - Dienstleistungen (s. *Praxisbeispiel Px. 9.3 Vermarktung von Facility Management - Dienstleistungen, f.S.*).

620 Expertengespräch Bene Consulting

621 Belz 1998a, S. 97; Kleiner 1998, S. 166f.

622 ebd. 1998a, S. 30f.

623 Stolz 1997, S. 19f.; ebd. 1996, S. 171

Dar. 9.5: Dienstleistungsmarketing und Beziehungsmanagement[624]

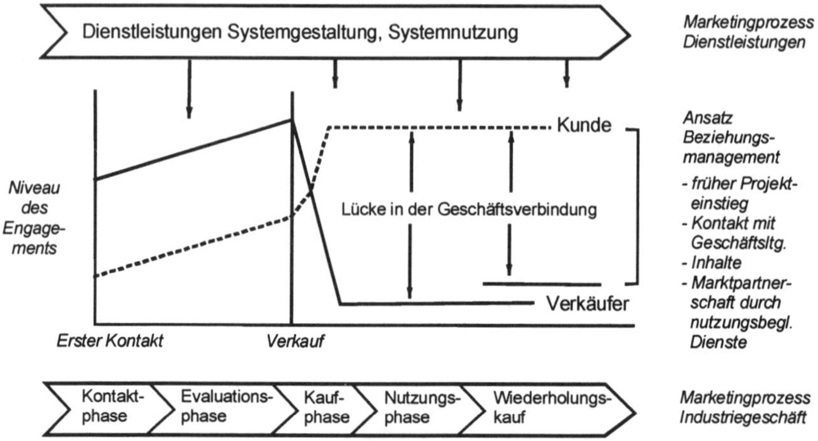

Px. 9.3: Vermarktung von Facility Management - Dienstleistungen[625]

Im *Praxisbeispiel Kap. 8.2.1 Köllmann AG, Wiesbaden,* (= Px. 8.2), *S. 313ff.*, wird bereits ein kurzer Überblick zum Unternehmen und den Tätigkeitsbereichen der ‚Köllmann AG' gegeben.

Die ‚Köllmann AG' vermarktet *know – how – intensive* Facility Management - Dienstleistungen (Konzeption, Beratung, Management im Nutzungszyklus). Eine wesentliche Schwierigkeit des Dienstleistungsanbieters besteht darin, ergiebige Kunden zu identifizieren. Die Nachfragesituation wird durch vielfältige Einflüsse im Kundenunternehmen bestimmt.

Die Vergabe von Aufträgen an externe Dienstleister wird in Unternehmen teilweise kontrovers diskutiert. Es ist für einen Abschluss entscheidend, welcher

624 nach Corcoran, u.a. 1997, S. 138

625 Expertengespräch Köllmann AG, s.a. Bemerkungen zum *Anhang III Verzeichnis II der Expertengespräche. Wiederholte schriftliche Befragung 2003, S. 427ff., insb. unter D. 11..*

Ansprechpartner auf Kundenseite erreicht werden kann. Eine hohe Eingriffsebene ist bedeutsam.
Der Akquisitionsprozess wird zusätzlich dadurch erschwert, dass nicht *operative Einzelleistungen* vermarktet werden, sondern *umfassendere* Beratungs- und Managementdienstleistungen.
Ein Kontaktanlass kann z.B. die Ausschreibung von Reinigungsdienstleistungen durch einen Kunden sein. Eine Ausschreibung gibt Hinweise darauf, dass offensichtlich im Kundenunternehmen Anstrengungen unternommen werden, die Bewirtschaftung des Gebäudes zu optimieren.
Mit der Ausarbeitung von Ausschreibungen ist der interne Entscheidungsprozess beim Kunden jedoch bereits weitgehend abgeschlossen. Von dieser Position aus lassen sich, nach Aussagen der Gesprächspartner, nur noch sehr schwierig grundsätzliche Fragen der Gebäudebewirtschaftung aufbereiten. Hierdurch würden u.U. durch den Kunden bereits getroffene Entscheidungen nochmals in Frage gestellt. Wesentliche Erfolgsfaktoren bei der Vermarktung der betreffenden Dienstleistungen sind daher einerseits der frühe Kundenkontakt im Projektzyklus, sowie eine möglichst hohe Einstiegsebene im Kundenunternehmen.

9.2 Instrumente im Marketingprozess

9.2.1 Taktische Steuerung des Dienstleistungseinsatzes im Marketingprozess

Die *Höhe des Dienstleistungsanteils* im Marketing- und Vertriebsprozess ist neben der Leistungskomplexität, stark von *operativen Einflussfaktoren* bestimmt. Einflussgrössen sind hierbei etwa die Wettbewerbsintensität, sowie Merkmale der Kundenorganisation (Buying Center, Risikoneigung usw.). Die Entwicklung eines stark standardisierten Dienstleistungskonzeptes, das für eine Vielzahl von Beschaffungsvorgängen eindeutige, detaillierte Vorgaben enthält, erscheint als wenig realistisch (s.a. *Kap. 4.1.2 Schrittweise Entwicklung des Dienstleistungsgeschäfts, S. 63ff.*).

Das Dienstleistungskonzept vermittelt eine *grundlegende Orientierung*. Wie bereits vorgestellt, kann ein Dienstleistungskonzept beispielsweise den Anteil an direkt und indirekt verrechneten Dienstleistungen näher vorgeben (s. *Kap. 5.1.4.2 Leistungssegmentierung nach direkter und indirekter Verrechnung, S. 129ff.*) Es liefert weitergehend eine Verhandlungsbasis für den Erstkontakt mit Kundenorganisationen. Aufgrund der hohen Einmaligkeit, bzw. Einzigartigkeit, von Beschaffungsprojekten, benötigt der Aussendienst, zusätzlich zu konzeptionellen Vorgaben, eine Reihe von flexibel einsetzbaren, operativen Gestaltungsempfehlungen. Die *situationsgerechte, taktische Steuerung des Dienstleistungseinsatzes im Marketingprozess* baut auf den Vorgaben des Dienstleistungskonzeptes auf.

Verhandlungen zwischen Kunde und Anbieter werden vermutlich immer einen bedeutenden Einfluss auf den weiteren Verlauf des Prozesses haben.

Dar. 9.6: Kundenbindung durch Planungs- und Beratungsdienstleistungen[626]

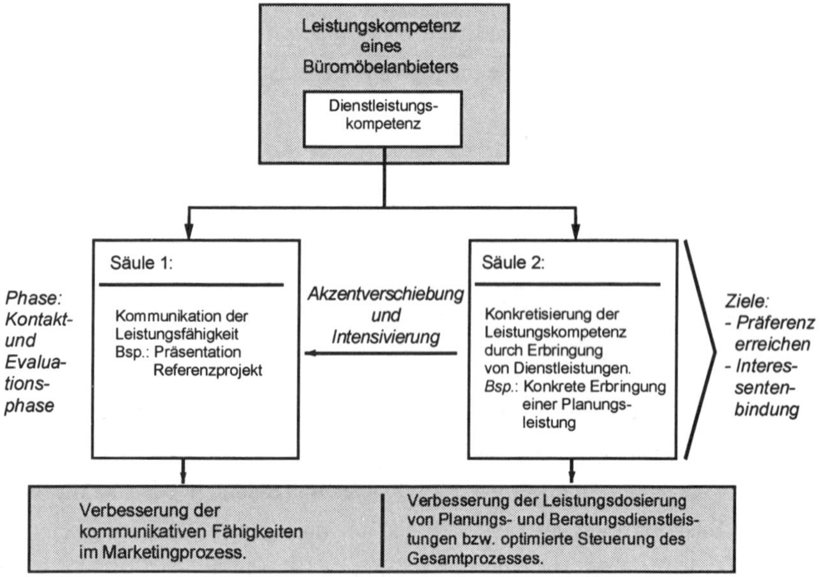

626 eigene Darstellung

Die folgenden Ausführungen beschränken sich *auf Planungs- und Beratungsdienstleistungen* in der *Kontakt- und Evaluationsphase*. Zur *Optimierung von Marketing- und Vertriebsprozessen* lassen sich zwei miteinander verbundene Gestaltungsfelder identifizieren (s. *Darstellung 9.6 Kundenbindung durch Planungs- und Beratungsdienstleistungen, l.S.*):

- *Verbesserung der kommunikativen Fähigkeiten im Aussendienst (Säule 1) Kommunikation*: Das Leistungspotenzial des Büromöbelanbieters im Marketing von Problemlösungen und Dienstleistungen muss angemessen gegenüber Kunden vermittelt werden. Für die weitergehende Umsetzung im Vertriebsprozess leistet die Verbesserung operativer Kommunikationsinstrumente einen wichtigen Beitrag. Die einzelnen Aktivitäten verfolgen das Ziel, eine Profilierung zu erreichen, ohne dass Dienstleistungen an sich, im bisher bestehenden Umfang, erbracht werden müssten (s. *Dar. 9.8 Kommunikationsinstrumente bei Planungs- und Beratungsdienstleistungen, S. 363*).

- *Verbesserung der Leistungsdosierung und optimierten Steuerung (Säule 2) Leistung*: Der Marketing- und Vertriebsprozess soll so gesteuert werden, dass man überproportionalen Dienstleistungsaufwand vermeidet. Anbietern muss es gelingen, Dienstleistungsmodule fallweise direkt zu verrechnen.

Zur *Verbesserung der Leistungsdosierung und optimierten Steuerung des Gesamtprozesses* entwickelt Trachsler im Rahmen seines Ansatzes zahlreiche operative Gestaltungsempfehlungen[627]. Für die Kontakt- und Evaluationsphase im Vertriebsprozess lassen sich, in Anlehnung an Trachsler, folgende Instrumente besonders hervorheben (s. *Darstellung 9.7, f.S.*)[628]:

- *Bewertung des Kundeninteresses*
  Bei Projektbeginn sollte das Interesse des Kunden an den Leistungen des Unternehmens sorgfältig geprüft werden (s. *Px. 5.1 Indirekte Verrechnung von*

---

627 Trachsler 1997, S. 75ff.; ebd. 1996, S. 182ff.
628 ebd. 1997; ebd. 1996

Planungs- und Beratungsdienstleistungen, S. 96ff.). Typische Fragen wären hierbei[629]:

- *Besteht ein echtes Kaufinteresse*: Besteht beim Kunde ein glaubwürdiges Kaufinteresse oder überwiegt lediglich das Interesse an Informationen?
- *Kundensegment*: Gehört der Kunde überhaupt zur Zielgruppe?
- *Positionierung*: Reagiert der Kunde positiv auf die entscheidenden Wettbewerbsparameter des Anbieters?
- *Allgemeines Entgegenkommen*: Entwickelt sich eine konstruktive Arbeitsatmosphäre, ein Vertrauensverhältnis?

Dar. 9.7: Taktische Steuerung des Marketingprozesses[630]

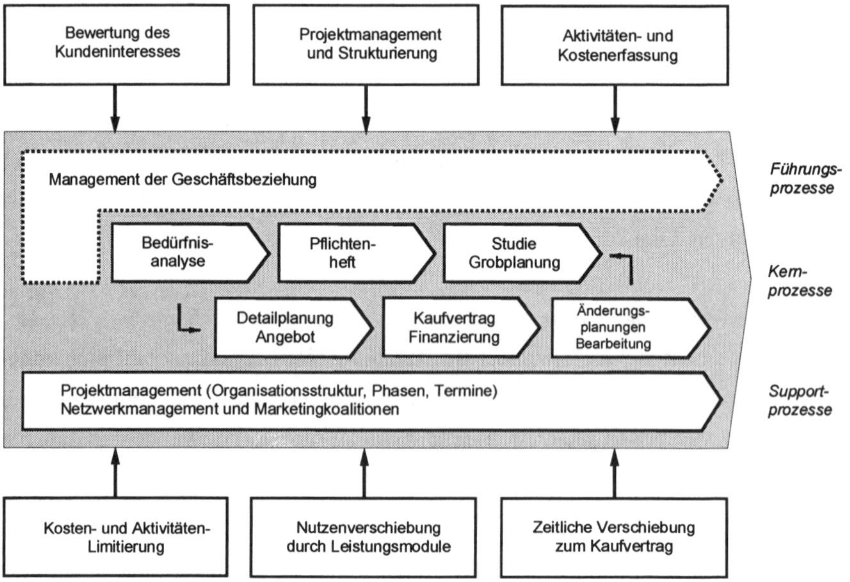

629 Expertengespräch Keller AG, moduldesign

630 Eigene Darstellung

- *Projektmanagement und Strukturierung des Gesamtprozesses*
  Der Marketing- und Vertriebsprozess sollte nach typischen Ablaufphasen gestaltet werden (z.B. Bedarfsanalyse, Grobplanung, Detailplanung usw.)[631]. Bei komplexeren Beschaffungsprozessen ist eine Projektorganisation sinnvoll[632]. Für einzelne Phasen könnten Checklisten eine wichtige Unterstützung liefern. Die bereits gezeigte ‚Honorarordnung für Architekten und Ingenieure (HOAI)'[633] liefert hierzu zahlreiche Beschreibungen und Leistungsverzeichnisse. Gleichzeitig dienen solche Verzeichnisse auch als Grundlage zu einer direkten Verrechnung von Planungs- und Beratungsdienstleistungen (s. *Kap. 7.1.5 Verrechnung von Planungsdienstleistungen, S. 262ff.*).

- *Systematische, prozessbegleitende Aktivitäten- und Kostenerfassung*
  Die mit einem Projekt verbundenen Aktivitäten, und daraus entstehende Kosten, sollten systematisch erfasst, und gegenüber der Kundenseite transparent dargestellt werden. Die systematische Kostenerfassung ist Teil des variablen Vergütungsystems des Aussendienstes. Eine entsprechende projektbezogene Auswertung bewirkt Lerneffekte. Sie ist somit ein Beitrag zur Verbesserung der Selbststeuerung im Aussendienst. Die Darlegung der Kostensituation gegenüber dem Kunden kann ein konstruktives Element der Beratungssituation sein, und zu einer sinnvollen Zusammenarbeit führen.

- *Kosten- und Aktivitätenlimitierung*
  Der Anbieter kann Regeln über den Umfang an Leistungen aufstellen, die man gewöhnlich für ein bestimmtes Projekt (hier bei indirekter Verrechnung) erbringt. Abweichungen müssen vom Aussendienst begründet werden. Eine systematische Kostenerfassung kann hierzu eine Grundlage bilden (s. *Kap. 5.1.4.5 Die interne Verrechnung von Dienstleistungen, S. 153ff.*). Typische Anwendungsbeispiele sind (s.a. *Px. 9.4 Leistungsprozesse bei SiTeco – Lichttechnik, S. 359ff.*):

---

631 Belz/ Reinhold 1999, S. 115ff.; Backhaus 1999, S. 455; Zoller 1999, S. 364; Muther/ Reinecke/ Österle 1997, S. 6ff.; Waltert 1997, S. 117ff.; Tomczak/ Dittrich 1997, S. 9; Belz 1996, S. 153ff.; Günter 1979, S. 19

632 Rudolph 1997, S. 15ff.; Kraus 1995, S. 15f.; Madaus 1991, S. 8

633 s. wiederum *Kap. 7.1.5 Verrechnung von Planungsdienstleistungen, S. 262ff.*

- *Zeitlimit* für die Erstbegehung von Baustellen.
- Arbeiten mit *Vorstudien* und *Schätzungen*, um denkbare Lösungen *nur anzudeuten*.
- Nicht das Gesamtprojekt planen, sondern lediglich *Teilabschnitte*.
- *Vorzeitige Beendigung der Projektbearbeitung*: Ist trotz sorgfältigster Begründung, beim Kunden *keine* einvernehmliche Regelung möglich, sollte das *Projekt abgebrochen* werden.

- *Nutzenverschiebung*
  Die Verrechnung von Vorleistungen bereitet dann Schwierigkeiten, wenn der Kunde ein ausgeglichenes Nutzenverhältnis bereits ohne Verrechnung der Dienstleistungen festzustellen glaubt: Vorleistungen im Gegenzug zur Chance, am Wettbewerb teilnehmen zu dürfen, und einen Auftrag zu erhalten. Eine ‚Nutzenverschiebung' kann durch eine Leistungssegmentierung erreicht werden, indem der Kundenseite direkt und indirekt verrechnete Leistungsbestandteile transparent dargestellt werden.

- *Zeitliche Verschiebung*
  Durch eine zeitliche Verschiebung von Leistungen hin zum Zeitpunkt des Kaufabschlusses, sinken einerseits Streuverluste, da Kunden im Beschaffungsprozess eine schrittweise Lieferantenselektion durchführen. Andererseits steigt die Wahrscheinlichkeit, Planungskosten, hier indirekt verrechnet, durch eine Auftragsvergabe wieder einspielen zu können. Typische Instrumente zur zeitlichen Verschiebung sind etwa die *Abgabe von Studien*, *Vorplanungen statt Detailplanungen*, *Planungen von Teilabschnitten*, *‚Showpräsentationen'* grundsätzlicher Möglichkeiten des Anbieters statt kundenspezischer *Detailplanungen*, *Detailplanung* erst *nach* Auftragsvergabe[634].

---

[634] Expertengespräch De La Rue – Plan Objekt

Px. 9.4: Leistungsprozesse bei SiTeco - Lichttechnik[635]

Im Rahmen des Praxisbeispiels Px. 4.2: SiTeco - (Siemens) Lichttechnik: Leistungssysteme für Beleuchtungstechnik, S. 77ff., wurde das Leistungskonzept dieses Beleuchtungsherstellers kurz dargestellt. Die folgenden Ausführungen beschreiben typische Umsetzungsprobleme im Vertriebsbereich.

Schwachstellen des Leistungssystems liegen vorwiegend in der operativen Vermarktung des Modells. In diesem Zusammenhang ist vor allem der Strukturwandel des Elektrogrosshandels und Elektrohandwerks zu sehen. Die Vermarktung der Leistungssysteme ist eindeutig beratungsintensiv. Insbesondere bei steigendem Anteil an Sanierungen (Schätzwert 50% Umsatzanteil) ist eine aktive Kundenakquisition und -beratung erforderlich. Das Elektrohandwerk ist jedoch eher passiv auf bereits definierte Ausschreibungen fixiert. Der Grosshandel beschränkt sich heute noch stark auf seine klassische Logistikfunktion. Bei den Vertriebspartnern sind entsprechend für die Konzeptfindung des Leistungssystems erforderliche Dienstleistungselemente (Aktiver Kundenkontakt, kreative Ideenfindung, Kenntnis gesetzlicher Bestimmungen für die Innenraumbeleuchtung, Berechnung Investitionskosten, Berechnung Einsparvolumen, Finanzierungsmöglichkeiten) unterentwickelt. Energieversorgungsunternehmen nutzen verstärkt diese Schwäche, und bauen Beratungszentren auf.

Mit steigendem Sanierungsbedarf ist anzunehmen, dass die Bedeutung von Problemlösungs - Know - how weiter zunehmen wird. Reagieren etablierte Anbieter nicht auf solche Entwicklungen, werden zukunftsträchtige, wissensintensive Dienstleistungsfelder von neuen Wettbewerbern besetzt. Etablierte Anbieter, wie das Elektrohandwerk, werden auf klar definierte, operative handwerkliche Leistungsbereiche (Montage, Installation) zurückgedrängt (s. *Kap. 4.2.3 Wettbewerbssituation zu Institutionellen Dienstleistungsanbietern, S. 80ff.*).
Die mangelnde Dienstleistungsorientierung des Vertriebssystems bewirkt, dass Dienstleistungselemente des Leistungssystems vom Hersteller - in Zusam-

635 Expertengespräch SiTeco

menarbeit mit Vertriebspartnern - selbst übernommen werden müssen (s.u. Graphik). Dies betrifft die folgenden Bereiche:

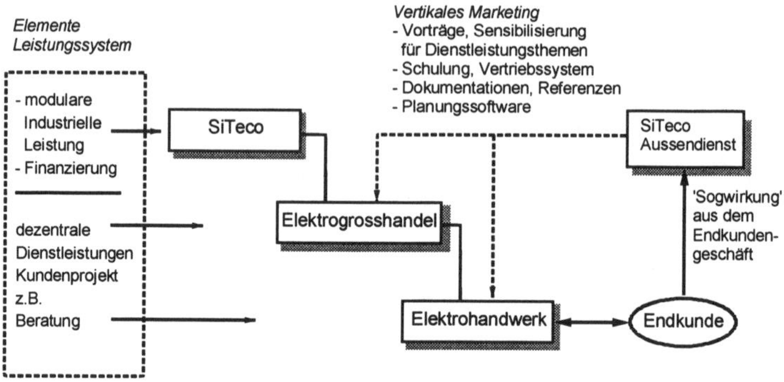

a) Erstbegehungen von Baustellen und Gebäuden im Aussendienst. Ziel dieser Erstbegehung ist es, Kunden vom Nutzen des Leistungssystems zu überzeugen, sowie eine Abschätzung der Investitionskosten und Einsparungen vorzunehmen. Um die Kostenbelastung zu begrenzen, wird für eine erste Berechnung auf der Basis von 1 - 2 Räumen eine Hochrechnung erstellt. Als Faustregel investiert man maximal ein Zeitlimit von 4h je Projekt. Andernfalls wird auf den Aussendiensteinsatz verzichtet. Detaillierungen erfolgen erst zu einem möglichst späten Zeitpunkt, wenn man von einer höheren Realisierungswahrscheinlichkeit ausgehen kann.

b) Projektierungsleistungen im Innendienst (Berechnungen zur Angebotserstellung). Unverhältnismässig hohe Projektierungsleistungen, die bei grösseren Projekten auch mehrere Tage in Anspruch nehmen können, werden abgelehnt. Um Planungsleistungen zu vereinfachen, wurde zusätzlich ein Softwareprogramm entwickelt, das auch Vertriebspartnern zur Verfügung steht.
Obwohl durch die quantitative Erfassung der Einsparpotentiale theoretisch eine argumentativ gut begründbare, *nutzenbezogene* Verrechnung der Herstellerleis-

tungen an Endkunde oder Handwerk denkbar wäre, wird auf eine *gesonderte direkte Verrechnung verzichtet.*

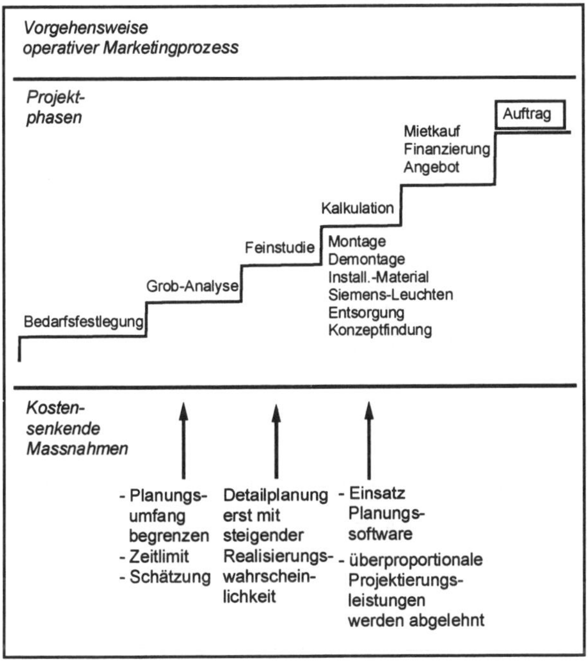

Innendienstleistungen werden ebenfalls nicht gesondert verrechnet, oder etwa aktiv, als Zusatzleistung gegen Verrechnung, am Markt angeboten. Man begründet den hohen Dienstleistungseinsatz vor allem mit der Wirkung als Kundenbindungsinstrument, vertrauensbildende Massnahmen, der Realisierung eines Preispremiums, und der Erleichterung des Markteintritts bezogen auf die Hardware. Zusätzlich herrscht auf Herstellerstufe ein intensiver Wettbewerb. Auch die fehlende Neutralität als Hersteller bei der Erbringung von Beratungsleistungen sind Argumente für die bestehende Praxis. Dabei muss auch die Wettbewerbssituation im Dienstleistungsbereich gesehen werden. Einerseits sind Architekten, Lichtplaner und Haustechniker wichtige Partner bei der

Vermarktung der Beleuchtungssysteme, andererseits kann man als Hersteller keine vergleichbar unabhängige Dienstleistung erbringen.
SiTeco versucht flankierend, auf Innungs- und Verbandsebene, eine Sensibilisierung für eine stärkere Dienstleistungsorientierung zu erreichen. Nur rund acht Prozent der Elektromeister werden als innovativ eingeschätzt.
Allerdings sind auch Veränderungen festzustellen. Bei innovativen Vertriebspartnern verzeichnet man einen schrittweisen Rückgang der Aufwendungen für Planungsunterstützung.

9.2.2 Kommunikationsinstrumente für Planungs- und Beratungsdienstleistungen

Ein wesentlicher Beitrag, zur Reduktion des Aufwands für Planungs- und Beratungsdienstleistungen, geht von einer *Verbesserung der kommunikativen Fähigkeiten* der Aussendienstmitarbeiter aus. *Leistungssysteme und Problemlösungen* müssen dem Kunden gegenüber transparent dargestellt werden[636]. Im Idealfall sollten Kunden aufgrund einer allgemeineren Beschreibung in der Lage sein, eine möglichst weitreichende, verbindliche Entscheidung zur Beschaffung treffen zu können. Grundlage hierzu kann wiederum eine zielgruppenorientierte Dienstleistungssegmentierung sein (s. *Dar. 5.13 Leistungssegmentierung nach Produktgruppen, S. 134*, sowie *Kap. 6.2.2 Marktfelder für büronahe Dienstleistungen, S. 220ff.*).

Wie im vorangehenden Kapitel dargelegt, kann ein Ansatzpunkt zur Kostensenkung darin bestehen, die konkrete, kundenspezifische Dienstleistungserstellung nach Möglichkeit weit an den *Zeitpunkt der verbindlichen Kaufentscheidung* heranzuführen. Hierdurch *sinken Streuverluste* in der Kontakt- und Evaluationsphase. Die Verbesserung vertriebsnaher Kommunikationsinstrumente ist hierzu ein wichtiges Hilfsmittel. Durch eine verbesserte Darstellung der *Problemlösungs-*

---

636 Schicht 1993, S. 184; s.a. *Dar. 4.2 Zielsetzungen von Büromöbelanbietern im Dienstleistungsmarketing, S. 61 in Kap.4 Dienstleistungsvision Industrieller Anbieter, S. 59ff.*

kompetenz (z.B. Referenzen, Projektbeispiele) reduzieren sich zusätzlich die durchschnittlichen Dienstleistungsaufwendungen pro Kundenprojekt, weil zumindest ein Teil der bisher *kundenspezifisch* erbrachten Planungsleistungen substituiert werden kann.

Dar. 9.8: Kommunikationsinstrumente bei Planungs- und Beratungsdienstleistungen[637]

Beziehung \ Kontakt	direkt	indirekt
unpersönlich	- Telefonmarketing - Einsatz eines 'Call Centers' - Direct Mailing - Internet	- Imagebroschüren - Videos - Leistungsbeschreibungen - Fachartikel d. Anbieters - Presseveröffentl. über Projekte, Referenzen (Architektur, Branchen)
persönlich	- Gastvorträge - Messen (z.B. Orgatec) - Beziehungsmanagement - Projektbezogene, persönliche Ansprache	- Persönliche Empfehlungen (z.B. Vorstände, Einkauf, Orga - Leiter) - Mund - zu - Mund - Propaganda

Erfolgt die Vermarktung von Dienstleistungen *unabhängig* von Einflüssen und Abhängigkeiten des *Industriellen Geschäfts*, ist die Verbesserung der kommunikativen Kompetenz im Aussendienst die wesentliche Voraussetzung, um die *Leistungsfähigkeit* des Büromöbelanbieters im *Dienstleistungsbereich,* der Kundenseite überhaupt glaubwürdig darlegen zu können.

637 Expertengespräche; nach Meffert/ Bruhn 2000, S. 330

Auf Grundlage unserer Erhebung spielen im Marketing *von Planungs- und Beratungsdienstleistungen* die folgenden *vertriebsnahen* Kommunikationsinstrumente eine besondere Rolle (s.o. *Darstellung 9.8 Kommunikationsinstrumente bei Planungs- und Beratungsdienstleistungen, l.S.*)[638].

Meffert/ Bruhn unterscheiden zwischen *direktem und indirektem Kontakt.* Im Rahmen des direkten Kontaktes wird die Kommunikationsbotschaft unmittelbar vom Sender zum Empfänger geleitet. Im Fall des indirekten Kontaktes ist eine intervenierende Grösse zwischen Sender und dem endgültigen Empfänger geschaltet. Die *Kommunikationsbeziehung* kann *persönlich oder unpersönlich* sein[639]. Ein wesentlicher Stellenwert im Marketing von Planungs- und Beratungsdienstleistungen, kommt persönlichen Empfehlungen, Referenzen (z.B. Neubauprojekte) und der ‚Mund - zu - Mund – Kommunikation' zu.

Bezogen auf die Unterscheidung in passive und aktive Vertriebsprozesse[640], ergeben sich viele Marketingprozesse für Dienstleistungen aus Anbietersicht entsprechend *passiv*, d.h. auf Grundlage der Initiative der Kundenseite[641].

Aufgrund ihrer *Immaterialität*, besitzen Dienstleistungen und Problemlösungen keinen eigenständigen ‚werblichen Charakter'. Entsprechend müssen diese Formen über sog. *Surrogate* dargestellt werden. Kundenorganisationen sind gezwungen, solche Ersatzindikatoren als *Beurteilungsgrundlagen* einer Dienstleistungsbeschaffung zu wählen[642]. Die Surrogate zur Darstellung der Dienstleistungskompetenz sind äusserst vielfältig. Sie betreffen sämtliche kommunikationsrelevanten Einzelfaktoren der Sender - Empfänger - Beziehung zwischen dem Anbieter/ Verkäufer und Kunden/ Einkäufer, betreffen also sämtliche sprachlichen und nicht - sprachlichen Kommunikationselemente[643].

---

638 Expertengespräche Innenarchitekten, Beratungsgesellschaften und Fachhandel

639 Meffert/ Bruhn 2000, S. 329ff.

640 Belz 1996, S. 134ff.

641 Expertengespräche Breidenstein und Reichenbach; Quickborner Team

642 ebd. 2000, S. 357f.; Meyer 1996, S. 101ff.; Bruhn 1995, S. 171ff.; Kleinaltenkamp 1994, S. 153; Corsten 1990, S. 189

643 Belz 1998, S. 23; Bänsch 1998, S. 5ff.; Witt 1996, S. 41ff.

Dar. 9.9: Surrogate für Planungs- und Beratungsdienstleistungen[644]

- *Image* des Anbieters (Positionierung im Industriellen Bereich)
- Darstellung der *‚materiellen internen Faktoren'*: Gebäude, Ausstattung, Mitarbeiter
- *Referenzen*: zufriedene Kunden, realisierte Projekte
- *Kurzproben*: Qualität von Photos, Projektstudien, Zeichnungen
- *Honorarordnungen* (HOAI und Leistungsverzeichnisse)
- *(Selbstkonzipierte) Musterverträge* für Dienstleistungen
- *Eigene Checklisten und Formulare*
- *Vorher – Nachher - Darstellung* (Bsp. Optimierung Flächenwirtschaftlichkeit)
- *Informationsunterlagen* (Imagebroschüre, Dienstleistungsverzeichnisse)
- *Preise, Gütezeichen* (z.B. Mitgliedschaft Architektenkammer, Wettbewerbe)
- Dokumentationen in Ausstellungsräumen
- *Vorträge* halten
- *Internet – Seiten, Mailings* mit Dienstleistungen, Referenzprojekten
- *Organisatorische Massnahmen* (Bildung einer Planungsabteilung, d.h. organisatorische und räumliche Trennung der Planungskompetenz von der Aussendienstorganisation)
- *Gründung einer Tochtergesellschaft* für Planungsdienstleistungen

Nach Aussagen befragter Experten der Büromöbelindustrie ist auffällig, dass verkaufsnahe Kommunikationsinstrumente für Dienstleistungen in der Vertriebspraxis stark unterbewertet sind. Für die Industriellen Leistungen besteht vergleichsweise geradezu eine Überfülle an Darstellungsmitteln, obwohl diese relativ gut auch anhand konkreter Objekte, im Original, illustriert werden können[645].

644 Alle Expertengespräche; Meyer 1996, S. 101ff.

645 Expertengespräch Wendt; Fachhandelsmeeting König + Neurath 1998

In der Büromöbelindustrie sind die genannten Kommunikationsinstrumente für Planungs- und Beratungsdienstleistungen von besonderer Bedeutung (s.o. *Darstellung 9.9 Surrogate für Planungs- und Beratungsdienstleistungen, l.S.*).

Px. 9.5: ,Die bene Consulting'[646]

a) Gründungsgeschichte und Organisation

Der Hersteller ,bene' kann als der führende Hersteller in Österreich bezeichnet werden. Die ,Bene Holding' als Gesamtunternehmen realisiert 2002/03 einen Umsatz von 174 Mio. Euro (1999/2000 197 Mio. Euro)[647]. Mit Übernahme der ,Objektform Handelsgruppe' 1998 in Deutschland, wurde das Absatzgebiet deutlich erweitert. Die *Wettbewerbssituation* im traditionellen Sachleistungsgeschäft zwischen den führenden vier österreichischen Herstellern, wird als äusserst hart bezeichnet.

Im Direktvertrieb der Sachleistung werden Planungsdienstleistungen, Transport- und Montagedienstleistungen *indirekt* verrechnet.

Klar unabhängig hiervon, operiert die *,bene consulting'*, mit ca. acht Mitarbeitern. Die Organisation entspricht einer klassischen Beratungsgesellschaft. Das Geschäftsfeld *Dienstleistungen* soll entsprechend den oben kurz dargestellten strategischen Rahmenbedingungen weiterentwickelt werden[648].

Zu Beginn der Gründung, Ende der achtziger Jahre, widmeten sich zwei Mitarbeiter, im Rahmen einer Kooperation mit dem ,Fraunhofer Institut für Arbeitswissenschaft und Organisation', der Vision der *ganzheitlichen Sichtweise* des *,Gesamtsystems Büro'*. Die hundertprozentige Tochtergesellschaft ,bene consulting' sollte sich klar vom Sachleistungsvertrieb abgrenzen. Die Verwendung der Wortmarke ,bene' begründet sich mit der starken Stellung der Gruppe in Österreich. Die Vorteile des Imagetransfers haben die Nachteile, der einhergehenden *stärkeren Anbindung* an den Hersteller, überwogen.

646 Expertengespräch Bene Consulting; vgl. *Px. 4.1 Entwicklung der ,Bene – Holding', S. 66ff.*, sowie *Px. 7.4 Anforderungscontrolling für eine Versicherungsgesellschaft, S. 279ff.*

647 Bene 2003, Presseinformation

648 s.a. andere Praxisbeispiele, insb. *Px. 4.1 Entwicklung der Bene – Holding, ebd.*

b) Verhältnis von Sachleistungen und Dienstleistungen

Die Entwicklungsgeschichte war nicht konfliktfrei. Entsprechend der Holdingstruktur müssen Investitionsprojekte im Dienstleistungsgeschäftsfeld genehmigt werden. Bezogen auf die Gesamtunternehmung hat hierbei *das Industriegeschäft* eine klar *dominierende Stellung. Dienstleistungsprojekte müssen sich ggü. Investitionsalternativen zur Möbelproduktion durchsetzen.*

Je stärker die Denkhaltung von Entscheidern auf die Produktion und den Verkauf von Sachleistungen fokussiert ist, um so weniger ist man für die Entwicklung zukunftsträchtiger Dienstleistungsgeschäfte offen. Diese Erfahrung hat sich in praktisch allen Herstellerunternehmen bestätigt.

Die ‚bene consulting' ist *neutral und produktunabhängig.* Sie wird nicht als Ressourcenpool für die normale Geschäftstätigkeit im Handelsgeschäft eingesetzt. Planungsdienstleistungen in diesem Bereich werden durch die Vertriebseinheiten selbst erbracht. Bei den realisierten Projekten wirken sich die professionellen Dienstleistungen klar auf die späteren Vergabechancen des Herstellers ‚bene' aus. Es ergibt sich ein *Vertrauensvorschuss.* Kundeninformationen werden auf Anfrage an den Vertrieb weitergeleitet.

Die Sachleistungstransaktion läuft jedoch vollkommen *unabhängig.* Der Projektanteil, bei denen ‚bene consulting' tätig war, und es zur Lieferung des Herstellers ‚bene' kam, ist relativ hoch.

Die Holding vertritt hierbei eine interessante, uneindeutige Haltung. Einerseits ist eine klare *Unabhängigkeit* gefragt, andererseits werden auch *Industrielle Interessen* vertreten, vor allem aber die *Realisierung von Synergien* gefordert. Mit steigendem Projektvolumen nimmt der Einsatz an Fremdfabrikaten zu.

c) Strategische Logik aus Holding - Sicht

Die Entwicklung der ‚Dienstleistungsstrategie' verfolgt klar das Ziel der Absicherung der Unternehmenszukunft. Man erwartet eine *Umsatzverlagerung,* ‚welche aber nicht im Widerspruch zu einem *simultanen Ausbau beider* Geschäftsfelder - Dienstleistungen und Sachleistungen - steht', wie von einem der Firmenvertreter zu hören war. In Hinblick auf eine ‚*Wertstrategie*', steht die Realisierung von *Synergien* im Vordergrund.

Synergien bestehen vor allem:

- In der *Generierung von Vertrauen*, als Grundlage für die nächste Leistungsstufe (Sachleistungsgeschäft).
- In der *Professionalisierung und direkten Verrechnung* bisher ‚nur' indirekt verrechneter Leistungen. Professionelle Dienstleister, wie hier etwa *bene consulting*, besetzen Leistungsfelder der Architekten und reduzieren damit gleichzeitig den Dienstleistungsanteil auf Herstellerstufe (Büromöbelproduktion).
- Im Bereich der *Produktentwicklung*.

Je *früher* der Kundenkontakt stattfindet, umso *grösser* erweisen sich die Synergien.

10. Ausblick und weiterführende Untersuchungen

Nach dem Ende unserer Untersuchung sollen die folgenden, nicht abschliessenden Gestaltungsempfehlungen gegeben werden:

Dar. 10.1: Übersicht weiterführende Untersuchungen[649]

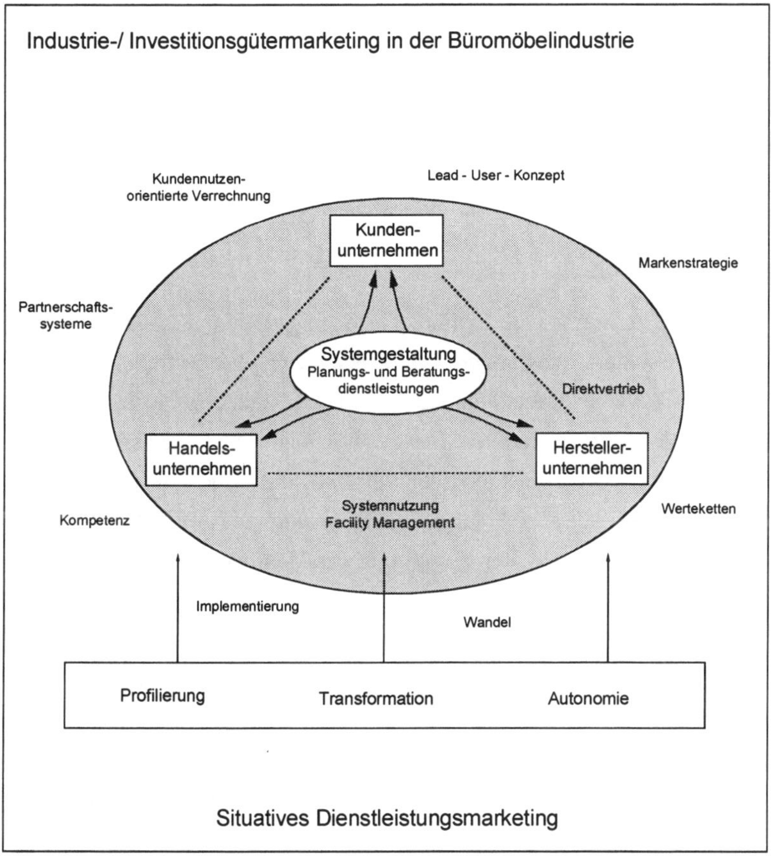

649 eigene Darstellung

In der Büromöbelindustrie, genauer in den Distributionssystemen von Handel und Direktvertrieb, herrscht eine konjunkturell angespannte Situation. Die *Innovationskraft der Produkte* erscheint, im Vergleich zu anderen Branchen, relativ gering.
Händler und Hersteller überlegen neue Konzepte zur Vermarktung ihrer Investitionsgüter. Im vorliegenden Projekt wurde der Schwerpunkt in der Analyse der *‚Planung' als produktbegleitende Dienstleistung* (im Projekt als *Systemgestaltung* bezeichnet) gesetzt. Bei Büromöbeln bietet sich dieses Dienstleistungsfeld als *‚value added - Element'* und als naheliegende *Dienstleistungschance* geradezu an. Unternehmen könnten hierdurch verstärkt ihr Leitbild nach innen und aussen mit Faktoren wie Arbeitsplatzgestaltung und Design individualisiert kommunizieren (‚corporate image', ‚corporate behaviour').

Position der Planung

Die Planung bietet hierbei die Option, die Konfiguration ‚Kundenunternehmen, Handel und Hersteller', zunehmend prozessbezogen zu verflechten.
Aus der Perspektive des Geschäftsmodells mit der Nutzenkategorie ‚Kundenpartnerschaft' (nach der Definition von Treacy/ Wiersema[650]), bieten sich für die Systemgestaltung drei ‚Dienstleistungsscenarien' an, die im Rahmen des vorliegenden Projektes näher betrachtet wurden: Das *Scenario ‚Profilierung'* knüpft am stärksten an die bestehende Vertriebspraxis der Händler an. Planungsdienstleistungen werden hier nur in Ausnahmefällen direkt verrechnet. Demgegenüber steht das *Scenario ‚Autonomie'* erkennbar als Gestaltungsoption auf der Seite innovativer Hersteller. In Ausnahmefällen findet sich diese Lösung auch vereinzelt bei Händlern, in Abhängigkeit von der Unternehmerpersönlichkeit, bzw. Unternehmensgrösse. Sämtliche Dienstleistungen werden hier konsequent separat verrechnet. Das für das Kundenunternehmen, bezüglich der qualitativen, werthaltigen Zusammenarbeit mit dem Dienstleister tragfähigste Konzept, findet sich u.E. im *Scenario ‚Transformation'*.

650 Treacy/ Wiersema 1995 zit. in Belz/ Bieger 2001, S. 28f.

Implementierung und Umsetzungszeitraum

In der Zeit dynamischer Entwicklungen, ist es auch für Unternehmen der Büromöbelindustrie wichtig, sich zu vergegenwärtigen, welcher Phasen der unternehmerischen Veränderung es bedarf, um die *Sachleistungsorientierung* mit dem diskutierten *Dienstleistungsansatz* zu kombinieren.

Dar. 10.2: Diskontinuierliche Implementierungsprozesse[651]

Diskontinuierliche Implementierungsprozesse	
Programmatic Approach (Top - down - Ansatz)	Market - Back - Approach (Bottom - up - Ansatz)
• Veränderungen werden unternehmensweit vom Top – Management geplant und in allen relevanten Bereichen eingeführt. • Implementierungsprozess ist klar geplant.	• Schrittweises, partizipatives und ergebnisorientiertes Vorgehen. • Ausgangspunkt ist eine allgemein akzeptierte Problembeschreibung. • Eine organisatorische Einheit soll als Vorbild für die Gesamtorganisation gewonnen werden. • Prozess nicht geplant, aber massgeblicher Weg und Schrittfolge. • Veränderung nur dort, wo dies problemrelevant ist. • Veränderung nur dann, wenn Veränderungsbedarf von Betroffenen konkretisiert werden kann und somit klare Zielvorgaben definiert werden können.

651 nach Backhaus 1999, S. 777

Backhaus unterscheidet zwischen zwei Umsetzungsalternativen[652]:

a) Programmatic Approach (Top - down - Ansatz)

b) Market - Back - Approach (Bottom - up - Ansatz)

Bei letzterem, von uns bevorzugtem Ansatz, führt die starke Beteiligung von betroffenen Mitarbeitern dazu, dass sich die Grenzen zwischen der Entwicklung eines Dienstleistungskonzeptes und seiner Umsetzung praktisch auflösen. Auf diese Weise kann die Akzeptanz des Konzeptes bei Mitarbeiterinnen und Mitarbeitern sowohl des *Verkaufs*, als auch der *Planung*, deutlich gesteigert werden. Synergien lassen sich so schneller realisieren.

Dar. 10.3: Betrachtungsebenen der Marketingimplementierung[653]

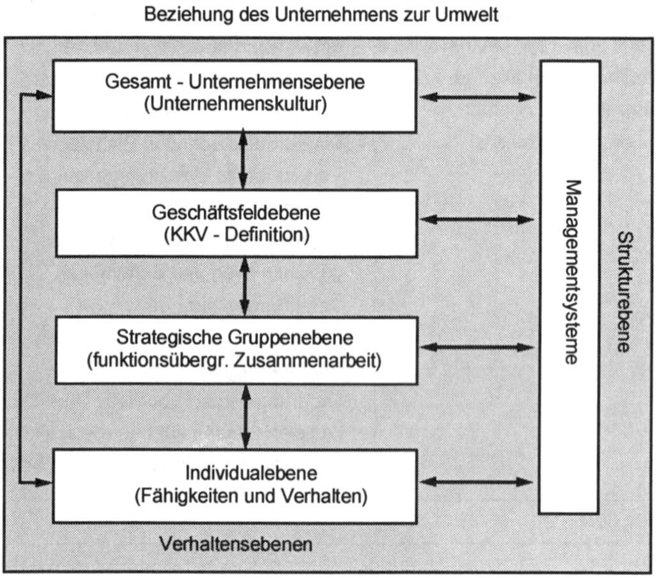

652 Backhaus 1999, S. 777ff.

653 ebd., S. 769

Die Realisierung neuer Dienstleistungskonzepte ist immer im Zusammenhang mit der gesamten *Unternehmensstruktur* zu betrachten.
Durch die u.E. enge Verbindung der Unternehmen der Büromöbelbranche mit dem Thema ‚Arbeitsplatzgestaltung', ist man automatisch mit Begriffen der ‚Organisation' vertraut. Eine positiv veränderte *eigene Unternehmenskultur* kommuniziert auch dieses entsprechende Bild des Unternehmens gegenüber der Umwelt.

Dar. 10.4: Schrittfolge des Market - Back Implementierungsansatzes[654]

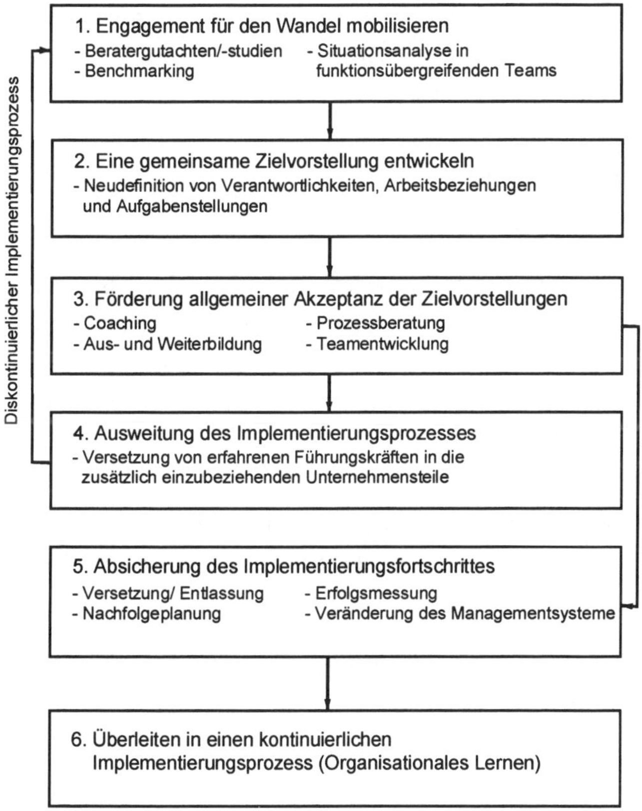

654 Backhaus 1999, S. 778

Der Hinweis auf die *marktorientierte Lernfähigkeit* (Learning Organisation) im Zusammenhang mit dem Implementierungsprozess, ist gleichermassen für kleine Handelsunternehmen, wie grosse Herstellerunternehmen wichtig. Die Form des angestrebten Dienstleistungsscenarios muss unter Berücksichtigung eines *permanenten Strebens nach Verbesserung* (Continuous Improvement Strategy) auf einer ‚effizienten Umsetzungszeitachse' erfolgen[655].

Wir betrachten im Folgenden u.E. interessante, ausgewählte Elemente des Dienstleistungsmarketing, die bezogen auf deren Relevanz, den Gruppen *Hersteller-, Handels- und Kundenunternehmen*, zugeordnet werden. Hieraus könnten sich weitere Forschungsarbeiten ableiten. Für weiterführende Literatur sei auf die entsprechenden Fussnoten verwiesen.

Perspektive der Hersteller

Wandel in Organisationen

Die Konzepte des Wandels sollten jedem Dienstleister bewusst gemacht und dargelegt werden, um die drei Scenarien (‚Profilierung', ‚Autonomie' und ‚Transformation') aus dem richtigen Verständnis heraus zu wählen, und zu implementieren. *Organisatorische Transformationen* sollten rechtzeitig vorbereitet werden[656].

Nachfolgend sei kurz auf die Begriffe des Wandels, der Wandelungsfähigkeit und des Lernens eingegangen. Hierbei möchten wir uns ausschliesslich auf den Begriff des ‚Wandels' konzentrieren.

Staehle differenziert hierbei zwischen einem ‚*Wandel 1. Ordnung*' und einem ‚*Wandel 2. Ordnung*'[657]:

---

655 Backhaus 1999, S. 779f.

656 s. Staehle 1999, Teil D. Management des Wandels: Entwicklung und Veränderung von Organisationen, S. 898ff.. Nach dem Tot Staehles wird das Buch von Conrad und Sydow weitergeführt.

657 ebd. 1999, S. 900f.

Wandel 1. Ordnung

Diese Form des Wandels erfolgt lediglich inkremental, ohne Veränderung des vorhandenen Bezugsrahmens, bzw. des dominanten Interpretationsschemas. Die Veränderungen verlaufen rein quantitativ. Das vorhandene Interpretationsschema wird einfach addiert. Man spricht in diesem Zusammenhang auch vom Konzept des ‚*Organizational Development*‘[658].

In Bezug auf das vorliegende Projekt, kann diese Form des Wandels im Scenario ‚Profilierung‘ festgestellt werden. Gerade in diesem Bereich ergibt sich keine scharfe Trennung zwischen Dienstleistungen und dem Sachleistungsgeschäft.

Wandel 2. Ordnung

Hierbei handelt es sich um eine grundlegende, paradigmatisch geprägte Veränderung. In diesem Zusammenhang spricht man nicht mehr von Wachstum, sondern von Entwicklung. Das Konzept der organisatorischen Veränderung wird als ‚*Organizational Transformation*‘ bezeichnet[659].

Im Scenario ‚Autonomie‘ finden sich eindeutige Kennzeichen dieser Form des Wandels. In unserer Erhebung praktizierten die Unternehmen ‚Lista‘ und ‚Bene‘ eine vergleichbare Lösung, durch Ausgründungen ihrer Planungseinheiten.

Die Strukturen im Wettbewerb wandeln sich nicht nur, sie durchlaufen regelrechte *‚Transformationswellen‘*. Die Wandelfähigkeit beeinflusst natürlich die Markterweiterung und Reichweite. Das Herstellerunternehmen unterzieht sich einer *‚Industry Redefinition‘*, grenzt Wissensbereiche ab, damit diese neue Industriekunden erschliessen können. Später profitieren beide Unternehmensteile von den neu entstandenen Synergien[660].

---

[658] Staehle 1999, S. 922ff.

[659] ebd., S. 928ff.

[660] Grauel 2003, S. 10ff.

Werteketten

Genannte Strategie führt zum Themenkomplex *,Veränderung' und ,Neustrukturierung' von Wertschöpfungsketten*[661]. Die gebildeten Konfigurationen ergeben neue Partnerschaften und ,Wertschöpfungsnetze'[662].

Die bisherige Verbindung von Handels- und Herstellerunternehmen weist auf bestehende *Verzahnungen* existierender Wertketten hin. Dies betrifft das Feld sowohl des Vertriebs, wie auch der Planungsdienstleistungen. Vorstellbar wäre, nach Ausgliederung der Planungsleistungen von Herstellerseite, eine direkte produktunabhängige Kooperation zwischen Planungsgruppe und Handelsunternehmen.

Ein Beispiel einer innovativen Verzahnung einer Vertriebsform von Möbelherstellern und Facility Management (Innovationsfeld *,Systemnutzung'*) findet sich im nachfolgend kurz beschriebenen ,Center Konzept' des ,Stilwerk'[663]:

Die börsennotierte ,Stilwerk AG' betreibt drei Häuser in Deutschland: in Hamburg, Berlin und Düsseldorf[664]. Bisher sucht man Mieter hauptsächlich aus dem gehobenen Wohnmöbelsegment. Während der Erhebung zum Projekt, ergab sich die Gelegenheit, in Hamburg mit dem Vertreter eines anspruchsvollen Möbelgeschäfts (Herrn Zarske, BOS Büro- und Objekteinrichtungen GmbH), und einem Innenarchitekten (Herrn Dipl. - Ing. Innenarchitekt Wagenhöfer) zusammen zu treffen.

Momentan ist der Besitz der Aktien der Stilwerk AG noch stark auf die Gründerperson konzentriert (zu 95%). Stilwerk - Anteile sollen jedoch breiter gestreut werden, sobald das ,Geschäft wieder läuft'[665].

Die Stilwerk AG will sich neu orientieren. Man versucht jetzt, verstärkt die Industrie als Mieter zu gewinnen, statt wie bisher ausschliesslich den Einzelhandel. Die Industrie soll Flächen belegen, die zuvor durch Geschäftsaufgaben im Handelsbereich an den drei Standorten frei werden. Für die Industrie will Stilwerk das

---

661 Porter 1996, S. 210ff.

662 Grauel 2003, S. 17

663 O.V. 2003m, S. 11

664 ebd.

665 ebd.

operative Einzelhandelsgeschäft übernehmen. Von den mietenden Industrieunternehmen erwartet Stilwerk im Gegenzug neben der Miete, die Geschäftsausstattung und die Werbung. Damit dieses Konzept langfristig greift, muss Stilwerk, nach eigenem Bekunden[666], für eine flächendeckende Präsenz sorgen, also etwa noch in Stuttgart, München und Frankfurt präsent sein.

Markenstrategie

In Zukunft denkbar wäre es, Planungsdienstleistungen als *eigenständige Markenpersönlichkeiten* darzustellen. Käme eine entsprechende Leistung von Herstellerseite, analog dem Ziel der Vermarktung der Sachleistungen, würde dies dem Handel der Büromöbelindustrie die Erklärung der passenden ‚Dienstleistungsprodukte' gegenüber dem Kundenunternehmen erleichtern[667].
Je nach Bekanntheitsgrad der Büromöbelmarke, könnte das Erfolgspotential durch eine *Markentransferstrategie* das Image des Dienstleistungsbereichs entsprechend fördern[668]. Eine Präsentation im Handel müsste über ein entwickeltes *‚Category Management'* für dieses Feld prozessorientiert durch den Hersteller implementiert werden[669].

Perspektive des Handels

Kompetenzen

Die Bearbeitung des gesamten Themas zeigt zusammengefasst ein riesiges Portfolio an sehr unterschiedlichen Dienstleistungen im Marktumfeld der Büroeinrichtung. Für einen einzelnen Anbieter stellt dies eine nicht zu bewältigende Komplexität dar, die entsprechende Kompetenzen erforderte[670].

---

666 O.V. 2003m, S. 11

667 Meffert 2000, S. 847f.

668 ebd., S. 865f.

669 ebd., S. 651ff.

670 Beiträge zum Begriff der ‚Kompetenz' etwa in Belz/ Reinhold 1999, S. 149ff.; Hoppen 1999, S. 35ff.; Ballhaus/ Stippel 1999, S. 68ff.; Loss 1997, S. 79; ebd. 1996, S. 141ff; Hugo - Becker/ Becker 1996, S. 67ff.; Belz 1996, S. 142ff.; Belz/ Tomczak/ Rudolph 1995, S. 9f.; Hilb 1994, S. 66; Belz/ Tomczak 1992, S. 19ff.; Faix/ Laier 1991, S. 37; Hilb 1984, S. 47f.

Ist eine Unterstützung von Herstellerseite nur wenig, oder gar nicht vorhanden, gelingt es dem Handelsunternehmen nur in Ausnahmefällen, sich im Planungsbereich für grössere Projekte zu etablieren. Eine solche Tätigkeit würde den finanziellen und zeitlichen Rahmen vieler Handelsunternehmen bei weitem deutlich überfordern.
Gelingt der Weg von der ‚Profilierung' zur ‚Transformation', etwa über die Formulierung von *verkauf-* und *verrechenbaren Dienstleistungsmodulen*, ist ein bedeutender Schritt innerhalb möglicher Kompetenzen im Wettbewerb erreicht.

Partnerschaftssysteme

Partnerschaftssysteme können die Zusammenarbeit von Handelspartner mit Lieferant oder Schlüsselkunde, zu einer *langfristigen vertikalen Leistungspartnerschaft* vertiefen[671]. In diesem Ansatz könnte u.E. ein Konzept für kleinere und mittlere Handelsunternehmen bestehen.
Anzudenken sind etwa ‚Franchising - Systeme' von Herstellerseite, oder von Verbänden initiierte Strukturen[672]. Diese ermöglichten Händlern den vereinfachten Zugriff auf gemeinsame Planungsressourcen, z.B. auf angegliederte Innenarchitekten.
Eine professionelle Öffentlichkeitsarbeit, z.B. die Darlegung der Planungskompetenz gegenüber wichtigen Entscheidungsträgern, Architekten usw., könnte ebenfalls über diese Art von ‚Marketingkoalitionen' gelingen[673].

Perspektive des Kundenunternehmens

Das ‚Lead - User - Konzept'

Das ‚Lead - User - Konzept' bezeichnet ein Vorgehen zur Entwicklung neuer ‚Dienstleistungsprodukte'. Hier handelt es sich um ein Konzept, bei dem entweder der Nachfrager, oder der Anbieter, ein innovatives Problemfeld durch wechselseitige Zusammenarbeit punktuell oder kontinuierlich löst. Kundenunterneh-

---

671 Belz 1998, S. 360ff.

672 z.B. Wohnmöbelsegment: ‚Wohnen + Ideen', ‚Verband Creativer Inneneinrichter (CI)'

673 Belz 1998, S. 342ff.

men können hierbei von den Spezialkenntnissen der Anbieter profitieren. Das Anbieterunternehmen kann auf den praktischen Erfahrungswerten seiner Lead - User aufbauen. Bei einer längerfristigen Perspektive kann man ‚*Strategische Partnerschaften*' mit dem Kundenunternehmen erreichen[674].

Das Kundenunternehmen hat die Vorteile einer klar geregelten Verantwortlichkeit mit nur einem professionellen Ansprechpartner. Parallelen für das Feld der Systemgestaltung können im Bereich der *Systemnutzung* gefunden werden. Der Kundennutzen besteht beim ‚Facility Management' in der Wertsteigerung der Immobilie, bei gleichzeitiger Senkung der Infrastrukturkosten[675].

Ebenso denkbar wäre der Ansatz eines Konzeptes für die Büroeinrichtungsplanung, bei dem der Aspekt des ‚*performance contracting*' in Bezug auf die ‚nutzenorientierte Verrechnung' zum Tragen kommt.

Planungen für Beleuchtungssysteme könnten auf Basis des reduzierten Energieverbrauchs honoriert werden. Beim Austausch einer reparaturanfälligen Beleuchtungsanlage, würde der erforderliche Kapitalbedarf des neuen Beleuchtungssystems, inkl. empfohlener regelmässiger Wartungsarbeiten, über die Optimierung der Energiekosten finanziert[676].

Kundennutzenorientierte Verrechnung

Bei Planungs- und Beratungsdienstleistungen sind in der Praxis bisher *kundennutzenorientierte Verrechnungsmodelle* nicht verbreitet. Innenarchitekten orientieren sich grundsätzlich an den Bestimmungen der HOAI.

Eine Quantifizierung des Kundennutzens von innenarchitektonischen Dienstleistungen erscheint darüber hinaus *extrem schwierig*. Anwendbar wäre hingegen ein kundennutzenorientiertes Verrechnungsmodell, etwa bei der Vergabe baulicher Leistungen auf Grundlage der Beschaffungskosten, in Abhängigkeit erzielter *Einsparungen*. Möglich erscheint auch eine Honorierung auf Grundlage einer gestiegenen *Flächenwirtschaftlichkeit* (z.B. Arbeitsplatz pro Quadratmeter), bzw. reduzierter Baukosten (z.B. durch Einführung eines neuen Büroraumkonzeptes).

---

674 Zoller 1999, S. 358ff.

675 Kühn 1996, S. 91ff.

676 Expertengespräche SiTeco, DeTeImmobilien

Dar. 10.5: Fünf Schritte zu einer nutzenorientierten Preisgestaltung[677]

Schritt		Inhalt	Kritische Erfolgsfaktoren
1.	Ziele gemeinsam definieren	Welche Ziele sollen angestrebt werden?	Kausalität, Komplementäre Leistung
2.	Messverfahren festlegen	Wie soll die Zielerreichung überprüft werden?	Einigkeit vor Validität, Wirtschaftlichkeit
3.	Spielregeln definieren	Welche Rechte und Pflichten gelten für die Partner?	Einheit von Aufgabe, Verantwortung und Kompetenz
4.	Erfolg teilen	Wie wird der Erfolg zwischen den Partnern geteilt?	Psychologische Faktoren und Preisdreieck beachten
5.	Partnerschaft dynamisieren	Wie kann der Zielverhandlungs-prozess institutionalisiert werden?	Zielanpassungen ermöglichen

Die *Immaterialität* der Dienstleistungen erscheint aus Sicht des Kundenunternehmens als ein deutliches Hindernis in der Bewertung des Kundennutzens. Das Leistungsprogramm muss für das Kundenunternehmen möglichst erklärbar sein, um die *Qualität einer Dienstleistung* zu erkennen[678]. Das Ziel, die Transparenz der Dienstleistungskette zu erhöhen, ist für die Zukunft gesteckt. Der Nutzen muss klar erkennbar sein.

‚Clients want to pay for the value received, not for costs incurred to deliver a service. They are prepared to pay more than the costs if the value is high‘[679].

677 Reinecke 1997, S. 54ff.; ebd. 1996, S. 165

678 Noch 1995, S. 54f.

679 Kubr 1996, S. 569

Literaturverzeichnis

Abell, D. (1978): **Strategic Windows**. In Journal of Marketing. 42/ 1978. S. 21 – 26.

Adamik, P. (1996): **Vorrang für Ergonomie am Arbeitsplatz**. In Handelsblatt 18.12.1996. S. B1.

Ahrens, K. (1998): **Rollen - Spiele**. In Manager Magazin 8/ 1998. S. 184 - 186.

Ahrens, K./ Pittner, H. (1998): **Aus dem Großraum ins Grüne**. In Manager Magazin 8/ 1998. S. 174 - 181.

Albach, H. (1989): **Die mittelständische Industrie als Dienstleistungsmarkt**. In Kisch, W./ Picot, A. (Hrsg.): Die Betriebswirtschaftslehre im Spannungsverhältnis zwischen Generalisierung und Spezialisierung. Wiesbaden. S. 414ff..

Altmann, G. (2003): **Outsourcing rechnet sich**. In eManager – Das Special über Beratung, Lösungen, Outsourcing und Infrastruktur – Services. Juli 2003. S. 10.

Armistead, C. (1994): **Prologue. The Future of Service Management Research**. In Armistead, C. (Hrsg.): The Future of Service Management. London. S. 19ff..

Arnemann, O. (2003): **Augen auf bei der Suche nach dem Contracting – Partner**. Technik & Innovation. Sonderteil Contracting. In Handelsblatt 16.7. 2003. S. 47.

Arnold, U. (1998): **Marktlich integrierte Kooperationen: Netzwerke und Allianzen in Beschaffung und Absatz**. In Gassert, H./ Prechtl, M./ Zahn, E. (Hrsg.): Innovative Dienstleistungspartnerschaften. Stuttgart. S. 57ff..

Aßmann, A. (2003): **Ökonomisch und ökologisch handeln**. Erfahrungen für die Zukunft – 100 Jahre Verband Beratender Ingenieure. Technisches Consulting. S. B 5.

Baaken, Th. (1991): **Qualifizierung des Kunden als integrative Aufgabe im Technologie - Marketing**. In Töpfer, A./ Sommerlatte, T. (Hrsg.): Die Integration von Technologie und Marketing als strategischer Erfolgsfaktor. Landsberg/ Lech 1991. S. 201ff..

Backhaus, K./ Schröder, J./ Perrey, J. (2002): Marketing Wissen: Markenrelevanz II. **B2B - Märkte. Die Jagd auf Marken – Potenziale kann beginnen**. In ASW 11/ 2002. S. 48ff..

Backhaus, K. (1999): **Industriegütermarketing**. 6., erw. und überarb. Aufl.. München. Dieses Werk ist die neueste Aufl. von *Backhaus, K. (1995): Investitionsgütermarketing*. 4., überarb. Aufl.. Ab und mit der 5. Aufl. unter geändertem Titel; s.a. Bemerkungen im Buch von 1999.

Backhaus, K./ Aufderheide, D./ Späth, G. – M. (1994): **Marketing für Systemtechnologien**. Stuttgart.

Backhaus, K. (1993): **Geschäftstypenspezifisches Investitionsgütermarketing**. In Droege, W./ Backhaus, K./ Weiber, R. (Hrsg.): Strategien für Investitionsgütermärkte. Landsberg/ Lech. S. 100 – 106.

Ballhaus, J./ Stippel, P. (1999): **Der Verkäufer als Erfolgsberater**. In ASW 8/ 99. S. 68 – 73.

Bänsch, A. (1998): **Verkaufspsychologie und Verkaufstechnik**. 7., überarb. Aufl.. München und Wien.

Bänsch, A. (1995): **Käuferverhalten**. München, Wien.

Barth, S. (1997): **Der Architekt als Unternehmer**: ein Leitfaden für Studium und Praxis. Stuttgart, Berlin, Köln.

Bateson, J. E. G. (1995): **Managing Service Marketing**. 3rd Edition. Fort Worth.

Baumgarten, H./ Wolff, S. (1993): **Make – or – buy – Entscheidungen zur strategischen Ausrichtung des Unternehmens**. In Droege, W. P. J./ Backhaus, K./ Weiber, R. (Hrsg.): Strategien für Investitionsgütermärkte. S. 271ff..

BBE Unternehmensberatung GmbH (1998): **Branchenreport Bürowirtschaft**. S. 125 und S. 162.

Becker, J. (1993): **Marketing - Konzeption**. München.

Belz, Ch./ Bieger, Th. (2001): **Customer Value – der leistungsorientierte Ansatz**. Unveröffentlichtes Exemplar, vorab. Entwurf, vom 24. Juni 2001. St.Gallen.

Belz, Ch./ Reinhold, M. (1999): **Anleitung zum Vertriebserfolg**. In Belz, Ch./ Reinold, M. (Hrsg.): Internationales Vertriebsmanagement für Industriegüter. Teil 1. St.Gallen und Wien. S. 15ff..

Belz, Ch. (1998): **Akzente im innovativen Marketing**. St.Gallen.

Belz, Ch. (1998a): **Erkenntnisse zum systematischen Beziehungsmanagement**. In Belz, Ch., u.a. (Hrsg.): Management von Geschäftsbeziehungen. St. Gallen und Wien. Teil 1. S. 17ff..

Belz, Ch. u.a. (1997): **Erfolgreiche Leistungssysteme in der Industrie**. In Belz, Ch. u.a. (Hrsg.): Die Industrie als Dienstleister. St.Gallen. S. 14ff..

Belz, Ch. (1997a): **Management von persönlichen Geschäftsbeziehungen**. In Belz, Ch. (Hrsg.): Leistungs- und Kundensysteme. Kompetenz für Marketing - Innovationen, Schrift 2. St.Gallen. S. 120ff..

Belz, Ch. (1997b): **Dynamische Marktsegmentierung und Kundensysteme**. In Belz, Ch. (Hrsg.): Leistungs- und Kundensysteme. Kompetenz für Marketing – Innovationen, Schrift 2. St.Gallen. S. 94ff..

Belz, Ch. (1996): **Verkaufskompetenz**. St.Gallen.

Belz, Ch./ Tomczak, T./ Rudolph, Th. (1995): **Ergebnisse und Projekte der Marketingforschung am Forschungsinstitut für Absatz und Handel**. St.Gallen. 1995/ 3.

Belz, Ch. (1995): **Dynamische Marktsegmentierung**. In Belz, Ch./ Tomczak, T. (Hrsg.): Thexis. Fachbericht für Marketing 2/ 1995.

Belz, Ch./ Senn, Ch. (1995): **Richtig umgehen mit den Schlüsselkunden**. In HARVARD BUSINESS manager 2/ 95. S. 45ff..

Belz, Ch./ Reinecke, S. (1995): **IT - Marketing für Kundenvorteile**. In Thexis 1/ 95. S. 20 – 27.

Belz, Ch./ Senn, Ch. (1994): **Strategische Optionen im Key – Account Management**. In Tomczak, T./ Belz, Ch. (Hrsg.): Kundennähe realisieren. St.Gallen. S. 159ff..

Belz, Ch. (1994a): **Management von Geschäftsbeziehungen**. St.Gallen.

Belz, Ch. (1994b): **Leistungs- und Kundensysteme**. In Spies, S./ Fisseler, D. (Hrsg.): Produkte mit Profil. Wiesbaden. S. 44ff..

Belz, Ch. (1993): **Strategisches Kundenmarketing**. In Belz, Ch. (Hrsg.): Berichte und Materialien aus dem Forschungsinstitut für Absatz und Handel. St. Gallen 3/ 1993.

Belz, Ch./ Tomczak T. (1992): **Leistungssysteme für technische Produkte und Investitionsgüter**. In Belz, Ch. (Hrsg.): Berichte und Materialien aus dem Forschungsinstitut für Absatz und Handel. St.Gallen 2/ 1992.

Belz, Ch. (1992): **Untersuchungsergebnisse: Suchfelder für Marketinginnovationen**. In Belz, Ch. (Hrsg.): Berichte und Materialien aus dem Forschungsinstitut für Absatz und Handel. St.Gallen 1/ 1992.

Belz, Ch. (1991a): **Erfolgreiche Leistungssysteme**. Anleitungen und Beispiele. Stuttgart.

Belz, Ch. (1991b): **Suchfelder im Marketing**. Zürich und St.Gallen.

Belz, Ch. (1989): **Konstruktives Marketing**. Savosa, St.Gallen.

Berekoven, L. (1983): **Der Dienstleistungsmarkt in der BRD**. Band 1.2. Göttingen. Zit. in: Frutig, D./ Reiblich, D. (1995), S.42.

Bergheimer, M. (1996): **Aktuelle Rahmenbedingungen des Marketings**. In Belz, Ch./ Müller, R. (Hrsg.): Näher zum Kunden. Zürich. S. 73ff..

Bergius, S. (2003): **Manager mit Umweltschutz auf Erfolgskurs**. Umfassende Corporate Governance beherzigt auch ökologische Grundsätze. Technik & Innovation. Sonderteil ‚Nachhaltig Wirtschaften'. In Handelsblatt 10.10.2003. S. B1.

Berry, L. L./ Yadav, M. S. (1997): **Oft falsch berechnet und verwirrend - die Preise für Dienstleistungen**. In HBM 1/ 1997. S. 57 - 67.

Beul, M. M. (1998): **Smart Office. Visionen für ein Büro der Zukunft**. In Handelsblatt 6./7.2.1998. S. 45.

Beyerle, Th. (1999): **Büroimmobilien sollen flexibel gestaltet sein**. In Handelsblatt 23.11.1999. S. B8.

Bieberstein, I. (1995): **Dienstleistungsmarketing**. Ludwigshafen/ Rhein.

Bircher, B. (1988): **Dienste um die Produktion**. In Afheldt, H. (Hrsg.): Erfolge mit Dienstleistungen. Stuttgart. S. 55ff..

Bleicher, K. (1997): **Marketing im Spannungsfeld von Wettbewerbs- und Potentialorientierung**. In Bruhn, M./ Steffenhagen, H. (Hrsg.): Marktorientierte Unternehmensführung: Reflexionen - Denkanstösse - Perspektiven. Wiesbaden. S. 170ff..

Bleicher, K. (1992): **Das Konzept integriertes Management**. 2., rev. und erw. Aufl.. Frankfurt/ Main und New York.

Blindow, F./ Böhmcker, A./ Felix, R. (1997): **Gezielte Ausgestaltung von Partnerschaftssystemen durch den Zulieferer**. In Belz, Ch., u.a. (Hrsg.): Die Industrie als Dienstleister. S. 110ff..

Böcker, J./ Götte, Th. (1994): **Das Systemgeschäft folgt eigenen Regeln**. In Harvard Business Manager 2/ 1994. S. 116 - 124.

Bonoma, T. V. (1985): **Case Research in Marketing: Opportunities, Problems and Process**. In Journal of Marketing Research, Vol. 22, 1/1985. S. 199 - 208.

Brandes, U. (1994): **Empirische Spuren**. In Vegesack v., A. (Hrsg.): Citizen Office. Göttingen. S. 76ff..

Braun, H .- J. (1995): **Steigerung der Kundenbegeisterung und Mitarbeiterorientierung durch Schaffung neuer Vertriebsstrukturen**. In VDI (Hrsg): Neue Spielregeln zwischen Vertrieb und Beschaffung. VDI Bericht 1221. Düsseldorf. S. 93ff..

Braun, H. - P./ Oesterle, E./ Haller, P. (1996): **Facility Management**. Berlin u.a..

Brecheis, D. (1991): **Marketing für Objektsysteme**. Augsburg.

Brockhoff, K. (1997): **Wenn der Kunde stört - Differenzierungsnotwendigkeiten bei der Einbeziehung von Kunden in die Produktentwicklung**. In Bruhn, M./ Steffenhagen, H. (Hrsg.): Marktorientierte Unternehmensführung: Reflexionen - Denkanstösse - Perspektiven. Wiesbaden. S. 353ff..

Brockmann, M. (1999): **Büro der Zukunft**. In Impulse 5/ 1999. S. 89 - 108.

Bruhn, M. (1995): **Sicherstellung der Dienstleistungsqualität durch integrierte Kommunikation**. In Bruhn, M./ Stauss, B. (Hrsg.): Dienstleistungsqualität. 2., überarb. und erw. Aufl.. Wiesbaden. S. 161ff..

Bundesanstalt für Arbeitsschutz und Arbeitsmedizin (1995): **Arbeitsmedizinische Aspekte der modernen Büroarbeit**. 2. Aufl.. Berlin.

Bundesgesetzblatt (1996): **Artikel 3, Bildschirmarbeitsplatzverordnung**. Teil I, Nr. 63. Bonn.

Bundesverband Bürowirtschaft (2003): **Pressemitteilung 2003: Zeit der Unternehmer - Zeit der Kunden**. 6 Seiten.

Bundesverband Bürowirtschaft (1998): **Geschäftsbericht 1997/ 98**. S. 21.

Bußmann, W. F. (1994): **Lean Selling**. Landsberg/ Lech.

Canton, I. D. (1984): **Learning to love the service economy**. In HBR Mai/ Juni 1984. S. 89 - 97.

Czepiel, J. (1992): **Competitive Marketing Strategy**. Englewood Cliffs (N.Y.).

Corcoran, K. J./ Petersen, L. K./ Baitch, D. B./ Barrett, M. F. (1997): **Spitzenleistungen im Verkauf.** Die Erfolgsstrategien der Marktführer. 2. Aufl.. Düsseldorf.

Corsten, H. (1990): **Betriebswirtschaftslehre der Dienstleistungsunternehmungen**. 2., durchges. Aufl.. München und Wien.

Dawson, P. M. (1998): **Flächenmanagement**. In Lochmann, H. - D./ Köllgen, R. (Hrsg.): Facility - Management: strategisches Immobilienmanagement in der Praxis. Wiesbaden. S. 109ff..

Dietz, J. - W. (1989): **Gründung innovativer Unternehmen**. Wiesbaden.

Diller, H./ Kusterer, M. (1988): **Beziehungsmanagement**. In Marketing ZFP 3/ 1988. S. 211 - 220.

Domke, M. (1999): **Neue Energiekonzepte durch Outsourcing umsetzen**. In Handelsblatt. Technisches Consulting. 28.10.1999. S. B 3.

Doppler, K./ Lauterburg, Ch. (1997): **Change Management**. 6. Aufl.. Frankfurt/ Main, New York.

Dörler, H. A./ Rufer, D./ Wüthrich, H. A. (1994): **Von der Produkt-/ Marktplanung zur dynamischen Unternehmensarchitektur**. In Riekhof, Ch. (Hrsg.): Praxis der Strategieentwicklung. 2., überarb. und erw. Aufl.. Stuttgart. S. 21ff..

Dörnberg, v., E. - A. (1993): **Können Produktionsunternehmen von Dienstleistern lernen ?** In Droege, W./ Backhaus, K./ Weiber, R. (Hrsg.): Strategien für Investitionsgütermärkte. Landsberg/ Lech. S. 347ff..

Drost, M. F./ Jocham, A. (1997): **Daimler will Immobilien effizienter nutzen**. In Handelsblatt 62/ 1997. S. 11.

Eckhardt, W. (1998): **Licht - Contracting, ein Miet - Kauf - Anreiz**. In Licht + Architektur 1/ 1998. S. 64 - 66.

Eich, Ch. W. (1987): **Case Story: Corporate Identity at BMW**. In Bernsen, J./ Danish Design Council (Ed.): Design Management in Practice. Copenhagen 1987. S. E. 1 - 11. (E. für Eich).

Engelhardt, W. E./ Kleinaltenkamp, M. (1995): **Analyse der Erfolgspotentiale**. In Kleinaltenkamp, M./ Plinke, W. (Hrsg.): Technischer Vertrieb. Berlin u.a.. S. 195ff..

Engelhardt, W. E./ Kleinaltenkamp, M./ Reckenfelderbäumer, M. (1993): **Leistungsbündel als Absatzobjekte. Ein Ansatz zur Überwindung der Dichotomie von Sach- und Dienstleistungen.** In ZfbF 5/ 1993. S. 395 - 426.

Engelhardt, W. H./ Schwab, W. (1982): **Die Beschaffung von investiven Dienstleistungen**. In DBW 4/ 1982. S. 503 - 513.

Esch, F. R./ Meyer, S. (1995): **Umsetzung erlebnisbetonter Positionierungskonzepte in der Ladengestaltung von Handelsunternehmen**. In Trommsdorff, V. (Hrsg.): Innovationsmanagement im Handel. Jahrbuch der Forschungsstelle für den Handel (Ffh). S. 287ff..

Eschenbach, R./ Horak, Ch./ Plasonig, G. (1989): **Der Büroarbeitsplatz - Lebensraum und Produktivitätsfaktor**. Wien.

Faix, W. G./ Laier, A. (1991): **Soziale Kompetenz**. Wiesbaden 1991.

Faust, J. (1999): **Der Architekt in Nöten**. Immobilienbrief. In FAZ 15.1.1999, Nr. 12. S. 47.

Ferretti, M. (1997): **Der schwierige Weg zu einem ‚intelligenten europäischen Haus'**. In Sanitär- und Heizungstechnik 5/ 1997. S. 58f..

Fiedler, K. (2000): **Innenraumqualität, Bauprodukte und Gesundheit**. In DAB 1/ 2000. S. 46ff..

Fischer, M. (1993): **Make - or - Buy - Entscheidungen im Marketing: neue Institutionenlehre und Distributionspolitik**. Wiesbaden.

Fitzgerald, R. L. (1989): **Investitionsgütermarketing auf Basis industrieller Beschaffungsentscheidungen. Entscheidungsprozesse beim Kauf von Industrieanlagen**. Wiesbaden.

Forschner, G. (1988): **Investitionsgüter - Marketing mit funktionellen Dienstleistungen:** die Gestaltung immaterieller Produktbestandteile im Leistungsangebot industrieller Unternehmen. Berlin.

Foschiani, S./ Hertweck, A. (1998): **Strategische Option statt kurzfristiger Sparmassnahme**. In Handelsblatt 19.10.1998. S. 43.

Friedrich, W./ Garbe, B. (1994): **Kundenorientierte Vertriebsorganisation im Maschinenbau**. Frankfurt/ Main.

Friege, Ch. (1997): **Preispolitik für Dienstleistungen**. In Thexis 2/ 97. S. 9 - 14.

Friege, Ch. (1995): **Preispolitik für Leistungsverbunde im Business - to – Business - Marketing**. Wiesbaden.

Fröndhoff, B. (1999): **Schwere Zeiten für die Möbelbranche**. In Handelsblatt 25.11.1999. S. 15.

Frutig, D./ Reiblich, D. (1995): **Facility Management**. Zürich.

Fuchs, W./ Puell, R. (1994): **Das Kombi - Büro**. In Congena (Hrsg.): Zukunftsstrategie Kombi - Büro. Baden – Baden. S. 45ff..

Futrell, Ch. M. (1999): **Fundamentals of Selling**. 6th ed.. International Edition. Boston u.a..

Futrell, Ch. M. (1998): **Sales Management**. 5th ed.. Fort Worth u.a..

Gebauer, T./ Jenß, A. (2002): **Branchenreport Nr. 12**. IG Metall Branche Holz und Kunststoff. In Rhode, W. (Hrsg.): IG Metall. Frankfurt / Main.

Geberzahn, W. O. (1994): **Der Arbeitsplatz im Büro. Aspekte der modernen Bürogestaltung**. Landsberg/ Lech.

Goldammer, D. (1997): **Kommunikationsfähigkeit und Teamarbeit sind gefragt**. Sont. Technisches Consulting. In Handelsblatt 23.10.1997.

Goldstein, J. D./ Köllgen, R. (1998): **Die Entwicklung des Facility - Management - Marktes**. In Lochmann, H. - D./ Köllgen, R. (Hrsg.): Facility - Management: strategisches Immobilienmanagement in der Praxis. Wiesbaden. S. 43ff..

Gomez, P./ Zimmermann, T. (1993): **Unternehmensorganisation**. 2., rev. und erw. Aufl.. Frankfurt/ M. und New York.

Goodstein, L. D. (1993): **Applied Strategic Planning**. New York u.a..

Goold, M./ Campbell, A. (1999): **Synergien suchen - um jeden Preis?** In HBM 2/ 1992. S. 65 - 77.

Gouillart, F. J./ Kelly, J. N. (1995): **Business Transformation**. Wien.

Graßy, O. (1996): **Von der Zusatzleistung zur eigenständigen Vermarktung: Probleme und Lösungsansätze**. In Töpfer, A./ Mehdorn, H. (Hrsg.): Industrielle Dienstleistungen: Servicestrategie oder Outsourcing. Neuwied, Kriftel, Berlin. S. 57ff..

Graßy, O. (1993): **Industrielle Dienstleistungen - Diversifikationspotentiale für Industrieunternehmen**. München.

Grauel, R. (2003): **Industry Redefinition**. In McK Wissen 07. Dezember 2003. S. 10ff.

Grobosch, P. (2002): **Betriebs- und Volkswirtschaft.** In DIHK Textband, 1. Aufl..

Gronwald, S./ Rust, H./ Schmalholz, C. G. (1999): **Von draußen nach oben**. In Manager Magazin 8/ 99. S. 136 - 150.

Grosse - Oetringhaus, W. F. (1996): **Strategische Identität - Orientierung im Wandel**. Berlin u.a..

Grosse - Oetringhaus, W. F. (1994): **Value Marketing - Steigerung des Geschäftserfolges durch Erhöhung von Kundenwerten.** In Tomczak, T./ Belz, Ch. (Hrsg.): Kundennähe realisieren. St.Gallen. S. 55ff..

Grosse - Oetringhaus, W. F. (1990): **Das Geheimnis des Strategischen Verkaufens**. In Harvard Manager 3/ 1990. S. 93 - 101.

Gruhler, W. (1990): **Dienstleistungsbestimmter Strukturwandel in deutschen Industrieunternehmen**. Köln.

Grunenberg, N. (1999): **Im Traditionsgefängnis**. Die Gewerkschaften kämpfen gegen den Verlust an Einfluss und Bedeutung. In Die Zeit. 14.10.1999. S. 4.

Günter, B. (1992): **Unternehmenskooperationen im Investitionsgüter - Marketing - Überlegungen zu einer unterschätzten Strategie**. In Schmalenbachs Zeitschrift für betriebswirtschaftliche Forschung. 44/ 1992. S. 792 - 808.

Günter, B. (1979): **Das Marketing von Grossanlagen. Strategieprobleme des Systems Selling**. Berlin.

Habschick, M. (1999): **Am Tropf der Banken verhungert mancher Gründer**. Die Finanzierung ist eines der grössten Hindernisse auf dem Weg in die berufliche Selbständigkeit. Serie ‚Gründerzeiten'. In Handelsblatt 7.1.1999. S. K8.

Haedrich, G./ Tomczak, T (1996): **Produktpolitik.** Stuttgart, u.a..

Haedrich, G./ Tomczak, T (1990): **Strategische Markenführung**. Bern und Stuttgart.

Haller, S. (1993): **Methoden zur Beurteilung von Dienstleistungsqualität**. In ZfbF 1/ 1993. S. 19 - 39.

Hansemann, Th. (1998): **Dezentral.** Innovation in der Gebäudetechnik: Gebäudeautomation ohne Schaltschränke. In AIT 5/ 1998. S. 188f..

Hasenbein, U./ Haas de, D. (1994): **Manager**. Schnittstellen im Ladenbau. Planer, Berater und Auftraggeber. In AIT 9/ 94. S. 52f..

Hauschildt, J. (1993): **Innovationsmanagement**. München 1993.

Hauser, T./ Groll, M. (2002): Marken - Trends: Investitionsgüter. **Kompetenzen als Botschaft, Vertrauen als Ziel**. In ASW. Sonderausgabe der Zeitschrift für Marketing. 3/ 2002. S. 38ff..

Heidbreder, U. W. (1992): **Computer Aided Facility Management**. In Bauinformatik, Nr. 4. Zürich 1992c, S.190f.. Zit. in: Frutig, D./ Reiblich, D. (1995). S. 36.

Helmke, D. (1999): **Profit - Center - Ergebnisrechnung als Steuerungsinstrument im Vertrieb**. In Belz, Ch./ Reinhold, M. (Hrsg.): Internationales Vertriebsmanagement für Industriegüter. S. 397ff..

Henzler, D. H./ Heidbreder, U. W. (1989): **Praxis des Objektmanagements**: Methodik, Planung, Durchführung. Landsberg/ Lech.

Herkert, S. (1996): **Planung von MSR - Anlagen in der Gebäudeautomation**. In HLH 1/1996. S. 24 - 35.

Heskett, J. L. (1988): **Management von Dienstleistungsunternehmen.** Wiesbaden. Zit. in Meffert/ Bruhn 2000, Dienstleistungsmarketing. S. 518ff..

Heyde, W./ Laudel, G./ Pleschak, F./ Sabisch, H. (1991): **Innovationen in Industrieunternehmen: Prozesse, Entscheidungen, Methoden**. Wiesbaden.

Hilb, M. (1994): **Integriertes Personal - Management**. Ziele - Strategien - Instrumente. Neuwied, Kriftel, Berlin.

Hilb, M. (1984): **Diagnose - Instrumente zur Personal- und Organisationsentwicklung**. Bern, Stuttgart.

Hilf, R. (1998): **Zum Planen und Bauen im Bestand**. In DAB 12/ 98. S. 1571.

Hilke, W. (1989): **Grundprobleme und Entwicklungstendenzen im Dienstleistungs - Marketing**. In Jacob, H. u.a. (Hrsg): Schriften zur Unternehmensführung. Bd.35. Wiesbaden. S. 5 - 44.

Hilker, J. (1993): **Marketingimplementierung**. Wiesbaden.

Hill, W./ Fehlbaum, R./ Ulrich, P. (1994): **Organisationslehre 1**. 5., erg. Aufl.. Bern und Stuttgart.

Hinterhuber, H. H. (1986): **Strategie und Taktik im Marketing**. In Belz, Ch. (Hrsg.): Realisierung des Marketing. Savosa, St.Gallen. S. 191ff..

Hoffmann, V. (1993): **Scenarien im stragischen Planungsprozess der Shell Gruppe**. In Droege, W./ Backhaus, K./ Weiber, R. (Hrsg.): Strategien für Investitionsgütermärkte. Landsberg/ Lech. S. 550ff..

Hofmann, J. (1998): **Ausverkauf des Mittelstandes hat nicht stattgefunden**. In Handelsblatt 12.10.1998. S. 16.

Homburg, Ch./ Schäfer, H./ Schneider, J. (2002): **Sales Excellence**. Vertriebsmanagement mit System. 2., überarb. Aufl.. Wiesbaden.

Homburg, C./ Garbe, B. (1997): **Gestaltung und Management industrieller Dienstleistungen**. In Belz, Ch. (Hrsg.): Leistungs- und Kundensysteme. St. Gallen. S. 40ff..

Homburg, C./ Garbe, B. (1996a): **Industrielle Dienstleistungen. Bestandsaufnahme und Entwicklungsrichtungen**. In ZfB 3/ 96. S. 253 - 282.

Homburg, C./ Garbe, B. (1996b): **Industrielle Dienstleistungen - lukrativ, aber schwer zu meistern**. In Harvard Business manager 1/ 1996. S. 68 - 75.

Hoppen, D. (1999): **Vertriebsmanagement**: Steuerung des Firmenkundengeschäfts im Inland und im Export. München und Wien.

Horovitz, J. (1998): **Kernkompetenzen erweitern, bevor sie sich verflüchtigen**. In Handelsblatt 27./28.3.1998. S. K 6.

Hugo - Becker, A./ Becker, H. (1996): **Psychologisches Konfliktmanagement**. 2. Aufl.. München.

Hutt, D. H./ Speh, Th. W. (1998): **Business Marketing Management**. A Strategic View Of Industrial And Organizational Markets. 6th. ed. Forth Worth, u.a..

Ingram, Th. N./ Laforge, R. W./ Schwepker jr., Ch. W. (1998): **Sales Management**. 3rd ed.. Fort Worth u.a..

Invernizzi, F. (1999): **Manchmal bläst nicht nur die Klimaanlage dicke Luft ins Büro**. In Handelsblatt 10./11.9.1999. S. K2.

Irmscher, M. (1998): **Mehr Selbstbewusstsein hilft Allen und Allem.** In AIT 3/ 1998. S. 139.

Jacob, F. (1998): **Produktindividualisierung als spezielle Form des Dienstleistungsmarketing im Business - to - Business - Bereich**. In Kleinaltenkamp, M. (Hrsg.): Dienstleistungsmarketing. Konzeptionen und Anwendungen. Wiesbaden. S. 195ff..

Jacobs, R. (1996): **Sanitärtechnik für die Gebäudeautomation**. In TAB 6/ 1996. S. 77 - 79.

Jenner, Th. (1999): **Markenführung als Lernprozess**. In HBM 5/ 1999. S. 20 - 29.

Jenner, Th./ Erichsson, S. K. (1997): **Die Stellung von User Groups im Systemgeschäft**. In WiSt 6/ 1997. S. 319 - 321.

Jopp, K./ Freisberg, A. (2003): **Energie - Service aus einer Hand**. Technik & Innovation. Sonderteil Contracting. In Handelsblatt 16.7. 2003. S. 47.

Joppe, J. (1999): **Scenarien - Denken mindert die Risiken**. In Handelsblatt 18./19.6.1999. S. K3.

Jugel, S./ Zerr, K. (1989): **Dienstleistungen als strategisches Element eines Technologie - Marketing**. In Marketing ZFP 3/ 1989. S. 162 - 172.

Kachel, H. (1996): **Turbo - Effekt**. In: Chefbüro. Magazin für Führungskräfte 6/ 96. S. 36f..

Kajetan, O. (1998): **Ein frühzeitiges Facility Management zahlt sich aus**. Mehrwert für alle durch ganzheitliche Sicht. In Der Facility Manager 3/ 1998. S. 18f..

Kaltenberger, B. (1997): **Business Process Reengineering und die Konsequenzen für das Marketing**. In Weinhold - Stünzi, H./ Reinecke, S./ Schögel, M. (Hrsg.): Marketingdynamik. St.Gallen. S. 124ff..

Kayser, G. (1990): **Organisation**. In Pfohl, H. - Ch. (Hrsg.): Betriebswirtschaftslehre der Mittel- und Kleinbetriebe. 2. Aufl.. Berlin 1990. S. 80ff..

Kern, U. (1999): **Design - Management**. In ASW 9/ 99. S. 84 - 92.

Kern, U./ Schönwandt, H. (1990): **Design - Management: Modell einer neuen unternehmensstrategischen Funktion**. In Rat für Formgebung (Hrsg.): Design - Management. Düsseldorf, Wien, New York. S. 52ff..

Kleinaltenkamp, M./ Fließ, S. (1995): **Entwicklung einer strategischen Marketingkonzeption**. In Kleinaltenkamp, M./ Plinke, W. (Hrsg.): Technischer Vertrieb. Berlin, u.a.. S. 942ff..

Kleinaltenkamp, M. (1995): **Gestaltung der Distributionsleistung**. In Kleinaltenkamp, M./ Plinke, W. (Hrsg.): Technischer Vertrieb. Berlin, u.a.. S. 745ff..

Kleinaltenkamp, M. (1994): **Kooperatives Kundenmanagement im Business - to - Business - Marketing**. In Tomczak, T./ Belz, Ch. (Hrsg.): Kundennähe realisieren. St.Gallen. S. 145ff..

Kleiner, J. - C. (1998): **Beziehungsmanagement in der Bauwirtschaft - eine Anleitung für Praktiker**. In Belz, Ch., u.a. (Hrsg.): Management von Geschäftsbeziehungen. St.Gallen und Wien. S. 159ff..

Knappstein, M. (1989): **Die Marketing - Strategie des Hauses IKEA**. In Raffée, H./ Wiedmann, K.-P. (Hrsg.): Strategisches Marketing. 2. Aufl.. Stuttgart. S. 34ff..

Knirsch, J. (1996): **Die Gestaltung der Arbeitswelt als Lebensraum**. In Knirsch, J. (Hrsg.): Büroräume Bürohäuser. Leinfelden - Echterdingen. S. 8ff..

Koenen, J. (2003): **Konzerne trennen sich von IT - Töchtern**. Während die meisten Unternehmen einen Verkauf ihrer Ableger erwägen, investieren BASF und Freudenberg. Unternehmen & Märkte. In Handelsblatt 14.10.2003. S. 19.

Koenen, J. (2003a): **Geschäft mit Übernahmen kommt wieder in Schwung**. Unternehmen & Märkte. In Handelsblatt 19.5.2003. S. 13.

Köhler, R. (1993): **Beiträge zum Marketing - Management. Planung, Organisation, Controlling**. 3., erw. Aufl.. Stuttgart.

Köllgen, R. (1998): **Kernkompetenzen, Outsourcing und Allianzenbildung**. In Lochmann, H.-D./ Köllgen, R. (Hrsg.): Facility - Management: strategisches Immobilienmanagement in der Praxis. Wiesbaden. S. 55ff..

Köllgen, R./ Wolf, Ch. H. (1998a): **Der Facility - Management – Lebenszyklus in einem Unternehmen**. In Lochmann, H.-D./ Köllgen, R. (Hrsg.): Facility - Management: strategisches Immobilienmanagement in der Praxis. Wiesbaden. S. 31ff..

Köllgen, R./ Wolf, Ch. H. (1998b): **Ausblick in die Zukunft**. In Lochmann, H. - D./ Köllgen, R. (Hrsg.): Facility - Management: strategisches Immobilienmanagement in der Praxis. Wiesbaden. S. 159ff..

Konradt, U. (1999): **Partner im virtuellen Unternehmen**. In Harvard Business Manager 3/ 1999. S. 103 - 107.

Körlin, E. (1993): **Profit Centers im Verkauf**. 6. Aufl.. Gauting/ München.

Kort, K. (2003): **Auch in Amerika werden die Manager wieder bescheiden**. In Handelsblatt. Unternehmen und Märkte. 16.4.2003. S. 14.

Kotler, Ph./ Bliemel, F. (2001): **Marketing - Management**. Analyse, Planung und Verwirklichung. 10., überarb. und akt. Aufl.. Stuttgart.

Kranz, H. R. (1997): **Digitale Gebäudeautomation** - die Emanzipation einer jungen Technik. In DAB 12/ 1997. S. 1865f..

Kranz, H. R. (1995): **Integration oder Kombination technischer Gebäudesysteme ?** In DAB 12/ 1995, S. 93 - 102.

Kraus, G. (1995): **Projektmanagement mit System: Organisation, Methoden und Steuerung**. Wiesbaden.

Krause, E. W. (2002): **Rede zur ORGATEC 2002**. Unterlagen zur Pressekonferenz. Im Internet. 7 Seiten. Juni 2002.

Kritzmöller, M. (1999): **Design - Fragen. Lebensstiladäquates Produktdesign**. In ASW 2/1999. S. 80 - 86.

Kromrey, H. (2000): **Empirische Sozialforschung**. Modelle und Methoden der standardisierten Datenerhebung und Datenauswertung. 9., korrigierte Aufl.. Opladen.

Kubr, M. (1996): **Management Consulting. A Guide To The Profession.** International Labour Office. Geneva. Third revised edition.

Kuhlmann, H. (1996): **Integrative Leittechnik**. Basis zur Unterstützung eines ganzheitlichen Konzeptes. In Beratende Ingenieure 11/ 1996. S. 8 - 12.

Kühn, G. (1996): **Facility - Management: Alles aus einer Hand?** In Töpfer/ Mehdorn (Hrsg.): Industrielle Dienstleistungen: Servicestrategie oder Outsourcing. S. 91ff.

Kühnle, H. (1998): **Chancen und Risiken müssen im Vorfeld erwogen werden**. In Handelsblatt 19.10.1998. Special - Outsourcing. S. 45.

Kulzer, R. (2003): **Computerindustrie bietet Rechnerleistung nach Bedarf**. In Handelsblatt 28.01.2003. IT - Unternehmen und Medien. S. 16.

Kulzer, R. (2003a): **IBM - Chef sieht Big Blue auf dem richtigen Weg**. In Handelsblatt 16.04.2003. IT - Unternehmen und Medien. S. 16.

Kunz, G. (1999): **Ziele partnerschaftlich vereinbaren – ein Weg zum Erfolg**. In Harvard Business Manager 2/ 1999. S. 79 - 88.

Kuß, A./ Tomczak, T. (1998): **Marketingplanung**. Wiesbaden.

Kuß, A. (1991): **Käuferverhalten**. Stuttgart.

Lamnek, S. (1995a): **Qualitative Sozialforschung**. Bd. 1. Methodologie. Weinheim.

Lamnek, S. (1995b): **Qualitative Sozialforschung**. Bd. 2. Methoden und Techniken. Weinheim.

Laub, U. D. (1991): **Innovationsbewertung: Ein Bewertungskonzept für innovative Unternehmensgründungen**. In Laub, U. D./ Schneider, D. (Hrsg.): Innovation und Unternehmertum. Wiesbaden. S. 23ff.

Lawrence, P. (1987): **Design As Corporate Ressource**. In Bernsen, J.; Danish Design Council (Ed.): Design Management in Practice. Copenhagen 1987. S. L. 1 - 8. (L. für Lawrence).

Leasing (2003): **Sonderteil im Handelsblatt mit verschiedenen Autoren**. In Handelsblatt 26.9.2003. S. B1ff..

Lehmann, A. (1995): **Strategien und Ansatzpunkte zur Schaffung von Servicequalität**. Zürich und Stuttgart.

Lenfers, H. (1994): **Das Tridem Verkaufskonzept: Aussendienst, Innendienst, Kundendienst**. Freiburg i. Br..

Lenzen, Th. (1993): **Industriedesign als Erfolgsfaktor für mitttelständische Unternehmen**. Diss. St.Gallen.

Levy, A./ Merry, U. (1996): **Organizational Transformation**. New York etc..

Lochmann, H. - D. (1998); unveränderter Nachdruck 2000: **Facility Management im Umfeld des modernen Mangements**. In Lochmann, H. - D./ Köllgen, R. (Hrsg.): Facility - Management: strategisches Immobilienmanagement in der Praxis. Wiesbaden. S. 13ff..

Lorenz, D. (1989): **Werkzeuge zum Unternehmenserfolg: Konzepte für funktionelle und attraktive Büroarbeitsplätze**. In Bulinger, H. - J. (Hrsg.): Integrationsmanagement. Stuttgart. S. 501 - 518.

Lorenz, D./ Struhk, H./ Schneider, F. (1994): **Lean Office**. Murnau.

Loss, Ch. (1997): **Systemverkauf**. In Belz, Ch. (Hrsg.): Leistungs- und Kundensysteme. Kompetenz für Marketing - Innovationen, Schrift 2. St.Gallen. S. 78ff..

Loss, Ch. (1996): **Systemverkauf**. Diss. St.Gallen.

Loss, Ch. (1995): **Investitionsgüterverkauf - eine konzeptionelle Neuorientierung tut not**. In VDI (Hrsg.): Neue Spielregeln zwischen Vertrieb und Beschaffung. In VDI - Bericht Nr. 1221. Düsseldorf. S. 83ff..

Lovelock, Ch. H. (1991): **Service Marketing**. 2nd Edition. London u.a..

Lückmann, R. (2003): **Auskunftei schreckt Datenschützer auf**. IT - Unternehmen & Medien. In Handelsblatt 19./ 20.9.2003. S. 20.

Lüthi, B./ Rüegg - Stürm, J. (1998): **‚Markterfolg dank zielorientiertem Kundendialog bei Mettler - Toledo'**. In Reinecke, S./ Sipötz, E./ Wiemann, E. - M. (Hrsg.): Total Customer Care. Kundenorientierung auf dem Prüfstand. St.Gallen/ Wien. S. 148ff..

Madaus, B. (1991): **Handbuch Projektmanagement: mit Handlungsanleitungen für Industriebetriebe, Unternehmensberater und Behörden**. Stuttgart.

Martin, P. (2003): **Planung gesunder Büros**. Zusammenarbeit von Architekten und Büroorganisatoren. In Mensch & Büro Nr. 5/ 2003. S. 66f..

Martin, G. (1999): **Konzepte für die Telearbeit entwickeln**. In Handelsblatt 10.3.1999. S. B10.

Mastenbroek, W. (1992): **Verhandeln**. Strategie, Technik, Taktik. Wiesbaden.

Maurice, D. (1999): **Gefährliche Kettenreaktion nach dem Umbau**. In Handelsblatt 20./21.8.1999. S. K3.

Mayring, P. (1993): **Einführung in die qualitative Sozialforschung**. Weinheim.

Meffert, H./ Schröder, J./ Perrey, J. (2002): Marketing Wissen: Markenrelevanz. **B2C - Märkte. Lohnt sich Ihre Investition in die Märkte**. In ASW 10/ 2002. S. 28ff..

Meffert, H./ Bruhn, M. (2000): **Dienstleistungsmarketing**. Grundlagen - Konzepte - Methoden. Mit Fallstudien. 3., vollst. überarb. und erw. Aufl.. Wiesbaden.

Meffert, H. (2000): **Marketing**. Grundlagen marktorientierter Unternehmensführung. Konzepte - Instrumente - Praxisbeispiele. 9., überarb. und erw. Aufl..

Meffert, H./ Bruhn, M. (1995): **Dienstleistungsmarketing**. Grundlagen - Konzepte - Methoden. Mit Fallbeispielen. 1. Aufl.. Wiesbaden.

Mehdorn, H. (1996): **Der Wandel in der Industriestruktur und die Bedeutung von Dienstleistungen**. In Töpfer, A./ Mehdorn, H. (Hrsg.): Industrielle Dienstleistungen: Servicestrategie oder Outsourcing? Neuwied, Kriftel, Berlin. S. 15ff..

Meili, M./ Horlacher, A. (1998): **Lista: Leistungssysteme - Total Office Management**. In Belz, Ch.: Akzente im innovativen Marketing. St.Gallen. S. 180ff..

Meili, M. (1997): **Partnerschaftssysteme mit dem Handel. Lista Diamant im Büromöbel - Handel**. In Belz, Ch. (Hrsg.): Leistungs- und Kundensysteme. St.Gallen. S. 132ff..

Meili. M. (1995): **Differenzierte Marketingkonzepte für Büroeinrichtungen**. In Thexis 3/ 1995. S. 38 - 41.

Menzel, S. (2003): **Kooperationen unter Konkurrenten**. Die Zahl der Bündnisse zwischen Unternehmen nimmt zu. Handelsblatt - Thema. In Handelsblatt 4./ 5.7.2003. S. 2.

Mertke, Th. (1996): **Prozeßvisualisierung in der Gebäudeautomation**. In HTH 1/ 1996. S. 46 - 49.

Meyer, A. (1996): **Dienstleistungsmarketing. Erkenntnisse und praktische Beispiele**. 7. Aufl.. München.

Meyer, A. (1985): **Produktdifferenzierung durch Dienstleistungen**. In Marketing ZFP, 2/ 1985. S. 99 - 107.

Millarg, K./ Alge, D. (1997): **Neue Dienstleistungen in der Zulieferindustrie**. In Belz, Ch. u.a. (Hrsg.): Die Industrie als Dienstleister. St.Gallen. S. 136ff..

Miller, F. (1996): **Menschen brauchen mehr Platz. EU - Richtlinie. Keine Angst vor neuen Regelungen für Bildschirmarbeitsplätze**. In Handelsblatt 6.3.1996. S. B16f..

Miller, R. B./ Heiman S. E. (1992a): **Strategisches Verkaufen**. 4. Aufl.. Landsberg/ Lech.

Miller, R. B./ Heiman S. E. (1992b): **Konzeptorientiertes Verkaufen**. 2. Aufl.. Landsberg/ Lech.

Müller - Hagedorn, L. (1993): **Handelsmarketing.** 2. Aufl.. Stuttgart u.a..

Müller - Stewens, G. (1994): **Vorstoss in neue Geschäfte: Identifikation und Eintrittsstrategien**. In Riekhof, H. - Ch. (Hrsg.): Praxis der Strategieentwicklung. 2., überarb. Aufl.. Stuttgart. S. 227ff..

Mundahl, M. (1998): **Lieferantenmanagement**. In Lochmann, H. - D./ Köllgen, R. (Hrsg.): Facility - Management: strategisches Immobilienmanagement in der Praxis. Wiesbaden. S. 79ff..

Muther, A./ Reinecke, S./ Österle, H. (1997): **Electronic Customer Care (ECC)**. In Belz, Ch./ Tomczak, T. (Hrsg.): Thexis. Fachbericht für Marketing. 3/ 97.

Noch, R. (1995): **Dienstleistungen im Investitionsgütermarketing**. Strategien und Umsetzung. München.

Nonnast, T. (2003a): **T - Systems übernimmt IT der WestLB**. Deutsche Telekom gewinnt Outsourcing - Vertrag für den Betrieb der Rechen- und Druckzentren gegen IBM. IT - Unternehmen & Medien. In Handelsblatt 8.9.2003. S. 14.

Nonnast, T. (2003): **EDS Deutschland räumt auf.** In Handelsblatt 28.5.2003. S. 15.

Normann, R. (1987): **Dienstleistungsunternehmen**. Hamburg und New York.

Oetinger, v., B. (1983): **Wandlungen in den Unternehmensstrategien der 80er Jahre**. In ZfbF – Sonderheft 15/ 83. S. 42 - 51.

Oetzel, A. (1997): **Produkte mit Perspektive**. Zusatzservice als entscheidender Wettbewerbsvorteil für das Produkt. In FAZ 8.10.1997. S. B 7.

O.V. (2003): **Stellenabbau bei IT – Dienstleistern**. IT - Unternehmen & Medien. In Handelsblatt 10./ 11.1.2003. S. 16.

O.V. (2003a): **IT – Dienstleister EDS setzt die Prognosen herab**. Unternehmen und Märkte. In Handelsblatt 10.2.2003. S. 18.

O.V. (2003b): **IBM übernimmt EDV für US – Autozulieferer**. IT - Unternehmen & Medien. In Handelsblatt 13.2.2003. S. 16.

O.V. (2003c): **Im Kopf des Kunden spazieren gehen**. In Mensch & Büro 1/ 2003. S. 74ff..

O.V. (2003d): **Ahrend, Vertrieb über den Fachhandel**. In Mensch & Büro 1/ 2003. S. 88.

O.V. (2003e): **IT - Dienstleister EDS löst Führung ab**. IT - Unternehmen & Medien. In Handelsblatt 24.3.2003. S. 22.

O.V. (2003f): **IT - Branche lässt Talsohle langsam hinter sich**. IT - Unternehmen & Medien. In Handelsblatt 22.4.2003. S. 16.

O.V. (2003g): **Bei EDS stehen drastische Sanierungsschritte an**. IT - Unternehmen & Medien. In Handelsblatt 29.4.2003. S. 21.

O.V. (2003h): **Pumpenhersteller KSB plant Partnerschaften und kleinere Zukäufe**. Unternehmen & Märkte. In Handelsblatt 30.4.2003. S. 13.

O.V. (2003i): **Cap Gemini verliert Umsatz**. IT - Unternehmen & Medien. In Handelsblatt 2./3.5.2003. S. 16.

O.V. (2003j): **Leasing**. Verlagsbeilage zur Frankfurter Allgemeinen Zeitung. In FAZ Freitag 16. Mai 2003. S. B1ff..

O.V. (2003k): **Hewlett - Packard erwartet Stagnation.** In Handelsblatt 22.5. 2003. S. 13.

O.V. (2003l): **EDS verkauft Tochter für 218 Mill. Dollar an Eiserv**. IT - Unternehmen & Medien. In Handelsblatt 14.7.2003. S. 14.

O.V. (2003m): **Stilwerk will Handel selbst übernehmen**. Centerbetreiber lockt Industrie als Kunden. Unternehmen & Märkte. In Handelsblatt 14.7.2003. S. 11.

O.V. (2003n): **T – Systems betreibt künftig Rechenzentren der WestLB**. Telekom gibt Grossauftrag heute bekannt. In Handelsblatt 8.9.2003. Titelseite.

O.V. (2003o): **Der Branchenführer - die ‚blauen Seiten'. Ihre Dienstleister auf einen Blick!** In Der Facility Manager Juli/ August. S. 58ff..

O.V. (2003p): **Atos Origin greift die führenden IT - Dienstleister in Europa an**. Franzosen übernehmen IT - Service - Sparte von Schlumberger. Unternehmen & Märkte. In Handelsblatt 23.9.2003. S. 14.

O.V. (2003q): **Design macht bei Swatch vor den Zahlen Halt**. Geld. In SonntagsZeitung 5. Okt. 2003. S. 85.

O.V. (2003r): **Finanzsparte rettet GM – Ergebnis**. Unternehmen & Märkte. In Handelsblatt 16.10.2003. S. 15.

O.V. (2003s): **‚Design ist keine Kunst ...'**. In Mensch & Büro Nr. 5/ 2003. S. 72.

O.V. (2003t): **Organisationshüterin**. Organisationsberaterin beseitigt Chaos im Büro. In Mensch & Büro Nr. 5/ 2003. S. 68ff..

O.V. (2003u): **Sonderteil Office Design. Schöner wohnen im Büro**. In Der Facility Manager. Juli/ August, Heft 7/ 8 2003. S. 30ff..

O.V.(2003v): **Büromöbel sind zurzeit wenig gefragt**. Unternehmen & Märkte. In Handelsblatt 4.8.2003. S. 12.

O.V.(2003w): **Krise stärkt etablierte M & A - Berater**. Investment - Banking. In Handelsblatt 14.7.2003. S. 18.

O.V. (2003x): **Kinnarps. Deutschland im Visier.** In Mensch & Büro Nr. 6/ 2003. S. 85.

O.V. (2002): **Dienstleister Bürowirtschaft**. In Mensch & Büro 1/ 2002. S. 69.

O.V. (2002a): **Partnerschaft mit Kimball.** In Mensch & Büro 1/ 2002. S. 114.

O.V. (2002b): **Steelcase ganz vorn**. In Mensch & Büro 1/ 2002. S. 115.

O.V. (2002c): **2003 schwarze Zahlen**. In Mensch & Büro 1/ 2002. S. 114.

O.V. (2002d): **Voko läuft die Zeit davon**. In FACTS 5/ 2002. S. 14.

O.V. (2002e): **Insolvenz beantragt**. In Mensch & Büro 3/ 2002. S. 101.

O.V. (2002f): **Aufbruch hinter lächelnder Fassade**. In Mensch & Büro 3/ 2002. S. 90f..

O.V. (2002g): **Profil der Marken stärken.** In Mensch & Büro 3/ 2002. S. 164.

O.V. (2002h): **Cap Gemini streicht erneut Tausende Jobs**. IT - Unternehmen und Medien. In Handelsblatt 28./29.6.2002. S. 20.

O.V. (2000): **Neue Arbeitswelt: Büro daheim ergänzt neue Arbeitswelt**. In Handelsblatt 7./8.1.2000. S. 17.

O.V. (2000a): **Call Center als Kunden entdecken**. In Handelsblatt 17.4.2000. S. 18.

O.V. (2000b): **Reklamationen kosten die Möbelbranche Milliarden**. In Handelsblatt 17.1.2000. S. 14.

O.V. (1999a): **Telearbeit auf dem Vormarsch**. In Handelsblatt 28.10.1999. S. 27.

O.V. (1999b): **Regus - Gruppe will an die Börse**. In Handelsblatt 21.7.1999. S. 14.

O.V. (1999c): **Lernen von Nike, Adidas und Reebok**. In Handelsblatt 2.8.1999. S. 20.

O.V. (1999e): **Bene kauft Objektform.** In Handelsblatt 10.2.1999. S. 14.

O.V. (1999f): **Sedus Stoll erwirbt Mehrheit an Klöber.** In Handelsblatt 16.6. 1999. S. 18.

O.V. (1999g): **Herlitz - Aktionäre glauben nicht an schnelle Besserung**. In Handelsblatt 16.6.1999. S. 19.

O.V. (1999h): **Buhrmann wird weltgrösster Büroartikel - Händler.** In Handelsblatt 14.7.1999. S. 14.

O.V. (1999i): **Büromöbelhersteller Sedus peilt den Gang an die Börse an**. In Handelsblatt 19.4.1999. S. 18.

O.V. (1999j): **DLW kehrt zu den Wurzeln zurück**. In Handelsblatt 21.4.1999. S. 20.

O.V. (1999k): **Brancheninformationen**. In Mensch & Büro 4/ 1999. S. 7.

O.V. (1999l): **Die Tertialisierung wird durch IuK – Technologien vorangetrieben**. In Handelsblatt 5./6.11.1999. S. 31.

O.V. (1998a): **Höhere Preise in Sicht**. Büromöbel/ Konjunkturbelebung wird spürbar. In Handelsblatt 12.2.1998. S. 15.

O.V. (1998b): **Kostensparen garantiert**. In Mensch & Büro 3/ 1998. S. 16 - 18.

O.V. (1998c): **Büros für den Blitzstart**. In Der Facility Manager 3/ 1998. S. 29.

O.V. (1998d): **Kein Bürokratiepopanz. Arbeitsschutz kann Marktchancen steigern**. In Mensch & Büro 10/ 1998. New Work, Messezeitung zur Orgatec 1998. S. 60f..

O.V. (1998e): **Kostentransparenz garantiert**. Die drei Säulen des Gebäudemanagements. In Mensch & Büro 3/ 1998. S. 16 - 18.

O.V. (1998f): **Werndl in neuen Händen**. In Handelsblatt 22.12.1998. S. 20.

O.V. (1998g): **Der Kunde verlangt mehr Aufmerksamkeit**. In Handelsblatt 14.9.1998. S. 21.

O.V. (1998h): **Büromöbelindustrie im Aufwind.** In Orgatec Journal. Messe Magazin zur Büromöbelmesse Orgatec in Köln. S. 4.

O.V. (1998i): **Gebäudemanagement als wirtschaftliche Realität.** In FAZ 9.10. 1998. Verlagsbeilage Industrie- und Gewerbeimmobilien. S. U8.

O.V. (1998j): **Belegungsplanung bei der Credit Suisse.** In Facility Manager 3/ 1998. S. 52f..

O.V. (1998k): **In das Büro der Zukunft soll Bewegung gebracht werden.** Orgatec/ Branche erwartet Impulse von der Messe. In Handelsblatt 15.10.1998.

O.V. (1998l): **Die grossen Zwölf.** Branchenreport Büro. In FACTS 10/ 1998. S. 16.

O.V. (1998m): **Mittelfristig ist Börsengang nicht ausgeschlossen.** In Handelsblatt 28.10.1998. S. 15.

O.V. (1998n): **Mauser Waldeck sieht wieder schwarze Zahlen.** In Handelsblatt 19.1.1998. S. 16.

O.V. (1998o): **Handel und Industrie klagen über niedrige Renditen.** In Handelsblatt 4./5.12.1998. S. 18.

O.V. (1998p): **Staples sieht grosses Potential in Europa.** In Handelsblatt 2./3.10.1998. S. 17.

O.V. (1998q): **Wachstumsambitionen bei Büromöbeln.** In Handelsblatt 10.9.1998. S. 19.

O.V. (1998r): **Grenke Leasing plant kräftiges Wachstum.** Austauschleasing als neues Angebot. Seit Januar Aktiengesellschaft. In FAZ 9.4.1998. S. 26.

O.V. (1998s): **Leasing.** In Capital 4/ 1998. S. 258.

O.V. (1996): **Monotone Arbeit schadet. Arbeitsmedizin. Computerarbeit kann krank machen.** In Handelsblatt 6.3.1996. S. 45.

O.V. (1996a): **Wilkhahn gut entwickelt.** In Handelsblatt 8.7.1996.

O.V. (1996b): **Febrü beantragt Konkurs.** In Handelsblatt 1996.

O.V. (1996c): **Büromöbelhersteller will deutschen Markt erobern.** In Handelsblatt 1.7.1996. S. 14.

O.V. (1995a): **Gruppe wartet auf den Aufschwung.** In Handelsblatt 29.6.1995. S. 17.

O.V. (1995b): **Analysesparte Möbel/ Holz.** In M&A Reviev 3/ 1995. S. 145f..

O.V. (1995c): **Hersteller spüren noch wenig vom Aufschwung.** In Handelsblatt 22./23.7.1995.

O.V. (1994): **Interview**. In Office, Sonderheft zur Orgatec 1994. S. 74 - 78.

Paul, M./ Reckenfelderbäumer, M. (1994): **Dilemma! Ein Fall für PTC**. In ASW, Sondernummer 1994. S. 146 - 152.

Peiner, W. (1999): **Strategie versus Improvisation**. In Handelsblatt 2./3.7.1999. S. K 2.

Peiner, W. (1998): **Als Coach des Kunden bleibt der Verkäufer gefordert**. In Handelsblatt vom 20./21.2.1998. S. K 1f..

Peters, M. (1990): **Design - Management als unternehmerische Aufgabe**. In Rat für Formgebung (Hrsg.): Design - Management. Düsseldorf, Wien, New York. S. 37ff..

Pichler, M. (1998): **‚Team - Selling' heißt heute die Devise**. In Handelsblatt 20./21.2.1998. S. K1.

Picot, A. (1999): **Die grenzenlose Unternehmung. Auf dem Weg in die virtuelle Arbeitsorganisation**. In Handelsblatt 17.2.1999. S. 47.

Plansoldt, I. (2002): **Kunde und Kellner**. In Plan. Das Immobilien Journal von IVG (Hrsg.). Ausgabe 03/ 2002. S. 28f..

Plinke, W./ Söllner A. (1995): **Die Gestaltung des Leistungsentgelts**. In Kleinaltenkamp, M./ Plinke, W. (Hrsg.): Technischer Vertrieb. Grundlagen. Berlin u.a.. S. 839ff..

Plinke, W. (1997): **Grundlagen des Geschäftsbeziehungsmanagements.** In Kleinaltenkamp, M./ Plinke, W. (Hrsg): Geschäftsbeziehungsmanagement. Berlin u.a.. S. 1ff..

Plinke, W. (1997a): **Bedeutende Kunden.** In Kleinaltenkamp, M./ Plinke, W. (Hrsg): Geschäftsbeziehungsmanagement. Berlin u.a.. S. 113ff..

Plinke, W. (1991): **Investitionsgütermarketing**. In Marketing ZFP 3/ 1991, S. 172 - 177.

Plinke, W. (1989): **Die Geschäftsbeziehung als Investition**. In Specht, G./ Silberer, G./ Engelhardt, W. H. (Hrsg.): Marketing - Schnittstellen – **Herausforderungen für das Management**. Stuttgart. S. 305ff..

Plötner, O. (1995): **Das Vertrauen des Kunden: Relevanz, Aufbau und Steuerung auf industriellen Märkten**. Wiesbaden.

Porter, M. E. (1997): **Wettbewerbsstrategie**. 9. Aufl.. Frankfurt/ Main.

Porter, M. E. (1996): **Wettbewerbsvorteile**. 4. Aufl.. Frankfurt/ Main.

Porter, M. E. (1987): **Konzerne ohne Konzept**. In Harvard Manager 4/ 1987. S. 30 - 49.

Postinett, A. (2003): **Sony Music sucht Synergien** . IT - Unternehmen und Medien. In Handelsblatt 4.3.2003. S. 18.

Potreck, H. (1998): **Facility Management**. In DAB 11/ 98. S. 1440 - 1441.

Prahalad, C. K./ Hamel, G. (1991): **Nur Kernkompetenzen sichern das Überleben**. In Harvard Manager 2/ 1991. S. 66 - 78.

Prevezanos, K. (1998): **Grösster Büromöbelmarkt in Europa weckt neue Begehrlichkeiten.** In Handelsblatt 26.10.1998. S. 20.

Probst, G. J. B./ Büchel, B. S. T. (1997): **Organisationales Lernen**. 2., akt. Aufl.. Wiesbaden.

Probst, G. J. B./ Gomez, P. (1989): **Vernetztes Denken**. Wiesbaden.

Pühringer, O./ Reichel, E. (1992): **Investitions - Controlling zwischen Vision und Praxis.** In: Biedermann, H. (Hrsg.) Anlagen Controlling. TeV Rheinland GmbH. Köln 1992. Zit. in: Frutig, D./ Reiblich, D. (1995), s.o..

Pümpin, C./ Prange, J. (1991): **Dynamisches Management und Controlling**. In Horváth, P. (Hrsg.): Synergien durch Schnittstellen - Controlling. Stuttgart. S. 25ff..

Rappaport, A. (1995): **Shareholder Value**. Stuttgart.

Reinecke, S. (1997): **Nutzenorientierte Preisgestaltung**. In Belz, Ch. (Hrsg.): Leistungs- und Kundensysteme. Kompetenz für Marketing - Innovationen. Schrift 2. St.Gallen. S. 54ff..

Reinecke, S. (1996): **Management von IT - Outsourcing - Kooperationen**. Diss. St.Gallen.

Remmel, M. (1991): **Vernetztes Controlling - ein Ansatz zur Unterstützung integrativer Führung und Steuerung im Unternehmen**. In Horváth, P. (Hrsg.): Synergien durch Schnittstellen - Controlling. Stuttgart. S. 51ff..

Reppesgaard, L./ Lixenfeld, C. (2003): **Die Suche nach dem Guten in der Krise.** In Handelsblatt 5.3.2003. Sonderteil zur CeBIT. S. B1.

Richter, P. (1997a): **Objekt - Management mit Architekten (... oder ohne?).** Teil I. In DAB 9/ 1997. S. 1291 - 1294.

Richter, P. (1997b): **Objekt - Management mit Architekten (... oder ohne?).** Teil II. In DAB 10/ 1997. S. 1492 - 1496.

Riewohlt, O. (1994): **Einleitung**. In Riewohlt, O. (Hrsg.): Office design. Innenarchitektur der Gegenwart. München. S. 5ff..

Roventa, P. (1993): **Strategische Allianzen für den Mittelstand: Neue Ansätze im Investitionsgüterbereich**. In Droege, W./ Backhaus, K./ Weiber, R. (Hrsg.): Strategien für Investitionsgütermärkte. Landsberg/ Lech. S. 206ff..

Rück, H. R. G. (1995): **Dienstleistungen - ein Definitionsansatz auf Grundlage des ‚Make or buy' - Prinzips**. Kleinaltenkamp, M. (Hrsg.): Dienstleistungsmarketing: Konzeptionen und Anwendungen. Wiesbaden. S. 1ff.

Rudolph, Th. (1997): **Der Projektmanagement - Ansatz als integrierte Implementierungsmethodik komplexer Veränderungsvorhaben im Handelsmarketing**. In Thexis 4/ 1997. S. 15 - 19.

Sasse, E. (1998): **Facility Management hat sich bewährt**. In FAZ 9.10.1998. Teil Industrie- und Gewerbeimmobilien. S. V6.

Schäfer, G. (1994): **Realisierung der prozessorientierten Kostenrechnung in einem internationalen Handelshaus**. In Kostenrechnungspraxis. Sonderheft 1/ 1994. S. 63 – 69.

Scharbau, S. (2002): **Jetzt heisst es, Haltung zu bewahren.** In Handelsblatt 25./ 26.10.2002. S. 16.

Schicht, R. E. F. (1993): **Leistungssysteme in High – Tech - Märkten**. Diss. St. Gallen.

Schildhauer, T. (1995): **Strategisches Marketing für eine ausgelagerte DV - Tochtergesellschaft am Beispiel der Lufthansa Informationstechnik und Software GmbH Berlin**. In *Kleinaltenkamp, M. (Hrsg.)*: Dienstleistungsmarketing. Konzeptionen und Anwendungen. S. 271ff..

Schiller, R. (1998): **Erfolg durch Kooperation**. In Handelsblatt. Karriere als Existenzgründer. 30./31.10.1998. S. K 6.

Schlautmann, Ch. (2003): **Ikeas Zukunft wiegt 530 Gramm**. Schwedischer Einrichtungskonzern schlägt mit neuem Katalog sämtliche Rekorde. Unternehmen & Märkte. In Handelsblatt 20.8.2003. S. 10.

Schmitz - Normann, R. (2003): **Mass Customization. Die Dritte Generation**. In McK Wissen 05. 2. Jahrgang 2003. S. 110 - 115.

Schnakenburg, v., J. (1989): **Kreativität mit Systematik**. In VDI (Hrsg.): Vertriebsmanagement für die 90er Jahre. VDI Bericht 785. Düsseldorf. S. 103ff..

Schneider, R./ Gentz, M. (1997): **Intelligent Office**: Zukunftssichere Bürogebäude durch ganzheitliche Nutzungskonzepte. Köln.

Schneider, H. (1996): **Outsourcing von Gebäude- und Verwaltungsdienstleistungen**. Stuttgart.

Scholz, H. - E. (1999): **Vom Tüftler zum Innovationsmanager.** Neue Geschäftsstrategien stellen an Ingenieure zusätzliche Anforderungen. In Handelsblatt 29./30.1.1999. S. K 2.

Schricker, R. (1999): **Raumzauber**: Entwerfen oder ‚...wie die Dinge entstehen'; Gestalten von Räumen und Produkten. Stuttgart.

Schricker, R. (1998): **Hohe Leistungsstärke und Erfolg konsequenter Öffentlichkeitsarbeit.** In AIT 3/ 1998. S. 134.

Schricker, R. (1995): **Innenarchitekt/ Innenarchitektin.** In Bundesanstalt für Arbeit (Hrsg.): ‚blätter zur berufskunde'. 8. Aufl.. Bertelsmann. Nürnberg.

Schütze, R. (1992): **Kundenzufriedenheit**. Wiesbaden.

Schwaninger, M. (1994): **Managementsysteme**. Frankfurt/ Main, New York.

Seidenschwanz, W. (1991): **Target Costing. Schnittstellenbewältigung mit Zielkosten**. In Horváth, P. (Hrsg.): Synergien durch Schnittstellen - Controlling. Stuttgart. S. 191ff..

Seifert, F. (1998): **Was ist Facility Management ?** In Lochmann, H. - D./ Köllgen, R. (Hrsg.): Facility - Management: strategisches Immobilienmanagement in der Praxis. Wiesbaden. S. 23ff..

Senn, Ch. (1997): **Key Account Management erfolgreich realisieren**. In Belz, Ch. (Hrsg.): Leistungs- und Kundensysteme. Kompetenz für Marketing – Innovationen, Schrift 2. St.Gallen. S. 138ff..

Shapiro, B. P. (1995): **Close Encounters of the Four Kinds: Managing Customers in a Rapidly Changing Environment**. In Rangan, V. K./ Shapiro, B. P./ Moriarty, Jr., R. T. (ed.): Business Marketing Strategy. Chicago, u.a.. S. 164ff..

Shapiro, B. P./ Bonoma, T. V. (1995): **How to Segment Industrial Markets**. In Rangan, V. K./ Shapiro, B. P./ Moriarty, Jr., R. T. (ed.): Business Marketing Strategy. Chicago, u.a.. S. 15ff..

Simon, G. (1997): **Internationales Dienstleistungsmanagement im Investitionsgütergeschäft**. In Belz, Ch. u.a. (Hrsg.): Die Industrie als Dienstleister. St. Gallen. S. 284ff..

Simon, H. (1993): **Industrielle Dienstleistung und Wettbewerbsstrategie**. In Simon, H. (Hrsg.): Industrielle Dienstleistungen. Stuttgart. S. 3ff..

Simon, H. (1992): **Preismanagement kompakt: Probleme und Methoden des modernen Pricing**. Wiesbaden.

Slywotzky, A. J. (1997): **Strategisches Business Design (Value Migration)**. Frankfurt/ M. und New York.

Soliman, P./ Justus, G./ Arena, G. (1997): **Wie Hersteller ihren Vertrieb auf Kundengruppen ausrichten**. In HBM 2/ 1997. S. 19 - 30.

Sonderforschungsbereich 187 an der Ruhr - Universität Bochum (Hrsg.) (1992): **Mitteilungen für den Maschinenbau**. Nr. 2/ Mai 1992. Bochum.

Spagat, E./ Wesch, S. (2002): **Outsourcing birgt Milliarden - Risiken**. In Handelsblatt. 2.7.2002. S. 18.

Spilker, M. (1999): **Sind Investitionsgüterhersteller servicebereit ?** In ASW 9/ 1999. S. 114 - 118.

Spitthöver, B. (1998): **Kooperationsmodelle für Ingenieur- und Architekturbüros.** Neue Strategien, Erfolgreiche Zukunftskonzepte, Praxisbeispiele. Essen.

Spöhring, W. (1989): **Qualitative Sozialforschung**. Stuttgart.

Sporer, P. (2003): **Neue Betreibermodelle sorgen für Verwertung von Bio - Abfall**. Technik & Innovation. Sonderteil Contracting. In Handelsblatt 16.7. 2003. S. 47.

Sprenger, R. K. (1998): **Die Floskel vom Unternehmer**. In Managermagazin 4/ 1998. S. 272 - 274.

Staehle, W. H. (1999): **Management**. Eine verhaltenswissenschaftliche Perspektive. 8. Aufl.. Überarb. von Conrad, P./ Sydow, J.. München.

Staehle, W. H. (1976): **Der situative Ansatz in der Betriebswirtschaftslehre**. In Ulrich, H. (Hsrg.): Zum Praxisbezug der Betriebswirtschaftslehre. Bern/ Stuttgart. S. 33 - 50.

Stauss, B. (1994): **Der Einsatz der ‚Critical Incident Technique' im Dienstleistungsmarketing**. In Tomczak, T./ Belz, Ch. (Hrsg.): Kundennähe Realisieren. St.Gallen. S. 233ff..

Stegner, E. (1992): **Industrielle Dienstleistungen in der Strategischen Unternehmensplanung**. Diss. Universität Erlangen - Nürnberg.

Stehr, Ch. (1999): **Berater nach Erfolg honorieren ?** In Handelsblatt 26./27.11. 1999. S. K 4.

Stein, O. (1996): **Dienstleistungen: Neue Chancen - neue Herausforderungen**. In Mensch und Büro 10/ 1996. New Work, Messezeitung zur Orgatec 1996. S. 10.

Stolz, R. W. (1997): **Strategisches Vertriebsmanagement**. Heidelberg.

Striering, H. D. (1992): **Qualität im indirekten Bereich durch Prozeß - Management**. In Zink, K. J. (Hrsg.): Qualität als Managementaufgabe. Total Quality Management. Landsberg/ Lech.

Strothmann, K. - H./ Kliche, M. (1989): **Innovationsmarketing für Systeme der Bürokommunikation und Fertigungsautomation**. Wiesbaden.

Strube, H. J. (1991): **Auftragscontrolling im Sondermaschinenbau**. In Horváth, P. (Hrsg.): Synergien durch Schnittstellen - Controlling. Stuttgart. S. 145 ff..

Struhk, H./ Schneider, F. (1991): **Das Kombi - Büro**. Murnau.

Sülzer, W. (1993): **Vom Produktverkauf zur Systemintegration: Differenzierung durch Konzentration und Kundennähe**. In Droege, W./ Backhaus, K./ Weiber, R. (Hrsg.): Strategien für Investitionsgütermärkte. Landsberg/ Lech. S. 442ff..

Tomczak, T./ Dittrich, S. (1997): **Erfolgreich Kunden binden**. Zürich.

Tomczak, T. (1994): **Relationship - Marketing - Grundzüge eines Modells zum Management von Geschäftsbeziehungen**. In Tomczak, T./ Belz, Ch. (Hrsg.): Kundennähe realisieren. St.Gallen. S. 193ff..

Tomczak, T. (1992): **Forschungsmethoden in der Marketingwissenschaft. Ein Plädoyer für den qualitativen Forschungsansatz**. In Marketing ZFP 2/ 1992. S. 77 - 87.

Tomczak, T. (1992a): **Forschungsprogramm: Gestaltung und Steuerung von Leistungssystemen im Investitionsgütermarketing**. In Belz, Ch. (Hrsg.): Berichte und Materialien aus dem Forschungsinstitut für Absatz und Handel an der Hochschule St.Gallen. St.Gallen 3/ 1992.

Töpfer, A. (1996): **Grundsätze industrieller Dienstleistungen**. In Töpfer, A./ Mehdorn, H. (Hrsg.): Industrielle Dienstleistungen: Servicestrategie oder Outsourcing. Neuwied, Kriftel, Berlin. S. 23ff..

Trachsler, S. (1997): **Verrechenbarkeit industrieller Dienstleistungen**. In Belz, Ch. (Hrsg.): Leistungs- und Kundensysteme. St.Gallen. S. 72ff..

Trachsler, S. (1996): **Verrechenbarkeit industrieller Dienstleistungen**. St.Gallen.

Tzeschlok, P. (2003): **Gebäudemanagement ruht auf den Säulen**. Höhere Ansprüche an Facility Management. Technisches Consulting. S. B 8.

Ulrich, H. (1981): **Die Betriebswirtschaftslehre als anwendungsorientierte Sozialwissenschaft**. In Geist, N./ Köhler, R. (Hrsg.): Die Führung des Betriebs. Stuttgart. S. 1 - 25.

Unzeitig, E./ Köthner, D. (1995): **Shareholder Value Analyse**. Stuttgart.

Varell, B. (1996): **Gebäude können effizienter genutzt werden**. Facility Management. Leitstandsysteme zu Multifunktions - Terminal weiterentwickelt. In Handelsblatt 6.3.1998. Beilage Technik und Innovation, S. B30.

VBG Verwaltungs – Berufsgenossenschaft (1999): **Hilfen für die Gestaltung der Arbeit.** SP 2.1 (BGI 650).

Verband der deutschen Büromöbelindustrie e. V. (1998): **Geschäftsbericht**. 1997/ 98. Tabelle 9ff., und S. 6.

Volkholz, V. (1999): **Ungleiche Partner halten es nicht lange miteinander aus**. Kooperationen helfen bei der Gründung, haben aber auch Schattenseiten. Serie ‚Gründerzeiten'. In Handelsblatt 8./9.1.1999. S. K8.

Volkmann, W. (2000): **Mini PM. Bausteine des Planungs- und Baumanagements**. In DAB 2/ 2000. S. 155 - 158.

Vondle, D. P. (1989): **Service Management Systems**. New York u.a..

Von Krogh, G. F./ Rogulic, B. (1996): **Branchen gestalten statt Marktanteile verwalten**. In Tomczak, T. (Hrsg.): Positionierung. St.Gallen. S. 58ff..

Voss, K. (1999): **Unternehmensnahe Dienstleister haben Zukunft**. In Handelsblatt 31.3.1999. S. 18.

Wagner, H. (1998): **Die Wiederentdeckung des Verkäufers**. München.

Walger, G. (1995): **Idealtypen der Unternehmensberatung**. In Walger, G. (Hrsg.): Formen der Unternehmensberatung. Köln. S. 1ff..

Waltert, M. J. (1997): **Das notwendige Zusammenspiel zwischen Marketing- und Prozessorientierung**. In Weinhold - Stünzi, H./ Reinecke, S./ Schögel, M. (Hrsg.): Marketingdynamik. St.Gallen. S. 112ff..

Weber, J. (1994): **Strategisches Controlling: Koordinationsabgaben innerhalb der strategischen Führung**. In Riekhof, Ch. (Hrsg.): Praxis der Strategieentwicklung. 2., überarb. und erw. Aufl.. Stuttgart. S. 323ff..

Wehrli, H. P./ Krick, M. (1998): **Mit strategischen Netzwerken Kundennähe realisieren**. In absatzwirtschaft 1/ 98. S. 62ff..

Weiber, R. (1997): **Das Management von Geschäftsbeziehungen im Systemgeschäft**. In Kleinaltenkamp, M./ Plinke, W. (Hrsg.): Geschäftsbeziehungsmanagement. Berlin u.a.. S. 277ff..

Weiber, R. (1992): **Diffusion von Telekommunikation: Problem der kritischen Masse**. Wiesbaden.

Weilenmann, P. (1989): **Dezentrale Führung: Leistungsbeurteilung und Verrechnungspreise**. In ZfB 9/ 1989. S. 932 - 956.

Weinhold, H. (1985): **Situatives Marketing**. In Thexis 2/ 85, S. 1f..

Weinstrauch, F. (1999): **Neue Unternehmensorganisation durch externe Einkaufsdienstleister.** In Handelsblatt 7.09.1999. S. B5.

Weis, H. Ch. (1983): **Marketingkommunikation in der Investitionsgüterindustrie**. Frankfurt/ Main, Thun.

Weiss, M. (1995): **Marketing als Prozess - die Prozesse im Marketing**. In Heitger, B./ Schmitz, C./ Gester, P. W.: Managerie, Systemisches Denken und Handeln im Management. 3. Jahrbuch. Heidelberg.

Weiss, P. A. (1992): **Die Kompetenz von Systemanbietern**. Berlin.

Wermann, R. (1995): **Dienstleistungen als wesentliches Merkmal von Lösungskonzepten**. In Kleinaltenkamp, M. (Hrsg.): Dienstleistungsmarketing. Konzeptionen und Anwendung. Wiesbaden. S. 285ff..

Werner, U./ Pastor, W. (1997): **Verdingungsordnung für Bauleistungen. Honorarordnung für Architekten und Ingenieure**. Textausgabe mit Sachverzeichnis und einer Einführung. 18., neubearb. Aufl.. München.

Wheelwright, S. C./ Clark, K. B. (1992): **Revolutionizing Produkt Development**. Fort Worth, u.a..

Wiedenhaupt, J. (1999): **Immobilien - Partnerschaften**. In FAZ 19.2.1999. S. 51.

Wirtgen, K./ Rickelmann, R. (1998): **‚Es gibt nur eins: vorwärts'**. In Spiegel 52/ 1998. 21.12.1998. S. 92 - 95.

Witt, J. (1996): **Prozessorientiertes Verkaufsmanagement**. Wiesbaden.

Witzel, A. (1985): **Das problemzentrierte Interview**. In Jüttemann, G. (Hrsg.): Qualitative Forschung in der Psychologie. Weinheim, Basel. S. 227 - 255.

Wocher, M. (1999): **Auf dem Datenhighway ins Büro**. In Handelsblatt 1.1.1999. S. B 3.

Wolf, Ch. H. (1998): **Die Auswahl des richtigen Partners**. In Lochmann, H. - D./ Köllgen, R. (Hrsg.): Facility - Management: Strategisches Immobilienmanagement in der Praxis. Wiesbaden. S. 133ff..

Worthington, J.(1992): **The Intelligent Building in Europe - Study**. British Council for Offices BCO. London 1992. Zit. in: *Frutig, D./ Reiblich, D. (1995)*, s.o..

Wunderer, R. (1993): **Führung und Zusammenarbeit**. Stuttgart.

Zeithaml, V. A./ Berry, L. L./ Parasuraman, A. (1995): **Kommunikations- und Kontrollprozesse bei der Erstellung von Dienstleistungsqualität**. In Bruhn, M./ Stauss, B (Hrsg.): Dienstleistungsqualität. 2., überarb. und erw. Aufl.. Wiesbaden. S. 131ff..

Zeithaml, V. A. (1991): **How Consumer Evaluation Processes Differ between Goods and Services**. In Lovelock, Ch. (Hrsg.): Service Marketing. 2nd Edition. London u.a.. S. 39ff..

Zeithaml, V. A./ Varadarajan, P. R./ Zeithaml, C. P. (1988): **Contingency Approach: Its Foundations and Relevance to Theory Building and Research in Marketing**. In: European Journal of Marketing. 7/ 1988. S. 37 - 64.

Zoller, A. Z. (1999): **Marktbearbeitung im internationalen Geschäft für infrastrukturanlagen der Ver- und Entsorgung**. In Belz, Ch./ Reinhold, M. (Hrsg.): Internationales Vertriebsmanagement für Industriegüter. S. 345ff..

Zoller, A. Z. (1998): **Customer Focus - Total Customer Care bei ABB Schweiz**. In Reinecke, S./ Sipötz, E./ Wiemann, E. - M. (Hrsg.): Total Customer Care. St.Gallen und Wien. S. 26ff..

Anhang I:
Verzeichnis der Internet - Adressen

Von den folgenden Unternehmen, Organisationen und Verbänden wurden Informationen über das *Internet* eingeholt. Die Daten zeigen den jeweils letzten Zugriff ins Netz:

Belux AG (2002): **www.belux.ch**. Internetseiten von 4/ 2002.

Bene (2003): **www.bene.com**. Internetseiten von 7/ 2003.

Bene Consulting (2003): **www.beneconsulting.com**. Internetseiten von 7/ 2003.

Bundesverband Bürowirtschaft (2003): **www.bbw-online.de**. Internetseiten von 3/ 2003.

DeTeImmobilien, Deutsche Telekom Immobilien und Service GmbH (2003): **www.deteimmobilien.de**, bzw. **www.dti.de**, als Internetseiten von 4/ 2003; sowie **Info@deteimmobilien.de** als E - Mail - Adresse.

Fantoni (2002): **www.fantoni.it**. Internetseiten von fantoni Spa, 4/ 2002.

IG Metall (2002): **www.igmetall.de**. Internetseiten der IG Metall Deutschland 3/ 2003.

McKinsey (2003): **www.mckinsey.de**. Internetseite der Unternehmensberatung McKinsey 7/ 2003.

K + N (2003): **www.büroratgeber.de**. *Anonyme* Internet - Adresse des Büromöbelherstellers König + Neurath, 2/ 2003. Die Werbung erscheint regelmässig zu verschiedenen Daten, etwa am 3.3.2003 (s.a. *Abbildungen in Teil A. auf S. 26*).

objektform (2003): **www.objektform.de**. Internetseiten von 7/ 2003. Nach eigenen Angaben eine bundesweit filialisierte Unternehmensgruppe für Consulting, Planung, Einrichtung, Logistik und Services. Das Unternehmen wurde Anfang 1999 von bene übernommen. Der Auftritt ist entsprechend zukunftsgerichtet. Zu ‚bene' s. etwa Text in *Px.4.1 Entwicklung der ‚Bene - Holding', S. 66ff.*.

OFF - Consult AG (2003): **www.offconsult.ch**. Internetseite der OFF - Consult AG in Zürich, 4/ 2003, sowie **admin@offconsult.ch** als E - Mail - Adresse.

Quickborner Team (2003): **www.quickborner-team.de**. Internetseiten der Beratungsgesellschaft von 3/ 2003.

Sireo (2003): **www.sireo.de**, sowie **kontakt@sireo.de**. Internetseite und E - Mail - Adresse von 8/ 2003. Sireo Real Estate Asset Management GmbH. Große Eschenheimer Str. 14, D - 60313 Frankfurt/ Main.

SiTeco Beleuchtungstechnik (2003): **www.siteco.de**. Internetseiten der SiTeco Beleuchtungstechnik von 9/ 2003.

Verband der Deutschen Büromöbelindustrie e.V. (2003): **www.büro-forum.de**. Internetseite von 6/ 2003.

Vitra (2002): **www.vitra.com**. Internetseiten von 4/ 2002.

WirtschaftsWoche (2003): **www.wiwo.de**. Internetseiten von 6/ 2003.

Anhang II:
Verzeichnis I der Expertengespräche und Tagungen

A. Übersicht der Expertengespräche

Die *Auswahl der Experten* erfolgte auf Grundlage aktueller Sekundärliteratur (bewusste Auswahl, Auswahl typischer Fälle[680]), bzw. durch Empfehlung bereits befragter Unternehmensvertreter (ähnlich ‚Schneeball - Verfahren'[681]).
Zur Strukturierung der Gesprächssituation wurde ein Gesprächsleitfaden je Expertengruppe entwickelt (nicht - standardisiertes Interview[682] - s. *Anhang IV Interviewleitfaden für Expertengespräche, S. 439ff.*).

Auswahlkriterium waren vor allem innovative Lösungsansätze im Dienstleistungsmarketing. Die Experten lassen sich in *zwei Gruppen* aufteilen:

- *Industrielle Anbieter*: Hierbei wurden Hersteller- und Fachhandelsunternehmen befragt. Bei Herstellern wurden Unternehmen mit direktem und indirektem Vertriebssystem berücksichtigt. Ferner wurden Anbieter aus angrenzenden Branchen befragt. Hierzu zählen Bankeinrichtung, Messesysteme, Ladenbau und Innenausbau. Ziel war es, sämtliche Transaktionstypen im Investitionsgütermarketing (Produkt, System, Anlage)[683], und die damit verbundene Marketingpraxis von Dienstleistungen zu erheben.

- *Dienstleistungsanbieter*: Die Auswahl dieser Anbieter erfolgte entsprechend der Unterscheidung in *Dienstleistungen zur a) Systemgestaltung* und zur *b) Systemnutzung* (s.a. *Kap. 1.3.3 Teil C.: Leistungsfelder im Dienstleistungsmarketing von Büromöbeln, S. 10ff.*). Den Schwerpunkt bilden Anbieter aus dem Dienstleistungsfeld Systemgestaltung. Hierbei wurden u.a. jeweils zwei Tochtergesellschaften von Hersteller- bzw. Handelsunternehmen befragt.

---

680 Kromrey 2000, S. 262ff., s.a. Übersicht ebd., S. 261

681 ebd., S. 261 und S. 273

682 ebd., S. 364f. mit Übersicht zu ‚Formen der Befragung'

683 Belz/ Reinhold 1999, S. 67ff.

Übersicht Expertengespräche und Tagungen

	Informationsquellen Primärerhebung		
Industrie- und Dienstleistungsbranche	Unternehmen	Verband/ Interessenvertretung	Tagungen
Büromöbelindustrie Hersteller (a)	3	1	6 (b)
Büromöbelindustrie Handel	10	1	
Hersteller verwandter Branchen mit direktem Vertriebssystem	2 (Bankeinr.) 1 (Beleuchtung) 2 (Innenausb.) 1 (Messesyst.)	-	-
Innenarchitektur	3	1	1 (c)
Büronahe Beratungsunternehmen	6	-	
Beratung Tochtergesellschaften Hersteller und Handel	3 (Hersteller) 2 (Handel)	-	-
Facility Management	2 + 1 = 3 (d)	-	1
Büro - Service	1	1	-

(a) 2 Hersteller mit Schwerpunkt indirekter Vertrieb/ 1 Hersteller mit hybridem Vertriebssystem
(b) Seminarveranstaltung ‚Merchandise Mart', Orgatec 1998, Seminar 1 + 2
(c) Seminarveranstaltung ‚Merchandise Mart', Orgatec 1998, Seminar 3
(d) mehrere Gespräche in einem grossen Unternehmen

B. Expertengespräche Fachhandel

Gesprächsthema: Praxis Dienstleistungsmarketing im Markt für Büroeinrichtungen. Produktbegleitende und eigenständige Dienstleistungsangebote von Fachhandelsunternehmen.

Senn Büroplanung AG, Handel Objekteinrichtungen. Frau Senn, Inhaberin. Herrn Weber, Verkauf. Dübendorfstrasse 16. CH - 8051 Zürich. 23. Juni 1998, ca. 3h.

Büro Sona AG, Handel Objekteinrichtungen. Herrn Zehnder, Inhaber. Talwiesenstrasse 1. CH - 8404 Winterthur. 24. Juni 1998, ca. 3h.

Büromarkt Streit GmbH & Co., Handel Vollsortiment (Büroeinrichtungen, Technik, Bürobedarf). Herrn Navarro, Kaufmännische Leitung. Ferdinand - Reiss - Strasse 8. D - 77756 Hausach. 25. Juni 1998, ca. 2h.
s.a. Anhang III Verzeichnis II der Expertengespräche. Wiederholte schriftliche Befragung 2003, S. 427.

Moduldesign Gesellschaft für Objekteinrichtungen mbH, Handel für Objekteinrichtungen. Herrn Dipl. Designer Kerkmann, Inhaber. Luise - Kiesselbach - Platz 35. D - 81377 München. 30. Juni 1998, ca. 3h.
s.a. Anhang III Verzeichnis II der Expertengespräche. Wiederholte schriftliche Befragung 2003, ebd..

designfunktion Gesellschaft für moderne Bürogestaltung mbH, Handel Objekt- und Wohneinrichtungen. Herrn Helmut Steinbühler, Geschäftsführender Gesellschafter. Frau Iris M. Ostermeier, Assistentin der Geschäftsleitung. Die Nachfolgerin/ Ansprechpartnerin 2003: Frau Wechselberger, Assistentin der Geschäftsleitung. Schleissheimer Strasse 141. D - 80797 München - Schwabing. 1. Juli 1998, 2h. *s.a. Anhang III Verzeichnis II der Expertengespräche. Wiederholte schriftliche Befragung 2003, ebd..*

Büro Keller AG, Generalimporteur Schweiz von König + Neurath. Handel Büroeinrichtungen, Bürotechnik. Herrn Arthur Schneider, Inhaber. Freiburgstrasse 562. CH - 3172 Niederwangen. 20. Juli 1998, ca. 4h.

Koerber Wohnen GmbH, Handelsunternehmen für Wohn- und Objekteinrichtungen. Herrn Nils Koerber, Inhaber. Am Sedanplatz 3 - 4. D - 28725 Bremen. 28. Juli 1998, ca. 2h.

Bierbrauer + Nagel GmbH & Co. KG, Bereich Büroplanung und Einrichtung. Herrn Volker Eisenhardt, Geschäftsleitung Fachbereich Objekteinrichtungen. Herrn Axel Neubauer, Leitung Innendienst. Herrn Roland Meyer, Leitung Vertrieb. Strohgäustrasse 1. D - 73765 Neuhausen a.d.F.. 5. Oktober 1998, ca. 2h.

BOS Büro- und Objekteinrichtungen GmbH, im stilwerk Hamburg. Herrn Rainer Zarske, Geschäftsleitung. Grosse Elbstraße 68. D - 22767 Hamburg. 6. Oktober 1998, ca. 30 min..

A. Beck Aktiengesellschaft, Büro-, Lager- und Betriebseinrichtungen. Herrn Arthur Beck, Inhaber. Schliessa 6. FL - 9495 Triesen. 7. Oktober 1998, ca. 2h.

C. Expertengespräche Herstellerunternehmen

König + Neurath Büromöbelsysteme, Hersteller Büromöbel - Systeme. Herrn Georg Frech, Leiter Fortbildung Vertrieb. *Thema: Dienstleistungsmarketing in der Büromöbelindustrie aus Herstellersicht.* D - 61182 Karben. Gespräch in D - 99631 Weißensee. 15. Juni 1998, ca. 3h *(s. Anhang I Verzeichnis der Internet - Adressen, S. 413f. und Anhang V Dokumentationen von Unternehmen und Verbänden, S. 443ff.).*

De La Rue - Plan Objekt GmbH, Herstellung und Vertrieb von Bankeinrichtungen. Herrn Dipl. Designer Innenarchitekt AKH Axel D. Toth, Innenarchitekt. *Thema: Dienstleistungsmarketing im Bankeinrichtungsbereich.* Starkenburgstrasse 11 - 13. D - 64546 Mörfelden – Walldorf. 16. Juli 1998, ca. 2h.

Alex Linder GmbH, Herstellung und Vertrieb Bankeinrichtungen. Herrn Rolf Schweizer, Leiter Marketing. *Thema: Dienstleistungsmarketing bei Bankeinrichtungen.* Siemensstrasse 11. D - 72636 Frickenhausen. 17. Juli 1998, ca. 2h.
s.a. Anhang III Verzeichnis II der Expertengespräche. Wiederholte schriftliche Befragung 2003, S. 427..
- Ergebnis einer telefonischen Information: Die CD ‚D – Info' und der Auskunftsdienst der Deutsche Telecom AG blieben ohne Ergebnis. Kurzinformation durch die ‚*GT Media GmbH*', Siemensstrasse 11, D - 72636 Frickenhausen (Mieter des Gebäudekomplexes). Die Geschäftstätigkeit der Alex Linder GmbH ist etwa vor drei Jahren (1998/ 1999) erloschen. 15. Januar 2003, ca. 11.30h. Deutschland/ (0)7022/ 24 310.

Röthlisberger/ Röthlisberger Kollektion, Herstellung Avantgard - Möbel, Schreinerei, Innenausbau. Herrn Peter Röthlisberger. *Thema: Dienstleistungsmarketing im Innenausbau.* Dorfstrasse 73. CH - 3073 Gümligen. 20. Juli 1998, ca. 3h.

Werndl Büromöbel AG, Hersteller Büromöbel - Systeme. Herrn Dipl. - Ing. Sascha S. Thiesen, Marketingleiter. *Thema: Dienstleistungsmarketing in der Büromöbelindustrie aus Herstellersicht.* Georg - Aicher - Strasse 7. D - 83026 Rosenheim. 23. Juli 1998, ca. 2h.

SiTeco Beleuchtungstechnik, Hersteller Beleuchtungssysteme. Herrn Dipl. - Ing. Wolfgang Eckardt, Leiter Vertrieb. Niederlassung Raum Köln, Düsseldorf. *Thema: Praxis Leistungssysteme für Beleuchtungstechnik.*
Franz - Geuer - Strasse 10. D - 50823 Köln. 30. Juli 1998, ca. 3h.
s.a. Anhang III Verzeichnis II der Expertengespräche. Wiederholte schriftliche Befragung 2003, ebd.; unter Vogelsanger Strasse 80. D - 50823 Köln.

Leitner GmbH, Herstellung und Vertrieb Ausstellungssysteme. Herrn Dr. Hans H. Hauf, Geschäftsleitung. *Thema: Dienstleistungsmarketing bei Messesystemen* (zur Leitner GmbH). Düsseldorfer Strasse 14. D - 71332 Waiblingen. 4. August 1998, ca. 2h.

Erich Keller AG, Hersteller Büro- und Spezialmöbel, Innenausbau. Herrn Erich Keller, Inhaber. *Thema: Dienstleistungsmarketing im Innenausbau.* Romanshornstrasse 17. CH - 8583 Sulgen. 6. August 1998, ca. 2h.

Lista Degersheim AG, Hersteller Büromöbel und Dienstleistungsunternehmen. Herrn Markus Meili, Geschäftsführer. *Thema: Dienstleistungsmarketing in der Büromöbelindustrie aus Herstellersicht.* CH - 9113 Degersheim. 28. September 1998, ca. 30 min.; *telephonisch.*

Bene, Hersteller Büromöbel. Frau Heike Fischer. Assistentin der Geschäftsleitung des Herstellers bene. Schwarzwiesenstraße 3. A - 3340 Waidhofen/ Ybbs. *Thema: Fragen zur aktuellen Situation, zu Entwicklungen und besonderen Aktivitäten.*
s.a. Anhang III Verzeichnis II der Expertengespräche. Wiederholte schriftliche Befragung 2003; *unter D. Anmerkungen zu den Verweisen, 8., S. 427ff..*

D. Expertengespräche Beratungsunternehmen

Gesprächsthema: Praxis Dienstleistungsmarketing im Markt für Büroeinrichtungen aus Sicht eines unabhängigen Beratungsunternehmens.

OFF Consult AG, Unternehmensberatung, Bauausführungen. Herrn Toni Lengen, Geschäftsführer. Räffelstrasse 20. CH - 8045 Zürich. 23. Juni 1998, ca. 2h.
s.a. *Anhang III Verzeichnis II der Expertengespräche. Wiederholte schriftliche Befragung 2003, ebd..*

H - Quadrat Planungs - Consulting GmbH, Unternehmensberatung, Architekturbüro, Projektmanagement. Herrn BSc (Hons) Dipl. Arch. RIBA AKH David C. R. Hancock, Geschäftsführender Gesellschafter. Bockenheimer Landstrasse 83. D - 60325 Frankfurt/ Main. 8. Juli 1998, ca. 3h.
s.a. *Anhang III Verzeichnis II der Expertengespräche. Wiederholte schriftliche Befragung 2003, ebd.*; unter Westendstrasse 21. D - 60325 Frankfurt/ Main.

Fraunhofer Gesellschaft, Institut für Arbeitswissenschaft und Organisation, IAO. Einrichtung für angewandte Forschung und Beratungsdienstleistungen. Herrn Dipl. - Kfm. Werner Biesenberger, Wissenschaftlicher Mitarbeiter und Berater. Nobelstrasse 12. D - 70569 Stuttgart. 14. Juli 1998, ca. 3h.

Quickborner Team, Gesellschaft für Planung und Organisation mbH. Unternehmensberatung. Herrn Dipl. Kfm. M. Pietzcker, Unternehmensberater. Geschäftsführer in 2003. Mittelweg 119. D - 20148 Hamburg. 27. Juli 1998, ca. 2h. *Zum QUICKBORNER TEAM s.a. Anhang III Verzeichnis II der Expertengespräche. Wiederholte schriftliche Befragung 2003, S. 427ff..*

Peter Wendt und Partner, Unternehmensberatung. Herrn Peter Wendt, Inhaber. Am Rädchen 8. D - 35625 Hüttenberg. Gespräch in D - 34131 Kassel. 29. Juli 1998, ca. 2h.

Breidenstein und Reichenbach, Gesellschaft für Planung und Gestaltung. Herrn Dipl. - Ing. Erhard K. Breidenstein, Geschäftsführender Gesellschafter. Robert - Bosch - Strasse 4 B. D - 35440 Linden. 12. Oktober 1998, ca. 2h.

E. Expertengespräche Beratungsunternehmen (Tochtergesellschaften von Hersteller- und Handelsunternehmen)

Thema: Praxis Dienstleistungsmarketing im Markt für Büroeinrichtungen aus Sicht der Tochtergesellschaft eines Hersteller- oder Handelsunternehmens. Gründungsidee und -prozess, Beziehung zum Industriellen Kerngeschäft.

Bene Consulting, Unternehmensberatung (Tochtergesellschaft Hersteller Bene mit direkter Vertriebsorganisation). *(1)* Herrn Dipl. - Ing. Jörg Banholzer, Berater, Architekt. Schwarzwiesenstrasse 3. A - 3340 Waidhofen/ Ybbs. 29. Juni 1998, ca. 3h. *(2)* Herrn Mag. Karl Friedl, Geschäftsführer. Schwarzwiesenstrasse 3. A - 3340 Waidhofen/ Ybbs. 29. Juni 1998, ca. 1h. *(3) s.a. Anhang III Verzeichnis II der Expertengespräche. Wiederholte schriftliche Befragung 2003, ebd..* Weitergeleitet durch bene nach Deutschland an: Herrn Mag. Leuchtenmüller. Leipzigerstrasse 8. D - 60487 Frankfurt am Main.

OCG Office Consulting Group AG, Unternehmensberatung (Tochtergesellschaft Hersteller Lista mit hybrider Vertriebsorganisation). Herrn Robert Fitz, Eidg. Dipl. Marketingleiter. Grabenstrasse 1. CH - 8606 Nänikon. Gespräch in Abtwil. 8. Oktober 1998, ca. 2h.

Contura Concept Gestaltung und Management GmbH (Tochtergesellschaft für Beratungs- und Planungsdienstleistungen der der Hirschberg Handelsgruppe Dortmund, Dresden). Frau Dipl. - Ökonomin Sylvia Freude - Weinrich, Geschäftsführerin. Frau Dipl. - Ing. Innenarchitektin Gudula B. Pechhold, Innenarchitektin. Breisenbachstrasse 18. D - 44357 Dortmund. 19. Oktober 1998, ca. 3h.
- *Wiederholte schriftliche Befragung 2003.* Durch Ausscheiden beider Ansprechpartnerinnen, neue Gesprächspartnerin: Frau Dipl. - Ing. Innenarchitektin Silke Krahnefeld, Innenarchitektin.
- *Die wiederholte schriftliche Befragung 2003 verlief ergebnislos. Die weitere Befragung wurde vorerst eingestellt - s.a. Anhang III Verzeichnis II der Expertengespräche. Wiederholte schriftliche Befragung 2003, S. 427ff.*.

Planquadrat Planung und Bürodesign GmbH, Beratungsunternehmen für büronahe Planungsleistungen im Rahmen der überregional filialisierten ‚Objektform - Büroeinrichtungshandelsgruppe'. Herrn Thomas Blank, Geschäfts-führer. Herrn Dipl. - Ing. Gerd Kailuweit, Planungsspezialist. *Thema: Büroeinrichtungshandel und Dienstleistungsmarketing.* Van der Smissen - Strasse 2a. D - 22767 Hamburg. 28. Oktober 1998, ca. 4h.

F. Expertengespräche Innenarchitektur

Herrn Dipl. - Ing. Innenarchitekt Wilhelm Hein Krahn, Krahn Gestaltung GmbH + Co. KG. Design, Innenarchitektur, Marketing. Innenarchitekt AKH, Mitinhaber Einrichtungshaus Gessmann. Vorsitzender der WK - Gemeinschaft für Wohnkultur. *Thema: Berufsbild des Innenarchitekten und Dienstleistungsmarketing, Dienstleistungsmarketing im Einrichtungsfachhandel.* Ludwigstrasse 41. D - 63263 Neu - Isenburg. 24. September 1998, ca. 2h.

Herrn Prof. Dipl. - Ing. Rudolf Schricker, Freier Innenarchitekt und Designer. Lehrauftrag an der staatlichen Akademie der bildenen Künste in Stuttgart. Ordentlicher Professor an der Hochschule Wismar mit Lehrgebiet ‚Entwerfen Innenarchitektur' und ‚Darstellungstechniken'. *Thema: Berufsbild und Praxis des Innenarchitekten und Dienstleistungsmarketing*. Lauterburgstrasse 7. D - 70469 Stuttgart. 9. Oktober 1998, ca. 2h.

Herrn Dipl. - Ing. Innenarchitekt Michael Wagenhöfer, Freier Innenarchitekt. Innenarchitektur und Möbeldesign. *Thema: Praxis des Innenarchitekten und Dienstleistungsmarketing*. Stilwerk, Große Elbstrasse 68. D - 22767 Hamburg. 27. Oktober 1998, ca. 3h.

G. Expertengespräche Facility Management

Nemetschek AG Informationstechnologie & Consulting, Softwareentwicklung für Architekturdienstleistungen und Facility Management (Planen, Bauen, Nutzen), Beratungsdienstleistungen für IT - Lösungen. Herrn Dieter Stilz, Bereichsleiter Facility Management. *Thema: IT - Lösungen für Facility Management*. Riedenburger Strasse 2. D - 81677 München. 1. Juli 1998, ca. 2h.

Köllmann Real Property Management GmbH, Anbieter Projektentwicklung und Facility Management. Herrn Rainer Schulz, Geschäftsführer. Herrn Helmut Kirsch, Leiter Infrastrukturelle Dienste. *Thema: Praxis und Vermarktung von Facility Management - Dienstleistungen*. Gustav - Stresemann - Ring 3. D - 65189 Wiesbaden. 13. Oktober 1998, ca. 2h.
s.a. Anhang III Verzeichnis II der Expertengespräche. Wiederholte schriftliche Befragung 2003, insb. unter D. Anmerkungen zu den Verweisen, 11., S. 427ff..

DeTeImmobilien Deutsche Telekom Immobilien und Service GmbH, Herrn Stefan Woltert, Key Account Management. Stiftstrasse 27. D - 60313 Frankfurt/ Main.
s.a. Anhang III Verzeichnis II der Expertengespräche. Wiederholte schriftliche Befragung 2003, ebd.. Kontakt durch Telefonzentrale der ‚Deutsche Telekom Immobilien und Service GmbH' in D - 48145 Münster.

DeTelmmobilien, Zentrale Münster. Dipl. - Ing. Markus Vieth, Leiter Managementstab. *Thema: Leistungsbereich Facility Management und Gesamtorganisation.* Kaiser - Wilhelm - Ring 4 - 6. D - 48145 Münster. 19. Oktober 1998, Empfang und Vermittlung weiterer Ansprechpartner.

DeTelmmobilien, Zentrale Münster. Dipl. - Wirtsch. - Ing. Frank Rüll. *Thema: Gesamtorganisation und Vermarktung von Facility Management - Dienstleistungen.* Kaiser - Wilhelm - Ring 4 - 6. D - 48145 Münster. 19. Oktober 1998, ca. 3h.

DeTelmmobilien, Niederlassung Düsseldorf. Frau Opckenrein und Frau Kraft. *Thema: Praxis IT - Lösungen für Facility Management.* St. - Franziskus - Strasse 144 - 146. D - 40470 Düsseldorf. 19. November 1998, ca. 2h.

DeTelmmobilien, Niederlassung Düsseldorf. Frau Lechtape, Vermarktung und Vertrieb. *Thema: Vermarktung von Facility Management - Dienstleistungen.* St. - Franziskus - Strasse 144 - 146. D - 40470 Düsseldorf. 19. November 1998, ca. 1h.

DeTelmmobilien, Niederlassung Düsseldorf. Herr Dipl. - Ökon. Martin Henseler. *Thema: Praxisbeispiel Energie - Performance - Contracting.* St. - Franziskus - Strasse 144 - 146. D - 40470 Düsseldorf. 19. November 1998, ca. 2h.

DeTelmmobilien, Niederlassung Düsseldorf, Regionalbüro Bonn. Herrn Rolf Kunze, Leiter Team Betriebsmanagement; Herrn Udo Fest, Teamleiter Auftrags- und Kundenmanagement; Herrn Dipl. Ing. Rainer Gütckemann, Ressortleiter Service Grosskunden. *Thema: Praxis Facility Management für die Konzernzentrale der Deutsche Telekom AG in Bonn.* In der Raste 20 - 22. D - 53129 Bonn. 20. November 1998, ca. 2h.

H. Expertengespräche Dienstleistungsunternehmen für Büro Service

Regus Frankfurt, Instant Offices Worldwide. Herrn Wido Weber, Business Development Manager. *Thema: Marketing für Büroservice.* Kastor & Pollux, Platz der Einheit 1. D - 60 327 Frankfurt/ Main. 28. September 1998, ca. 2h.

I. Expertengespräche Verbände und weitere Experten

BBE - Unternehmensberatung GmbH. Herrn Ulrich Hoffmann, Unternehmensberater, Branchenexperte Bürowirtschaft. *Thema: Betriebsformendynamik in der Büromöbelbranche.* Gothaer Allee 2. D - 50969 Köln. 4. November 1998, ca. 1h.

Bund Deutscher Innenarchitekten (BDIA). Frau Dipl. - Ing. Innenarchitektin Elke Kaiser, Geschäftsführerin. *Thema: Berufsbild des Innenarchitekten und Dienstleistungsmarketing.* Königswinterer Strasse 675. D - 53227 Bonn. 3. November 1998, ca. 4h.

Bundesverband Büro und Service. Frau Weber, Geschäftsführerin. D - 58119 Hagen. *Thema: Branche für Büroservice und Dienstleistungsmarketing.* 25. September 1998, ca. 45 min. *telephonisch.*

Bundesverband Bürowirtschaft e.V. (BBW), Interessenvertretung der bürowirtschaftlichen Fachhandels- und Dienstleistungsunternehmen. Forum Bürowirtschaft, BBW - Arbeitsgemeinschaft Industrie und Handel. Herrn Thomas Grothkopp, Geschäftsführer Bundesverband und Forum Bürowirtschaft; Herrn Armin Schröter, Präsident Bundesverband und Sprecher Forum Bürowirtschaft. *Thema: Betriebsformendynamik und Stellenwert von Dienstleistungen für den Fachhandel.* Gothaer Allee 2. D - 50969 Köln.
Gespräch in Köln, Orgatec. 23. Oktober 1998, ca. 1h.
- Für weitere Informationen am 6. März 2003 und bei Bedarf darüber hinaus: BBW, Herrn Volker Wessels, Frangenheimstrasse 6. D - 50931 Köln. Telefon (Deutschland)/ (0)221/ 94083-31.

Verband der deutschen Büromöbelindustrie e.V., Herrn Dipl. - Volkswirt Joachim Weimann. *Thema: Entwicklung der Büromöbelbranche.* Zur Kornkammer 8. D - 50933 Köln. 4. November 1998, ca. 3h.

J. Tagungen und Veranstaltungen

König + Neurath - Fachhandelsseminar ‚Dienstleistungen', in D - 61182 Karben. 3. September 1996, Tagesseminar.

Fachhandelsmeeting ‚König + Neurath Büromöbel - Systeme', Fachhandelstagung in Kassel. 29. Juli 1998, ca. 6h.

Seminarveranstaltung ‚Merchandise Mart', Orgatec 1998. Seminars presented at Orgatec by Merchandise Mart Properties, Inc. Chicago in conjunction with BIFMA International, The Business Products Industry Association and The International Interior Design Association. *Seminar 1*: The State of the Office Furniture Industry in North America. *Seminar 2*: U.S. Office Funiture Channels of Distribution. *Seminar 3*: The Growth of the Interior Design Profession Internationally. 23. Oktober 1998, ganztägige Veranstaltung, Köln.

Tagung des WK - Verbandes: ‚11. Neu - Isenburger - Treffen'. Diskussionsforum der Mitglieder des WK - Verbandes unter dem Motto: ‚Möbelhandel oder Lebensberatung?' Im WK - Verband sind Handelsunternehmen des gehobenen, profilierten Einrichtungsfachhandels vertreten. 24. März 1999, ganztägige Veranstaltung, Neu - Isenburg.

Vitra - Cheftagung 1996, in D - 79576 Weil am Rhein. Informationsveranstaltung für den Fachhandel. 27. bis 29. Juni 1996.

Anhang III:
Verzeichnis II der Expertengespräche.
Wiederholte schriftliche Befragung 2003.

A. Vorgehen und Methodenwahl

Mit einer Auswahl der in der Liste zum *Anhang II Verzeichnis I der Expertengespräche und Tagungen, S. 415ff.*, aufgeführten Unternehmensvertreterinnen und -vertreter, wird eine ‚zweite Welle' von Erhebungen durchgeführt. Aus all jenen Unternehmen, die bereits durch ein *Praxisbeispiel* aufgeführt sind (s. *Verzeichnis der Praxisbeispiele, S. XXI*), zieht man nochmals eine Stichprobe. Ziel ist, ein besseres Gesamtbild des Unternehmens und seiner Aktivitäten zu erhalten.

Zur Erhebung wird jeweils ein Fragebogen verschickt. Die Gesprächspartnerinnen und -partner erhalten je einen gesondert für sie entworfenen Fragenkatalog. Dabei wird folgender Aufbau des Fragebogens gewählt:

- Allgemein einleitende Fragen zum Thema.
- Der Hauptteil der Fragen, als zentraler Teil, geht auf die im persönlichen Gespräch geäusserten Probleme, Lösungen und Erfahrungen mit Kunden ein.
- Den Abschluss bilden wiederum allgemeine Fragen zu Erfahrungen aus den neuen Ansätzen, künftigen Verbesserungen und neuen Herausforderungen des Marktes.

Zum Aufbau des Fragenkatalogs, der Form und dem Ablauf der Befragung siehe hinten im Rahmen dieses *Anhangs, unter F. - J.*.

B. *Übersicht der Expertengespräche 2003*

Diese 11 Gesprächspartner der ersten Erhebung werden, am Standort/ Sitz ihres Unternehmens, zu einer zweiten, diesmal schriftlichen, Befragung gebeten:

1.	Bene	(*Px. 4.1*), S. 66; (*Px. 7.4*), S. 279 und (*Px. 9.5*), S. 366
2.	SiTeco	(*Px. 4.2, Px. 9.4*), S. 77 und S. 359
3.	Moduldesign	(*Px. 5.1*), S. 96
4.	Contura Concept	(*Px. 5.2*), S. 121
5.	designfunktion	(*Px. 5.4*), S. 169
6.	H - Quadrat	(*Px. 6.2*), S. 235
7.	DeTeImmobilien	(*Px. 6.3, Px. 8.3*), S. 245 und S. 319
8.	Quickborner - Team	(*Px. 7.5*), S. 288
9.	Streit	(*Px. 7.3, Px. 9.2*), S. 267 und S. 344
10.	Köllmann	(*Px. 8.2, Px. 9.3*), S. 313 und S. 352
11.	Off - Consult	(*Px. 9.1*), S. 335
12.	Alex Linder	(*Px. 5.6*), S. 192 - s. hinten *D. Anmerkungen zu den Verweisen unter 6.*

Fünf der Praxisbeispiele (gekennzeichnet als Px.) sind aufgrund einer besseren Lesbarkeit in der Länge geteilt. Entsprechend werden die Unternehmen bene, DeTeImmobilien, Köllmann, SiTeco und Streit nur einmal aufgeführt, obwohl hier mindestens zwei Befragungen stattfanden.

C. Übersicht der befragten Experten.
Wiederholte schriftliche Befragung 2003.

Kapitel 3 bis 6		Kapitel 7 bis 9	
Px. 3.1	*Immobilien Journal von IVG* (1)	Px. 7.1	*Anderson Consulting* (2)
Px. 4.1	*Bene - Holding B I* (8)	Px. 7.2	*Funktion des Design - MM* (3)
Px. 4.2	*SiTeco, SiT I* (13) *Beleucht.technik*	Px. 7.3	*Büromarkt Streit St I* (14)
Px. 5.1	*Moduldesign (9)*	Px. 7.4	*Anf.controlling für e. Versichergesell. B II* (8)
Px. 5.2	*Contura Consulting GmbH* (7)	Px. 7.5	*Quickborner Team*
Px. 5.3	*Umzugs - MM bei Senn, Sona* (5)	Px. 8.1	*HSG* (4)
Px. 5.4	*designfunktion in München* (10)	Px. 8.2	*Köllmann AG Kö I* (11)
Px. 5.5	*Der ,Lista Diamant' im Büromöbel - Handel*	Px. 8.3	*DeTeImmobilien De II* (12)
Px. 5.6	*Alex Linder Netzwerklösung* (6)	Px. 9.1	*MM von Einrichtungspr. OFF - C./ Schricker* (5*)*, (10)
Px. 5.7	*Beck AG Liechtenstein* (5)	Px. 9.2	*Büromarkt Streit St II* (14)
Px. 6.1	*Outs.vtrg.WestLB m. T - Systems* (15)	Px. 9.3	*Vermarktung von FM bei Köllmann Kö II* (11)
Px. 6.2	*H - Quadrat* (10)	Px. 9.4	*SiTeco* (13) *SiT II*
Px. 6.3	*DeTeImmobilien De I* (12)	Px. 9.5	*,Die bene Consulting' B III* (8)

D. *Anmerkungen zu den Verweisen*

1. Der Beitrag ist eine Zusammenfassung eines aktuellen Artikels der IVG Immobilien AG (*Px. 3.1, S. 45*).

2. Der Erfahrungsbericht eines u.a. auf die Planung und Sanierung grosser Büro - Objekte spezialisierten Beraters; Erfahrungsbericht aus erster Hand (*Px. 7.1*; s.a. *Anhang II Verzeichnis I der Expertengespräche und Tagungen, S. 415ff.*; *J. Seminarveranstaltung ‚Merchandise Mart', Orgatec 1998.*).

3. Für die *Konzeptentwicklung* und *Design - Koordination* eines Apotheken - Möblierungssystems der ‚Zürn AG', ergab sich eine Zusammenarbeit zwischen der Designgruppe *Bürger und Hasenbein*, und dem *Design - Manager Dieter de Haas* (*Px. 7.2*).

4. Clienting - Konzept der HSG, Philip Holzmann Technische Service GmbH (*Px. 8.1*). Ein im Artikel beschriebenes Beispiel.

5. Die Dienstleister/ Unternehmen *Senn AG, Sona AG (beide Px. 5.3), die Beck AG (Px. 5.7)* und *Prof. Schricker* (*Px. 9.1*) wurden in einer zweiten Befragung *nicht* nochmals aufgefordert.

6. Nach telefonischer Auskunft eines vermutlich ehemaligen Mitmieters oder Eigentümers der Siemensstrasse 11, der *‚GT Media GmbH'*, gehört(e) der *Alex Linder GmbH* ein grösserer Teil dieses Hauses. Die Aktivitäten der *Alex Linder GmbH* (*Px. 5.6 Netzwerklösungen mit Planungs- und Beratungsunternehmen*) wurden jedoch vermutlich etwa vor drei Jahren, 1999, beendet. Ein Kontakt ist nicht mehr herstellbar.

7. Eine zweite Befragung der ‚Contura Concept Gestaltung und Management GmbH' (*Px. 5.2*), eines Tochterunternehmens der Handelsgruppe Hirschberg in Dortmund, erwies sich als sehr schwierig. Die Befragung musste entsprechend, ohne aktualisiertes Ergebnis, zurückgestellt werden. Die beiden Vertreterinnen des Unternehmens, Frau Pechhold und Frau Freude - Weinrich, waren inzwischen ausgeschieden. Nach aktueller telefonischer Auskunft ist die Nachfolgerin in diesen Positionen Frau Krahnefeld, die in dieser Stelle

als ‚Freie Mitarbeiterin', auf Stundenbasis, ohne festen Arbeitsvertrag, tätig ist. Der an das Unternehmen adressierte Brief mit meinen Fragen, kam jedoch als unzustellbar zurück. Nach daran anschliessender telefonischer Auskunft, wiederum beim Unternehmen, ist Frau Krahnefeld schon lang ausgeschieden (s. *Anhang II, unter E. Expertengespräche Beratungsunternehmen*).

8. Die ‚bene' musste leider mehrfach eingeladen werden, die zugeschickten Fragen zu beantworten. Von der Zentrale in Österreich, Waidhofen/ Ybbs, die für die erste Befragung besucht wurde, hat man die ‚Angelegenheit' nach Deutschland, Frankfurt/ Main, weitergeleitet. Nach einigen Tagen folgte aus Frankfurt ein tadelloses Antwortfax auf die Fragen. Die deutsche Niederlassung offerierte weiterhin die Möglichkeit, bei Interesse, noch einige Fragen tiefgreifender zu beantworten. Das Angebot wurde darauf hin angenommen (s. *Px. 4.1, Px. 7.4, Px. 9.5*). Bene in Frankfurt/ Main leitete die Fragen nach Waidhofen/ Ybbs weiter.
   Die Ansprechpartnerin war nun Frau Heike Fischer, deren besonderes Interesse und Engagement an dieser Stelle besonders hervorgehoben sein soll!
   Am 19.10.2003 konnte die Befragung erfolgreich abgeschlossen werden.

9. Herr Dipl. Designer Kerkmann von der Moduldesign GmbH aus München konnte sich an den Besuch nicht mehr erinnern, und wollte sich auch an einer Befragung grundsätzlich nicht beteiligen (s.a. *Px. 5.1*).

10. Die Unternehmen designfunktion (*Px. 5.4*), H - Quadrat (*Px. 6.1*) und OFF - Consult (*Px. 9.1*) reagierten, trotz eines Fax zur Erinnerung oder Absage (s.u. I. Erinnerung (Fax an Unternehmen)), leider gar nicht nochmals. Grundsätzlich ist bei *allen* Unternehmen der Praxisfall trotzdem mit veröffentlicht, weil dieser *gute Ergebnisse* beinhaltet.

11. Die ‚Köllmann Real Property Management GmbH' (s. *Kap. 8.2.1 Köllmann AG, Wiesbaden, S. 313ff.*) ist als Praxisbeispiel erwähnt, obwohl die zweite Befragung ohne das gewünschte Ergebnis blieb. Nach Aussagen des ehemaligen Mitarbeiters, Herrn Hikade aus Wiesbaden, am 12. August 2003, beschäftigt bei der zur ‚*Köllmann Gruppe*' gehörenden ‚*Pro Arial GmbH*', hat

sich der Eigentümer bereits im Jahr 2000 von diesen Aktivitäten getrennt. Dieses Ergebnis wird nochmals am nächsten Tag von einer Mitarbeiterin bestätigt (Frau Schaffrinna, 13. August 2003). Dieser Betriebszweig wurde an das Unternehmen ‚*dalkia GmbH*' aus Neu - Isenburg verkauft (Tel. Deutschland/ 06102/ 7230). Die Aktivitäten müssten, zumindest in Teilbereichen, weiterbestehen. Beide damaligen Ansprechpartner sind inzwischen ausgeschieden. Die Unternehmensentwicklung wurde aber nicht weiter verfolgt. Grundsätzlich ist bei *allen* Unternehmen der Praxisfall trotzdem mit veröffentlicht, weil dieser *gute Ergebnisse* beinhaltet.

12. Gespräch telefonisch, 18. August 2003, früher Nachmittag, mit Herrn Stefan Woltert, Key Account Management, DeTeImmobilien, Deutsche Immobilien und Service GmbH, Niederlassung Frankfurt am Main. Vorab Informationsmaterial zugesandt durch Frau Silvia Seibel, DeTeImmobilien.

13. Der damalige Gesprächspartner Herr Eckardt, vom 30. Juli 1998, war vorerst im Urlaub. Nach der Beendigung seines Urlaubs, wurde erneut versucht diesen Gesprächspartner telefonisch zu erreichen. Nachdem Herr Eckardt nicht in seinem Büro kontaktiert werden konnte (Deutschland/ 0221/ 577780), wurde er per Handy (Deutschland/ 0172/ 2911636) erreicht. Er verwies darauf, seine Stelle mittlerweile in ‚Altersteilzeit' auszuführen. Weiterhin verwies er auf die Internet - Adresse seiner Firma. Zu einem weiteren Gespräch war leider, trotz eines sehr interessanten Erstgespräches, keine Bereitschaft zu erkennen.

14. Herr Navarro, Büromarkt Streit GmbH & Co., erhielt zweifach den Fragenkatalog, wurde mehrfach angerufen und erhielt eine Erinnerung (s. I. *Erinnerung*). Obwohl Herrn Navarro umfassende, damit sehr interessante, Umwälzungen angekündigte, blieb er am Ende seine Antwort schuldig. Grundsätzlich ist bei *allen* Unternehmen der Praxisfall trotzdem mit veröffentlicht, weil dieser *gute Ergebnisse* beinhaltet.

15. Der Praxisfall, Outsourcing bei der WestLB durch die T - Systems, stammt aus einem aktuellen Beitrag im Handelsblatt.

E. *Ergebnis der schriftlichen Befragung 2003*

E1. *Auswertung aller Praxisbeispiele*

- Insgesamt wurden 26 Praxisbeispiele im Projekt dokumentiert.
- 4 der 26 Praxisbeispiele stammen aus aktuellen Zeitungen und Zeitschriften.
- 9 der 26 Praxisbeispiele beleuchten, je Praxisbeispiel, unterschiedliche Themenkreise des Wirtschaftsalltags, stammen aber jeweils aus 5 unterschiedlichen Unternehmen (s. *B. Übersicht der Expertengespräche 2003*).

E2. *Wiederholte schriftliche Befragung 2003*

- Im Ergebnis wurden insgesamt 11 Briefe mit individuell konzipierten Fragen an die Gesprächspartnerinnen und -partner verschickt (s. *Muster hinten unter F.*).
- Bei 2 Unternehmen waren jeweils sogar beide Ansprechpartnerinnen, bzw. -partner, ausgeschieden (s. Px. 5.2 und Px. 8.2, Px. 9.3). Die Befragung wurde entsprechend zurückgestellt.
- Eines der ausgewählten Unternehmen äusserte sich leider herabwürdigend zur Umfrage (Px. 5.1). Eine Anwort kam hier überhaupt nicht zurück.
- Einer der Gesprächspartner arbeitete nur noch halbtags (Vorruhestandsregelung) und schien an einer Befragung kein Interesse mehr zu haben. Er verwies auf die Internet - Adresse seines Unternehmens (s. Px. 4.2, Px. 9.4).
- 3 der 11 Unternehmensvertreter (s. Px. 5.4, Px., 6.1, Px. 9.3) reagierten überhaupt nicht auf die Bitte einer persönlichen Einschätzung.
- 3 der 11 Unternehmen gaben die gewünschten Antworten (s. u.a. Px. 4.1, Px. 7.4, Px. 7.5, Px. 8.3). Diese Antworten, bzw. Beiträge, sind als Zusatz zu den betreffenden Praxisbeispielen angefügt.
- Besonderer Dank gilt: Frau Fischer (bene), Herrn Leuchtenmüller (bene consulting), Herrn Wessels und Herrn Grothkopp (beide Bundesverband Bürowirtschaft e.V., BBW, bzw. Forum Bürowirtschaft), Herrn Woltert (DeTeImmobilien) und Herrn Pietzcker (Quickborner Team). Sie antworteten schnell und unkompliziert !

F. *Anschreiben zum Fragebogen (Der folgende Brief wurde an die Gesprächspartner verschickt):*

Hier die Anschrift/ der Absender/ das Datum

Sehr geehrter Herr Xxxx
Bereits gegen Ende Juni 1998, hatte ich Kontakt zu Ihnen und Ihrem Geschäftsführer, Herrn Xxxx. Ich hoffe es geht Ihnen gut !!/ Diese Gespräche waren für mich im Rahmen meiner Promotion sehr wichtig. Leider erlitt ich vor der Abgabe meiner berufsbegleitend verfassten Arbeit, im Frühjahr 2000, einen sehr schweren Verkehrsunfall.

Seite 2
Seite 2

Inzwischen geht es mir ‚Gott Sei Dank' wieder einigermassen gut, und ich bin fast wieder ‚der Alte'. So liegt auch erneut meine Arbeit vor mir, die ich nun abschliessen möchte.
Anbei sende ich einen Fragebogen zu den damaligen Themen, mit der Bitte, dass Sie hierzu kurz Stellung nehmen, soweit Ihnen möglich. Dies dient mir zur Aktualisierung des Expertengesprächs.
Bitte melden Sie sich möglichst sofort, wenn Sie zeitliche Probleme sehen. Der Telefonanschluss ist mit einem Anrufbeantworter ausgerüstet. Ich würde Sie bitten, mir die Antworten der Fragen/ bis zum 00.00.2003 zu schicken. Vielen Dank für Ihre Hilfe !/ MfG Ralph Rühlig

G. *Fragebogen (Beispiel eines Fragebogens)*:

Fragen an die Mitarbeiterinnen bzw. Mitarbeiter bei ‚Xxxx‘ und
‚Xxxx Consulting‘

Die Fragen beziehen sich auf die von Ihnen beschriebenen Lösungen. Erwünscht ist bitte eine kritische Standortbestimmung.
Ihre Antworten zu den folgenden Fragen können Sie auch in aussagekräftigen Stichworten geben. Dort, wo es aus Ihrer Sicht erforderlich erscheint, können Sie auch Graphiken, Tabellen und andere Texte hinzufügen. Vielleicht haben Sie auch einige aktuellere Artikel von Ihrem Unternehmen, Zahlen und weiteres Material, die Ihre Aussagen ergänzen oder bekräftigen könnten ?!
Als Antwortformen halte ich für zweckmässig: am besten die Post, ein Fax (x), mündlich am Telefon (x) (x = bitte nach kurzer vorheriger Terminabsprache; ich habe einen Anrufbeantworter). Sie könnten mir auch eine ‚handelsübliche Kassette‘ besprechen und diese zusenden (siehe Zeichnung).

Felder für: Name, Vorname/ Stellung, Position/ Unternehmen/ Adresse/ Telefon, Fax (nur für absolut erforderliche Rückfragen).

Die Fragen:

Vielen Dank für Ihre Bemühungen im Voraus. Ich schlage Ihnen einen Zeitraum zur Beantwortung bis zum 88.88. 8888 vor.

Seite 2

Seite 2

1. Wie ist die *Entwicklung Ihrer Gruppe* in den letzten 5 Jahren verlaufen ? (z.B. Herstellerumsatz der letzten Jahre, Personal, die einzelnen Dienstleistungen etc.)// - Gibt es hierfür *Graphiken, Zahlen, Statistiken* ?// - ....

2. Was hat sich in *Deutschland* mit der Integration der *‚Xxxx - Gruppe‘* geändert ?// - War es schwierig oder leicht ?// - Ist es einfacher gegangen als wir dachten ?

3. Sie haben Dienstleistungen als ausserordentlich wichtig bezeichnet. Gibt es dafür Beispiele ?// - Was ist aus einer Dienstleistung wie *Facility Management* geworden, die Sie ausbauen wollten ?

Seite 3

....

Fragenblock konkret an das Unternehmen/ die geschilderte Unternehmenssituation/ Lösungsansätze für Probleme etc.

....

Seite 3

9. Wie verhalten Sie sich in Situationen, in denen es um eine grosse Anzahl an Arbeitsplätzen geht, Sie aber eigentlich die Dienstleistungen (z.B. Planungen) verrechnen müssten/ sollten ? Haben Sie u.U. ein Mini- und ein Maxipaket an Dienstleistungen zur Hand ? Oder ist die Verrechnung in solchen Fällen eine Illusion ?

10. Allgemeinere Fragen: - Nach den Erfahrungen der letzten Zeit, was würden Sie *verändern* (beim Konzept, an den Dienstleistungen etc.) ?// - Was haben Sie vermindert, eingestellt oder korrigiert ?// - Was haben Sie verstärkt und beibehalten ?// - Was war ein grosser Erfolg ?// - Würden Sie bei dieser Aufgabe wieder so vorgehen ?

Vielen Dank für Ihre Hilfe !!! Suchen Sie sich die Fragen aus, zu denen Sie etwas sagen möchten !

H. *Möglichkeit zur Abgabe einer Sprachaufzeichnung (Graphik dem Fragebogen hinzugefügt)*

Beispiele für Kassetten/ Skizzen

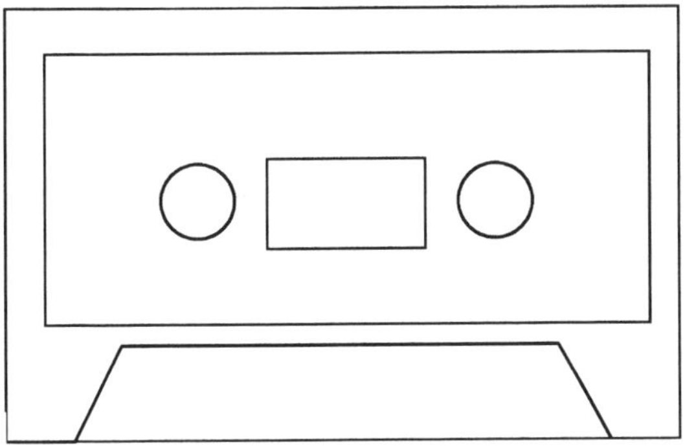

A Kassette, Standard M 1:1

B Minikassette, Diktiergeräte, Philips M 1:1

I. Erinnerung (Falls die Antwort ausblieb, wurde ein Fax an das Unternehmen versandt):

Fax - Mitteilung/ Absender/ Anschrift/ Fax - Nummer
Wochentag, Datum

Betr.: Erinnerung

Sehr geehrte Frau/ geehrter Herr Xxxx/ Am 00.00 schickte ich Ihnen meine Aufstellung zur Aktualisierung unseres Gesprächs vom 00.00.1900. /Wenn Sie sich an der Befragung nicht beteiligen möchten oder können, wäre ich für eine rasche Information dankbar/ . MfG Ralph Rühlig

J. Danksagung für die Beteiligung (Den Unternehmen wurde zum Abschluss ein Danksagung zugestellt):

Fax - Mitteilung/ Absender/ Anschrift/ Fax - Nummer
Wochentag, 00. Monat 2003
Danke !/ Sehr geehrte Frau/ geehrter Herr
Ich möchte mich bei Ihnen für Ihre Mühe noch recht herzlich bedanken !!/
MfG Ralph Rühlig

K. Auswertung der Ergebnisse der schriftlichen Befragung 2003

Die *Ergebnisse* der zweiten, schriftlichen Befragung befinden sich z.T. als Anhang zum entsprechenden Praxisbeispiel (s. *Verzeichnis der Praxisbeispiele, S. XXI*). Darüber hinaus gibt es einige Bemerkungen unter *Anhang III, E. Ergebnisse der schriftlichen Befragung 2003*, sowie in allgemeinerer Form in *Kap. 10. Ausblick und weiterführende Untersuchungen, S. 369ff.*.

Anhang IV:
Interviewleitfaden für Expertengespräche
s.a. Bemerkungen im *Anhang II Verzeichnis I der Expertengespräche und Tagungen, S. 415ff.*.

Zur Vorbereitung der Gespräche, und als Grundlage der Gesprächsführung, diente je Gespräch ein Interviewleitfaden, mit stichwortartigen Bemerkungen. Entsprechend der im Anhang II aufgeführten Expertengruppen, wurden unterschiedliche Interviewleitfaden verwendet. Teilweise dienten Entwürfe der im Text verwendeten Graphiken dazu, weitergehend auftretende Probleme und Zusammenhänge zu illustrieren.

Nachfolgend sind beispielhaft *zwei Interviewleitfaden* abgedruckt.

A. Interviewleitfaden Hersteller und Fachhandel

- *Suchfelder - Graphik/* Darstellung des Projektes
- *Die Beurteilung der Bedeutung von Dienstleistungen ist uneinheitlich* (mangelnde Verrechenbarkeit, Zeitverbrauch, usw.)
- *Spielen Dienstleistungen eine zunehmende Rolle ?*
  Wieso wird das überhaupt diskutiert ?
  a) Anbietersicht (z.B. Margenerosion ?, ...)
  b) Nachfrageseite (Trends ?, Entlastung, Optimierung)
- *Profil des Unternehmens ?*
  - Organisation/ Eckdaten/ MA - Zahl
  - Positionierung/ Selbstverständnis/ Marktleistung im Sachleistungsfeld
  - Hersteller: Vertriebsorganisation - Direktvertrieb ?
  - Fachhandel: Spezialist, Vollsortiment/ Grösse Einrichtungsabteilung

- *Welche Dienstleistungen erbringen Sie/ Gibt es Erfolgsbeispiele ?*
  - Dienstleistungsfelder/ bestehende Dienstleistungspraxis
  - Welche Dienstleistungen werden erbracht/ Kundengruppen
  - Verrechnungspraxis - Chance zur direkten Verrechnung
  - Erfolgsbeispiele/ Experimente/ Innovationen

- *Bei innovativen Ansätzen - Marktseite*
  - Erfahrungen mit innovativen Dienstleistungen ?
  - Durchsetzung am Markt - wie ?
    Akquisitions-/ Vermarktungsprozesse ?
  - Wie wird die Dienstleistung dargestellt ?
  - Konflikte auf Kundenseite/ mit interner Abteilung des Kunden
  - Evidenz/ make or buy
  - Kundensegmente und Kundensituationen
  - Eingriffsebene bei Kundenunternehmen
    Welcher Hierarchieebene gehört der Ansprechpartner an ?

- *Differenzierung der Dienstleistungspakete nach Zielgruppen* ?
  (Kundengruppen, nach Produktgruppen - z.B. Chefbüro)

- *Wettbewerbssituation zu ‚Institutionellen Dienstleistern'* ?

- *Bei innovativen Ansätzen - Unternehmensseite*
  - Interne Herausforderungen, Kernprobleme
  - radikale Umsetzung/ mit Mitarbeitern
  - interne Verrechnung
  - Organisation (Trennung vs. Einbindung, Integration ...)
  - Tochtergesellschaft, Netzwerk - Lösungen

- *Relevanz des Dienstleistungsfaktors in Zukunft*
  - Megatrends, Bedürfnisse im Dienstleistungsbereich
  - Strukturwandel - steigt die Bedeutung von Dienstleistungen ? / Kundengruppen ? / Zukünftige Herausforderungen ?
  - Konzentration der Kräfte auf Sachleistungen ?
  - Wie könnte bei steigender Dienstleistungsrelevanz, die Wettbewerbsstruktur in 10 Jahren aussehen ?
  - Welche Betriebsformen sind von Dienstleistungsaspekten besonders betroffen ?

- *Bewertungsunterschiede im Dienstleistungsbereich zwischen Hersteller und Handel*
  - Neubewertung der Fachhandelsfunktion ?
  - Industrie oder Fachhandel als Dienstleister ?

B. Interviewleitfaden ‚Facility Management'

- *Suchfelder - Graphik/* Darstellung des Projektes

- *Megatrends*
  - Welche Entwicklungen begünstigen diese Branche ? (Outsourcing, Flexibilisierung, ...)
  - Als permanentes Nutzungskonzept für Industriekunden vorstellbar oder nur temporäre Lösung ?

- *Profil des Unternehmens und ‚Facility Management' ?*
  - Gründungsidee
  - Organisation/ Eckdaten/ MA - Zahl
  - Positionierung/ Selbstverständnis/ Marktleistung
  - Anzahl Standorte/ international/ grosse und kleine Mitbewerber
  - Wettbewerbsvorteile ggü. Mitbewerbern

- *Welche Dienstleistungen erbringen Sie/ Erfolgsbeispiele ?*
  - Dienstleistungsfelder/ Bestehende Dienstleistungspraxis (Geschäftsadresse, Räume (Konferenz, Einzelarbeit, usw.), Personal/ Services, ...)
  - Erfolgsbeispiele/ Experimente/ Innovationen

- *Verrechnungspraxis*

- *Kunden/ Segmente, Situationen*
  - Unternehmensgrösse/ Kundensegmente
  - Unternehmenssituationen (Existenzgründer, Start up, Filialen, Virtuelle Unternehmen, Projekte usw.)

- *Vermarktung der Dienstleistung*
  - Erfahrungen mit innovativen Dienstleistungen ?
  - Durchsetzung am Markt - wie ?
    Akquisitions- und Vermarktungsprozesse ?
  - Wie wird die Dienstleistung dargestellt ?
  - Konflikte auf Kundenseite/ interne Abteilung des Kunden
  - Evidenz/ make or buy
  - Kundensegmente und Kundensituationen
  - Eingriffsebene bei Kundenunternehmen
    Welcher Hierarchieebene gehört der Ansprechpartner an ?

- *Relevanz des Dienstleistungsfaktors in Zukunft*
  - Megatrends, Bedürfnisse im Dienstleistungsbereich ?
  - Strukturwandel - steigt die Bedeutung von Dienstleistungen ? / best. Kundengruppen ?

- *Erfolgsfaktoren des Unternehmens ?*
  - Immobilien
  - Standorte
  - internationale Präsenz

Anhang V:

Dokumentationen von Unternehmen und Verbänden

- **BBW, Bundesverband Bürowirtschaft e.V.; Forum Bürowirtschaft**
  - Bundesverband Bürowirtschaft: Pressemitteilung 2003: Zeit der Unternehmen - Zeit der Kunden.
  - Geschäftsbericht 1997/ 98.
  - Dokumentation der 20. Arbeitstagung 1997.
  - Dokumentation der 19. Arbeitstagung 1996.
  - Dokumentation der 17. Arbeitstagung 1995.
  - Dokumentation der 13. Arbeitstagung 1994.
- **Bene Consulting**
  - Beantwortung der Fragen und Presseinformation durch Beratungsgesellschaft ‚bene consulting' und den Hersteller ‚bene', 2003.
  - Unternehmensinformation, 1996.
  - Foliensatz ‚Projektphasen zum Reversiblen Büro', 1996.
  - Bene Consulting: Büros die funktionieren, in TGA 11/ 1995, Report Report Special, Facility Management, S. 24 - 26.
  - Friedl, Karl: Mehr Ertrag durch flexible Gebäudekonzeption. In Immo - Praxis 6/ 1995, S. 88 - 91.
- **De La Rue/ Plan Objekt GmbH**
  - Unternehmensinformation ‚Kundenbindung - Mit Ihrem Kunden zum Erfolg'.
  - De La Rue Annual Report 1997.
- **Deutsches Büromöbel - Forum im Verband der Deutschen Büromöbel e.V.**
  - Broschüre EU - Richtlinie Bildschirmarbeitsplätze ‚Das Gesundheitsgesetz für die Bildschirmarbeit'.

- **Deutsche Telekom Immobilien und Service GmbH (DeTelmmobilien)**
  - Unterlagen per Post am 13.8.2003:
    - Real Estate Management und Facility Management (Unternehmenspräsentation 2003).
    - Internetseite www.deteimmobilien.de.
    - Organigramm DeTelmmobilien - Zentrale, 1.5.2003.
    - Diverse Unterlagen Kurzpräsentationen 2003.
  - Vom intelligenten Facility Management zum intelligenten Quadratmeter. Grundsätze und Markenpersönlichkeit von DeTelmmobilien. Unternehmensbroschüre.
  - DeTelmmobilien - Serviceinformation.
  - Die Intelligenz pro Quadratmeter IQm. Präsentation für Thyssen - Immobilien.
  - Information der ‚Technische Akademie Mannheim e.V.' zum Kongress ‚Integrales Bauen, Lebenszyklus einer Immobilie' (s. *Dar. 8.4 Kundennutzen durch externe Dienstleister, S. 304,* in *Kap. 8.1.5 Kundennutzen von Facility Management - Dienstleistungen, S. 303f.*).
  - Marketing-/ Vertriebs - Strategie Betreibergesellschaften; NL Düsseldorf der DeTelmmobilien.
- **DMR**
  - Information zum Entsorgungskonzept (‚Rohstoffquelle Büro').
- **Fraunhofer Gesellschaft, Institut für Arbeitswissenschaft und Organisation (IAO)**
  - Tätigkeitsbericht 1997.
  - Dokumentation zur ‚Innovationsoffensive Office 21'.
- **IKEA**
  - IKEA - Katalog 2004.
  - IKEA - Katalog 1999, 2002.
  - IKEA - Katalog fürs Büro 1997, 1998, 1999/ Produktinformation.
  - IKEA - Informationsfaltblatt ‚Firmenkundenservice 1998, 1999'.

- **Köllmann AG, Wiesbaden**
  - Umfangreicher Geschäftsbericht ‚Köllmann 1996'.
  - Köllmann - Informationsbroschüre: Facility Management für Immobilien.
  - ‚Köllmann - Kaleidoskop', Image - Broschüre mit einzelnen Projekten und Mitarbeitern.
  - A4 - Mappe mit Broschüren zu den einzelnen Geschäftsbereichen der Köllmann AG.
- **König & Neurath (= ‚K und N', ‚K + N')**
  - K + N - Zeitungswerbung im ‚Handelsblatt' 2/ 2003. Informationen über aktuelle Programme (s. *Anhang I Verzeichnis der Internet - Adressen, S. 413f.*).
  - K + N - Informationsmaterial. Zusendung aufgrund einer Werbung im 'Handelsblatt' 17.1.2003. Es erfolgte daraufhin ein Anruf (s. ebd.).
  - K + N - Pressemitteilung zum Dienstleistungskonzept.
  - K + N - Handbuch zur EU - Richtlinie. 2. Aufl..
  - K + N - Informationsbroschüre ‚Das Büro - Rundum - Paket'.
  - K + N - Informationsbroschüre: ‚Wir planen und gestalten Ihren Lebensraum'.
  - K + N - Informationsbroschüre ‚Handbuch Lebensraum Büro'.
- **Leitner GmbH**
  - Programmübersicht.
- **LISTA**
  - Informationsblatt zu ‚Total Office Management'.
- **ORGATEC - Katalog (Köln 22. - 27. Oktober 1998)**
  - Hinweise auf Verbände 1998.
  - Herstelleradressen und Kontakte 1998.
- **PWP, Peter Wendt und Partner, Unternehmensberatung** (s.a. *Anhang II*)
  - Unterlagen zur EU - Richtlinie.
  - Unterscheidung von Mini- und Maxiberatung. Gründung einer Tochtergesellschaft.

- **Regus Offices**
  - Informationen zum Frühjahr und zum Sommer 2002.
- **SiTeco - Beleuchtungssysteme**
  - Siemens - Unternehmensinformation ‚Beleuchtungs - Sanierung - Investition in die Zukunft‘.
  - Siemens - Unternehmensinformation ‚Lichtsteuerung – grenzenlos mit EVG Dynamic‘.
  - Siemens - Unternehmensinformation ‚Licht - Contracting - Das neue Konzept für die Beleuchtung‘.
  - SiTeco - Programmübersicht ‚Produkte‘.
  - SiTeco - Beleuchtungstechnik - Foliensammlung, interneUnterlage für Vortragsreihe.
- **Verband der Deutschen Büromöbelindustrie e.V. (Mitglieder 1999)**
  - Mitgliederverzeichnis. Wiesbaden 1999.
- **vitra**
  - **Unterlagen zu vitra - Cheftagungen von 1996 und von 1994**.
  - **Auf vitra - Cheftagung 1994**: Vortrag Weissman, A.: Strategische Unternehmensentwicklung im Bürofacheinzelhandel 2000 - Wendezeit für das Management. Unveröffentlichter Vortrag vom 9. und 10.5.1994.
- **VOKO**
  - Vorsorge und Fürsorge. Die VOKO - Umweltkonzeption.
- **Werndl**
  - Gesund und motiviert am Bildschirm arbeiten.
- **Züco**
  - Züco (1995): Züco im Wandel. Unternehmensmitteilung 11.8.1995. Information an den Fachhandel. Brief der Züco Büromöbel AG, CH - 9445 Rebstein.